"十三五"职业教育国家规划教材

高职高专财经商贸类专业"互联网+"创新规划教材

# 消费心理学

## （第2版）

臧良运◎主　编

刘振华　王　薇◎副主编

许传久　曲世卓◎参　编

钟立群◎主　审

北京大学出版社

PEKING UNIVERSITY PRESS

## 内 容 简 介

本书按照"理论·案例·实训"一体化的思路进行编写,内容主要包括打开消费心理学之门,走进消费者的内心世界,探知消费者的个性心理,掌握消费者购买过程中的复杂心理,探知文化、流行与习俗对消费心理的影响,正确区分不同消费者群体的消费心理,摸准商品价格脉搏实现利益最大化,追求卓越产品赢得顾客之心、做好商业广告吸引消费者购买,巧妙沟通消除消费障碍和跟上消费心理学的发展步伐。

本书每个项目和任务都结合工作和生活热点案例对理论进行阐述,正文中增加了案例阅读、课堂互动等板块,以拓展读者的视野;"与相关课程的联系"板块说明了对后续课程和工作的作用,增加了基础课的实用性;项目后的实训内容贴近实际工作,是对理论知识掌握情况的检验。

本书既可作为高职高专、应用型本科市场营销等相关专业的教材,也可供企业营销人员培训或自学使用,还可作为普通消费者的参考读本。

**图书在版编目(CIP)数据**

消费心理学/臧良运主编. —2版. —北京:北京大学出版社,2017.10
(高职高专财经商贸类专业"互联网+"创新规划教材)
ISBN 978-7-301-28797-2

Ⅰ.①消… Ⅱ.①臧… Ⅲ.①消费心理学—高等职业教育—教材 Ⅳ.①F713.55

中国版本图书馆 CIP 数据核字(2017)第 237466 号

| | |
|---|---|
| 书 名 | 消费心理学(第2版) |
| 著作责任者 | 臧良运 主编 |
| 策划编辑 | 蔡华兵 |
| 责任编辑 | 蔡华兵 |
| 数字编辑 | 陈颖颖 |
| 标准书号 | ISBN 978-7-301-28797-2 |
| 出版发行 | 北京大学出版社 |
| 地 址 | 北京市海淀区成府路 205 号 100871 |
| 网 址 | http://www.pup.cn 新浪微博:@北京大学出版社 |
| 电子信箱 | pup_6@163.com |
| 电 话 | 邮购部 010-62752015 发行部 010-62750672 编辑部 010-62750667 |
| 印刷者 | 北京虎彩文化传播有限公司 |
| 经销者 | 新华书店 |
| | 787 毫米×1092 毫米 16 开本 17.75 印张 417 千字 |
| | 2009 年 1 月第 1 版 |
| | 2017 年 10 月第 2 版 2023 年 1 月第 8 次印刷 |
| 定 价 | 46.00 元 |

未经许可,不得以任何方式复制或抄袭本书之部分或全部内容。
**版权所有,侵权必究**
举报电话:010-62752024 电子信箱:fd@pup.pku.edu.cn
图书如有印装质量问题,请与出版部联系,电话:010-62756370

# 前　言

随着我国经济的快速发展，消费者的经济收入大幅度提高、个性化需求越来越强，在经历了量的消费时代和质的消费时代后，人们的消费心理和消费行为发生了很大的变化。对于企业而言，在大多数产品供大于求、市场竞争激烈的情况下，要让消费者能够接受其产品，就必须了解消费者的消费心理和消费行为，制定出符合消费者需要的市场营销策略，适时、适地、适当地将自己的产品推向市场；对于消费者而言，面对丰富的商品和企业的各种营销策略，如何健康、理性、科学地消费，以提高自己的消费效用，同样具有重要的现实意义。

本书第 1 版于 2009 年 1 月出版，多次重印，得到了广大用书师生的认可，其优点是知识技能先后有序、知识积累循序渐进、教学体系严谨，较符合当时职业教育的形势和生源特点。目前，消费者的心理和消费行为正在发生巨大的变化，高等职业教育人才培养方案也发生了变革，课程改革对教材提出了更高的要求。为了适应新形势下市场营销等相关专业的发展要求，本次修订进行了较大的修改，与第 1 版和其他同类教材相比，具有以下几个特点：

1. 内容符合高职人才培养方案

本书内容力求体现"以就业为导向，以能力为本位"的精神，注重专业基础课的应用性，关注学生技能的培养，整合理论知识，合理安排知识点、技能点，注重实训教学，突出对学生实际操作能力和解决问题能力的培养，强化基础课对专业课的服务特点。

2. 体例新颖活泼

本书每个项目构建了学习指导、导入案例、知识拓展、与相关课程的联系、自测试题、案例分析、项目实训和课后拓展等板块，符合"工学结合"和任务驱动的教学理念。而且，运用了大量的图表说明任务的解决方案和流程，减少了文字叙述，具有很强的直观性和可读性。

3. 贯彻一体化教学思想

本书在内容安排上将"任务"贯穿始终，通过案例和实际工作任务的分析，阐述理论，穿插相关链接拓展学生的视野，利用课后的自测试题、案例分析、实训练习和课后拓展项目提高对消费心理学的应用能力。

4. 知识与时俱进

本书根据当前消费心理学和消费行为学的发展，结合市场营销实际工作需要，增加了"消费者消费心理与行为的变化"等新知识，对案例进行了调整，密切与实际工作和生活热点的联系。

5. 配套资源丰富

本书编写融入"互联网+"元素，可通过扫描对应的二维码在线查阅相关的案例、视频、拓展和试题等。此外，本书还提供配套电子课件、教学大纲、习题答案，方便广大师生教学使用。

本书是集体劳动的成果,由多所高校研究与讲授市场营销相关课程的一线教师共同编写。本书由贺州学院臧良运教授担任主编,负责拟订编写提纲、统稿和定稿;由陕西财经职业技术学院刘振华和唐山职业技术学院王薇担任副主编。具体编写分工为:项目1、项目2、项目3、项目4和项目11由臧良运编写;项目5、项目6由刘振华编写;项目7由江苏海事职业技术学院许传久编写;项目8、项目9由王薇编写;项目10由齐齐哈尔大学曲世卓编写。本书由唐山职业技术学院钟立群教授主审。

　　本书的出版,得到了贺州学院领导和北京大学出版社的大力支持与帮助;本书在编写过程中,还参考了相关领域的文献。在此谨向对本书出版提供过帮助的人员和相关文献的作者表示诚挚的谢意!

　　由于编者水平所限,书中难免出现疏漏和不妥之处,敬请广大读者和专家批评指正,以期不断改进。

臧良运  
2016年冬于贺州学院爱莲湖畔

【教学大纲】

【资源索引】

# 目　　录

**项目 1　打开消费心理学之门** ......................... 1

　　任务 1　了解消费行为与消费心理学 ............ 2

　　任务 2　掌握消费心理学的研究对象、
　　　　　　内容与方法 ........................................ 9

　　任务 3　理解消费心理学的课程性质与
　　　　　　研究意义 .......................................... 16

　　自测试题 ............................................................ 19

　　项目实训 ............................................................ 21

　　课后拓展 ............................................................ 22

**项目 2　走进消费者的内心世界** ......................... 23

　　任务 1　探索消费者的认知过程 .................... 24

　　任务 2　探究消费者的情感过程 .................... 44

　　任务 3　探寻消费者的意志过程 .................... 48

　　自测试题 ............................................................ 52

　　项目实训 ............................................................ 53

　　课后拓展 ............................................................ 53

**项目 3　探知消费者的个性心理** ......................... 54

　　任务 1　理解消费者的个性心理 .................... 55

　　任务 2　掌握消费者的兴趣、气质与
　　　　　　购买行为 .......................................... 59

　　任务 3　把握消费者的性格、能力与
　　　　　　购买行为 .......................................... 65

　　自测试题 ............................................................ 72

　　项目实训 ............................................................ 73

　　课后拓展 ............................................................ 73

**项目 4　掌握消费者购买过程中的
　　　　　复杂心理** ................................................ 74

　　任务 1　熟悉消费者需求理论 ........................ 75

　　任务 2　领悟消费者购买决策 ........................ 83

　　任务 3　把握消费者购买行为 ........................ 89

　　自测试题 ............................................................ 97

　　项目实训 ............................................................ 98

　　课后拓展 ............................................................ 98

**项目 5　探知文化、流行与习俗对
　　　　　消费心理的影响** ................................... 99

　　任务 1　通晓社会文化与消费心理 .............. 100

　　任务 2　懂得消费流行与消费心理 .............. 104

　　任务 3　明白消费习俗与消费心理 ...............119

　　自测试题 .......................................................... 124

　　项目实训 .......................................................... 126

　　课后拓展 .......................................................... 126

**项目 6　正确区分不同消费者群体的
　　　　　消费心理** .............................................. 127

　　任务 1　了解消费群体 .................................. 128

　　任务 2　熟悉不同消费群体的心理分析 ...... 132

　　任务 3　掌握相关群体对消费心理的
　　　　　　影响分析 ........................................ 147

　　自测试题 .......................................................... 151

　　项目实训 .......................................................... 152

　　课后拓展 .......................................................... 152

**项目 7　摸准商品价格脉搏实现
　　　　　利益最大化** .......................................... 153

　　任务 1　理解商品价格 .................................. 154

　　任务 2　掌握消费者的价格心理 .................. 157

　　任务 3　把握商品定价的心理策略 .............. 163

　　自测试题 .......................................................... 176

　　项目实训 .......................................................... 178

　　课后拓展 .......................................................... 178

**项目 8　追求卓越产品赢得顾客之心** ............. 179

　　任务 1　商品名称与消费心理 ...................... 180

　　任务 2　品牌创立与消费心理 ...................... 184

　　任务 3　商品包装与消费心理 ...................... 195

　　自测试题 .......................................................... 200

　　项目实训 .......................................................... 202

课后拓展 .................................................. 202

## 项目 9　做好商业广告吸引消费者购买 ..... 203

　　任务 1　理解商业广告 .................................. 206
　　任务 2　了解广告设计与消费心理 .............. 213
　　任务 3　掌握广告媒体选择与传播策略 ...... 217
　　自测试题 .......................................................... 225
　　项目实训 .......................................................... 227
　　课后拓展 .......................................................... 227

## 项目 10　巧妙沟通消除消费障碍 .................. 228

　　任务 1　了解营销服务 .................................. 229
　　任务 2　熟习营销关系与消费心理 .............. 235
　　任务 3　掌握拒绝购买态度的分析与
　　　　　　转化 .............................................. 246

　　自测试题 .......................................................... 249
　　项目实训 .......................................................... 250
　　课后拓展 .......................................................... 251

## 项目 11　跟上消费心理学的发展步伐 ...... 252

　　任务 1　了解消费者消费心理与行为的
　　　　　　变化 .............................................. 253
　　任务 2　理会电子商务与消费者心理 ........ 256
　　任务 3　认识绿色消费与消费者心理 ........ 262
　　任务 4　掌握消费者权益保护 .................... 269
　　自测试题 .......................................................... 275
　　项目实训 .......................................................... 276
　　课后拓展 .......................................................... 276

## 参考文献 ................................................................ 277

# 项目 1
## 打开消费心理学之门

【学习指导】

| 教学重、难点 | 教学重点 | 消费心理学的研究内容、研究消费心理学的意义 |
|---|---|---|
| | 教学难点 | 消费心理学的研究对象及研究方法 |
| 学习目标 | 知识目标 | 了解心理学的基本理论；掌握消费者行为，消费心理学的含义，消费心理与消费行为关系，定性、定量研究消费心理的方法 |
| | 能力目标 | 掌握消费心理学的研究内容和方法，并能运用所学知识分析消费心理和行为 |

【本章概览】

【本章课件】

## 【导入案例】

学过经济学的同学都知道，经济学家常常假定市场中消费者的消费行为是理性的，然而，市场的真实情形中，消费者通常都是不理性的。事实上，商业交易行为本质就是心理游戏。人类有一些固有的心理倾向，根植在人的本性之中，对于人们怎么形成决定有着重大的影响。请大家看下面的两个案例。

案例一：5mL 的袋装洗发水，0.5 元一袋，人们感觉不贵，实际上每毫升是 0.1 元；而 750mL 大瓶装的价格 48 元，大家感到 48 元很贵，其实每毫升才 0.06 元。

案例二：香烟每盒 20 支装，这是烟民们的常识。但是在 20 世纪 80 年代中后期，德国装的美国"万宝路"香烟却是每盒只有 19 支。原来，经历了数次通胀后，每盒售价 4.2 马克的万宝路已无利可图，而随其他香烟一样上调价格，将会丧失这一主流品牌的市场竞争力。万宝路德国经销商最后想出了"减支不涨价"的点子。经过计算，每包只要少装一支香烟便有利可图。新装万宝路上市后，多数人对少一支烟并不在乎，而对它的"不涨价"策略很受用，这使万宝路在德国市场上既畅销又有盈利，打败了许多竞争对手。加价与减支，看似只是一个硬币的两面，但给消费者的心理影响却有很大的不同。因为，常购买同一种商品的人，往往对价格比对数量更敏感。

**思考**

（1）作为企业的营销人员，除了产品、价格、渠道、促销等因素外，还有什么主要因素影响我们的业绩？

（2）站在消费者立场，你是怎么看待"消费者通常都是不理性的"这一说法？

脑神经学、行为心理学等知识的长足进展，给商业和经济带来了新的认知角度。要想成为一名出色的市场营销人员或者经营管理者，就要多学一点消费心理学方面的知识；懂了消费心理学，才会获得更大的利润。当然，不懂心理学也可以做生意，只要你的行为契合消费者的某种心理，同样会成功。

## 任务 1　了解消费行为与消费心理学

 **案例阅读**

中国是有着悠久茶文化历史的国度，中国人喜欢喝茶、品茶，人们通常都知道冷茶、隔夜茶是不能喝的，年长的人总是教育年轻人不要喝冷茶或隔夜茶，这样对身体不好。但有大胆创新，把茶当饮料来卖，改变了人们的消费观念。"康师傅""统一""娃哈哈"等茶饮料立刻红遍了全国各地。

20 世纪 80 年代早期对草药茶和水果茶概念的调查研究表明：英国的茶类消费人群绝对不会接受并喜欢这些"古怪可笑的茶"。但是事实上，当这些新产品推向市场时很快就得到消费者认可并被接受。国外的研究机构做出的预测也是失误的。可见无论是外国或是中国市场，都存在调研结论与消费者需求不一致的情况。

消费者表述的消费理念与实际消费行为相背离,使得企业精心制订的商品或服务的整体决策出现严重偏差,消费者言行不一的真正根源是什么?消费者的行为为什么难以琢磨?他们有什么样的消费心理?他们的消费心理发生了哪些变化?

消费者行为和消费心理学的研究构成了营销决策的基础,它与企业市场的营销活动是密不可分的,它对于提高营销决策水平,增强营销策略的有效性有着极其重要的意义,对于消费者来说,如何提高自己的消费效用,同样具有重要的意义。

### 1.1.1 心理学的内涵

随着心理学知识的日益普及和现代人们认识观念的逐步提高,"心理学"一词,已经不再像过去那样是一个陌生而神秘的字眼了。但是,对于到底什么是心理学、心理学的研究内容及心理学的实质是什么等问题,还经常存在一些不正确或片面的理解:有人认为,心理学就是心理咨询;有人认为,研究心理学就是揣摩别人的所思所想,心理学家应该能透视眼前人的内心活动,和算命先生差不多;还有人认为,心理学是"伪科学",是骗人的东西等。因此,在学习消费心理学之前有必要了解一些普通心理学的知识。

1. 心理学的定义

心理学的产生源远流长,不同时期对"心理学"有不同的界定。在哲学心理学时代,心理学被认为是阐释心灵的学问。在古希腊语中,心理学包括"灵魂"与"学问"两个方面的含义,后来解释为"关于灵魂的学问"。

现代心理学认为,心理学是研究人的心理现象的产生、本质、作用及变化发展规律的科学,是一门自然科学与社会科学交叉的边缘学科,它从人的心理过程和个性心理两个方面来研究人的心理现象,如图1.1所示。

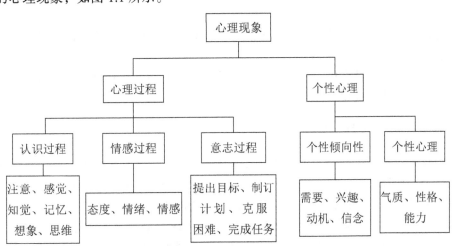

**图 1.1 心理学的研究对象**

2. 心理学的产生和发展

从原始社会人们关于灵魂与肉体的关系之争,到后来关于精神活动的物质器官是心还是脑的争论,人们对心理现象的认识逐渐趋于科学。在一个比较长的时间里,心理学像一个胚胎，孕育在哲学这一母体之中，它日渐成熟，脱胎而出，逐渐成长壮大。

1874年，德国心理学家威廉·冯特（Wilhelm Wundt）出版了《生理心理学原理》，在这部书中他发明了一个系统性的心理学来研究人的感知：感觉、体验、意志、知觉和灵感。这使得心理学从哲学中解放出来，成为一门独立的学科。1879年，冯特在莱比锡大学创建了世界上第一个心理实验室，作为心理学发展史上的新纪元，标志着科学心理学的诞生。

一百多年来，随着社会实践发展的需要，心理学也在不断地发展和完善，科学技术的进步，不断提出新的课题并为解决这些课题提供了手段。现在，心理学已经发展成为一棵枝繁叶茂的科学大树。哲学是孕育其成长的沃土，普通心理学是其主干，其他科学是其甘露，应用心理学是其分支。教育心理学、军事心理学、管理心理学、旅游心理学、营销心理学、消费心理学等如雨后春笋般得以发展。

3. 心理学研究的主要内容

人在生活实践中与周围事物相互作用，必然有这样或那样的主观活动和行为表现，这就是人的心理活动，简称心理。具体来说，外界事物或体内的变化作用于人的机体或感官，经过神经系统和大脑的信息加工，就产生了对事物的感觉和知觉、记忆和表象，进而进行分析和思考，得出对客观事物认识的结论。另外，人们在同客观事物打交道时，总会对它们产生某种态度，形成各种情绪。人们还要通过行动去处理和变革周围的事物，这就表现为意志活动。

【名人简介】

以上所说的感觉、知觉、思维、情绪、意志等都是人的心理活动。心理活动是人们在生活实践中由客观事物引起、在头脑中产生的主观活动，任何心理活动都是一种不断变化的动态心理过程。

人在认识和改造客观世界的过程中，各自都具有不同于他人的特点，每个人的心理过程都表现出或大或小的差异。这种差异与其先天素质、生活经验、后天学习和知识积累有关，这就是所说的人的个性，也称为人格。

心理过程和人格都是心理学研究的重要对象。心理学还研究人的个体的和社会的、正常的和异常的行为表现。

在高度发展的人类社会中，人的心理获得了充分的发展，使其攀登上动物进化阶梯的顶峰。心理学是人类为了认识自己而研究自己的一门基础科学。

### 1.1.2 消费者行为与消费心理学的内涵

随着市场竞争越来越激烈，企业和营销人员面临的压力也越来越大，面对变幻莫测的市场，他们希望不但知其然，而且要知其所以然，并力图寻找到解决市场问题的更强大的工具或撬动市场的真正杠杆，或找到打开营销困惑的"金钥匙"。

营销的真正基础是理解消费者，赢得市场的"金钥匙"就是要准确抓住顾客的心。因此，在营销管理的专业修炼中，消费者行为学是核心修炼课程；在营销实战中，只有能摸准市场脉搏并理解消费者心理的人才是真正的高手。人们相信，"解读消费者行为"是当前引领营销深入发展的新的驱动力，是创新营销的基本功。

1. 消费、消费者

人们为了生存和发展，一般都要从他人那里获得产品和服务，除了接受馈赠、抢夺外，都要以货币为代价换取某种消费利益,这是一种交易行为,也是一种消费行为,实际上每个人都是消费者。

人类的消费行为与人类的生产相伴而来,是人类赖以生存和发展的最古老的社会活动和社会行为,是社会进步与发展的基本前提。从广义上来说,可以把人类的消费行为划分为生产消费和个人消费两大类。

(1) 生产消费。是指生产过程中对原材料、工具、人力等生产资料和活劳动的消耗。在生产过程中,劳动者与其他生产要素结合创造出新的使用价值的活动,是生产行为的反映,而生产行为本身,就它的一切要素来说,也是消费行为。因此,在生产过程中,对劳动力及其他生产要素的使用、消耗及磨损称为生产过程中的消费。它包含在生产过程之中,是维持生产过程连续进行的基本条件。

(2) 个人消费。是指人们为满足自身需要而对各种生活资料、劳务和精神产品的消耗。它是人们维持生存和发展,进行劳动力再生产的必要条件,也是人类社会最大量、最普遍的经济现象和行为活动。从社会再生产过程来看,它是社会再生产过程中"生产、分配、交换、消费"四个环节中的消费环节。个人消费是一种最终消费,所以"消费"一词狭义上是指个人消费。

所谓的消费者,狭义上指的是购买、使用各种消费用品(包括服务)的个人、居民户,也包括企业、学校、政府机关和其他社会组织;广义上指的是在不同时间和空间范围内所有参与消费活动的个人或集团,泛指现实生活中的所有人。在现实生活中,同一消费用品的购买发起者、决策者、购买者和使用者可能是同一个人,也可能是不同的人。例如,长期以来,在中国保健品市场上就存在一种"买的不喝,喝的不买"的现象,但无论是买的人还是喝的人,他们都是广义上的消费者。

法律意义上的消费者,是指为生活消费需要而购买、使用商品或者接受服务的个人和单位。消费者的法律特征有这样四点:①消费者的消费性质属于生活消费;②消费的客体是商品和服务;③消费者的消费方式包括购买、使用(商品)和接受(服务);④消费者的主体范围包括公民个人和进行生活消费的单位。

消费者是区别于商品经营者的商品交换关系中的主体。在现代商品经济社会中,由于生产的发展,科技水平的提高等社会经济因素,使得生产经营者和消费者之间在经济条件、教育水平、议价能力等诸多方面存在不平等的社会关系,消费者经常处于弱者的地位,如不给予特别保护,其合法权益就难以保障。因此,国家有必要采取一定的强制措施,如要求商品生产经营者必须保证商品质量,提供必要的使用说明等。我国还专门制定了《中华人民共和国消费者权益保护法》(后文简称《消法》)以保护消费者的合法权益。

【相关法规】

2. 消费者行为

消费者对于我们每一个人来说,往往是既熟悉又陌生。熟悉的是,我们每一个人都是消费者,每时每刻都在消费,而且每一次的消费行为看上去似乎都是那么简单、平淡;陌生的是,消费者的心理和行为又非常复杂,有时候一种心理或行为反应发生之后,连我们自己都无法弄懂自己。这就是消费者或消费者行为研究的魅力所在。它吸引了无数的社会学、心理学、人类学、经济学、营销学等学科领域甚至一些公共部门的专家和实际工作者的研究兴趣。

关于什么是消费者行为,目前国内外还没有一个统一的、被普遍接受的定义。

美国市场营销协会(American Marketing Association, AMA)的定义:消费者行为是感

情、认知、行为及环境因素之间的动态互动过程,是人类履行生活中交换职能的行为基础。在这一定义中,至少有以下四层重要含义:①消费者行为是感情、认知、行为及环境因素之间交互作用的过程;②消费者行为是感情、认知、行为和环境因素之间交互作用的结果;③消费者行为是动态变化的;④消费者行为涉及交换。

一般认为,消费者行为是指消费者为了满足其需求和欲望而进行产品与服务的选择、采购、使用与处置,因而所发生的内心里、情绪上及实体上的活动。消费者行为的基本范畴主要包括与购买决策相关的心理和实体的活动。心理活动包括评估不同品牌的属性、对信息进行归纳分析及形成内心决策等。实体活动则包括消费者搜集产品相关信息、到购买地点和销售人员进行沟通和交流及产品的实际消费和处置。

> **案例阅读**
>
> 小明是市场营销专业大学二年级的学生,在假期的时候,他通过自己的勤奋打工挣到了1 000元钱,他把这1 000元钱存了起来,准备作为上学的生活费和买学习资料用。开学后,由于成绩优秀,小明获得了1 000元的奖学金,结果请同学吃饭花掉200元,买夹克衫360元,买了一双运动鞋380元……1 000元的奖学金很快就消费光了。

如果你是一个理性的人,那么对你来说,不管是挣来的钱还是一笔意外之财,是没有什么区别的。但对于有些人来说,他们可能会把自己辛辛苦苦挣来的钱存起来,而把得到的意外之财爽快地花掉。这其实说明人们在头脑里分别为这两类不同来源的钱建立了两个不同的账户,挣来的钱和意外之财是不一样的。一笔相同的收入,其消费的行为、结果却大相径庭。

3. 消费者行为的特点

消费者行为虽然复杂多变,但并非不可捉摸。事实上,通过精心设计的调查,消费者的行为是可以被理解和把握的,这也是企业和学术界致力于分析消费者行为的根本出发点。消费者行为虽然多种多样,但在这些千差万别的行为背后,存在一些共同的特点或特征。

(1)消费者行为是受动机驱使的。在现代社会经济生活中,由于购买动机、消费方式与习惯的差异,各个消费者的消费行为表现得各不相同。所有消费者行为都是因某种刺激而激发产生的,这种刺激既来自外界环境,也来自消费者内部的生理或心理因素。在各种刺激因素的作用下,消费者经过复杂的心理活动过程,产生购买动机。在动机的驱使下,消费者进行购买决策,采取购买行动,并进行购买后评价,由此完成了一次完整的购买行为,如图1.2所示。例如,我们买某一品牌服装的行为,除了生理上的需要以外,还受品牌、他人的评价等因素的影响和刺激,最后才决定购买。

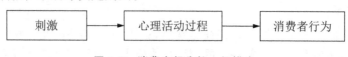

图1.2 消费者行为的一般模式

(2)购买者的广泛性。一项消费行为的参与者往往包括提议者、影响者、决策者、购买者和使用者。例如,儿子过生日时,爸爸提议给儿子买一把玩具枪,妈妈建议买一辆电动遥控车,在这一过程中,爸爸是提议者,妈妈是影响者,最后决定买什么,爸爸、妈妈、儿子都要参与决策,购买者可能是父母或他们中的一人,使用者只有孩子。因此,分析不同购买决策参与者所扮演的不同角色,弄清楚谁是购买决策的参与者,对于企业选择促销方式和手段,具有非常重要的意义。

（3）需求的差异性。当今的市场结构已由卖方市场转为买方市场,消费者的需求更趋于多样化和个性化,消费者的需求不尽相同,甚至会存在明显的差异。企业不可能通过一种产品或服务来满足所有的消费者,也不可能只凭自己的人力、物力和财力来满足整个市场的所有需求。因此,企业要想在市场竞争中求得生存和发展,应当也只能满足全体消费者中的一类或几类特定需求。例如,美国著名的宝洁公司在 20 世纪 80 年代进入我国市场,当时,我国消费者中头皮屑患者较多,宝洁公司针对这一细分市场推出具有去头皮屑功能的"海飞丝"洗发水获得成功。而后宝洁公司又针对不同细分市场推出了"玉兰油"系列护肤品、"飘柔"二合一洗发水、"潘婷"洗发水等产品,为自身的发展壮大起了决定性的作用。

（4）消费者行为具有可诱导性。消费者有时对自己的需要并不能清楚地意识到。此时,企业可以通过提供合适的产品来激发消费者的需要,也可以通过有效的广告宣传、营业推广等促销手段来刺激消费者的购买欲望,甚至影响他们的消费需求,使他们改变消费习惯、更新消费观念。例如,导入案例中"万宝路"香烟的故事,说明消费者的行为是能够被影响的。应当指出的是,企业影响消费者行为是以其产品或活动能够满足消费者某种现实或潜在的需要,能够给消费者带来某种利益为前提的,有一些新产品虽然伴有大规模的广告与促销活动,但最终还是失败了的事实,从反面说明了产品适合消费者需要的重要性。

### 案例阅读

元旦当天的某高校俱乐部前,一个老妇守着两筐大苹果在叫卖,因为天寒,购买者寥寥无几。讲授消费心理学课程的张教授见此情形,上前与老妇商量几句,然后走到附近商店买来节日织花用的红彩带,并与老妇一起将苹果两个一扎,接着高叫道:"情侣苹果呦！5 元一对！"经过的情侣们觉得很有意思,认为用红彩带扎在一起的一对苹果看起来很有情趣,因而纷纷购买。不一会儿,两筐苹果全部卖光,老妇赚得颇丰,向教授连连称谢。

4．消费心理学的内涵

消费心理学主要是研究消费过程中消费者心理与行为的产生、发展及其规律,并探讨在市场营销活动中各种心理现象之间的相互关系的一门学科。消费者心理与行为作为一种客观存在的社会现象和经济现象,同其他事物一样,有其特有的活动方式和内在运行规律。对这一现象进行专门研究,目的在于发现和掌握消费者在消费活动中的心理与行为特点及规律性,以便适应、引导、改善和优化消费行为。

心理活动是人脑对客观事物或外部刺激的反映活动,是人脑所具有的特殊功能和复杂的活动方式。它处于内在的隐蔽状态,只具有可以观察的现象形态,因而无法从外部直接了解。但是心理活动可以支配人的行为,决定人们做什么及怎样做。因此,通过对一个人的行为表现的观察,可间接地了解其心理活动状态。

同样,人作为消费者在消费活动中的各种行为,也无一不受到心理活动的支配。例如,是否购买某种商品，购买什么品牌的商品，什么时候购买，如何购买等，其中的每一个环节都需要消费者做出相应的心理反应，并进行分析、比较、选择和判断。因此，消费者的消费行为都是在一定心理活动支配下进行的，并通过消费行为加以外化。

### 【与相关课程的联系】

消费心理学是学习其他市场营销专业课程的基础，市场营销学和市场营销策划中产品的设计、价格的制定，促销政策是实施等内容，都要针对消费者的消费心理有的放矢的开展。在广告、推销等课程中，更要针对不同消费者的消费心理制订相应的策略。

### 1.1.3 消费心理学的产生与发展

19世纪末20世纪初，资本主义经济进入繁荣发展阶段，随着机器大工业生产体系的确立和生产社会化程度的提高，生产力水平快速提高，劳动生产率迅速上升，产品数量大幅度增加。与此同时，市场的有限性使得企业生产经营的关键在于其产品的市场销售状况。为此，许多企业主开始把注意力转向寻求开拓市场的途径。了解消费者需求、引起消费者对商品的兴趣和购买欲望、促成其购买行为已成为他们关注的重点内容，这就促使对消费者心理与行为进行专门研究成为必然。

从发达国家的情况看，消费心理学从理论体系和框架的形成到逐步完善并形成一门独立的学科，大体上经历了以下三个阶段。

1. 萌芽阶段

【名人简介】

1901年12月20日，美国心理学家沃尔特·D.斯科特在西北大学做报告，提出了广告应作为一门科学进行研究，心理学在广告中可以而且应该发挥重要作用。人们认为这是消费心理学问题第一次被提出。1903年，斯科特汇编了十几篇广告心理学问题的论文，出版了《广告论》一书。一般认为，这本书的出版标志着消费心理学这门学科的诞生。

1912年，德国心理学家雨果·闵斯特伯格出版了《工业心理学》，书中阐述了在商品销售过程中，广告和橱窗陈列对消费者心理的影响。同时，还有一些学者在市场学、管理学等著作中研究消费心理与行为的关系。比较有影响的是"行为主义"心理学之父约翰·华生的"刺激-反应"理论，即"S-R"理论。这一理论揭示了消费者接受广告刺激物与其行为反应的关系，被广泛运用于消费者行为的研究之中。

由于此时消费心理与行为的研究刚刚开始，研究的重点是企业如何促进商品销售，而不是如何满足消费者需要，加上这种研究基本上局限于理论阐述，并没有具体应用到市场营销活动中来，所以，尚未引起社会的广泛重视。

2. 显著发展阶段

从20世纪30年代到60年代，消费者行为研究被广泛应用于市场营销活动中，并迅速得到发展。

20世纪30年代的经济大萧条时期，许多发达国家出现了生产过剩、产品积压问题，这使得刺激消费成了渡过危机的重要措施。了解消费者需求、提高消费者对商品的认识、促使消费者对商品产生兴趣、诱发消费者的购买动机等，已成为政府制定经济政策和企业生产经营活动的重要课题。这时，无论是政府的货币政策还是企业的经营措施，都是从消费者的心理与行为入手，来刺激消费和引导市场行为，从而大大促进了对消费者心理和行为研究的发展和深入。

1943年，美国心理学家亚伯拉罕·马斯洛提出需要层次理论；1953年，美国心理学家罗杰·布朗开始研究消费者对商标的倾向性；1957年，社会心理学家莫瑞·鲍恩开始研究参照群体对消费者购买行为的影响；1960年，美国正式成立"消费者心理学会"；1969年成立"顾客协会"。与此同时，消费心理学的学科体系也基本形成。消费心理学从此进入发展和应用时期，它对市场营销活动的参与、影响日益明显。

3．成熟阶段

20世纪70年代以来，有关消费者心理与行为的研究进入全面发展和成熟阶段。前人的研究成果经过归纳、综合，逐步趋于系统化，一个独立的消费心理学学科体系开始形成，有关的研究机构和学术刊物不断增多。除了大学和学术团体外，美国等西方国家的一些大公司纷纷附设专门的研究机构，从事消费者心理研究。有关消费者心理与行为的理论和知识的传播范围日益广泛，并且越来越受到社会各界的高度重视。综观近年来消费者心理与行为的研究现状，可以发现以下新的发展趋势：

（1）理论进一步得到发展。许多学者把研究重点放在理论研究上，如对消费者决策程序的理论研究。

（2）重视宏观方面的研究。研究者们能够从整个社会经济系统的高度去研究消费者的心理与行为，如消费者行为与经济心理学的研究。

【名人简介】

（3）转向对因果关系的研究。即由过去单纯性的确认描述变量关系，转向解释性的研究和对因果关系的探讨，如对消费者需求变化的影响因素的研究。

（4）与相关学科结合交织。即对本学科的研究进行跨学科的融合、渗透，如对消费流行时尚的研究就与社会学密切相关。

（5）引入现代研究方法。即对心理学的基本范畴（如动机、人格等）用现代方法进行研究，如对消费者认识过程中的记忆就用信息论的观点进行研究。

## 任务2　掌握消费心理学的研究对象、内容与方法

消费心理学属于应用心理学的范畴，是一门研究消费者心理和行为的科学，具有很强的实践性，和其他学科一样，消费心理学也有其独特的研究对象、研究内容和研究方法。

### 1.2.1　消费心理学的研究对象

消费者心理是看不见摸不着的内心活动，我们只能依靠由它支配的消费者行为，即根据消费者的"所作所为"去探究消费者的"所思所想"。

影响消费者行为的因素很多，比较简明的是如图1.3所示的"三因素"论。

营销大师菲利普·科特勒又提出了影响消费者行为的四个因素，即文化、社会、个人和心理，如图1.4所示。

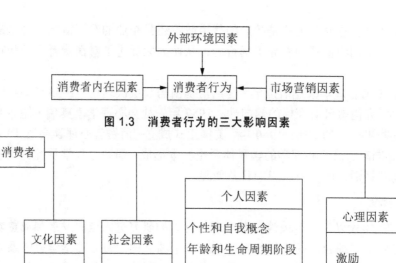

图 1.3 消费者行为的三大影响因素

图 1.4 影响消费者行为因素的四个层面

影响消费者行为的因素和理论还有其他观点，消费心理学的研究对象是复杂和多变的，它包括了与消费者心理现象和消费行为相关的一切因素。

### 1.2.2 消费心理学的研究内容

研究对象决定研究内容，因此，作为一门独立的应用学科，消费心理学的研究内容主要包括以下四点。

1. 对消费者购买行为的心理过程和心理状态的研究

消费者购买行为的心理过程，是从消费者对商品的认识过程开始的，进而发展到情绪过程和意志过程，这个心理过程是每个消费者所共有的。心理学有关感觉、知觉、学习、记忆、需要、动机、情绪、情感的研究成果和相关理论，必能为解释人的消费行为提供帮助。心理过程和心理状态的作用，是激活消费者的购买目标导向，使他们采取某些行为或回避某些行为。因而，消费者购买活动的心理过程和心理状态必然影响购买行为的发生和进行。例如，一些消费者面对琳琅满目的商品，能够果断做出购买决策，而有的犹豫不决，有的浏览观望，有的拒绝购买，这些行为表现出消费者心理过程和心理状态的差异。消费者心理活动的普遍倾向，如追求物美价廉、求实从众、求名争胜、求新趋时、求美立异等，都会对消费者对商品的感觉、知觉、想象、记忆、思维、情感和意志等心理过程产生直接的影响。那么，如何控制和调节消费者购买的心理过程和心理状态，激发他们的购买行为，对于工商企业至关重要。因此，研究消费者的心理过程和心理状态，必然成为消费心理学的基本内容。

2. 对影响和制约消费者购买行为的个性心理特征的研究

消费者的心理过程和心理状态，是消费者购买行为中以特殊形式表现出来的一般心理规律。消费者购买的心理现象又是消费者个人的心理表现，这就必然被消费者个性心理特征所左右，消费者购买行为中所产生的心理过程，表现出人的心理活动的一般规律，但个性心理特征又反过来影响和制约消费者的购买行为。例如，有的消费者对商品的认识比较全面，可能购物能力较强，有的则比较肤浅，可能购物能力较差；有的对商品的情感体验比较热情积极，有的则比较冷淡消极等。这些现象都说明，消费者的心理现象存在明显的差异，这些差异都是消费者购买活动中个性心理特征的表现。

消费者的个性心理特征，还受到消费者个人的知识、经验、成长的社会环境及心理需求、兴趣等因素的影响，并在购买行为中表现出来。消费心理学研究消费者的个性心理特征，它可以帮助我们揭示不同消费行为的心理特点，以采取相应的心理营销策略，促进消费者的购买行为。因此，消费者的个性心理特征是消费心理学研究的重要内容之一（详见项目3）。

3．对消费者购买决策的研究

在由一系列环节和要素构成的消费者购买行为过程中，居于核心地位的是购买方案的选择、判断和决定，即消费者的购买决策。购买决策对购买行为的发生及其效果具有决定性的作用。影响消费者购买决策的因素很多，如消费者本身特征引起的内部因素，消费者生活、工作、学习等条件的差异形成的外部因素。此外，商品的效用、购买后的评价也是一个影响购买决策的重要的决定性因素。这是本书项目4的主要内容。

4．对消费者心理与市场营销的双向关系的研究

不同的消费品市场以不同的消费者群为对象，不同的消费者群对消费品市场也有不同的心理需求。企业的营销策略，会影响消费者心理的产生和发展；反之，不同消费者的心理特点，又会对市场营销提出特定的要求。因而，消费者心理与市场营销存在双向关系。成功的市场营销活动，应该是能够适应消费者心理要求和购买动机的营销，也是能够适应消费者心理变化而行之有效的营销方法。因此，消费心理学的研究既包括影响消费者的各种个体因素和社会、政治经济因素的研究，又包括商品生产设计、定价、广告、商店橱窗设计和服务营销等如何适应消费者心理需求的研究。

有关每种理论在市场营销中的应用所涉及的心理策略见本书的项目5至项目11。

### 1.2.3 消费心理学的研究方法

方法是人们研究问题、解决问题并实现预期目标所必需的途径和手段。研究消费心理学，如果方法正确，就能收到事半功倍的效果。消费心理学是一门研究人的心理活动的科学，是与社会科学、自然科学和哲学密切联系的科学。因此，研究消费心理学离不开社会实践、自然科学原理和哲学方法。特别是马克思主义的辩证唯物论，不仅为研究消费心理学提供了正确的理论依据，同时也提供了科学的基本原则，我们在研究过程中必须努力遵循这些理论和原则。

1．消费心理学的研究原则

（1）客观性原则。人的心理是客观事物的反映，一切心理活动都是由外部刺激所引起，并通过社会实践活动表现出来的。消费心理是由客观存在引起的，对任何心理现象，必须按它们本来的面貌加以考察，不能脱离实际去主观臆断。心理学本身具有非常抽象的特点，但心理现象却是具体的、可以观察到的。对消费心理，只能在消费者的生活和活动的外部条件中进行研究。例如，在价格体制改革中，每项物价调整政策出台后，消费者产生一些变异心理是客观存在的。正确的方法是实事求是地加以宣传，引导消费者逐步适应物价变动，增强

心理承受能力。遵循这一原则，要求在消费者的消费行为过程中去研究其心理活动。只有根据消费者的所想所说、所作所为，才能正确判断其心理特点。

（2）理论联系实际的原则。基于心理学和经济学的理论基础，又要与市场营销和消费实践活动相联系。既要考虑引起某一种心理现象的原因、条件，同时还要考虑与之相联系的相关因素的影响。不能孤立地研究，必须是全面地、联系地进行分析，这就是联系性原则。例如，消费者在购买现场的心理活动，要受购物现场的环境、商品的造型、色彩、包装、价格、质量、广告宣传、服务方式和服务质量及消费者本身的心境等许多因素的影响，而且这些因素在不同时间里对同一消费者的影响也会有所差别。只有将各种影响因素用联系的观点，同时遵守客观性的原则加以分析，才能比较准确地把握消费者的心理状态。

（3）全面性原则。市场营销活动是社会实践活动的一部分，参加市场活动的部门、人员很多，影响消费者购买行为的因素也很多。消费者在无数次的购买活动中，无论实际的购买对象怎样，每个消费者总是保持他个人独有的心理特质。例如，青年消费者购物带有浓厚的情绪色彩，冲动性购买行为较多；中年消费者购物时独立意识、判断意识较强；老年消费者购物更稳重、动作慢、询问多等。我们通过分析、研究可以认识个别消费者在不同的生活、活动条件下的心理活动，通过全面综合的研究有助于我们弄清大量个别心理表现之间的相互联系，从而找出表明消费者特征的那些稳定的东西，有的放矢地进行市场营销服务。

（4）发展性原则。一切事物都是运动变化的，市场风云变幻莫测，营销活动千变万化。作为客观事物的反映，人的心理活动也必然有所变化和发展。坚持用发展性原则研究消费心理学，就是要用运动和发展的观点去认识问题。营销活动中人的心理活动是伴随着客观事物的变化而变化的，绝不能用静止的、千篇一律的眼光去认识心理现象。例如，进入21世纪，我国消费者的家庭生活方式正朝着物质更丰富、精神更愉快、生活质量更高的方向发展。因此，我们要在发展变化中研究营销活动中的电子商务、绿色消费的心理现象。遵循发展性原则，不仅要求阐明营销活动中已经形成的心理现象，还要阐明那些潜在的或初露端倪的心理现象；同时，还要预测消费心理活动的发展趋向，这样才能真正把握消费心理活动的发展变化的客观规律。

2．消费心理学的研究方法

目前，国内外心理学家和市场学家常用来研究消费者心理活动规律的基本方法有观察法、访谈法、问卷法、综合调查法、试验法、投射测验法等。

1）观察法

观察法是指观察者在自然条件下有目的、有计划地观察消费者的语言、行为、表情等，分析其内在原因，进而发现消费者心理现象规律的研究方法。随着现代技术的发展，可借助视听器、摄像机、录音机、照相机等工具来增强观察效果。观察法可分为自然观察法和实验观察法两种形式：自然观察法是指完全自然的，在被观察者并不知情的条件下进行的观察；实验观察法是指在人为控制条件下进行的观察，被观察者不一定知情。

观察法大多是在消费者并不知晓的环境下进行观察，由于消费者没有心理负担，所以其行为是一种心理的自然流露。通过观察所获得的资料比较直观、真实、可靠。此外，观察法在操作上比较简便，花费也比较少，所以无论是大型企业或是小型店铺都可以采用。观察法的不足之处在于其具有一定的被动性、片面性和局限性。首先，调查者在进行观察时只能消极被动地等待所要观察事情的发生；其次，调查者对观察对象的了解只能从其外部动作去考察，难以了解他们的内心活动；最后，要求观察对象数量大、涉及面广，因而为取得大量的资料所投入的人力和时间必然较多。观察所得到的材料本身还不能区分哪些是偶然现象，哪些是规律性的反映。例如，漫步商场观察消费者的步态和目光时，发现大致有三种表现：①脚步紧凑，目光集中，直奔某个柜台；②步履缓慢，犹豫不决，看着商品若有所思；③步态自然，神色自若，随意浏览。上述三种表现说明进店顾客大致有三类：买者、可能买者、逛客。仅从这些观察中还不能推算出进店顾客真正购物的概率，因为在消费者的行为举止中，还有很多偶然因素。

观察法可用于观察别人，也可用于观察自己，形成自我观察法。这种方法是把自己摆在消费者的位置上，根据自身的日常消费生活体验，去揣摩、感受消费者的心理。应用自我观察法研究消费心理有独到之处，对价格心理、偏好转变及情感变换等较复杂的心理现象的研究，通常能收到满意的效果。

观察法在研究商品价格、销售方式、商标、广告、包装、商品陈列、柜台设置、品牌及新产品的被接纳程度等方面，均可取得较好的效果。

2）访谈法

访谈法是通过一个经过训练的访问者与受访者交谈，以口头信息传递和沟通的方式来了解消费者的动机、态度、个性和价值观念等内容的一种研究方法。它可以在被访问者家中或有可能在一个集中的访问地点进行，还可以利用电话等通信手段与被访者沟通。例如，在林荫绿地等宜人环境中，可以对被访问者进行较长时间的深入面谈，目的是获得不受限制的评论或意见并进行提问，以便帮助研究人员更好地理解这些想法的不同方面及其原因。深度访谈在理解个人是如何做出决定的、产品被如何使用及消费者生活中的情绪和个人倾向时，尤其有用。新的概念、设计、广告和促销信息往往以这种方法形成。

（1）按交谈过程结构模式的差异划分，访谈法可以分为结构式访谈和无结构式访谈两种形式。结构式访谈又叫控制式访谈，访谈者根据预定目标事先拟定谈话提纲，访谈时按已拟定的提纲向受访者提出问题，受访者逐一予以回答。这种方法类似于问卷法，只是不让被试者笔答，只用口答而已。其优点是运用这种方法，访谈者能控制访谈的中心，条理清晰，比较节省时间。缺点是这种方式容易使访谈者感到拘束，产生顾虑；也容易使受访者处于被动的地位，使访谈者只能得到"是"与"否"的回答，而不能了解到受访者内心的真实情况，因而访谈的结果往往缺乏深度，也不容易全面。无结构式访谈又叫深度访谈，它不拘形式，不限时间，尊重受访者谈话的兴趣，使访谈者与受访者以自由交谈的方式进行。其优点是受访者不存在戒心，不受拘束，便于交流，受访者能在不知不觉中吐露真实情感；缺点是采用这种访谈方法要求调查者有较高的访谈技巧和丰富的访谈经验，否则就难以控制谈话过程，不仅耗费时间较长，而且可能影响访谈目标的实现。

（2）按访谈者与访谈对象的接触方式，可以分为个人访谈和小组座谈两种形式。个人访谈又叫一对一的访谈，由调查者对单个受访者进行访问，可以采取结构式访谈，即询问一些预订的问题，也可以采取无结构式自由访谈的形式。一对一的访谈中，访问者不应有意识地影响被访问者的回答。换言之，不能给被试者任何压力或暗示，要使被访问者轻松自由地回答各种问题。一对一访谈适合运用于以下四种情境：①要求对个体行为、态度或需要进行深入探究；②讨论的主题可能具有高度私人或保密性（如个人投资）；③讨论的主题带有情感性或具有某种使人窘迫的性质；④存在某种非常强烈的社会规范，采用群体讨论会对个体反应产生重要影响。小组座谈也叫集体访谈，调查访谈人员以召开座谈会的方式向一组消费者进行访谈。标准的集体访谈涉及 8~12 名被访者。一般来说，小组成员构成应反映特定细分市场的特性。被访者要根据相关的样本计划挑选出来，并在有录音、录像等设备的场所接受访问。集中小组访谈可以运用于以下情境：①激发产品创意时的顾客基本需要研究；②新产品想法或概念探究；③产品定位研究；④广告和传播研究；⑤消费者参照群体的背景研究；⑥在问卷设计的初始阶段需要了解消费者所使用的语言与词汇；⑦态度和行为的决定等。

3）问卷法

问卷法是根据研究者事先设计的调查问卷，向被调查者提出问题，并要求被调查的消费者书面回答问题的方式，也可以变通为根据预先编制的调查表请消费者口头回答、由调查者记录的方式进行调查，从中了解被调查者心理的方法，这是研究消费者心理常用的方法。根据操作方式，问卷法可以分为邮寄问卷法、网络问卷法、入户问卷法、拦截问卷法和集体问卷法等。按内容可以分为封闭式和开放式调查问卷两种。封闭式调查问卷就是让被调查者从所列出的答案中进行选择，类似选择题、是非题等；开放式调查问卷是指被调查者根据调查者所列问题任意填写答案，不作限制，类似填空题和简答题。

一个正式的调查问卷主要包括三个部分：指导语、正文和附录。①指导语，主要说明调查主题、目的、意义及向被调查者致意等。这里最好要强调一下调查与被调查者的利害关系，以取得消费者的信任和支持。②正文，它是问卷的主体部分。依照调查主题，设计若干问题，要求被调查者回答。这是问卷的核心部分，一般要在有经验的专家指导下完成设计。③附录，主要有关被调查者的个人情况，如性别、年龄、婚姻、职业、学历、收入等，也可以对某些问题附带说明，还可以再次向消费者致意。附录可随调查主题不同而增加内容。但要注意，结构上要合理，正文应占整个问卷的 3/4 或 4/5，前言和附录只占很少部分。

问卷法的优点是同一问卷可以同时调查很多人，主动性强，信息量大，经济省时，简便易行，结果易于统计分析；其缺点是回收率低（一般为 50%~60%），问卷的回答受被调查者的文化水平等条件的限制，并且不容易对这些材料重复验证。

【拓展案例】

【课堂互动】

扫描二维码，或者搜索"大学生消费行为问卷"，了解大学生消费行为问卷的设计和有关内容。

4）综合调查法

综合调查法指在市场营销活动中采取多种手段取得有关材料，从而间接地了解消费者的心理状态、活动特点和一般规律的调查方法。根据不同的目标和条件可以采用邀请各种类型的消费者座谈、举办新产品展销会、产品商标广告的设计征集、设置征询意见箱、销售时附带消费者信息征询卡、特邀消费者对产品进行点评、优秀营业员总结经验等手段和方法，在此不一一叙述。

5）试验法

试验法指在严格控制下有目的地对应试者给予一定的刺激，从而引发应试者的某种反应，进而加以研究，找出有关心理活动规律的调查方法。试验法包括以下两种：

（1）实验室试验。实验室试验是指在专门的实验室内进行，可借助各种仪器设备以取得精确的数据。例如，研究人员可以给消费者提供两种味道稍微不同的食品，让他们品尝并进行挑选。此时，产品的不同味道是自变量，可以由研究者控制，而挑选结果则是因变量，至于其他能够影响挑选的因素如价格、包装、烹调的难易程度等，可以设计成完全相同。这样，经过实验后得出的消费者的挑选结果就仅仅取决于味道的差别，而与其他因素无关了。在消费者行为的实验研究中，应该注重使实验环境尽可能与相关的现实环境接近，也就是说要尽可能排除不寻常或偶发条件下才出现的外部因素对实验结果的扭曲。现场实验是一种比较好的选择。

（2）现场试验。现场试验在实际消费活动中进行。例如，测定广告宣传的促销效果，可以选择两个条件相近的商店或商场，一个做广告，一个不做。记录各自的销售量，然后进行比较和统计检验，以确定广告宣传效果的大小。而不是在实验室中播放两个广告，让消费者评价。由于营销活动现场的具体条件比较复杂，许多变量难以控制，所以会影响研究结果的准确性。

6）投射测验法

投射测验又称深层法，是一种通过无结构性的测验，引出被测试者的反应，从中考察被测试者所投射的人格特征的心理测验方法。具体来说，就是给被测试者意义不清、模糊而不准确的刺激，让他进行想象、加以解释，使他的动机、情绪、焦虑、冲突、价值观和愿望在不知不觉中投射出来，而后从他的解释中推断其人格特征。

最著名的投射测验是罗夏赫墨迹测验和主题统觉测验，但这两种测验在实际的消费者研究领域并不适用，在该领域中比较常用的是角色扮演法、词汇联想法和造句法。下面只介绍角色扮演法，如由大学生分别充当囚徒和监狱警察，观察其不同角色的情绪变化特点。

【知识拓展】

著名的角色扮演法测试是美国关于速溶咖啡的购买动机研究。一开始，速溶咖啡的上市并没有被消费者接受，大家对这种省时、省事的产品并不感兴趣。美国心理学家海尔曾用问卷法直接调查，结论是消费者不喜欢这种咖啡味道，然而，这个结论是没有依据的，因为速溶咖啡与新鲜咖啡的味道是一样的。后来，心理学家通过角色扮演法，编制了两种购物单，见表1-1。其中只有一项是不同内容，一张上写的是速溶咖啡，另一张上写的是咖啡豆。把这两种购物清单分别发给两组妇女，请她们描写采用不同购物单的家庭主妇的特征。测验发现，两组妇女对家庭主妇的评价截然不同。

表1-1 海尔编制的两张购物清单

| 购物清单A | 购物清单B |
| --- | --- |
| 1听朗福特发酵粉 | 1听朗福特发酵粉 |
| 2只油煎饼面包 | 2只油煎饼面包 |
| 1捆胡萝卜 | 1捆胡萝卜 |
| 1听内斯速溶咖啡 | 1磅咖啡豆 |
| 1磅半汉堡牛排 | 1磅半汉堡牛排 |
| 1听德尔盟特桃子罐头 | 1听德尔盟特桃子罐头 |
| 5磅土豆 | 5磅土豆 |

购买速溶咖啡的主妇被大家看作是贪图方便、省事、懒惰的人，认为她生活无计划，会花钱，不是个好妻子；而购买咖啡豆的主妇则被大家评价为勤快的、有经验的、会持家的主妇。从而，人们不喜欢速溶咖啡的真正原因找到了，它不受欢迎的原因不在于味道，而是一种传统观念的问题。在当时的社会背景下，美国妇女认为担负繁重的家务是一种天职，而逃避劳动则是偷懒的行为。大家不接受速溶咖啡正是基于这种深层的购买动机。这样，厂家要改进的就不是产品味道，而是如何进行广告宣传。后来，公司改变宣传

策略，打消顾客省力的心理压力，产品随即成为畅销货。今天速溶咖啡不仅是西方国家的通用饮料，也逐渐成为我国人民的家庭食品。

投射试验一般都具有转移被测试者注意力和解除其心理防卫的优点，因而在消费心理学的研究中常被用作探寻消费者深层动机的有效手段。

## 任务3　理解消费心理学的课程性质与研究意义

消费心理学是属于应用心理学范畴的一门学科，国内外有关消费者心理与行为的研究进入了全面发展和成熟的阶段。

### 1.3.1　消费心理学的课程性质

消费心理学是从广告心理学发展而来的。早期的消费研究主要是从消费者处收集信息，以便制作更有效的广告。后来，研究重点转向产品设计前后消费者的意见和态度。随着社会的进步和技术的发展，与此相关的研究理论层出不穷，如营销心理学、消费者行为学等都是研究消费者心理现象和行为的科学。到目前为止，国外心理学的应用学科已发展到包括教育心理学、社会心理学、政治心理学、临床与咨询心理学、工业组织心理学、运动心理学及消费心理学等超过25个心理学分支学科。

近年来，随着商品经济的发展，市场竞争的日益激烈化，以及市场营销观念由生产者为中心向消费者为中心转变，对消费者行为的研究越来越受到市场营销研究者和心理学家的重视，美国的许多商业机构都开展消费者行为尤其是消费者购买动机这一涉及消费心理学领域的研究。

【名人简介】

与此同时，心理学和社会心理学的研究也有了很大的发展。当时，心理学界正是行为主义心理学的时代，以约翰·华生、伯尔赫斯·斯金纳为代表的行为主义心理学家围绕刺激与反应的问题进行了大量研究。另外，以卡尔·霍夫兰为代表的一批社会心理学家在第二次世界大战后继续了战时关于说服方面的研究，也取得了丰硕的成果。这些研究成果及心理学其他相关的研究成果大量地被引用到消费心理学理论与实践之中，从而丰富了消费心理学的内容，促进了消费心理学的发展。

随着西方发达国家科学技术的突飞猛进，经济高速增长，心理学本身也发生了重大的历史性变化，一种新的心理学思想、一个新的心理学学科——认知心理学诞生了。认知心理学以其旺盛的生命力在短时间内取代了传统行为主义心理学的地位，渗透到了包括消费心理学在内的心理学的各个研究领域。

1. 消费心理学课程的定位

消费心理学是市场营销专业的专业基础课，它是一门应用性较强的课程，理论与实际相结合非常紧密；也是国家职业资格考试中助理营销经理资格证、商务策划师资格证、市场营销师资格证等证书考试的内容之一。对于每个从事营销或销售的人而言，拥有足够的消费心理学知识和经验是这个职业的要求。

为了更好地学习和掌握有关消费心理学的知识，在学习本课程之前，要具备市场营销学、管理学基础、经济学基础、市场调查与预测等先修课程的基础。作为专业基础课，学习消费心理学后，学生可以系统地掌握消费者在生活消费过程中消费者个性的形成及其心理特征，消费者行为的心理过程及其变化发展规律，从而掌握消费者的心理活动规律消费者心理与市场营销的关系。对其他的后续专业课程，如现代推销技术、广告理论与实务、连锁经营、销售管理、市场营销策划等提供帮助。

通过学习消费心理学课程，学生可以掌握相关知识，从而有利于满足消费者的需要，有利于企业提高市场竞争力，保证本专业学生能胜任今后的专业工作，为学生提高自身综合素质、适应市场经济奠定一个良好的基础。

2．课程目标

（1）专业能力。掌握消费者的消费心理和行为的基本规律，掌握不同消费群体的消费心理，掌握影响消费者消费心理的因素，掌握如何利用营销工具影响消费者消费心理和行为等。例如，掌握具体运用所学的有关不同消费者群划分的知识来细分市场的能力；具体运用所学的有关文化和社会阶层的知识来分析市场和预测消费者购买行为的能力。

（2）社会能力。使学生在未来营销或销售岗位上进行职业化定位，达到商务设计与管理专业对学生的技能与职业的要求。强化学生的团队合作能力，人际沟通能力，以及发展和谐人际关系的能力，为培养一名高素质的从业者奠定基础。

例如，具有运用消费者决策的基本知识来分析和评价消费者购买决策过程的能力；具有运用所学的有关动机的理论来激发消费者的购买动机的能力；具有运用所学的有关态度的理论来形成和改变消费者态度的能力和具有运用消费者行为学的研究方法来分析和预测消费者行为的能力等。

（3）方法能力。提高学生在营销和销售实践中观察能力、判断能力、营销能力，学会如何辨识影响消费者消费的心理因素的方法，并学会通过对消费者心理分析以提高营销技巧与技能的方法。

例如，根据所学的有关商店选址的知识和原理，具有分析某一具体选址案例的利弊的能力；运用所学的有关知识，具有一定的商标保护的意识，并具有一定的商品命名的知识与能力和具有从心理角度来分析商品定价的依据的能力；同时，具有运用所学的有关公共关系的理论来处理企业危机的能力，等等。

### 1.3.2 研究消费心理学的意义

消费心理学是20世纪80年代中期从西方引入我国的，经过多年的发展，实践证明，在我国发展社会主义市场经济的过程中，深入开展消费心理与行为的研究具有极其重要的现实意义。

1．研究消费心理学可以指导设计新产品和改进现有产品

任何科学的企业管理，在开发新产品或在生产周期的起始阶段，务必明确该产品将服务于什么对象，即满足哪些消费者的哪些方面的需求。新产品的开发源于产品创意，而许多好的创意都来源于对消费者需要和欲望的分析。企业通过研究消费者对当前产品的态度，确定消费者所需的特殊的产品特征。如果确认现有产品不具备消费者想要的特征，就可能找到开

发一种新产品的机会。如高露洁公司认识到消费者需要更容易挤出的牙膏，于是就开发出了一种经济实惠且易于使用的抽吸式牙膏，结果在市场上大获成功。

2. 研究消费心理学可以有效地制订市场策略

研究消费行为可以有效地制订市场策略，包括市场细分、广告、包装、商标、价格、零售渠道等。"顾客至上"的原则是营销建立的核心。依据这一观点，消费者应成为营销工作的中心，即从消费者的角度看，营销就是全部交易。由于社会的运转越来越依赖于信息技术，对有关消费者需求信息的关注越来越重要。企业只有按市场的需求来生产适销对路、符合消费潮流、适应消费者消费水平的商品，提高市场营销活动效果，才能在激烈的市场竞争中占据优势，取得良好的经济效益。

3. 研究消费心理学可以为政府部门依法行政提供科学依据

### 案例阅读

2008年6月28日，位于甘肃省兰州市的中国人民解放军第一医院泌尿科收治第一例婴儿患有"双肾多发性结石"和"输尿管结石"的病例。随后湖北等地也陆续报告多例婴幼儿泌尿系统结石病例，甚至出婴幼儿死亡的恶性事件。现经相关部门调查，病因是患儿食用受到三聚氰胺污染的石家庄三鹿集团股份有限公司生产的三鹿牌婴幼儿配方奶粉所致。

此次事件后，国家质量监督检验部门对奶粉、液态奶也进行了逐一检测，都不同程度地检测出了三聚氰胺，致使消费者对奶制品的安全失去信心。

鉴于此次危机的特殊严重性，政府在迅速启动问责程序、惩戒相关责任人之外，国务院已于2008年9月18日决定废止实行9年的食品质量免检制度。

消费者在购买、使用商品和接受服务时，享有人身和财产安全不受侵害、知悉真实情况、自主选择和公平交易等多项权利。而保护消费者的这些权利，则是政府的一项重要职能。政府对消费者权益的保护，离不开对消费者行为的深入理解。建立在消费者行为分析基础之上的法律和政策措施，能够更加有效地实现保护消费者权益的目的。

研究消费心理学还可以帮助政府加强与提高宏观经济决策水平，改善宏观调控效果，促进国民经济协调发展。例如，制订工矿企业和交通运输中的噪声容许值标准、合理包装和标记的条例，设计适合顾客需要与愿望的交通网、文化中心、娱乐设施等。

4. 研究消费心理学可以促进对外贸易服务的发展

研究消费心理学有助于推动我国尽快融入国际经济体系，不断开拓国际市场，增强企业和产品的竞争力。每个国家和民族都有各自不同的经济发展水平、文化传统、生活方式和风俗习惯，出口产品只有体现上述特性才可能占领国际市场。例如，红色包装在中国和日本是喜庆的象征，可是在瑞典和德国则被视为不祥之兆；八卦与阴阳图对西方人完全是个无关的信息，可是东方人却很容易把它跟道教联系起来，韩国人则把它视为喜爱的标志；熊猫图案在阿拉伯国家不受欢迎等。这样的"跨文化"研究已经被包含在消费者行为的知识体系中。因此，加强对消费者心理和行为的研究，对我国进一步开拓国际市场、增强国际竞争力具有十分重要的意义。

### 5. 研究消费心理学可以有助于消费者科学地进行个人消费决策

消费是以消费者为主体的经济活动，懂得消费心理学可以使消费者提高自身素质，科学地进行个人消费决策，改善消费行为，实现科学、文明消费。消费者的个性特点、兴趣爱好、认知方法、价值观念等，都会在不同程度上对消费决策的内容和行为方式产生影响，进而影响消费活动的效果及消费者的生活质量。在现实生活中，消费者由于商品知识的不足、认知水平的偏差、消费观念的陈旧、信息筛选能力低下等原因，很容易造成决策失误。此外，了解消费者行为的知识，还有助于识别一些容易使人上当受骗的销售手段。例如，一些贩卖者惯用"甩卖""便宜"的叫卖来引诱消费者以达到推销次货、陈货的目的。还有一些摊贩雇佣"托儿"，造成一种从众的气氛，引诱一些消费者上当受骗。消费者如果了解他们的这些欺骗手段，就可以免受其害。

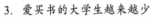 案例阅读

## 大学生消费盲目现象严重

**1. 75%以上日常消费每月在1 000元左右**

部分学生的日常消费高于2 000元，超过普通白领消费水平。

**2. 电子产品消费不亚于白领**

大学生对于电子产品的消费在日常消费中的比例很高。77.36%的同学已拥有手机，其中超过七成的同学使用中高档手机。56.6%的同学拥有电脑，但在这些拥有电脑的同学中，58.5%的同学是将电脑用于玩游戏、上网聊天等娱乐活动，只有26.4%的同学用电脑来学习。

**3. 爱买书的大学生越来越少**

64.2%的同学用于购买书籍的费用仅占总费用的5%以下。即便这5%，还有很大一部分购买的是关于服饰、化妆、漫画等方面的书籍。

**4. 品牌成为女生消费第一考虑因素**

对于绝大多数女生来说，各种服饰、化妆品消费在日常消费中所占的比例很高。有将近一半的女同学在购物时，将品牌作为第一考虑因素，像"耐克""艾格""ONLY""兰蔻""倩碧"等中高档服装、化妆品品牌就非常受同学欢迎。

**5. 恋爱中男生消费占七成**

为了爱情可以不要"面包"，恋爱消费成为男生消费的"主战场"。有时候为了谈恋爱，他们甚至不怕饿肚子。

【参考答案】

**一、单项选择题**

1. 人类消费行为的复杂多样性是基于（　　）。

A. 需要的复杂多样性　　　　　　　B. 动机的复杂多样性
C. 消费品的复杂多样性　　　　　　D. 生存环境的复杂多样性

2. 消费者消费行为的基础是（　　　）。
   A. 消费心理　　B. 消费习惯　　C. 消费保障　　D. 消费文化
3. 采用实验法对消费心理进行研究应具备（　　　）。
   A. 自然条件　　　　　　　　　　B. 严格控制条件
   C. 人为条件　　　　　　　　　　D. 消费者已知条件
4. 消费心理学研究的主体是（　　　）。
   A. 需求者　　　　　　　　　　　B. 使用者
   C. 决策者　　　　　　　　　　　D. 购买者
5. 消费心理学的研究对象主要是（　　　）。
   A. 生产消费　　　　　　　　　　B. 生活消费
   C. 社会消费　　　　　　　　　　D. 文化消费

二、多项选择题

1. 消费心理学研究应遵循的原则包括（　　　）。
   A. 主观性原则　　　　　　　　　B. 发展性原则
   C. 客观性原则　　　　　　　　　D. 全面性原则
   E. 理论联系实际原则
2. 心理的实质（　　　）。
   A. 心理是脑的机能　　　　　　　B. 脑是心理活动的器官
   C. 心理是客观现实的反映　　　　D. 心脏是心理活动的器官
3. 消费心理学的研究方法主要包括（　　　）。
   A. 观察法　　　　　　　　　　　B. 访谈法
   C. 问卷法　　　　　　　　　　　D. 综合调查法
   E. 试验法　　　　　　　　　　　F. 投射测验法

三、简答题

1. 什么是消费心理学？消费心理学的研究对象和内容是什么？
2. 研究消费心理学应该遵循哪些原则？常用方法是什么？
3. 消费心理学的研究经历了哪几个发展阶段？
4. 学习消费心理学课程应该达到哪些目标？

四、论述题

研究消费心理学的意义是什么？

五、案例讨论题

20世纪70年代百事可乐针对可乐行业霸主可口可乐发起了一次颇具杀伤力的广告策划——"口味大挑战"。在这轮广告攻势中，百事可乐对顾客口感试验进行了现场直播——即在不告知参与者在拍广告的情况下，百事可乐请参与者品尝各种没有品牌标志的饮料，然后要他们说出哪一种口感更好，在参加品尝者中，2/3挑选了百事可乐，百事可乐以事实赢得了成功，这次口味实验在当时引起了极大的轰动，成为百事可乐攻击可口可乐最尖刻的口实。然而30多年过去了，有一个问题一直引起研究者的兴趣：两种可乐的口味都没什么变化，但为什么可口可乐还是拥有最多不离不弃的品牌忠诚者？难道消费者的口味发生了变化，或是那次可乐口味实验有什么内幕问题，种种疑惑使人们不断探究其背后的真正原因。

2003年，美国贝勒医学院神经学教授们又做了一次口味实验。这次他们采用了最先进的核磁共振造影仪（Magnetic Resonance Imaging，MRI）来监测记录受试者品尝无记名可乐（可口可乐与百事可乐）时大脑的活动状况。

结果显示百事可乐倾向使大脑的腹侧核产生更强烈的反应，而这个区域是大脑产生强化奖赏情感的区域。在实验初期，选择百事可乐的受试者喝百事可乐时，其腹侧核的活跃程度是可口可乐的支持者们喝可口可乐时的5倍。

接下来，实验组织人员又开始测量可乐的品牌形象影响力。这次，受试者被告知实验样本是可口可乐。形势随即扭转了，几乎所有的受试者都表示他们更喜欢可口可乐。非但如此，连他们的大脑活动也呈现出不一样的情形，他们的大脑中区前额叶皮层也有活动。而这个区域正掌握着大脑里高水平的认知能力。百事却未能达到相同的效果。当被告知品尝样本为百事可乐时，说更喜欢百事的受试者相对要少得多。

这就是品牌的力量，借助核磁共振造影仪，品牌的竞争力得以被最直接地测量。相隔30年的两次实验都证明，相比之下，可口可乐并不见得更好喝，然而，在现实世界里，口味并不代表一切，在人脑这样一个精确的神经认知系统中，特殊的品牌力量操控了人的味蕾。在消费者内心意识中，对品牌的情感偏好决定其最后的选择。产品的好坏并不能最终决定什么，消费者内心的真实需求往往决定最终的选择。

**讨论**

1. 你更喜欢可口可乐还是百事可乐？为什么？
2. 通过上述案例说明营销效果与消费者心理的关系。
3. 你对消费者和两家企业都有哪些建议？

## 项目实训

1. 就你最近进行过的一次支付比较大（如消费500元）的购买行为，从下述方面分析你作为一名消费者在这次购买过程中的行为特征。

（1）你为什么要进行这次购买？
（2）在这次购买过程中，你的同学、朋友和家人担当了什么样的角色？
（3）你的购买行为都受到了哪些因素的影响？试列出3~5个。

2. 从下面三个不同角度，谈谈你对于学习消费心理学知识的认识。

（1）从一名市场营销专业的大学生角度。
（2）从一名普通消费者的角度。

（3）从一名营销经理的角度。

（4）从一名中国消费者协会工作人员的角度。

1. 扫描二维码，了解消费心理学形成与发展的相关知识。

2. 上网搜索消费心理学的相关案例，了解消费心理学对企业产品设计、市场营销的重要作用，激发学习消费心理学的兴趣。

3. 设计一个大学生消费状况调查的问卷，在班级和学校进行调查，了解大学生一些不理性消费的现象，以减少自己的不理性消费。

【拓展知识】

# 项目 2

## 走进消费者的内心世界

【学习指导】

| 教学重、难点 | 教学重点 | 感觉、知觉、思维、想象、注意、情绪、情感和意志的含义及特征 |
|---|---|---|
| | 教学难点 | 认知过程、情感过程及意志过程对购买行为的影响 |
| 学习目标 | 知识目标 | 掌握感觉、知觉、思维、想象、注意、情绪、情感和意志的含义及特征 |
| | 能力目标 | 掌握感觉、知觉、思维、想象、注意、情绪、情感和意志等心理活动过程对消费心理和消费行为的影响；企业在市场营销过程中，有效运用这些心理活动的方法 |

【本章概览】

【本章课件】

【导入案例】

大学生使用信用卡消费，已经不是新鲜事了，但有些人并不了解信用卡的使用知识。关于信用卡的 7 个错误认识如下。

（1）额度越高越好，信用卡越多越好。物极必反。额度高，容易给持卡人造成能毫无限度消费的假象。信用卡多，容易让持卡人忘记哪张卡对应的还款时间。

（2）每一笔消费都有积分。事实上，各家银行对积分政策的规定都不一样。一般来说，公益性消费、取现、分期、医院、学校消费都是无法累积积分的。

（3）信用卡当储蓄卡一样取现。信用卡取现大大区别储蓄卡，信用卡也可以取现，但是不仅要收手续费还要每天收利息。

（4）不开卡就不收年费。一般来说，只有银行的普卡享受不开卡不收年费政策。一些特别的卡片，如金卡、钻石卡、白金卡，开不开卡都会收取年费。

（5）每月只还最低还款额就好了。每月只还最低还款额虽然不会影响个人征信，但是会产生利息。所有的消费都要从消费之日起计算利息，日利率为万分之五，而且银行的计息方式是按月复利，利息非常高。

（6）逾期了也没关系。逾期是至关重要的，因为会被记录在征信报告上。问题严重的还会影响成功申卡、贷款。

（7）把卡借给朋友没什么大不了。把信用卡借给朋友是非常危险的，信用卡可以透支，一旦把卡借给别人，你将无法控制消费情况，这将极大地增加过度消费的风险，万一卡片遗失或者朋友恶意透支，损失都由卡主自行承担。

思考

（1）你在使用信用卡的时候，是否完全了解上述知识？结合上述案例，想一想你在日常消费过程中，有哪些由于认知偏差导致的不当的消费行为？作为消费者，你应该怎么做？

（2）日常生活中，你有没有舍近求远，到你熟悉的超市、饭店消费？造成这种现象的原因你清楚吗？

（3）作为经营者，如何才能留住忠实顾客呢？

消费者的心理活动过程是指支配其购买行为的心理活动的全过程，是消费者不同的心理现象对客观现实的动态反映。在市场营销活动中，尽管消费者的购买行为千差万别，但消费者各种各样的心理现象都是建立在心理活动过程的基础上的，都是受其心理活动的支配和制约的。因此，研究消费者在购买行为中发生的心理活动过程，对商业工作者了解消费者心理变化，以适时采取相应的心理策略和心理方法有很大帮助。

 任务1 探索消费者的认知过程

 案例阅读

罐头食品在国外市场备受青睐，但是在国内市场它却不受瞩目，有很多的消费者宁愿买新鲜的食品，也不愿买罐头，这是因为许多的消费者对于罐头食品的认识有个误区，总结起来有四点：①认为罐头食品不安全、有防腐剂、有农药残留；②认为罐头是没营养的食品；③认为罐头保存时间长，一定是不新鲜的食品；④只是把罐头作为探视病人或外出郊游的食品。

如果你同意上述观点，那你对罐头食品的认知就是错误的。实际上，罐头食品绝对不需要添加任何防腐剂，就能达到长期保存的目的。罐头食物在真空和无菌状态下，可以最大限度保存色、香、味，并较长时间保藏。因此，它是最安全、卫生的食品。

消费者的购买活动过程，首先是从认识商品这一过程开始的。客观世界中各种事物或现象，通过人的眼、耳、鼻、舌、身这五种感觉器官反映到人的头脑中来，形成感觉、知觉，使我们获得对事物或现象的感性认识。消费者的其他高级心理过程，如思维、想象、情感等，也都是以感觉、知觉为基础的。顾客消费心理的认知过程就是顾客运用自己的感觉、知觉、思维、记忆、想象等生理与心理活动对商品的品质、属性及各方面的联系综合反映的过程。

### 2.1.1 消费活动中的感觉

1. 感觉的内涵

1）感觉的概念

感觉通常是指由一种感觉器官的刺激作用引起的主观经验，或者说感觉是人脑对当前直接作用于感觉器官的客观事物的个别属性的反映，是一种最简单的心理反应过程。消费者的感觉主要是消费者在购买商品和使用商品的过程中对商品个别属性的反映。

例如，消费者选购商品时，用眼睛观看商品的外表，用手触摸商品的质地，用鼻子嗅闻商品的气味，用嘴品尝商品的味道等。通过这些活动，消费者初步获得了对商品的感性认识，了解了商品的形状、颜色、气味等个别属性，从而产生了美观、漂亮、新奇、香甜等种种感觉，以期引起积极的心理活动。尽管感觉是对商品个别属性的反映，但却是一切复杂心理活动的基础。没有这些感觉，就不可能进一步认识它是什么商品，更无法了解其功能。

感觉只反映客观事物的个别属性。不同的感官接受不同的刺激，产生不同的感觉。如视觉只看到颜色，听觉只听到声音，嗅觉只闻到气味，皮肤觉摸到硬软，而味觉只尝到滋味等。这些不同的感觉，使人们在认识事物时，能够从各个方面了解事物的属性、特点。通过这些活动，消费者初步获得了对商品的感性认识，了解了商品的形状、颜色、气味等个别属性，这些个别属性作用于我们的感觉器官，使人产生了某种感觉，从而产生了美观、动听、香甜等种种感觉。

感觉不仅反映外界事物的属性，还反映有机体本身的活动状况。例如，我们能感觉到自身的姿势和运动，感觉到内部器官的工作状况，如舒适、疼痛、饥渴等。不论是对外界具体事物的反映，还是对有机体本身活动状况的反映，感觉是对事物个别属性的反映，而不是对客观对象整体的反映。

2）感觉产生的条件

感觉的产生要求刺激物和感觉器官的相互作用，感觉的产生是要符合一定的条件的。

（1）感觉器官直接接触一定能量的刺激物。只有当客观事物的各种属性直接作用于人相应的感觉器官时，人们才会对它产生感觉，如顾客只有看到衣服、摸到衣服，才能对衣服的颜色、样式、质地有一个的认识。不同的刺激引起不同的感觉，例如，超声波和次声波我们就听不到，感受不到它的刺激，要产生感觉要有"适宜刺激"才可以。

（2）健全的感觉器官。眼耳鼻舌身等感受器、传入神经、神经中枢等感觉接受分析器官要健康，否则不能正确产生感觉。

感觉对直接接触的事物的反应是瞬间产生的，不是对过去的或间接的事物的反应。客观事物出现在人们面前时，人们马上就对它有了感觉，如顾客在商店里看到一件衣服，立即看到它的颜色，这种感觉就是顾客与衣服接触的瞬间产生的。例如，色盲的人对色彩的反应就会出现障碍。

3）感觉的意义

感觉是人们了解世界上各种事物和知识的最基本条件。客观世界的各种事物则是感觉的对象，是各种心理活动的源泉。

【知识拓展】

1954年，加拿大麦克吉尔大学的心理学家赫布和贝克斯顿等心理学家，首先进行了"感觉剥夺"实验：实验中给被试者戴上半透明的护目镜，使其难以产生视觉；用空气调节器发出的单调声音限制其听觉；手臂戴上纸筒套袖和手套，腿脚用夹板固定，限制其触觉。被试者单独待在实验室里，几小时后开始感到恐慌，进而产生幻觉……在实验室连续待了三四天后，被试者会产生许多病理心理现象，如出现错觉、幻觉；注意力涣散，思维迟钝；紧张、焦虑、恐惧等，实验后需数日方能恢复正常。

实验说明了感觉的重要意义：感觉提供了内外环境信息；感觉保证了机体与环境的信息平衡；感觉是认识过程的开端，是一切较高级复杂心理现象的基础。

但是感觉仅能反映直接作用于人们感觉器官的个别属性，其范围有一定的限度，因此，仅凭感觉反映事物、认识事物，可能存在一定的表面性与片面性，而不能认识事物的整体。盲人摸象的故事告诉我们，仅凭某一方面的感觉不能得到对事物整体的正确认识。

【与相关课程的联系】

例如，在广告课程中，广告创作的视听觉内容与形式，要解决如何让目标受众感受到广告讯息的存在并喜欢该广告，在传播有关产品信息的基础上，通过某商品所传递的审美情趣，传播审美感觉，塑造品牌个性风格，达成品牌偏好。

2. 感觉的分类

感觉只有在客观事物直接作用于感觉器官时才能产生。心理学上把作用于有机体并引起其反应的因素叫作刺激物，对刺激物施于有机体的影响称为刺激。一般来说，一种感受器对某一种能量形式的刺激感受性特别高。例如，眼睛对光波的感受性很高，可以感觉到外界的各种颜色、光线的明暗，而对声波则不起反应；耳朵对声波感受性很高，而对光波不起反应。各种不同的刺激物分别作用于跟它相适应的感觉器官，便产生了各种不同的感觉。根据感觉反映事物属性的特点，可以把感觉分为外感受感觉和内部感觉。

1）外感受感觉

外感受感觉就是外界客观事物刺激人的感觉器官使人产生的体验，包括视觉、听觉、嗅觉、味觉和皮肤觉。它是接受外部刺激，反映外界事物特性所产生的感觉。根据外感受感觉的刺激因素与感觉器官有无直接接触，分为距离感受作用和接触感受作用。

（1）距离感受作用。是指刺激物不与感受器官直接接触而产生的感觉，如视觉、听觉、嗅觉等。看目标无需把眼睛直接放在目标上，听声音无需把耳朵直接放在声源上，闻气味无需把鼻子直接放在味源上。

视觉是我们获得外界信息的主要通道，是人们认识客观事物的重要途径，约 83%的信息通过视觉获得。视觉是由光波作用于视觉器官——眼球而产生的，但我们并不能对所有光波都产生视觉，只有波长在 380～780nm 的光波（也叫可见光）作用于我们的眼睛时才产生视觉。在可见光的范围内，不同波长的光波相应地引起不同的颜色。视觉就是一种颜色感觉，人眼能辨别出 150 多种不同的颜色，但主要的是红、橙、黄、绿、青、蓝、紫七种颜色。

听觉是仅次于视觉的重要感觉，约 11%的信息通过听觉获得。听觉的器官是耳朵，刺激物是声波。声源的振动在它周围的介质（如空气）中传播所产生的声波作用于我们的耳朵便产生听觉。但人耳只对频率在 20～20 000Hz 的声音发生听觉反应，所听到的声音也有强弱之分。

（2）接触感受作用。包括味觉、皮肤觉，指感受器与刺激物必须发生直接接触才能产生的感觉，例如，味觉必须是舌头与刺激物发生接触才能产生。

味觉是可溶性物质作用于味觉器官而产生的感觉。味觉的刺激物是含有化学物质的液体，味觉感受器官是味蕾。味觉基本上有甜、酸、苦、咸四种，通常是多种多样复合的感觉，而且与嗅觉互相影响、互相配合。人们对味觉的偏爱往往受水土、气候、地理环境的影响。

皮肤觉是皮肤受到机械刺激所产生的触觉、温觉和痛觉等感觉的总称。这种感觉的感受器在皮肤上呈点状分布，称为触点、温点、冷点和痛点。

2）内部感觉

内部感觉是指接受机体内部刺激，反映身体位置、运动和内脏器官的不同状况的感觉，包括运动觉、平衡觉和内脏觉。

（1）运动觉。也称动觉，是对自己身体的运动和位置状态的感觉。人常常要处于各种运动状态，如坐、卧、行走、跳跃、跑步等，这时人们也会有感觉。运动觉的感觉器官位于肌肉、肌腱、韧带和关节中。人们在凭借外部感觉来接受信息的过程中，差不多都有运动觉参与，它是整个感觉系统中仅次于视觉和听觉的一种感觉。运动觉常常伴随着人的外感受感觉与内感受感觉一起发生作用，如在电影院看电影时，不论这部电影的情节多么吸引人，时间一长，人就会感到疲劳。

（2）平衡觉。又称静觉，是反映头部运动速率和方向的感觉。它的感受器是内耳的前庭器官。平衡觉与视觉、内脏觉有密切的关系，当前庭器官受到刺激时，仿佛视野中的物体在移动，使人眩晕，同时也会引起内脏活动的剧烈变化，引起恶心和呕吐。

（3）内脏觉。内脏觉是反映人体内脏活动和变化的感觉。由于内脏器官的活动和变化，人便产生了饥饿、口渴、饱胀、恶心、喘息、疼痛等感觉，其感受器分布在内脏的神经末梢上。

【课堂互动】

上课时，请同学们起立，手不要扶桌子，然后闭上双眼，抬起右脚；一分钟后，让大家睁开眼，再重复上述动作。请同学回答前后两次的感觉，对平衡觉有什么认识。

3．感觉的基本特性

感觉具有感受性、适应性、对比性、联觉性，感觉的运用对人们的消费心理具有重要的影响。

1）感受性和感觉阈限

并不是任何刺激都能引起感觉。刺激强度太强、太弱都不能引起人的感觉，因为人的感官只有在一定刺激强度范围内才能产生各种反应。我们把能够引起感觉持续一定时间的刺激量称为感觉阈限，其中能够引起感觉的最小刺激量叫绝对阈限，能够引起差别感觉的刺激物的最小变化量叫差别阈限。

房间内喷洒非常少量的香水，人们是闻不到香味的，只有达到一定的数量，超过了感觉阈限才有效果。差别阈限不是一个绝对数值，而是一个与第一种刺激相对应的相对数值。最初刺激越强，要感觉第二种刺激就越不容易。例如，售价几千元的耐用商品，提价一二十元并不被消费者所注意；而作为日常生活所需的米、油、盐等商品，即使价格上涨几角钱，消费者也会很敏感。

2）感觉的适应性

适应性是指刺激物持续不断地作用于人的感觉器官，从而产生顺应的变化，使感觉阈限升高或降低。适应既可提高感受性，也可降低感受性。例如，白天人们刚走进电影院什么也看不清，过几分钟后就能看清了，这叫作暗适应，是感受性的提高。又如，一个身上喷着香水的人很快就会觉察不到自身的香水气味，所谓"入芝兰之室，久而不闻其香；入鲍鱼之肆，久而不闻其臭"，就是感受性的降低。

顾客面对新的商品最初有新鲜感，但时间长了，接触多了，对这种商品也就习以为常了，就不会再感到它有什么吸引力了。因此在市场营销活动中，厂商和营销人员要经常运用感觉的特性，利用各种手段增大商品对顾客的刺激，引起顾客对商品的注意，从而达到促进商品销售的目的。

3）感觉的对比性

同一感受器接受不同刺激物的作用而使感受性发生变化的现象叫作对比。不同感觉器官之间的相互作用，会引起感觉的增强或减弱。例如，同样一个灰色的图形，在白色背景中显得颜色深一些，在黑色背景中则显得颜色浅一些。属性相反的两个刺激在一起或者相继出现，在感觉上都倾向于加大差异。例如，吃了糖之后接着吃有酸味的苹果，会觉得苹果更酸；白色对象在黑色背景中要比在白色背景中容易分出；红色对象置于绿色背景中则显得更红。因此，在广告设计或商品陈列中，亮中取暗、淡中有浓、动中有静等手法正是对比效应的应用，它有助于吸引消费者的注意力。

4）感觉的联觉性

联觉是指某一感觉器官对刺激物的感受性，会因其他感觉器官受到刺激而发生变化，这是指一种刺激产生多种感觉的心理现象。例如，一个笨重的物体如果采用淡色包装，会使人觉得比较轻巧；轻巧的物体采用浓重颜色的包装，会使人感到庄重。冬天穿红色衣服使人感到温暖；夏天穿白色衣服则产生凉爽的感觉。因此，颜色也是商品包装和商品广告中最重要的元素之一，它不仅能强烈地吸引人的注意力，而且很容易引起人的联想和诱发人的情感，对人们的消费行为产生重要影响。

5）感觉的相互作用

由于不同感觉分析器活动的相互影响而使感受性发生变化的现象叫作感觉的相互作用。人的感觉器官常常是相互联系、相互影响与制约的，各种感觉的感受性在一定条件下会出现此消彼长的现象。例如，在微弱的声响下，能提高人们辨别颜色的感受性；反之，如果声响过大，对颜色的分辨感受性会降低。在其他感觉影响下，听觉感受性也会发生变化。例如，人的听觉在黑暗中会得到加强，在光亮中会减弱。人们常见一些盲人耳朵灵，这是由于盲人总是处于"黑暗世界"，听觉的确比正常人要强。这些说明，对某一感觉器官的刺激加强，会引起另一感觉器官的感受性下降；反之，某一感觉器官的刺激降低，另一感觉器官的感受性就会增强。

当厂商需要向顾客传递某种信息时，尽可能要使顾客集中注意力来感受你发出的信息，尽可能排除其他信息的干扰，否则会降低效果。此外，要使顾客接受新信息，应减轻原来信息的影响。根据感觉相互作用的规律启发我们，可以通过改善购物环境，来适应消费者的主观状态，从而激发其购买欲望。

6）感觉的实践性

实践活动可以引起感觉的变化，感受性可以经过训练得到提高，品酒师的味觉，音乐家的听觉都是经过长期的实践和训练而发生变化的。

### 案例阅读

美国迈阿密的阿罗马汽车公司开发了一种公文箱大小的便携式空气芳香散发器，这种被称为阿罗香的装置可以散发诸如橙香味、松香味、薄荷味、皮革味等气味。这种装置安放在维修区后，其发出的气味可以遮盖维修区的难闻气味，从而可以让顾客感到更舒服、更放松。

公司副总裁表示，这种装置放在展厅后收到了良好的效果。公司的调查数据显示，在气味好闻的展厅，顾客停留的时间会更长，购买欲望也大，销售量得到了提高。

4．感觉在消费者购物和企业营销工作中的作用

1）感觉使顾客产生第一印象

第一印象在消费者购物活动中有着很重要的先导作用，是消费者认识商品的起点。第一印象的良好与较差、深刻与浅薄，直接影响着消费者的购物态度和行为，往往决定着消费者是否购买某种商品。对于商品的认识和评价，消费者首先相信的是自己的感觉，正所谓"耳听为虚，眼见为实"。正因为如此，对商品的生产商和销售商来讲，要有"先入为主"的意识和行为，在色彩、大小、形状、质地、价格、包装等方面精心策划自己的新产品，第一次推出就要牢牢抓住消费者的眼光和感受。有经验的厂商在设计、宣传自己的产品时，总是千方百计地突出其与众不同的特点，增强产品的吸引力，刺激消费者的感觉，加深消费者对产品的第一印象，使消费者产生"先入为主""一见钟情"的感觉。

### 【课堂互动】

扫描二维码，观看对华为P9手机的第一印象。

【拓展视频】

2）信号的刺激强度要使顾客能产生舒适感

消费者认识商品的心理活动从感觉开始，不同的消费者对刺激物的感受性不一样，即其感觉阈限不同。有的人感觉器官灵敏，感受性高，有的人则承受能力强。企业做广告、调整价格和介绍商品时，向消费者发出的刺激信号强度应当适应他们的感觉阈限。刺激强度过弱不足以引起消费者的感觉，达不到诱发其购买欲望的目的；如果过强则使消费者受不了，走向反面。适宜的刺激，才会达到预期的效果。

人的感觉都存在舒适性的问题，过强的灯光、过大的声响、杂乱无章的布置等均不会给人以舒适感。在商场内，如果高音喇叭声音不断，顾客在这种购物环境中长时间逗留，就会感到非常不舒适。另外，商品的陈列也应考虑各类消费者的感觉阈限。例如，化妆品的陈列和摆放就应足以使女性消费者感受到，以刺激他们的消费。

3）感觉是顾客引发某种情绪的诱因

顾客的情绪和情感常常是行为的重要影响因素，而感觉又经常引发顾客的情绪与情感。客观环境给消费者施加不同的刺激，会引起他们不同的情绪感受。例如，轻松优雅的音乐，协调的色调，适当的灯光、自然光的采用，商品陈列的造型，营销人员亲切的微笑……都能给消费者以良好的感觉，从而引起他们愉悦的情绪和心境。此外，商品的包装、广告的设计等都应使顾客产生良好的感觉，引导顾客进入良好的情绪状态，才会更多地激发起顾客的购买欲望。

### 案例阅读

#### 品牌"五觉"演绎感观营销

视觉。麦当劳金黄色的"M"形拱门、苹果电脑缺了一角的苹果标志，对它们品牌的个性都具有强化效果，视觉符号的重要性可见一斑。

听觉。戴姆勒克莱斯勒特别成立一个研发部门，专案处理"完美开关车门的声音"；家乐氏玉米片独特的嘎吱声，是音乐实验室专门为顾客开发出来的，都是通过听觉吸引消费者。

嗅觉。新加坡航空公司空姐身上的香水，是特别调制的"热毛巾上的香水味"，成为其的专利香味。

味觉。迪士尼乐园的爆米花摊，在生意清淡时，会打开"人工爆米花香味"，不久顾客便自动闻香而来。

触觉。在奥迪公司，触觉学涉及的范围远不止是让驾车者触感舒适，更涉及生物工程学、操作逻辑学、设备外观、按钮，以及人在车内进行的各种推、拉、换挡、转向、感觉和触摸等动作。通过对这些细节的苛刻要求，让奥迪车主享受到近乎完美的触觉感受。

五觉。星巴克显眼的绿色美人鱼的商标，整幅墙面艳丽的美国时尚画、艺术品、悬挂的灯、摩登又舒适的家具给人以视觉体验；石板地面、进口装饰材料的质地、与众不同的大杯子，造成星巴克的触觉体验；独有的音乐、金属链子与咖啡豆的声音，会使顾客找到亲切的听觉体验；而百分之百的阿拉伯咖啡散发出诱人的香味，以及口中交融的顺爽感，可以领略到星巴克味觉和嗅觉的体验，这就是星巴克迷人的五种感觉的渲染。

### 2.1.2 消费活动中的知觉

1. 知觉的内涵

1）知觉的概念

知觉是直接作用于感觉器官的事物的整体在脑中的反应，是人对感觉信息的组织和解释的过程。消费者知觉，是指消费者将由外部输入的各种各样的刺激加以选择使其有机化，并作为有意义的首尾一贯的外界映象进行解释的过程，即知觉是人对所感觉到的东西经过分析综合后的整体反应。例如，面对一个滔滔不绝地介绍其保险业务的保险推销员，有人可能感到这个推销员的行为过分或不够诚实，而有人可能认为该推销员的介绍有利于自己接受该项保险业务。

2）感觉与知觉的关系

感觉和知觉都是当前事物在人脑中的反应，两者都是感性认识统一过程中的环节，实际上是不能完全分开的。知觉在感觉的基础上形成，是感觉的深入、升华，是多种感觉所形成的一种综合认识和综合反应，是对感觉加工、认识的结果。感觉到的事物的个别属性越丰富、越精确，对事物的知觉也就越完整、越正确。但是知觉不是感觉的简单相加，因为知觉还受过去经验的制约，它是在知识和经验的参与下，经过人脑的加工，形成对事物正确解释的过程。我们正是依靠过去的经验和已经形成的概念，才能把感觉到的个别属性结合为整体形象，从而把当前的对象物知觉为某个确定的事物。

在日常生活中，人们是以知觉的形式直接反映事物，感觉只是作为知觉的组成部分而存在于知觉之中，很少有孤立的感觉存在于人的头脑中。任何消费者进行消费活动时，都要事先对自己感觉到的商品的颜色、形状、气味、轻重等各方面属性进行综合分析，通过知觉活动，对商品的认识又加深了一步，由对个别属性的认识上升到对整体的认识，才能决定是否进行购买。知觉的形成与否决定消费者对商品信息的理解和接受程度，知觉的正误偏差制约着消费者对商品的选择比较，经知觉形成的对商品的整体认知，是购买行为发生的前提条件。知觉是在知识经验的参与下，对感觉到的信息加以加工解释的过程。没有必要的知识经验，就不可能对客观事物的整体形象形成知觉。因此，知觉是比感觉更为复杂深入的心理活动，是心理活动的较高阶段。

3）知觉的作用

知觉的重要意义在于，消费者只有知觉到某一商品的存在，并与自身需要相联系，购买决策才有可能产生。研究表明，消费者凭表象喜欢某一事物，主要是知觉的作用。因此，善于经营的企业会很好地利用这一点。如精美的包装、漂亮的广告图片、优美的商品造型等都会引发消费者的好感，增加购买欲望。同样，人的知觉的选择性特点也会使企业的广告宣传大打折扣。

2. 知觉的种类

（1）根据知觉过程中起主导作用的感觉器官活动，可以把知觉分为视知觉、听知觉、味知觉、嗅知觉和触知觉等。当然，在有些知觉过程中，几种感觉器官的活动同样起主导作用，例如，看电影时，视觉和听觉同样起作用，形成"视-听"知觉。

（2）根据知觉的对象性质，知觉又分为物体知觉和社会知觉。

① 物体知觉是对各种事物可的空间特性、时间特性和运动特性的感知。因此，物体知觉

又可以分为空间知觉、时间知觉和运动知觉。空间知觉是反映物体的形状、大小、距离、方位等空间特征的知觉；时间知觉是对客观现象的持续性和顺序性的反映，即对事物运动过程的先后、长短及快慢等时间变化的知觉；运动知觉是人脑对物体位置迁移的反映。

② 社会知觉是对人的知觉。社会知觉主要包括对他人的知觉、人际关系的知觉和自我知觉。对他人的知觉是指通过社会性刺激，如外貌、语言、表情、姿态等，对别人心理面貌的知觉。人际关系知觉是对人与人之间关系的知觉。自我知觉是指通过自己的言行、思想体验等对自己的知觉。

3．知觉的特性

知觉具有多种特性，与消费者心理活动的各个方面紧密相连。因此，分析知觉的特性，对于研究市场营销策略具有重要意义。知觉具有整体性、选择性、理解性、恒常性。

1）知觉的整体性

知觉的对象都是由许多部分综合组成的，虽然各组成部分具有各自的特征，但是人们不会把知觉的对象感知为许多个别的、孤立的部分，而是把它们联系在一起、作为一个整体来知觉，形成的是一个统一的整体或整体的形象，并非是个别的、片面的，这就是知觉的整体性。如图 2.1 所示，虽然看到的是零散的线条图形，但是知觉的整体性会让人们判定它们是两个长方体。

消费者在对商品知觉的过程中，总是把商品的名称、包装、颜色、价格、质量等综合在一起，形成对商品的知觉。例如，消费者购买家具时，绝不会只注意家具的材料、颜色或款式，而是把多种因素综合在一起，构成对家具的整体感知印象。消费者的知觉直接影响其购买行为，如果被知觉的商品符合消费者的需要，引起消费者的兴趣，消费者就会做出购买决定，产生购买行为。

2）知觉的理解性

人们在感知客观对象和现象时，总是运用过去所获得的知识和经验去解释它们，这就是知觉的理解性。在知觉一个事物时，同这个事物有关的知识和经验越丰富，对该事物的知觉内容就越丰富。消费者看到图 2.2 的时候，就会理解到这是电脑和松树。知觉的这种特性表现在消费者的购买行为上，就是消费者能够把知觉对象归纳到某类事物中去，把它辨认出来，并和自己过去经历的事物联系在一起。消费者在购买活动中，如果对商品已具有一定的了解或使用经验，就会知觉到更丰富的商品信息；相反，对于陌生的商品，消费者能够知觉到的信息是有限的。这就要求生产商和销售商在做广告宣传时，要引导消费者正确地理解商品，避免出现片面的、甚至错误的理解。介绍商品时把握要点、用词恰当非常重要，否则会影响顾客对商品的正确观察和理解。

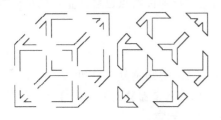
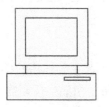

图 2.1　知觉的整体性　　　　　　　　　图 2.2　知觉的理解性

> **案例阅读**
>
> 魏武帝曹操行军途中,找不到水源,士兵们都口渴的厉害,不愿前行。于是他说道:"前边有一片梅子林,结了很多果子,酸甜可以解渴。" 士兵听说后,嘴里都流出了口水,利用这个办法部队赶到前方,找到了水源。这就是著名的"望梅止渴"的典故。
>
> 如果士兵没有吃过梅子,曹操的望梅止渴之计能够成功吗?

3) 知觉的选择性

人们在感知客观事物时,常常在许多对象中优先把某些对象区分出来进行反映,或者在一个对象的许多特征中,优先把某些特性区分出来予以反映,这就是知觉的选择性。知觉对象和知觉背景可以互相转换的经典例证如图 2.3 所示。同一时间作用于人的感觉器官的刺激物是纷繁复杂的,而个体的接受能力却是有限的,不可能对作用于感官的所有刺激物都产生反应,人只能在知觉目的的支配下有选择地知觉其中一些事物。这种选择性不仅与刺激的特性有关,而且与消费者的兴趣与愿望、经验等有关。1969 年,美国广告公司协会和哈佛大学联合进行了一次全国性的调查,了解消费者在半天内实际看到商品广告的情况。结果表明,大多数接受调查的消费者半天内只注意到 11~20 幅商品广告,而一般成年人半天内遇到的商品广告可能有 150 个。这表明看到广告和知觉到广告是两回事。这是因为消费者不能对所有的刺激都做出反应,而只对那些有价值的广告做出优先感知,对那些具有威胁性的刺激采取回避性选择。正因为有了选择性,人们才能够把注意力集中到少数重要的刺激物或刺激物的主要方面上,从而排除次要的、干扰刺激物,更有效地感知事物。

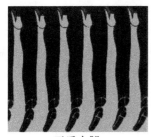
正反人腿

人面和花瓶

单人和双人

图 2.3 知觉的选择性

4) 知觉的恒常性

当事物的基本属性和结构关系不变,只有外部条件发生一些变化时,知觉的印象仍能保持相对不变,这就是知觉的恒常性。如图 2.4,知觉的恒常性使人们总是认为书下面是 3 支铅笔。知觉的恒常性是经验在知觉中起作用的结果。人总是凭借记忆中的印象,根据自己的知识和经验去知觉事物。知觉的恒常性保证人在不同的情况下按事物的实际面貌去反映事物,以适应多变的环境。例如,一个苹果放了一段时间腐烂了,但人们仍把它认作是苹果。羽绒服的标签上都拴有一个透明的装羽绒样品的小袋子,人们不能看到羽绒服内的羽绒,但是却能根据这个小袋子,认定衣服是羽绒的,制造商就是利用了消费者知觉恒常性的特点。

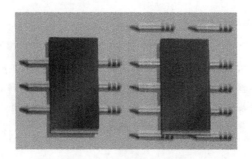

图 2.4　知觉的恒常性

4．错觉

1）错觉的概念

人们在知觉某些事物时，可能受背景干扰或某些心理因素影响，往往会产生失真现象，这种对客观事物不正确的知觉称为错觉。错觉是在特定条件下所产生的对客观事物的歪曲反映，错觉现象在生活中十分普遍。错觉会引起消费者不能对商品进行正确的认知，就会导致消费者的权益受到损害。但是，错觉也是可以帮助企业进行营销，例如，空间狭小的店铺可以在墙上挂一面镜子，让人产生宽敞明亮的感觉，这就是一种视觉错觉。

【拓展案例】

【课堂互动】

上网搜索"错觉图片"，或者扫描二维码，查看更多的错觉图形。

2）错觉的分类

（1）视错觉。视错觉是由于视觉的失真对图形、大小等产生的错误认识。图 2.5 是几种常见的视错觉，我们很容易被自己的眼睛欺骗而产生错觉。

（2）形状和重量错觉。对于商品的形状和重量等的错觉，如习惯地认为一斤铁比一斤棉花重。

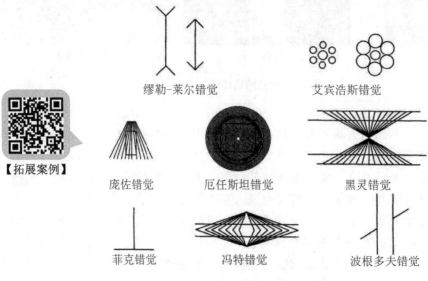

图 2.5　常见的几种视错觉

（3）运动错觉。坐在静止的火车上，看到相邻的火车开出车站，往往会认为自己坐的火车开动。

（4）时间错觉。不喜欢上的课，感到时间漫长，和恋人在一起就感到光阴似箭，等等。

了解错觉对消费者感知客观事物的影响，掌握错觉原理并在广告宣传、包装设计、橱窗布置及货架排列等市场营销活动中加以运用，对于吸引消费者的注意，刺激消费者的购买行为具有重要作用。例如，用绿色或黄色瓶装的啤酒，会使人产生清爽或富含营养的感觉。营业员在推销服装类商品时，应运用错觉原理，科学巧妙地推荐，提高服务艺术。如向身体矮胖的顾客推荐深颜色、竖条纹服装使其显得苗条些，向瘦高的顾客推荐浅色、横条纹衣服则使其显得丰满些。

5．知觉对消费者行为的影响

1）知觉的整体性有利于消费者对企业的商标、广告的认知

知觉的整体性可以帮助消费者"窥一斑而见全豹"。消费者在购买商品时，对商品的知觉和印象不仅仅局限在商品的本身，还会把商品与购物环境、与售货员的态度及行为举止联系起来。如果购物环境光洁明亮，商品摆放整齐有序，顾客人来人往，就会让人觉得该商场经营有方，货物齐全，质量可靠，价格便宜等；如果购物环境光线暗，商品乱堆乱放，顾客冷冷清清，就会令消费者产生该商场经营差的印象，会怀疑商品的质量，甚至不愿光顾此商场，也不愿意到此购买商品。

2）知觉的理解性能带动顾客做出购买商品的理性决策

知觉的理解性在人们购买商品时起到了十分重要的作用。具有求实、求廉心理的顾客，在购买商品时注意的是商品的实际功能相对于人们需求的满足程度，同时也考虑到商品价格与质量、性能之间的关系。这些顾客一般不会盲目追求豪华、高档、高价的商品。因此，即使商品存在某些不足，如果其功能、内在质量仍能满足要求，而价格又较低，他们还是愿意买这样的商品。

3）知觉的选择性能引导顾客选择自己所需要的商品

有确定购买目标的消费者走进商店后，能很快地找到出售欲购商品的柜台，同时能积极主动地在琳琅满目的商品中选择出所要购买的商品，这是由于购买目标成为符合他们知觉目的的对象物，感知十分清楚。而货架、柜台中的其他商品，相对地成为知觉对象的背景，消费者对其或者视而不见，或者感知得模模糊糊，这就是知觉的选择性在起作用。知觉的选择性特征可以运用于商业设计中。例如，在柜台布置上，为了突出名贵商品的价值，可以将商品背景衬以特殊的包装，强化顾客对商品的注意。

4）知觉的恒常性能使顾客形成对商品的特殊喜爱

知觉的恒常性使顾客对质量优的商品、名牌企业的名牌商品形成良好的印象。这种良好的印象会转化为他们的购买行为，并成为该品牌的忠诚顾客。有时顾客不仅自己购买喜爱的品牌商品，还为商品作义务宣传员，向亲朋好友、邻居推荐这些产品。

5）利用错觉可以帮助企业提高推销效果

商业企业在店堂装潢、橱窗设计、广告图案设计、商品包装、商品陈列、器具使用等方面，适当地利用消费者的错觉，进行巧妙的艺术设计，往往能达到一定的心理效果。例如，市场出售肉类的冷藏柜，用橘红色灯光照射，能使顾客产生新鲜感。营业员在向消费者推荐服装类商品时，应学会运用人们知觉中产生错觉的心理状态，合理、科学地推荐，提高服务

艺术。例如，劝说脸形大而圆的顾客不要穿圆领口的服装，脖子长的顾客不要穿鸡心领或 V 形领服装等，这样可取得顾客的信任。

### 【与相关课程的联系】

你知道什么是无公害食品、绿色食品和有机食品吗？如果让你推销这几类食品，你应该如何帮助消费者正确认知你的产品？除了推销课程，市场营销策划的课程也要帮助消费者实现正确的认知，这样才能做好定位策划。

#### 2.1.3 消费活动中的记忆与注意

1. 记忆的内涵

1）记忆的概念

记忆是人的大脑对过去经历过的事物的反映，是人脑的一种机能。人们在日常生活和社会实践中，过去感知过的事物、思考过的问题、体验过的情感，经过一段时间后，都会在大脑中留下痕迹，以经验的形式在头脑中保存下来，这些痕迹日后遇到一定的条件，就会被重新"激活"，在人脑中重现已经消失的刺激物的印象。

2）记忆的过程

记忆是一个复杂的心理过程，它从心理活动上将过去与现在联系起来，并再现过去经历过的事物，使人的心理成为一个连续发展的整体。记忆的心理过程包括识记、保持、回忆和认知四个过程。

（1）识记。是指消费者为了获得对客观事物的深刻印象而反复进行感知，从而使客观事物的印迹在头脑中保留下来的心理活动，它是记忆的前提。在购买活动中，消费者就是运用视觉、听觉和触觉去认识商品，并在头脑中建立商品之间的联系，留下商品的印迹，常常表现为消费者反复查看商品，多方了解商品信息，以加强对商品的印象。例如，某位消费者在购买电脑时，一般会光顾多家电脑公司，然后，根据记忆进行比较和选择，这就是有意识记的现象和行为。

（2）保持。是指在识记基础上，将已经识记的知识和经验，在头脑中积累、储存和巩固的阶段，使识记材料较长时间地保持在脑海中。如通过识记把商品的式样、颜色、规格、质地，以及相互间的联系储存在大脑中。

（3）回忆。是指过去感知过的事物在一定条件的诱发下重新反映出来的过程。如消费者在购买某种商品时，为了进行比较，往往在脑海中重现曾在别处见过或自己使用过的同种商品，这就是回忆过程。

（4）认知。是指感知过的事物重现在眼前时能识别出来的过程。即当过去感知过的事物重新出现时，能够感到听过、见过或经历过。如消费者在市场上看到一些商品，能认出是曾使用过或在电视广告中见过，似曾相识甚至很熟悉。

以上记忆心理过程中的识记、保持、回忆、认知四个环节紧密联系又互相制约。识记和保持是前提，没有识记就谈不上对经验的保持，没有识记和保持就不可能对经历过的事物回忆和再认；再认和回忆是结果，也能巩固、强化识记和保持的效果。

> **案例阅读**
>
> 根据相关人类学家研究的结果，一般来说，人脑的最大词汇拥有量只有大约8 000个，能够记忆的产品品名大约为4 000种，而且还要包括长期记忆区里的潜伏记忆内容，这部分记忆内容较长时间潜伏于内，需要通过外界的相关对应的信息刺激才能够恢复。而人们赖以生存的记忆一般都存留在常用的短期记忆区里，这些记忆会随着新信息的不断接收和过滤而不断地更新。
>
> 据说美国总统布什大学毕业后，至少认识校园里1 000名同学，在他竞选总统时，这些同学为他当选立下了汗马功劳。
>
> 作为一个营销人员，你能记住多少顾客的名字？在重视客户关系的时代，提高你的记忆力有什么实际意义？

2．记忆的分类

1）根据记忆的内容分为四种类型

（1）形象记忆。以感知过的事物形象为内容的记忆。这些形象可以是视觉形象，也可以是听觉、嗅觉、味觉等形象。它是通过感觉器官感知，以便留下印象和记忆。例如，旅游者去北京故宫游览过，日后能够想起故宫的形象，就是感知形象记忆。

（2）逻辑记忆。通过语词表现出来的对事物的意义、性质、关系等方面的内容的记忆。消费者对商品广告的记忆多属于这种记忆。例如，"爱妻号"洗衣机，它运用丈夫关爱妻子的心理给产品命名，使人们很快就记住了。

（3）情绪记忆。以体验过的某种情感为内容，运用情感打动消费者心理的记忆。例如，某女士到商店去买东西，虽然没有买到她想买的东西，但营业员热情周到的服务使她感到非常满意。于是下次再买东西时，她还愿意光顾那个商店。

（4）运动记忆。以过去的动作和运动为内容的记忆。例如，一个人多年前学会的游泳、骑车等动作，间隔一段时间仍然会，就是运动记忆。

2）按信息储存时间分为三种类型

（1）瞬时记忆。当刺激停止作用后，感觉并不立刻消失，在很短时间内仍保持着它的印象，称为瞬间记忆，又叫感觉记忆。其特点是有鲜明的印象性，持续时间短，瞬间即逝。瞬时记忆在脑中储存的时间为0.25～2秒。我们看电影时，实际每秒24幅画面组成的电影却不会给人间断的感觉，就是由于瞬间记忆的结果。

（2）短时记忆。一次经验后能保持2秒到1分钟的记忆，称为短时记忆。这种记忆一般以知觉的选择性形式出现。记忆痕迹有随时间推移而自动消退的特征，如果不复述，大约1分钟内储存的信息就会衰退或受到干扰而消失。瞬时记忆中的信息如果引起主体的兴趣和注意，就会转入短时记忆阶段。

【知识拓展】

### 艾宾浩斯曲线

德国心理学家艾宾浩斯（Hermann Ebbinghaus, 1850—1909年）让实验者记忆100个陌生单词，经过测试，得出了时间间隔与记忆量的关系如表2-1所示。然后，艾宾浩斯又根据这些数据描绘出了一条曲线，这就是非常有名的揭示记忆规律的曲线——艾宾浩斯记忆曲线，如图2.6所示。这条曲线告诉人们学习中的记忆是有规律的，遗忘的进程很快，并且先快后慢。观察曲线，你会发现，学得的知识在一天后，如不抓紧复习，就只剩下原来的25%。随着时间的推移，遗忘的速度减慢，遗忘的数量也就减少。

表2-1　时间与记忆量的关系

| 时 间 间 隔 | 记 忆 量 |
| --- | --- |
| 刚刚记忆完毕 | 100% |
| 20分钟后 | 58.2% |
| 1小时后 | 44.2% |
| 8～9小时后 | 35.8% |
| 1天后 | 33.7% |
| 2天后 | 27.8% |
| 6天后 | 25.4% |
| 1个月后 | 21.1% |

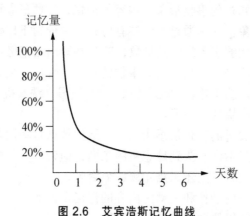

图2.6　艾宾浩斯记忆曲线

（3）长时记忆。长时记忆是指持续1分钟以上直至多年甚至终身的记忆。长时记忆是对短时记忆加工、复述的结果。只要有足够的复述，长时记忆的容量是相对无限的，但富有情感的事物由于印象深刻也能一次形成。在市场上，由于商品品种繁多，琳琅满目，消费者对绝大多数商品的注意，都只能形成瞬时或短时记忆，很少能形成长时记忆。工商企业必须重复向消费者传递有关信息，建立和加深消费者大脑中的痕迹，使消费者从短时记忆阶段转入长时记忆阶段。

3. 记忆对消费者行为的影响

记忆在消费者的心理活动中起着极其重要的作用，在消费者购买活动中具有深化和加速认识的作用，它在一定程度上决定着消费者的购买行为。

1）记忆在一定程度上是消费者是否购买的决定因素

消费者对商品品质、价格、购买渠道等的记忆，会直接影响消费者的再次购买。好的记忆促使消费者继续购买，成为忠实消费者；不好的记忆会导致"一朝被蛇咬，十年怕井绳"，消费者不会重复购买。

消费者通过反复地接触商品和广告宣传，自觉地利用记忆材料，对商品进行评价评判，全面、准确地认识商品，并做出正确的购买决策。如果一个消费者没有了记忆，那他就什么也学不会，也就不会产生购买行为。当一位消费者欲购一台数码摄像机，然而他对摄像机却知之甚少。为了购买，他翻阅了有关的书籍，并向了解这方面知识的人请教，从中掌握了有关摄像机的品牌、型号、功能、质量、价格及使用事项等方面的知识。他把这些知识和经验记下来，待到购买时，就可以根据有关知识去选购其中意的商品。可以看出，离开记忆，人就无法积累和发展知识和经验，购买行为正是建立在有关知识和记忆基础上的。

2）有利于消费者的记忆，可以促进企业的销售

对于不熟悉、不经常接触的商品，是否能够让消费者记住商品的某些特性，直接关系到消费者的购买决策和购买行为。企业在商品的设计和包装方面，要符合消费者的想象记忆；商品的排列和柜台的布置要有利于消费者的逻辑记忆；营销人员的推销技术、服务态度要迎合消费者的情感记忆。

对生产商和营销商来讲，在商品的造型、色彩、商标、命名、陈列、宣传等方面采取强化记忆的手段，是十分必要的。例如，新颖的造型，鲜艳的色彩，简明易记的品牌、商标，形象生动的商品广告，都会给消费者留下较深的印象，起到深入认识过程的良好作用。

4．注意

1）注意的概念

注意是指消费者对外界事物的目标指向和精神集中状态。它是伴随着感知觉、记忆、思维等心理过程而产生的一种心理状态。注意的指向性表现为人的心理活动总是有选择地、有所指向地进行着。

如顾客选购商品时，总是把符合自己需要的商品当作感知的对象，而把其他商品和周围环境、声音等当作感知的背景。注意的集中性，不仅指在同一时间各种有关的心理活动聚集在其所选择的对象上，而且也是指这些心理活动深入于该对象的程度。通常人们所说的"注视""倾听""凝神"就是指人的视觉、听觉和思维活动深入地集中于一定的对象。消费者的购物行为一般以注意为开端，在心理过程开始后，注意并没有消失，仍伴随着心理过程，维持心理过程的指向。没有注意的参加，无论哪一种心理过程都不可能发生、发展和完成。

如果顾客没有注意到某一商品的存在，就不会考虑此商品对自己是有有用，当然也就不会购买。

### 案例阅读

1915年巴拿马世界博览会上，各国评酒专家对其貌不扬的中国茅台酒不屑一顾。眼看博览会临近结束，中国酒商急中生智，故意将一瓶茅台酒摔碎在地上，顿时香气四溢，举座皆惊。由于吸引了客商们的注意，中国茅台酒获得了此次博览会的金奖，从此名声大振，走向了世界。

2）注意的分类

根据产生和保持有无目的和意志努力程度，注意可分为有意注意和无意注意。例如，消费者到商店想购买甲商品，浏览中无意看到乙商品，觉得不错，引起了对乙商品的注意，就属于无意注意。而消费者在嘈杂的商店里精心挑选自己想要的商品，就属于有意注意。从两者的关系来看，两者既相互联系，又相互转换。

有意注意是人们自觉、有目的的，需要消费者做出一定意志努力的注意。它受到人的意识的自觉调节与支配。例如，一位年轻的母亲，想给自己的孩子买一个生日礼物，她就会特别注意儿童用品广告及儿童用品柜台的商品。

无意注意是消费者没有明确的目的和目标，不需要做意志努力的注意。例如，某商场正在做促销活动，高音喇叭声乐齐鸣，路过的顾客就会不约而同地把目光转向此商场，以了解正在发生什么事情。这种注意就是无意注意。

3）注意的功能

注意具有选择、保持、调节和监督功能。

人在同一时间内不能感知一切对象，只能感知其中少数对象。选择功能担负着感官中精密选择的任务，它从所有面临的刺激中，挑选那些于行为有意义、符合活动需要的部分，予以利用，避开和抑制那些与当前活动不一致、与注意对象竞争的部分。

保持功能就是注意对象的映像或内容在主体意识中保持，直到达到并延续到认识活动或行为动作的目的时为止。

调节和监督功能就是在同一时间内，把注意分配到不同事物上或同一事物的不同方面上，排除干扰，提高活动强度和效率以保证活动的实现。

4）注意在市场营销中的作用

正确地运用和发挥注意的心理功能，可以引发消费者的消费需求，引起消费者的注意。在策划一些公关手段或广告创意时，利用注意的原理吸引人们的注意，是一个最基本的原则。

（1）商品的包装设计要突出形象，引起消费者的注意。

（2）零售商业企业用多角化的经营调节消费者购物时的注意转换。

（3）商品广告成功的基础在于能否引起消费者的注意。可以利用增大刺激的强度、加大刺激物之间的对比度、加大刺激物的感染力、力求刺激的新异性和集中、反复地出现某种事物等手段，提高消费者的注意力，加强广告效果。

【知识拓展】

### 商品的陈列与注意的关系

注意广度受事物的规律性影响，如果排列比较规律，人们可以注意更多的数量。如图2.7所示，三个图商品的数量相同，但人们注意左边（a）的商品要花较长的时间，因为排列无规律，对中间（b）及右边（c）商品的数目注意要花的时间较少一些，因为图形的排列有一定的规律性。

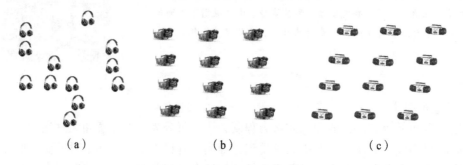

图2.7　商品陈列与注意的关系

【与相关课程的联系】

注意在广告、推销、市场营销策划、销售管理等课程都有重要意义。进行营业场所的安排与商品布局，进行广告设计与策划，进行营销手段和公关策略的策划等工作都要利用消费者的注意，如眼球经济时代的注意力经济、注意力营销。

推销的"爱达模式"："爱达"是四个英文字母 AIDA 的译音，也是四个英文单词的首字母。其中 A 为 Attention，即引起注意；I 为 Interest，即诱发兴趣；D 为 Desire，即刺激欲望；最后一个字母 A 为 Action，即促成购买。它的具体含义是指一个成功的推销员必须把顾客的注意力吸引或转变到产品上，使顾客对推销人员所推销的产品产生兴趣，这样顾客欲望也就随之产生，而后再促使顾客采取购买行为，最后达成交易。

### 2.1.4 想象、思维与消费行为

【课堂互动】

科学需要想象和幻想，和科学一样，好的创意也需要幻想。"科学幻想之父"凡尔纳幻想的潜水艇、霓虹灯、飞机等，后来成为现实。请扫描二维码，了解想象和幻想成真的一些具体例子。

【拓展案例】

1. 想象的概念

人们在生活实践中，不仅能够感知和记忆客观事物，而且还能够在已有的知识和经验的基础上，在头脑中构成自己从未经历过的事物的新形象，或者根据别人口头语言或文字的描述形成相应事物的形象，这就是想象。一位女性消费者见到一块布料，把它围在腰上，想象到将它裁剪成一条裙子穿在自己的身上，一定非常漂亮，必然产生愉快的情绪，可能产生购买行为。

2. 想象的分类

（1）无意想象。无意想象是指没有目的、不自觉的想象，也称不随意想象。它是想象中最简单、最初级的形式，人的梦就是无意想象的极端情况。无意想象主要是由具体事物或事物的具体属性激发，出现前没有预定的目的和特殊的意向，带有自发性，并且无意想象可以转化为有意想象。因此，市场营销人员可以利用无意想象来促进销售。如在商店内部设计好商品的摆设和陈列，可使顾客接触后产生无意想象而即兴购买。

（2）有意想象。有意想象又称随意想象，是根据一定的目的自觉进行的想象。在进行有意想象时，人们给自己提出想象的目的，按一定任务进行想象活动。有意想象按其独立性、新颖性和创造性的不同，又可分为再造性想象和创造性想象。

（3）再造性想象。再造性想象是依据语言文字的描绘或条件的描绘（如图样、图解、符号记录等）在头脑中形成有关事物的形象的过程。例如，当读者看过小说《三国演义》以后，头脑中会构成刘备、关羽、张飞、曹操等人物形象。

（4）创造性想象。创造性想象是不依赖现成的描述，而是独立地创造出新形象的过程。例如，作家对典型人物进行塑造的创作活动，就需要创造性想象。安徒生笔下的美人鱼就是

创造性想象，生活中并没有美人鱼的存在，这个典型形象是作者创造出来的。幻想是创造性想象的准备阶段和一种特殊形式。所谓幻想，就是一种与生活愿望相联系，并指向于未来的想象。幻想分为积极的与消极的两种。消极的幻想就是空想，脱离现实，毫无实现的可能。积极的幻想就是理想，以现实为依据，指向行动，经过努力最终可以实现。例如，拥有私人别墅，有的人是空想，难以实现；有的人是理想，能激励工作热情，努力工作，成为积蓄金钱的力量源泉。

3. 想象与消费行为

想象能提高消费者购买活动的自觉性和目的性，对引起情绪过程、完成意志过程起着重要的推动作用。消费者在形成购买意识、选择商品、评价商品过程中都有想象力参加，想象要激发消费者的再造过程。例如，看到漂亮衣服，想到穿着漂亮的衣服被人称赞的愉快与满足；买一台电脑，消费者会想象网上冲浪的感受，同时还想起它给学习和工作带来的方便，等等。通过想象，消费者就能深入认识商品的实用价值、欣赏价值和社会价值，其结果是能增强商品对消费者的诱惑，激发其购买欲望。

企业在运用想象时，通过想象引发消费者的美好联想，激发消费者的购买动机。一般可以遵守以下方法：

（1）品牌名称用言简意赅、寓意吉祥、友善的词句，如可口可乐、百事可乐、步步高等。

（2）广告语用消费者熟知的形象来比喻商品，如"e人e本"、山西旅游广告"晋善晋美"。

（3）产品包装富有特色，形状画面激发想象。

## 【与相关课程的联系】

人们一天接受的广告超过几百条，能记住的却寥寥无几。提高广告效果就要设计出有吸引力的广告，引起消费者的注意，才能被消费者记住，才能想象购买后能产生什么效果，是否决定购买。

4. 思维的内涵

1）思维的概念

思维是通过分析、概括，并对客观事物的本质进行间接反映的过程。也就是说，通过思维，人们对客观事物的认识不再停留在感知和记忆的水平上，而是利用已经感知和记忆的材料，进行分析、综合、抽象、概括等思考活动，把感性认识升华到理性认识阶段，从而获得对事物的本质和内在规律的认识。例如，人们可以利用过去的经验推算某种商品更新换代的速度和价格走势，以确定是现在购买还是以后再买。有关这些方面的知识，人们单凭感知是得不到的，必须借助所积累的丰富的经验，通过大脑的思考代替对客体的实际体验来完成。

2）思维的分类

（1）常规思维。又称习惯思维或再现思维，是指利用已获得的知识和经验，依照原有模式进行回忆与重演的思维。

（2）创造思维。是指将过去的知识和经验各抽取一部分，重新组合起来，具有流畅、独特、变通和创新特点的思维。

（3）辐合思维。是指遵照统一模式求同地解决问题的思维。

（4）发散思维。是指多方面、多通道、以求异方式解决问题的思维。

创造思维和发散思维是良好的思维品质，它具有变通性、敏捷性和创造性等特点，对开展市场营销活动具有积极的作用。

5. 思维的特征

（1）概括性。是指人在思维时是通过对同一类事物的共同特性、本质特征或事物间规律性的联系来认识事物的，不像感知那样，只对个别事物或个别属性产生映像。例如，消费者在购买过程中多次感知价格与质量的联系，从而得出"大商场的东西要比在街头摊位购得的东西质量要可靠"的结论。

（2）间接性。是指思维以其他事物为中介，来反映客观事物，即借助已有的知识和经验来理解和把握那些没有直接感知过或感知认识无法直接把握的事物。例如，消费者对手机的内在质量往往不在行，不甚了解，但可以通过对外形是否美观、铃声是否优美、信号是否灵敏、功能是否齐全进行了解，再借助已有的知识和经验，间接地认识它的内在质量性能。

（3）制约性。是指人的思维还有受社会实践制约的特点。实践是人思维活动的基础，也是检验思维正确与否的标准。因此，消费者要善于思考和总结，通过现象看本质，从而获得对商品内在性质的更为深刻的认识。例如，一种商品设计出来以后，在中心城市试销和推广引起消费热潮后，就会自然地逐步扩散到周边的小城市中，形成消费热潮；如果在中心城市没有达成共识，此种商品就很难流行。

6. 思维的形式

思维的形式是指思维内容的组织结构，包括概念、判断和推理。

（1）概念。概念是人脑反映客观事物共同的本质特性的思维形式。例如，"产品"这个概念，现代市场学认为，是指能提供给市场，用于满足人们某种欲望和需要的任何事物。还有一种说法是指各种实物、服务、场所、组织、计策或思想等。

（2）判断。判断是人们对思维对象有所断定的一种思维形式，是人们认识事物的工具，是组成推理的基本要素。

（3）推理。推理是从一个或几个判断中得出一个新判断的思维形式。推理不是可以随意编造的，也不是人们先天固有的，而是人们在长期社会实践中，对客观事物相互联系和关系的反映，是人们从已有知识中推出新知识的一种方法。

7. 思维与消费行为

（1）分析过程。分析是指在头脑中把整体的事物分解成各个部分、个别特性和个别方面。反复地分析能够使顾客比较全面地认识商品的外观、性能、质量等个别属性，在这个基础上建立购买目标。

（2）比较过程。比较是依据一定的标准以确定事物异同的思维过程。因为有些商品很难通过对商品的外观、性能、质量等个别属性的认识做出正确的判断，所以初步分析确定购买目标之后，消费者借助比较来进一步鉴别商品质量的优劣、性能的好坏和价格的高低。比较的依据可以是当时购买商品中的同类商品，也可能是顾客曾经使用过的商品，这些比较对于顾客更好地认识商品具有重要意义。

（3）评价过程。顾客在确定了购买目标之后，要运用判断、推理等思维方式，综合多种信息，排除各种假象的干扰，在此基础上，对商品的内在属性和本质进行概括，为确定购买决策做好心理准备。

在营销的过程中，要认真分析消费者的思维模式，将市场营销活动和消费者的思维结合起来，更为有效的是改变消费者的思维习惯。

### 【与相关课程的联系】

在市场营销定价策略中的撇脂定价、推销中对价格异议分处理，都是利用了消费者"便宜没好货，好货不便宜"思维习惯。概念营销也是通过对消费者思维的改变而获得成功的。

## 任务2　探究消费者的情感过程

### 案例阅读

曾几何时，"洋品牌"一直是消费者追捧的对象，民族品牌像丑小鸭一样不被看好。

2008年5月12日，四川汶川大地震，6万多人遇难。在灾难面前，创办中国驰名商标——"荣程"的唐山大地震的孤儿张祥青，在央视《爱的奉献》抗震救灾大型募捐晚会上，为汶川灾区捐出1.1亿元。除了"荣程"，"王老吉"捐出1亿元；"中国移动"捐出2.862亿元；"万科"捐出1亿元；"台塑"捐出1亿元；"海洋石油"捐出5亿元，等等。成千上万的民族企业为汶川灾区捐钱捐物，全力帮助灾区重建家园。

民族企业的爱国情感，激发了消费者对民族品牌的热爱，极大地提升了民族品牌的影响力。

消费者完成了对商品的认识过程，并不等于就必然采取购买行为，是否购买该商品还要看消费者认识之后的商品是否能满足其要求。如果满足就会产生积极的态度，如满意、喜欢等；反之，就产生消极的态度，如不满、烦恼等。消费者对于客观事物是否符合自己的需要及满足的程度而产生的一种主观体验，就是消费者的情感过程。消费者的情感过程包括情绪和情感两个方面。

### 2.2.1　情绪与情感的概念

1. 情绪

情绪是指人对认知内容的特殊态度，是以个体的愿望和需要是否得到满足而产生的心理体验。情绪包含情绪体验、情绪行为、情绪唤醒和对刺激物的认知等复杂成分。

情绪是身体对行为成功的可能性乃至必然性，在生理反应上的评价和体验，包括喜、怒、忧、思、悲、恐、惊七种。行为在身体动作上表现得越强就说明其情绪越强，如喜会手舞足蹈、怒会咬牙切齿、忧会茶饭不思、悲会痛心疾首等就是情绪在身体动作上的反应。

情绪一般是由以下四种成分组成的：

（1）情绪涉及身体的变化，这些变化是情绪的表达形式。

（2）情绪是行动的准备阶段，与实际行为相联系。

（3）情绪是有意识的体验。

（4）情绪包含了认知的成分，涉及对外界事物的评价。

2. 情感

情感是人对客观事物是否满足自己的需要而产生的态度体验。情感一般是指长时间内与人的社会性需要（社交的需要、精神文化生活的需要等）相联系的体验，是人所特有的，常以社会事件的内容和意义为转移，与情绪相比较为稳定，情感是在情绪的基础上产生的更高级的心理体验。如道德感、理智感、美感等。

3．情绪与情感的关系

情绪与情感是两个既有区别又有联系的概念。情绪和情感都是人对客观事物的态度体验及相应的行为反应。情绪和情感由独特的主观体验、外部表现和生理唤醒三种成分组成。

情绪和情感统称为感情。情绪指感情过程，情绪具有较大的情景性、激动性和暂时性。情感指具有稳定的、深刻的社会意义的感情。情感具有较大的稳定性、深刻性和持久性。一方面，消费者的情绪总是受他的情感所制约；另一方面，个人的情感又总是体现在他的情绪之中。情绪一般有较明显的外部表现，时间短，情感的外部表现很不明显，持续的时间相对比较长。例如，某企业的商品质量好，信誉高，在消费者心目中树立了良好的形象，消费者对它产生了信任感、亲切感，当消费者买到这种商品并在实际使用中其需要得到满足时，就会产生喜悦和满意的情绪。在日常生活中，人们对情绪和情感并不作严格的区分。

情绪和情感都具有适应功能、动机功能、组织功能、信号功能。

> **案例阅读**

2011年10月10日，虽然距离iPhone4S上市还有一周的时间，但是全球疯狂的苹果粉丝已经开始了排队购机的计划。据了解，世界各地的苹果店已经有粉丝开始了排队，第一时间购买到iPhone4S无疑是对乔布斯最好的纪念。"果粉"除了对产品的喜爱之外，更多的还是想表达对苹果品牌和乔布斯的情感。

## 2.2.2 情绪与情感的类型与表现

1．按情绪的性质与程度划分

情绪、情感的表现形式是多种多样的，根据其性质、发生的强度、速度、持续时间的长短和外部表现来划分，可以划分为五种表现形式。

（1）心境。心境是一种微弱而平静、持续时间有时长有时短的情绪，如心情舒畅或郁郁寡欢等。心境会影响人们的消费行为，良好的心境能使消费者发挥主动性和积极性，容易引起对商品的美好想象，易导致购买行为。而不良的心境，则会使消费者心灰意冷，导致抑制购买欲望，阻碍购买行为。消费者的心境好，对店容、服务、商品的感觉亦好，实现的购买率会较高。

（2）热情。热情是一种强有力的、稳定的、能把人完全控制住的情感。热情表现出主体被一种力量所征服，以坚定的信念去达到某个目的。热情虽不如激情强烈，但比激情深刻而持久。它有时虽不如心境那样广泛，但比心境强烈而深刻。消费者往往是在热情推动下，积极参与市场的经济活动。市场营销者要想方设法了解消费者的心理、兴趣和爱好，利用各种营销推广手段，唤起消费者的热情，培养其惠顾动机。

（3）激情。激情是一种人们在一定场合迅速强烈地爆发出来的，能把人控制住的逐渐增强的强烈情绪，一般维持时间短暂。如狂喜、暴怒、绝望等都属于这种情绪状态。激情出现的时候可以对消费者的行为造成巨大的影响，甚至可以改变消费者的理智状态。消费者在抢购风潮中也会出现类似激情状态的情绪。对生产商和销售商来讲，要尽可能地避免对消费者的强烈的不良刺激，削弱消费者的对抗情绪，引导消费者产生积极的激情，愉快地进行购买活动，争取营销活动的成功。

（4）应激。是指出乎意料的紧张情况所引起的情绪状态。营业员有时会出现应激状态，当柜台前拥挤混乱或与情绪不佳的顾客打交道时，营业员必须在这些困难条件下实现销售，因而处于应激的情绪中。应激一般来说会因手忙脚乱而不利于工作，但有时正相反，会因工作节奏加快而提高工作效率。

（5）挫折。是指人在实现目的的过程中遇到障碍，但又无法去排除、克服的心理状态。其典型表现是懊丧、怨恨、消沉、无动于衷。挫折有时表现为对自己，有时表现为对别人形成迁怒。例如，有个别顾客在商店里表现出迁怒于人，买不到紧俏商品时，对营业员发脾气、泄怨气。

2. 按情感的社会性划分

人的情感按照社会要求的内容分类，可以分为道德感、理智感和美感三种。

（1）道德感。是指个人根据社会道德准则评价自己或别人行为时所产生的情感，是关于人的行为、举止、思想、意图是否符合人的道德需要而产生的体验。如果自己的思想意图和言行举止符合社会道德准则，就会产生肯定、积极的情感，感到心安理得；反之，则坐卧不安。

（2）理智感。是人的求知欲望是否得到满足而产生的高级情感，是在人的智力活动过程中产生的体验。理智感与人的求知欲、好奇心、原则性等相联系，它不是满足低级的本能的需要，而是满足高级的社会性需要，是一种热烈追求和探索知识与真理的情操。例如，在挑选商品时，如发现商品价格很便宜，会产生怀疑感；对一些高档商品不知如何挑选，产生苦闷感；对自己比较了解的商品，在选购时的欢快感等。

（3）美感。是人对美好事物的体验，是人根据爱美的需要，按照一定的评价标准，在创作或欣赏美的事物过程中产生的情绪体验。审美标准因主体美学修养、爱好情操、社会地位的影响而存在差别，但在同一群体中往往持有基本相同的审美标准。如消费者对时尚、新潮商品的追求，说明同一群体成员有着近似的美感。

3. 情绪与情感的外部表现

情感过程是人对客观事物与人的需要之间关系的反映，是人对事物的一种好恶的倾向，它主要是通过人的神态、表情、语言和行动变化表现出来。消费者的情感表现程度在购买活动中主要表现在三个方面。

（1）面部表情。面部表情和姿态是表现情感的主要手段。人们的喜、怒、哀、乐、爱、憎等各种情感都能通过不同的面部表情与姿态表现出来。如当消费者买到自己喜爱的商品时，会高兴得眉飞色舞或手舞足蹈；当消费者与营业员因退换商品而发生争吵时，会面色苍白或涨红了脸。在购买活动中各种复杂的心理感受、情绪变化都会通过不同的面部表情和姿态反映出来。因此，一个优秀的营业员不仅要善于根据消费者面部表情的变化去揣摩消费者的心理，同时，也要注意运用自己的表情姿态去影响消费者，沟通买卖双方的感情，促使消费者的情感向积极的方向发展。

（2）声调表情。人们说话的语调、声音强弱及速度的变化，往往反映出情感的变化。一般来讲，快速、激昂的语调体现了人的热烈、急躁、恼怒的情感，而低沉、缓慢的语调则表现人的畏惧、悲哀的情感。往往同一语句，由于说话人在音强、音速、音调上的差别而表达出不同的情感。例如，在商店里购物时，同样会遇到这样一句话"您买什么？"，由于语调的强弱和速度不同，可以反映出亲切、真诚的情感，也可以表现出厌烦、冰冷的情感。

（3）动作表现。表现明显的有呼吸器官、排泄系统和循环系统的变化。一般情况下，当消费者购买衣物时，遇到其满意的商品时，常常表现出点头、赞不绝口、跃跃欲试的动作；反之则不屑一顾、匆匆而过。当消费者看到寻觅多时的商品时，往往呼吸、心跳、脉搏加快。

总之，在消费者购买活动中，情感的外显是多方面的，也是比较复杂的。有时，一种外显的情感表达了多种心理活动。如消费者在选购商品时，有时表情紧张，可能是担心商品质量或性能有问题，唯恐吃亏上当，也可能是担心买不到商品，还有可能是担心买回去后家人不喜欢，等等。

### 【与相关课程的联系】

推销学里要求推销员给顾客留下良好的第一印象，只要让顾客认可了自己、认可了公司、认可了产品，销售就一定能成功。推销员要善于察言观色，根据顾客的表情等信号，积极促成交易。

## 2.2.3 情绪、情感与消费行为

**1. 情绪、情感的极端性与消费行为**

不同情况下，消费者的情绪和情感的表现会出现肯定或者否定的极端状态，积极的情绪情感会成为行为的诱因；而消极的情绪情感将成为行为的阻碍。例如，消费者高兴、兴奋、愉快时，往往会买很多东西；而悲伤、生气或低落时，可能会看什么都不顺眼，不能很好地完成消费。当然，也存在另一种例外情况，如有人用购物来冲淡自己悲伤或消极的情绪，结果买了一大堆无用的东西。

**2. 影响情绪、情感的主要因素**

消费者在购买活动中，情绪的产生和变化主要受以下因素影响。

1）购物场所的物理条件

购物场所的物理条件主要包括空间、温度、音乐、色彩、照明、气味等，这些条件的好坏，会直接影响消费者的情绪。购物环境如果宽敞明亮、干净整洁、环境幽雅、温度适宜、乐曲欢快，消费者就会感到愉快、舒畅，就会产生美好的情绪体验，有利于购买活动。

2）商品的特点

影响消费者情绪和情感的商品因素有商品的质量、性能、价格、包装、造型、广告、售后服务等。商品的特点如果满足了消费者的需要，就会产生好的情绪。

3）顾客的心理准备

消费者的自身因素，如兴趣、爱好、目的的不同，也会产生不同的情绪和情感体验。消费者对产品的预期正确，就会产生愉快的情绪；反之就会沮丧。

4)售货员的表情与心态

营销人员的服务态度、质量好坏都直接影响消费者的情感。优质服务会使消费者产生信任感、安全感,会有利于消费者购买。

3. 情绪、情感与营销活动

1)改善影响因素,提高消费者的忠诚度

从消费者的大脑记忆与情感遗忘程度曲线上看,在没有任何提醒的情况下,每隔三个星期的时间,消费者对产品与品牌的记忆度与情感度就会下降2~5个百分点。要适当进行广告发布和与消费者进行情感交流。

要改善商品、购物场所以及营销人员能够给消费者带来不良情绪的因素,商品要明码标价,物有所值,尽可能创造出优美的购物环境,提供优良服务,童叟无欺,一视同仁,让每一位顾客购物时心情愉快。

2)通过公共关系,建立良好的情感联系

注意树立商业企业的形象,达到顾客满意,及时解决诉求,注意形象宣传,把企业良好形象印在顾客的心目中,使他们能够长久地对企业抱有良好的情感。

3)加强诚信建设,取信于消费者

要始终如一地坚持顾客就是上帝的理念,真正做到"卖商品如同嫁女儿",就能赢得消费者的良好情感,企业也才能长盛不衰。

【拓展案例】

【课堂互动】

扫描二维码,了解2015年国内外六大情感营销案例。

## 任务3 探寻消费者的意志过程

消费者经历了认识过程和情感过程之后,是否采取购买行动,还有赖于消费者心理活动的意志过程。即消费者在购买活动中不仅要通过感知、记忆、思维、注意等活动来认识商品,伴随认识产生一定的内心体验和态度,而且还有赖于意志过程来确定购买目的并排除各种主观因素的影响,采取行动实现购买目的。因此,研究消费者的意志过程和特点是分析消费者购买行为的重要前提之一。

### 2.3.1 意志的内涵

1. 意志的概念

意志是自觉地确定目的,并根据目的来支配、调节自己的行动,克服各种困难,从而实现目的的心理过程。由意志控制和支配的行动,就叫意志行动。在现代社会实践的各个方面,人的意志到处都在起作用。例如,消费者为了买到满意的商品而不辞辛苦地走遍大大小小的商店;购房者贷款购房后为了还贷而长年艰辛劳作、节衣缩食,等等。

> **案例阅读**
>
> 开学第一天，大哲学家苏格拉底对学生说："今天咱们只学一件最简单也是最容易做的事，每人把胳膊尽量往前甩。"说着，苏格拉底示范了一遍，"从今天开始，每天做 100 下，大家能做到吗？"学生们都笑了，这么简单的事，有什么做不到的！过了一个月，苏格拉底问学生们："每天甩 100 下，哪些同学坚持了？"有 90%的同学骄傲地举起了手。又过了一个月，苏格拉底又问，这回，坚持下来的学生只剩下 80%。一年后，苏格拉底再一次问大家："请告诉我，最简单的甩手运动，还有哪几位同学坚持了？"这时，整个教室里，只有一人举起了手。这名学生就是后来成为古希腊另一位大哲学家的柏拉图。这个小故事所蕴含的深刻含义是显而易见的——坚持不懈是成功的不二法门。

2. 意志过程的基本特征

消费者在购买行为中表现出有目地、自觉地支配和调节自己的行动，并与克服困难相联系的心理过程，就是消费者心理活动的意志过程。在消费者意志过程中具有三个主要特征。

1）具有明确目的的心理活动

消费者购买商品是为了满足自己的需要，要经过思考而明确其购买目的，然后有意识自觉地调节购物行为。购买活动始终是在有目的的意志过程支配调节下进行的，消费者的购买目的越明确，完成购买活动也就越迅速、越坚定。有的消费者省吃俭用就是为了购买一套盼望已久的商品房；有的消费者为了满足集邮的爱好，把大部分工资用于购买邮票；准备结婚的青年男女大量购买结婚用品；等等。为了实现购物目的，消费者还要根据自己的主观条件加以确定。例如，同样购买彩电，是购买大型号，还是购买小型号的，这就需要消费者根据自己的使用条件做出决定。

2）克服困难的心理活动

消费者在购买活动中，其意志行动是有明确的目的的，而目的的确定和实现，会遇到种种困难。因此，消费者为实现购买目的而采取意志行动。在购买活动中，由于阻碍、干扰和困难程度不同，以及消费者意志品质的差异，对于购买商品的意志过程，有的人较为简单，有的人则很复杂。在现实生活中，常常出现这种情况：在同一时期内，消费者同时有多种需要，因此，就会产生多种购买动机。例如，在挑选商品时，面对几种自己都喜爱的商品，或者自己对商品的内在质量难以判断，就会导致购买信心不足。这时必须考虑选择和重新物色购买目标，去实现自己的购买目的。这就要求消费者在比较的基础上做出理智的购买决定。能否克服这种压力和困难，则取决于消费者的意志。

3）采取行动，实现既定购买目的的心理过程

这一特点表明消费者在经过商品选择后采取实际的购买行动。进行购买是真正表现出意志的重要环节，它不仅要求消费者克服内部困难，而且要排除外部干扰。通过意志的努力，实现既定的购买目的。在消费者的购买过程中，如果得到营业员的热情接待，则会强化消费者的购买决定，使之满意地买下商品。经营者精心策划购物环境，也能强化消费者的意志。在购物活动中，由于多种因素的影响，有的可能导致积极的情绪反应，有的可能引起消极的情绪反应，这则有赖于意志行动的心理过程。

### 2.3.2 消费者意志过程的实现

意志行动的心理过程是一个极其复杂的过程，当顾客购买商品时，其意志行动的心理过程包括两个阶段：决策阶段和执行决策阶段。

1. 决策阶段

采取决定阶段是意志行动的开始阶段，是对未来行动进行酝酿和抉择的过程，它决定着意志行动的方向和行动计划。在这个阶段里，主要是克服个人心理的冲突，战胜内部困难，及时做出购买决定。任何消费行为都是由一定的需要、动机引起的，但在同一时间或期间内，消费者同时有多种需要，也就会同时产生多种购买动机。消费者必须依据购买目的，比较权衡，分清轻重缓急，进行动机取舍，恰当地选择出主导动机，以此来确定行动的方向。消费者在购买动机确定之后，还有一个具体购买对象的确定问题。因为同类商品会有质量、档次、价格等方面的差异。消费者选择、确定购买对象的过程，就是把市场上现有的商品与自己的要求进行比较的过程。消费者购买对象确定之后，还要制订购买行动计划，保证购买目标的实现。例如，购物时间的确定，购买场所的选择，经济开支有多少，所需物品哪些先购，哪些后购，等等，这些都需要在意志活动的参与下进行。

2. 执行决策阶段

执行决策阶段是消费者意志过程的完成阶段，是把主体意识变为现实的购买过程，或者说，是把人的主观目的转化为客观结果，观念的东西转化为实际行动的过程。消费者在这个阶段的主要表现，就是根据既定的购买目的采取行动，把主体意识转化为实现购买目的的实际行动。消费者由做出购买决定过渡到实行购买决定，不全是一帆风顺的，往往要克服主观上和客观上的各种困难，即为实现购买目的，需付出一定的意志努力。这一阶段是真正表现意志的中心环节。例如，顾客要达到购买住房的目的，就要多看、多问、多跑，了解市场行情，排除一些不利因素，最终实现购买目的。

### 2.3.3 消费者意志品质与消费行为

意志的品质是指消费者在消费活动中，其意志过程所呈现出的基本特征。顾客在购买商品时，行为常呈现明显的意志特征，表现为意志坚强或意志薄弱等。坚强的意志品质是克服不利因素及困难、完成购买决策的重要心理机能保证。意志品质的特征体现在意志过程中，但它在消费者身上的表现有所不同，归纳起来主要有以下四种类型。

1. 意志的自觉性

意志的自觉性是指消费者对将要进行的购买活动有明确的目的，能主动认识、了解所要购买的产品，通过综合考虑制定购买决策，并意识到购买后的实际意义和行动的结果。意志自觉性强的消费者能充分认识到采取何种购物行为是正确的，也有强烈的自我意识驱使自己采取正确的行动。在执行购买决定时能正视现实，自觉、主动、独立地调节和控制自身的购买行为；在遇到障碍时会运用理智分析，自觉修改购买方案；在目标指引下勇于克服困难，承担外界压力，完成预定计划，这就是意志自觉性强的表现。许多顾客购买价格昂贵的大件耐用消费品时，一般习惯到大店、名店去购买，通常有较为明确而周到的购买计划，不会草率、鲁莽行事，因而可以获得较满意的结果。

2. 意志的果断性

意志的果断性是指消费者在购买商品时能迅速地分析所发生的情况，能果断地做出正确合理的决策，并且能毫不迟疑地执行决策，体现了意志品质的良好素质。这类消费者在购物中反应敏捷，善于捕捉机遇，能积极思考，有较为丰富的购物经验，评价判断商品的能力较强，或者有强烈拥有某种商品的需要与愿望，能迅速分析出购买行为对自己的意义大小，不失时机地做出决策。例如，中国加入世贸组织后，大家都明白国外汽车业必然会对中国汽车业带来巨大的冲击，都期待着轿车的价格有大幅下降。大多数人在等待观望，但有些人却能适时做出购买决定，而不是从众犹豫。意志果断性强的顾客在购买活动中能积极开展理智的思维活动，购买成功的可能性很高；而意志果断性较差的顾客则常常迟疑不决，坐失购物良机。

3. 意志的坚韧性

意志的坚韧性是指消费者在购买活动中呈现出来的不畏困难、坚持到底的顽强精神。有的顾客在购买活动中能以充沛的精力和坚忍不拔的毅力去克服遇到的困难，排除干扰，跨越障碍，取得最后的成功。例如，有的集邮爱好者，为了收集到一枚自己缺少的邮票，不辞辛苦，常年坚持到各家邮票市场搜寻，表现出坚韧的意志。

4. 意志的自制性

意志的自制性是指消费者在消费购物行为中善于支配自己、控制自己的情绪，约束自己的言行以求得满意的购买结果。他们在购物时表现出较大的耐心，避免在购买活动中发生某些不愉快的事情。由于购物环境、商品供求关系、质量性能等诸多因素较为复杂，有时难免会出现矛盾、不愉快甚至冲突的情况，自制能力强的消费者能冷静地对待，控制自己的情绪与言行，尽量不讲激化矛盾的话，不做引起冲突的事。消费者依据主客观因素的变化能当机立断，保证购买目标最后能够实现，而不是一意孤行。

意志的自觉性、果断性、坚韧性、自制性，是意志品质的四个主要特征，它们共同影响着一个人的意志行为。良好的意志品质对顾客的消费活动与购买行为非常重要，能促使消费与购买活动得到理想的效果。因此，除了顾客需努力提高自身的意志品质外，厂商们也应努力促进与帮助顾客建立良好的意志品质，利用各种途径与措施，宣传好自己商品的性能、质量，努力提高企业的服务质量与水平，以取得顾客与企业双赢的效果。

### 案例阅读

罗杰·罗尔斯出生于美国纽约声名狼藉的大沙头贫民窟，这里环境肮脏、充满暴力，是偷渡者和流浪汉的聚集地。因此，罗杰罗尔斯从小就受到了不良影响，读小学时经常逃学、打架、偷窃。

一天，当他从窗台上跳下，伸着小手走向讲台时，校长皮尔保罗将他逮个正着。出乎意料的是校长没有批评他，反而说："我一看你修长的小拇指就知道，将来你一定会是纽约州的州长。"当时的罗尔斯大吃一惊，因为在他不长的人生经历中只有奶奶让他振奋过一次，说他可以成为五吨重的小船的船长。他记下了校长的话并坚信这是真实的。

从那天起，"纽约州州长"就像一面旗帜在他心里高高飘扬。罗尔斯的衣服不再沾满泥土，语言不再肮脏难听，行动不再拖沓和漫无目的。在此后的40多年间，他没有一天不按州长的目标要求自己。强大的信念和坚强的意志，终于使他在51岁那年，成了纽约州的州长。

## 自测试题

【参考答案】

### 一、单项选择题

1. 消费者知觉的选择性取决于知觉的（　　）。
   A. 防御性　　B. 整体性　　C. 主观性　　D. 对比性
2. 由消费宣传的刺激作用引起的主观经验是（　　）。
   A. 感觉　　B. 知觉　　C. 想象　　D. 联想
3. 对储存于脑中的事物进行进一步的加工与存储，使之较长时间保持在头脑中的过程是（　　）。
   A. 识记　　B. 保持　　C. 回忆　　D. 认知
4. 感觉是由感觉器官的刺激作用引起的（　　）。
   A. 客观反应　　B. 主观经验　　C. 变化　　D. 反映
5. 刺激对感受器的持续作用而使感受器发生变化属于（　　）。
   A. 适应　　　　　　　　B. 感觉的相互作用
   C. 错觉　　　　　　　　D. 知觉

### 二、多项选择题

1. 知觉是影响消费者行为的重要因素，它的主要特性是（　　）。
   A. 知觉的主观性　　　　B. 知觉的整体性
   C. 知觉的风险性　　　　D. 知觉的选择性
2. 在购买活动中，消费者的情感表现主要包括（　　）。
   A. 面部表情　　B. 心理活动　　C. 声调表情
   D. 动作表现　　E. 购买欲望
3. 根据对商品认识程度的不同可将消费者能力划分为（　　）。
   A. 盲目型　　B. 不确定型　　C. 知识型
   D. 略知型　　E. 无知型
4. 消费者感觉形成的生理基础是（　　）。
   A. 感受器　　B. 传入神经　　C. 中枢神经
   D. 传出神经　　E. 运动神经
5. 消费者意志品质的表现包括（　　）。
   A. 自觉性　　B. 果断性　　C. 坚韧性　　D. 自制性

### 三、简答题

1. 什么是感觉？举例说明感觉的种类。企业如何运用感觉规律开展市场营销工作？
2. 什么是知觉？举例说明知觉的种类。知觉对消费者行为有何影响？
3. 什么是错觉？错觉在市场营销中有哪些应用？
4. 什么是情绪和情感？两者的区别是什么？
5. 什么是意志？意志有什么特征？

### 四、论述题

1. 试述消费者意志品质对购买行为的影响。
2. 结合 2012 年中日钓鱼岛事件对日本汽车在华销售量大幅下降的情况，论述情绪和情感对消费行为的影响。

五、案例讨论题

一天晚上，一对老夫妇正在进餐，电话铃响了，老妇去另一个房间接电话。回来后，老先生问："谁的电话？"老妇回答："是女儿打来的。"又问："有什么事？"回答："没有。"老先生惊奇地问："没事？几千里地打来电话？"老妇呜咽道："她说她爱我们。"两人顿时相对无言，激动不已。

这是美国贝尔电话公司的广告。

**讨论**

1. 这则广告利用了人们的什么心理？
2. 贝尔公司的成功之处在哪里？

1. 访问 10 位吸烟者，了解他们学会吸烟的原因、现在对吸烟的依赖程度、对吸烟危害的认识、是否戒过、现在仍然吸烟的原因。
2. 调查 10 位同学，要求他们列出知道的所有手机品牌，每位同学为什么选择所使用的手机的品牌？喜欢哪些品牌？不喜欢哪些品牌？以后更换手机准备选择什么品牌？论述你的调查结果对市场营销有什么意义。

1. 上网查找一些企业利用消费者认知程度低，进行欺骗性营销的案例。
2. 上网查找消费者认知错误的案例，提高科学消费的知识和能力。
3. 收集资料，在班级进行讨论，如何提高消费者及自己的认知程度，更好地进行科学消费。

# 项目 3

## 探知消费者的个性心理

【教学指导】

| 教学重、难点 | 教学重点 | 个性及个性心理对消费行为的影响，气质、性格、能力等 |
|---|---|---|
| | 教学难点 | 个性心理对购买行为的影响 |
| 学习目标 | 知识目标 | 掌握个性、气质、性格和能力的含义及特征 |
| | 能力目标 | 能够对消费者的个性、气质、性格和能力进行分析，掌握个性心理因素对消费心理和消费行为的影响，在市场营销过程中有效运用 |

【本章概览】

【本章课件】

# 【导入案例】

王某是李某的大学同学，也是同寝室的好朋友，周末两个人约好去商场买换季的衣服。走进商场，王某马上兴奋起来，带着李某到处乱转，李某则静静地陪着王某走，王某看上了一件红色的连衣裙，立刻找到营业员问尺码，营业员热情地拿出了一条适合她的裙子，她穿在身上喜滋滋地征求李某的参考意见，李某声音轻柔地说："颜色是不是太鲜艳了？这样太招人了吧。"王某对着镜子看了看说："红色才热烈，我喜欢这样的颜色。"立刻买下了这条裙子。她性格活泼外向，朋友很多，在班级中是个积极活跃的分子。王某又陪李某转了好久，李某才选了一件白色的学生裙，拿着这件衣服，先看看价格，又看看质地，再看看尺码，最后才让营业员拿了一件试穿在身上，左看右看，始终拿不定主意。这时王某说："就这件吧，挺好看的。"她才犹犹豫豫地付了钱。李某平常文静内向，朋友圈子不大，喜欢看书，听听轻音乐，她就喜欢这样简单安静的生活。

李某和王某显然有着截然不同的性格，兴趣爱好也很不一样，因此在选择衣服时，她们会有不同的偏好。这就是消费者不同的个性心理所带来的不同消费需求。从整个消费过程上来看，消费者对消费对象的认识过程、情感过程和意志过程是人们共有的心理现象，体现了消费活动的一般心理规律，从而使消费活动具有某些共性。可是人与人之间除了共性以外还有很多不同的特性存在，消费者在能力、气质和性格上都有各自的特点，所以在消费过程中，每个个体的消费活动都具备自己的独特色彩。

"人心不同，各如其面。"这是每个人个性不同的经典写照。在日常生活中，不同的消费者有不同的个性心理和行为差异，在购买实践中，消费者的目光、挑选商品的表情、讲话的速度、决策的快慢各不相同，消费者在这些方面的不同差异，都是由于其不同的个性心理而引起的。研究消费者的个性心理，有助于揭示构成不同消费行为的内部原因、预见和引导消费者的购买行为。

**思考**

你在日常的消费中，你对哪些商品感兴趣？你购买商品时，是果断还是犹豫不决？对于不熟悉的商品，你是如何购买的？你的性格对你从事营销工作，进行消费决策有哪些帮助？作为普通消费者，你认为应该具备哪些消费能力？

在日常生活中，不同的消费者有不同的个性心理和行为差异，在购买实践中，消费者的目光、挑选商品的表情、讲话的速度、决策的快慢各不相同，消费者在这些方面的不同差异，都是由于其不同的个性心理而引起的。

## 任务1 理解消费者的个性心理

### 案例阅读

有一家卖瓜子的小店生意特别火，其他同类商家怎么也比不上，该店老板说："其实，我们家瓜子除了味道独特以外，在经营方面还有一个小技巧，就是在称分量时，别人家总是先抓一大把，称的时候再把多

# 项目3 探知消费者的个性心理

的拿掉；而我们家总是先估计得差不多，然后再添一点。"这"添一点"的动作看似细小，却符合顾客的微妙心理，许多顾客都害怕短斤少两，"拿掉"的动作更增加了这一顾虑；而"添点"，则让人感到分量给足了，心里踏实，所以乐于登门。

在心理学中把个体身上经常的稳定的表现出来的心理特点的总和，称为个性。个性的心理结构是复杂的，它包括个性心理倾向（指需要、动机、兴趣、理想、信念、价值观、世界观等）和个性心理特征（指气质、性格、能力等）。人的性格特征是由人的行为方式表现出来的，消费者个性心理特征的差异，是通过不同的购买行为表现出来的。因此，研究了解消费者的个性，不仅可以解释他目前的购买行为，而且可以在一定程度上预测他未来的消费趋向。

### 3.1.1 个性的概念和结构

1. 个性的概念

个性又称个性心理，是一个区别于他人的，在不同环境中显现出来的，相对稳定的，影响人的外显性和内隐性行为模式的心理特征的总和。个性内涵非常广阔丰富，是人们的心理倾向、心理过程、心理特征及心理状态等综合形成系统心理结构。

心理学中的个性概念与日常生活中所讲的"个性"是不同的。在日常生活中，人们对个性也容易产生一些误解，往往认为一个"倔强""要强""坦率""固执"的人很有个性；而"文雅""平和""斯文""柔弱"的人没有个性。这种看法是不对的，至少说是不全面的。日常生活中所提的所谓"个性"，实际上是心理学中个性心理特征之一的性格，而不是个性的全部内容。

2. 个性的心理结构

个性心理作为整体结构，可划分为既相互联系又有区别的两个系统，即个性倾向性（动力结构）和个性心理特征（特征结构）。

1）个性倾向性

个性倾向性是个性中的动力结构，是个性结构中最活跃的因素，是决定社会个体发展方向的潜在力量，是人们进行活动的基本动力，也是个性结构中的核心因素。它主要包括需要、动机、兴趣、理想、信念与世界观、自我意识等心理成分。在个性心理倾向中，需要是个性积极的源泉；信念、世界观居最高层次，决定着一个人总的思想倾向；自我意识对人的个性发展具有重要的调节作用。

2）个性心理特征

个性心理特征是个性中的特征结构，是个体心理差异性的集中表征，它表明一个人的典型心理活动和行为，包括能力、气质和性格。

个性倾向性和个性心理特征相互联系、相互制约，从而构成一个有机的整体。个性对心理活动有积极的引导作用，使心理活动有目的、有选择地对客观现实进行反映。个性差异通常是指人们在个性倾向性和个性心理特征方面的差异。

### 3.1.2 个性的特征

个性是通过心理过程形成的，并在心理过程中表现出来，又制约着心理过程。个性作为反映个体基本精神面貌的本质的心理特征，具有整体性、稳定性、独特性、可塑性、社会性等基本特性。

#### 1. 个性的整体性

个性的整体性是指消费者主体的各种个体倾向、个性心理特征及心理活动过程，它们互相协调、有机地联系在一起，形成个性的整体结构，以整体形式表现在具体的人身上而不是彼此分割，相互独立。例如，一个处事谨慎的人，在工作中，严肃认真，办事稳重；购买商品时，也是认真仔细，绝不草率从事。一个人的精神风貌，通过工作和生活，完整、鲜活地展示在世人面前。

#### 2. 个性的稳定性

个性的相对稳定性是指经常表现出来的表明消费者个人精神面貌的心理倾向和心理特点。偶尔的、一时的心理现象，不能说明消费者的全部个性特征和面貌。这种稳定性是在家庭、社会和学校教育潜移默化的影响下及在个人实践的活动中逐渐形成的，人们常说习惯决定人生，养成良好习惯对一个人很重要，甚至决定事业成败。但稳定性并不意味着一成不变，在一定条件下是可以改变的，并非绝对的"江山易改，本性难移"。

#### 3. 个性的独特性

个性的独特性是指在某一个具体的特定消费者身上，由独特的个性倾向性及个性心理特征组成的独有的、不同于他人的精神风貌。消费主体在社会实践中，对现实事物都有自己一定的看法、态度和感情倾向，体现出人与人之间在能力、气质、性格等方面存在差异，"世界上没有两片相同的树叶"。从消费习惯的区域性来看，四川等阴冷潮湿地区，当地人素有吃辣椒的嗜好；在西藏，以青稞、酥油、牛羊肉为主的食物结构使人喜好喝砖茶；而北方较寒冷地区的居民喜欢饮烈酒。正是这些独具的精神风貌，使不同的消费者的个性有明显的差异性。

#### 4. 个性的可塑性

个性的可塑性是指个性的心理特征随着主体的经历而发生的不同程度的变化，从而在每一阶段都呈现出不同的特征。个性具有稳定性，并不意味着个性是一成不变的，稳定性和可变性是对立统一的。随着环境的变化、年龄的增长、意外的重大事件、消费实践活动的改变，个性也是可以改变的。正是个性的可变性特点，才使消费者的个性具有发展的动力，也为思想品德培养提供了理论依据。

#### 5. 个性的社会性

人既具有生物的自然属性，也具有社会属性。人的自然属性是个性形成的物质基础，影响着个性发展的道路和方式，影响着个性行为形成的难易。但也不能把个性完全归结为先天的或遗传的。每个人都是社会的一员，都处于一定的社会关系之中，逐渐掌握了社会的风俗习惯和道德准则，形成了相应的世界观、价值观、性格等，成为具有个性的人、社会的人。人的本质在其实质上是一切社会关系的总和。如果只有人的自然属性而脱离了人类社会，就不能形成人的个性。

个性的形成、发展是一个逐步的、长时间的过程，大致要经历儿童时期、学生时期、走向社会时期三个阶段。个性在社会生活中形成和发展，最终实现个性的定型。

> **案例阅读**
>
> 购买房、车、名牌服饰和化妆品,越来越多的"个性消费"已成为当今白领中一个不可抵挡的潮流。在公司任经理的李某每月收入5 000多元,可她不仅是个"月光族",而且还负债累累。为了追求时尚,彰显个性,她贷款买了一辆轿车,消费高档化妆品。不到月底,口袋已经很紧了,可她又看上了一台新款电脑,没有钱只好向妈妈借。为了还按揭和借款,李某旅游的计划泡汤了。像李某一样的"单身负族"通常收入不菲,但仍然月初富裕、月底赤字,经常入不敷出。"新负翁""月光族""车奴""房奴""卡奴"层出不穷。

## 3.1.3 个性在消费中的作用

研究人的个性心理的规律,在消费实践过程中具有极为重要的意义。在各种各样的消费活动中,消费者都会产生一系列的心理活动。我们研究消费者不同的心理活动特点,就能更好地开展营销活动,并在此基础上,有目的地刺激和诱导消费者的购买行为,有针对性地提供各种恰当的服务,解决消费者在购买活动中各种问题,更好地推销商品,提高消费者对商品的满意程度。

1. 消费者个性的差异性决定需求的多样性

消费者的个人特点和相互差异,形成消费者不同的购买动机、购买方式和购买习惯,使其购买行为复杂多样。有的人对商品有浓厚的怀旧心理,对日新月异的新产品难以接受;有的人对新潮流跃跃欲试,对新产品总是先人一步,抢先消费,甚至超前消费;有的人为了攒钱,衣食住行消费处在最低生活水准,有的人则能科学地适度消费。于是,就有了"北大荒""老三届"等餐馆,让人们流连忘返于20世纪60年代的知青岁月;同时也出现了让年长者十分不解的"新新人类"生活方式;还有的人不惜债台高筑,借钱购买高档商品,以显示生活水准达到了一定档次等。消费者需求的多样性是进行市场细分和选择目标市场的基础。

2. 消费者个性的稳定性决定需求的稳定性

消费者个性的稳定性决定消费者对某些商品和服务的需求在一定时间内的依恋、忠诚,有的甚至一生不变其钟爱。例如,约五成烟民吸烟品牌不变,有的男士甚至十几年总是吸一种品牌;有的女士对化妆品的使用更是非常专一。这就告诉我们,要认真培育市场,有目的、有计划、有地域性地供应商品,更好地满足消费者稳定的需要。

3. 消费者个性的可塑性决定需求的可诱导性

消费者的需求可以通过环境的改变、外部诱因的刺激、主观认识的认同,引导、诱发消费者需求发生变化和转移。消费者需求的可诱导性,为企业提供了巨大的市场潜力和市场机会,企业通过卓有成效的市场营销策略、营销活动,使无需求转化为有需求,潜在需求转化为现实需求,未来需求转化为近期的购买行为,从而使企业由被动地适应、迎合消费者的需求,转化为积极地引导、激发和创造需求。

4. 消费者个性的独特性决定需求的发展性

按照马斯洛的需求层次理论，消费者的需求不是一成不变的，随着社会经济发展和人民生活水平的不断提高，人们对商品和服务的需求从数量、质量等方面都会提出新的要求，一种需要满足了，又会产生新的需要。消费需求总是由简单向复杂、由低档向高档、由大众化向个性化发展。某些现在受消费者欢迎的热门产品，有可能在一定时期以后变成过时商品而被淘汰；许多潜在的消费需求，不断地变成现实的购买行为，等等，这就是消费需求的发展性。

【课堂互动】

扫描二维码，了解80后、90后、00后三个年代的消费者的不同消费观。

【拓展案例】

【与相关课程的联系】

消费者个性的不同，为市场营销中的市场细分、市场定位及目标市场的确定提供了依据。在推销、价格制定等方面，都要根据消费者不同的个性特点实施。

 任务2　掌握消费者的兴趣、气质与购买行为

消费者对于某种事物发生兴趣时，总是有喜欢、高兴、满意等情感相伴随。在商业经营活动中，善于察觉消费者对客体特殊的认识倾向，包括他们对商业经营活动中哪些事物发生兴趣或不感兴趣，是揣摩消费者心理，提高商业经营水平的重要环节。同时，由于兴趣存在积极和消极两种倾向，研究消费者的兴趣，还有利于在商业服务工作中引导与鼓励消费者的积极兴趣，克服与改造消费者的消极兴趣，从而创造良好的社会消费风气。

### 3.2.1　消费者的兴趣

1. 兴趣的概念

兴趣是人力求探究某种事物或从事某种活动的心理倾向。它表现为个体对某种事物或从事某种活动的选择性态度和积极的情绪反应。例如，对艺术感兴趣的人总是首先注意有关艺术方面的报道，他们的认识活动优先指向与艺术有关的事物，并且表现出积极的情绪反应。

现在，每到"六一"国际儿童节为儿童购买新衣服、添置新文具和玩具已成为一种家庭消费习惯。因而每当儿童节临近之时，父母、孩子会对各种各样有关孩子吃的、穿的、用的消费品感兴趣。如果一个人对于商业工作有兴趣，那么他就总是关心商业活动的信息，想方设法去改善经营工作。一般来说，如果我们对自己所从事的事业是感兴趣的，那么，我们的思想常常集中和倾向于自己的事业及其中的问题，在日常交往和谈话中，也总是把话题转到这方面来，这就是所谓的"三句不离本行"。由此可知，兴趣是人们从事各项活动的重要推动力。

2. 兴趣的作用

兴趣是认识和从事活动的巨大动力，是推动人们去寻求知识和从事活动的心理因素。兴趣在人学习、工作和一切活动中起动力作用。

兴趣是引起和保持注意的重要因素，人们对感兴趣的事物，总是愉快地去探究它。兴趣使人集中注意，产生愉快、紧张的心理状态，对认识过程产生积极的影响。

兴趣在人们的活动中的基本功能主要表现为定向与动力两个方面：

（1）兴趣的定向功能。兴趣的定向功能是指一个人现在和将来要做的事情往往是由自己的兴趣来定向的。它可以奠定一个人事业的基础和进取的方向。如一个人从小喜欢探究小动物的生活习性，将来就可能去学习生物学或心理学，并作为终身研究的方向。

（2）兴趣的动力功能。兴趣的动力功能是说人的兴趣可以转化为动机，成为激励人们进行某种活动的推动力。生物学家达尔文曾在他的自传中介绍，强烈的兴趣对他的人生产生了重要影响，沉溺于他自己感兴趣的东西，喜欢了解任何复杂的问题和事物。可见，兴趣是活动的重要动力之一，也是活动成功的重要条件。如果学生对某学科产生浓厚兴趣后，也会满怀乐趣地克服各种困难去钻研，甚至达到废寝忘食的状态。

3. 兴趣的特征

（1）兴趣的倾向性。兴趣的倾向性是指兴趣所指向的客观事物的具体内容和对象。有人喜欢文学，所以喜欢购买大量的文学类图书；有人喜欢体育，除了经常参加体育活动，观看电视上转播的体育比赛，还会购买体育用品；有人喜欢音乐，可能会购买音乐会的门票。兴趣倾向性与人的生活实践和教育有关，并且受一定的社会历史条件所制约。

（2）兴趣的广泛性。兴趣的广泛性是指个体兴趣的范围。在兴趣的范围上，个体之间的差异也很大。有人兴趣范围广泛，对许多事物和活动都兴致勃勃，乐于探求；有人则兴趣范围狭窄，常常对周围一些活动和事物漠然处之。兴趣的程度和个人的知识面的宽窄密切相关。个人兴趣越广泛，知识越丰富，越容易在事业上取得成就。历史上很多卓越人物都有广泛的兴趣和渊博的知识。

（3）兴趣的稳定性。兴趣的稳定性是指个体兴趣的稳定程度。在人的一生中兴趣必须会发展变化，但在一定时期内，保持基本兴趣的稳定性，则是个体一种良好的心理品质。根据兴趣持续时间长短，兴趣可分为短暂兴趣和稳定的兴趣。人有了稳定的兴趣，才能把工作持续地进行下去，从而把工作做好，取得创造性的成就。没有稳定的兴趣，就会三心二意，一事无成。

（4）兴趣的效能性。兴趣的效能性是指兴趣对人们行动的推动作用。根据个体兴趣的效能水平，一般把兴趣分为有效的兴趣和无效的兴趣。有效的兴趣能够成为推动工作和学习的动力，把工作和学习引向深入，促使个体能力和性格的发展。无效的兴趣不能产生实际效果，仅仅是一种向往。

（5）兴趣的差异性。兴趣的差异性是指消费者的兴趣因人而异，差别极大。兴趣的中心、广度和稳定性与消费者的年龄、性别、职业和文化水平有着直接的联系，影响着消费者行为的倾向性与积极性。有些人兴趣范围广泛，琴棋书画样样爱好；有的对什么事情都不感兴趣，百无聊赖。有的人对某物、某事兴趣相当稳定，简直"着了迷"；有的则见异思迁，很难有一个稳定的兴趣对象。

4．常见的兴趣类型

由于兴趣具有个别差异的特征，所以反映到消费者购买商品种类的倾向性上有以下几种常见类型：

（1）偏好型。消费者兴趣的指向性形成对一定事物的特殊喜好。此类消费者的兴趣非常集中，甚至可能带有极端化的倾向，直接影响到他们购买商品的种类。有的消费者千方百计寻觅自己偏好的商品，有的不惜压缩基本生活开支而购买某类商品。有的甚至达到了成癖的地步，如有些收藏家，就是这类消费者。他们有时为一张邮票、一盆花而费尽心机，倾其所有。

（2）广泛型。这类属于具有多种兴趣的消费者。他们对外界刺激反应灵敏，可以受到各种商品广告、宣传、推销方式的吸引或社会环境的影响，在购买商品时不拘一格。

（3）固定型。此类消费者兴趣持久，往往是某些商品的长期顾客。他们的购买具有经常性和稳定性的特点。与偏好型的消费者的区别在于尚未达到成癖的地步。

（4）随意型。此类多为兴趣易变的消费者。他们一般没有对某种商品的特殊偏爱或固定习惯，也不会成为某种商品长期的忠实消费者，他们容易受到周围环境和主体状态的影响，不断转移兴趣的对象，因时而异地购买商品。

### 案例阅读

小王在中学时就迷恋上网聊QQ、打游戏。由于对电脑感兴趣，刚上大学时，他以上网查资料帮助学习为由，要求父母为他花了5 000元买了一台电脑，每个月还要支付80元的网费。其实，小王的真正目的并不是为了学习，而是打网络游戏、聊QQ、听歌、看电影。由于小王过分迷恋网络，失去了对学习的兴趣，每门功课都不及格，最后被学校劝退。

### 3.2.2　兴趣与购买行为

消费者的兴趣对购买行为有着非常重要的影响，兴趣是人们行为的动力之一。实践表明，兴趣与认识、情感相联系。对事物没有认识就不会产生兴趣，我们不会对自己一无所知的事物产生兴趣；在产生兴趣的过程中也会伴随这样或那样的情感，而且对事物的认识越深刻，情感越强烈，兴趣才会越深厚。反过来，对事物越感兴趣，对情感的激发就越有力，对主体认识活动的促进就越大。因此，兴趣不仅能反映人的心理特点，还对主体的行为产生重大的影响。在购买过程中，兴趣对促进消费者的购买有明显的影响，主要表现为以下三点：

（1）兴趣会影响消费者的购买活动。兴趣与注意密切相关，凡是人们感兴趣的事物，必然会引起对它的注意，并容易对其产生深刻的印象。消费者如果对某种商品产生兴趣，往往会在其生活中主动地注意收集这种商品的相关信息、资料，积累相关的知识，有计划地储蓄资金，从而为未来的购买活动做准备。

（2）兴趣能使消费者缩短购买过程，尽快做出购买决定并加以执行。消费者在选购某种自己感兴趣的商品时，一般总是心情愉快、精神集中，以积极认真的态度去进行。而且在购买前，对该商品已经有了相当的了解，因而会缩短对该商品的认识过程，在兴趣倾向性的支配下，易于做出购买决策，完成购买任务。

（3）兴趣可以刺激消费者对某种商品重复购买或长期使用。消费者由于兴趣的原因会产生对某种商品的偏好，养成某种习惯，这样往往能促使他们在长期的生活中使用某种商品，形成重复性、长期性的购买行为。

总之，兴趣对消费者的购买行为有着重要的影响。在实际的购买活动中，由于消费者兴趣的倾向性不同、兴趣的范围与深度不同，消费者对商品的造型、式样、颜色、用途、性价比等方面的爱好和追求也有所不同。如有的消费者由于情感的原因，对商品常受其某些外在因素的诱发，产生短暂的兴趣而狂热地追求，但一般这种兴趣来得快去得也快，容易发生转换；有的消费者由于意志的原因，对某些适合其研究目的的商品有极大的偏好，形成较浓厚的兴趣，往往能持久地影响其购买行为。

### 案例阅读

世界闻名的"珍珠大王"御木本吉，在营销上有他自己的一套。他身穿"羽织田"（日本男性的传统式长裙），头戴高帽，手中握着手杖，出现在客人面前。

在几个载满珠贝的箱子上，他用手杖指指点点敲敲打打地对客人说："哈！请大家动手将它剖开吧，挖到的珍珠就算是我与各位初次见面的礼物，不成敬意。"

说着，就叫人将剖珠刀分给客人。

客人非常高兴，争先恐后地抢着剖挖。挖到珍珠的那一刻，人们欢声雷动。

通过这种形式，他培养了无数的"御木珍珠"的信徒。继而，"御木珍珠"的声誉也就名扬海外了。

### 【与相关课程的联系】

能否将想卖的东西巧妙地引起顾客的注意并使其产生兴趣，这是推销员成功与否的一大关键。产品策略必须使企业的产品符合消费者的兴趣。

#### 3.2.3 消费者的气质

1. 气质的概念

从心理学的角度看，气质是指个体心理活动典型的、稳定的动力特征。这些动力特征主要表现在心理过程的强度、速度、稳定性、灵活性及指向性上，如情绪体验的强弱与快慢、思维的敏捷性、知觉的敏锐度、注意集中时间的长短、注意转移的难易及心理活动倾向于外部世界还是内心世界等。

气质作为个体典型的心理动力特征，是在先天生理素质的基础上，通过生活实践，在后天条件的影响下形成的。由于先天遗传因素不同及后天生活环境的差异，不同个体之间在气质类型上存在多种个别差异。这种差异会直接影响个体的心理和行为，从而使每个人的行为表现出独特的风格和特点。例如，有的人热情活泼、善于交际、表情丰富、行动敏捷，有的人则比较冷漠、不善于言谈、行动迟缓、自我体验较为深刻。

气质作为个体稳定的心理动机特征，一经形成便会长期保持下去，并对人的心理和行为产生持久影响。但是，随着生活环境的变化、职业的熏陶、所属群体的影响及年龄的增长，人的气质也会有所改变。因此，气质的稳定性是相对的，它会随着年龄的增长、环境的变化，特别是在教育的影响下，发生不同程度的变化，即气质也具有可塑性。当然，这一变化是相当缓慢、渐进的过程。

此外，作为动力特征，气质还可以影响个体进行活动的效率和效果。在消费活动中，不同气质的消费者由于采取不同的行为表现方式，如态度的热情主动或消极冷漠、行动的敏捷或迟缓等，往往会产生不同的活动效率和消费效果。这一特征，正是人们在消费心理研究中关注气质研究的意义所在。

2. 气质的类型

心理学家对气质进行了多方面的研究，提出了各种气质学说，如血型说、体型说、激素说、体液说和高级神经活动说，其中最后两种学说更具有典型意义。以体液说作为气质类型的基本形式，以生理学家巴甫洛夫的高级神经活动说作为气质类型的物理学依据，通常把人的气质类型划分为以下四种基本类型：

（1）胆汁质。这种气质的人高级神经活动类型属于兴奋型。他们的情绪兴奋性高，抑制能力差。各种心理活动特点是情感和行为动作不仅产生得迅速，而且进行得强烈，并有极明显的外部表现。这种人比较热情和坦率，性情易急躁且好争论；情感易于冲动但却不持久，喜怒形之于色；注意稳定而集中，但难以转移；意志坚定、果断和勇敢；行动利落而又敏捷；说话速度快且声音洪亮；行为鲁莽冒失；精力十分充沛，生龙活虎。

艺术作品中典型的胆汁质代表人物有《三国演义》中的张飞、《西游记》中的孙悟空和《红楼梦》中的史湘云。

这类消费者的购买行为表现是情绪变化激烈、易于冲动、性急、脾气暴躁、表情丰富、购货行动迅速但易后悔。

【名人简介】

（2）多血质。这种气质的人高级神经活动类型属于活泼型。他们的情绪兴奋性高，外部表露明显。各种心理活动特别是情感和行为动作发生得快变化得也快，但却比较温和。这种人易于发生情感，但体验不太强烈。情感不持久，也易于变化和消失，并且显著地表现于外。他们对于各种事物都容易形成生动逼真的印象，但所形成的印象都较肤浅而不深刻，他们机智灵敏，注意易转移、动摇而不稳定。在意志方面缺乏忍耐力，毅力不强。这种人在行动上举止很敏捷，说话很快，很易跟人接近，关于适应变化的生活条件，在新环境中从不拘束，不甘寂寞，喜欢交际，但失于轻浮。

艺术作品中典型的多血质代表人物有《三国演义》中的曹操、《西游记》中的猪八戒和《红楼梦》中的王熙凤。

这类消费者的购买行为表现是反应灵活行动敏捷、兴趣广泛、热情、活泼、好动、易沟通，但感情易变，注意力和兴趣易转移。

（3）黏液质。这种气质的人高级神经活动类型属于安静型。各种心理活动特别是情感和行为动作进行得迟缓、稳定、缺乏灵活性。这种人情绪含蓄、淡薄、宁静，他们很少产生激情，并且缺乏生动的表情，情感很不容易外露，遇到不愉快的事也不动声色，依旧泰然自若。他们的注意稳定持久而又难以转移。在意志方面具有耐性、自制力强，能够控制自己严格恪守工作制度和生活秩序，但勇于革新的精神不够。行动迟缓稳健，很少见迅速活泼的动作，做起事来总是从容不迫，谨慎细致而不鲁莽，沉默寡言，言语也低沉缓慢缺乏生气。

艺术作品中典型的黏液质代表人物有《三国演义》中的诸葛亮、《西游记》中的唐僧和《红楼梦》中的薛宝钗。

这类消费者的购买行为表现是情绪稳定,不易外露,对商品与服务的好坏不轻易下结论,行动缓慢,言语拘谨,自信心强,决策较慢,不易受他人或环境的影响,甚至不喜欢营业员的过分热情。

(4)抑郁质。这种气质的人高级神经活动类型属于抑制型。各种心理活动特别是情感和行为动作都相当缓慢、迟缓和柔弱的。这种人情感容易发生并且体验深刻,在生活或工作中遇到不幸或挫折会感到苦闷,并且有时会多愁善感,情感细腻,强度虽弱,但却很持久,隐晦而不易表露在外。他们的观察力敏锐,善于觉察他人观察不到的细微事物,敏感性较高。在意志方面显得胆小怕事,遇事优柔寡断、犹豫不决,很不果断。行为缓慢、迟钝和软弱,说话慢吞吞的,不喜交际,非常孤僻。

艺术作品中代表人物,如《三国演义》中的周瑜和《西游记》中的沙僧具有部分抑郁质特征,典型的抑郁质的代表人物是《红楼梦》中的林黛玉。

这类消费者的购买行为表现是情绪变化缓慢,观察商品仔细、认真且体验深刻,往往能发现商品的细微之处。语言谨慎,行动小心,反复犹豫,决策过程缓慢。冷漠、孤僻,多疑,既不相信自己的判断,又怀疑商品的质量。这种气质的人易受外界因素干扰,如营业员的服务态度,其他人对商品的评价,商品的广告等都会对他产生极大影响。

由上可见,不同气质类型的人,在心理活动和行为动作方面所表现的特征是各不相同的。这四种人如果面对同一事物则会做出不同的回答。

上述四种类型是气质的典型形态。在现实生活中,大多数消费者的气质介于四种类型的中间状态,或以一种气质为主,兼有另一种气质的特点,即属于混合型气质。

**【知识拓展】**

四种不同气质类型的人,都遇到"看戏迟到不让进"的这一事实,在这同一事实面前他们各自的举止言行的表现是非常不一样的。

胆汁质的人。他们对于自己的迟到带着怒气,想要进去看戏的心情十分迫切,会与检票员争吵起来,甚至企图推开检票员,冲开检票口,径直跑到自己的座位上去。

多血质的人。他们对检票员十分热情,又是问好又是感谢,急中生智地想出许多令人同情的理由,如果检票员坚持不放他进去,他也会笑呵呵地离开,而不是去与检票员争吵。

黏液质的人。他们会向检票员微笑而又平静地解释迟到的原因,看到检票员坚持不让他进去,他会想反正第一场戏不太精彩,还是暂且到附近商店待一会儿,等中间休息再进去。

抑郁质的人。他们犹犹豫豫地想进去,如果检票员不让他进,也不愿意解释迟到的原因,会说自己老是"不走运",偶尔来一次戏院,就这样倒霉,接着就垂头丧气地回家去了。

### 3.2.4 气质与购买行为

不同的气质类型会直接影响和反映消费者的消费行为,使消费者表现出不同的行为方式和特点。

1. 胆汁质型消费者

这类消费者表情外露,心急口快,选购商品时言谈举止显得匆忙,一般对所接触到的第一件合意的商品就想买下,不愿意反复选择比较,因此往往是快速地、甚至是草率地做出购买决定。他们到市场上就想急于完成购买任务，如果候购时间稍长或营业员的工作速度慢、效率低，都会激起其烦躁情绪。他们在与营业员的接触中，其言行主要受感情支配，态度可能在短时间内发生剧烈变化，挑选商品时以直观感觉为主，不加以慎重考虑。

接待这类消费者要求营销服务人员动作要快捷、态度要耐心，应答要及时。可适当向他们介绍商品的有关性能，以引起他们的注意和兴趣。另外，还要注意语言友好，不要刺激对方。

2．多血质型消费者

商品的外表、造型、颜色等对这类消费者影响较大，但有时注意力容易转移，兴趣忽高忽低，行为易受感情的影响。他们比较热情、开朗，在购买过程中，愿意与营业员交换意见或者与其他消费者攀谈；有的会主动告诉别人自己购买某种商品的原因和用途；喜欢向别人讲述自己的使用感受和经验；即便自己不知道，也希望从别人那里了解到。另外，在选购过程中，易受周围环境的感染、购买现场的刺激和社会时髦的影响。

接待这类消费者，营销服务人员应主动介绍、与之交谈，注意与他们联络感情，以促使其购买；另外，与他们的聊天，应给以指点，使他们专注于商品，缩短购买过程。

3．黏液质型消费者

这类消费者挑选商品比较认真、冷静、慎重，信任文静、稳重的营业员。他们善于控制自己的感情，不容易受广告、商标、包装的干扰和影响。他们对各类商品，喜欢自己加以细心地比较、选择后才决定购买，给人慢悠悠的感觉，有时会引起服务人员和其他顾客的不满情绪。

接待这类消费者要避免过多的提示和热情，否则容易引起他们的反感；要允许他们有认真思考和挑选商品的时间，接待时更要有耐心。

4．抑郁质型消费者

这类消费者选购商品时，表现得优柔寡断，显得千思万虑，从不仓促地做出决定；对营业员或其他人介绍将信将疑、态度敏感，挑选商品小心谨慎、过于一丝不苟；还经常因犹豫不决而放弃购买。

接待这类消费者要注意态度和蔼、耐心；对他们可进行有关商品的介绍，以消除其疑虑，促成买卖；对他们的反复，应予以理解。

在商业活动中，消费者的气质特点，是不可能一进商店就鲜明地反映出来，但在消费者一系列的购买行为中会逐步显露出来。在营销活动中，尽管也偶尔碰到四种气质类型的典型代表，但纯属某种气质类型的人则不多，更多的人则是以某种气质为主，兼有其他气质的混合气质类型。消费心理学研究消费者气质类型及其特征，其目的就是提供一种理论指导，帮助营销服务人员学会根据消费者在购买过程中的行为表现，去发现和识别其气质方面的特点，进而引导和利用其积极方面，控制其消极方面，使工作更有预见性、针对性、有效性。

## 任务3　把握消费者的性格、能力与购买行为

性格是一个人对现实的、稳定的态度和习惯化的行为方式，不同的人具有不同的性格，

不同的性格，对待问题的态度不同，表现出的行为习惯也不同。"性格决定命运"是有一定的道理的，消费者养成良好的消费习惯和消费态度，养成良好的性格，在消费中会受益无穷。

### 3.3.1 消费者的性格

1. 性格的概念

性格是个性的重要方面。它是指一个人在个体生活中形成的，对现实的稳固态度及与之相适应的习惯了的行为方式。例如，在待人处事中表现出豪爽果断、有原则性、肯于助人，对待自己则表现为谦虚、自信等，而所有这些特征的总和就是他的性格。由此可见，性格就是由各种特征所组成的有机统一体。每一个人对现实的稳固态度有着特定的体系，其行为的表现方式也有着特有的样式。由于一个人在对待事物的态度和行为方式中总是表现出某种稳定倾向，所以我们就能预见他在某种情况下将如何行动。所以说，一个人的性格不只说明他做什么，还会说明他如何做。

性格标志着某个人的行为和其行为的结果，它可能有益于社会，也可能有害于社会。因此，性格有好坏之分，始终有着道德评价的意义。

人的性格不是天生的，人的实践和人在每时每刻的内部世界都制约着性格的发展，它的形成过程是主体与客体相互作用的过程。任何性格特征也不是一朝一夕形成的，它是从儿童时期开始就不断受到社会环境的影响、教育的熏陶和自身的实践，经过长期塑造而成的。人的社会环境，具体来说，就是他的家庭、学校、工作岗位、所属社会团体及各种社会关系等。一个人的性格是较稳定的，同时又是可塑的。在新的生活环境和教育的影响下，在社会新的要求影响下，通过实践活动，一个人的性格可以逐渐改变。

2. 性格的特征

性格是十分复杂的心理构成物，它有多个侧面，包含着多种多样的性格特征。一个人的性格正是通过不同方面的性格特征表现出来，并由各种特征有机结合，形成独具特色的性格统一体。具体来说，性格的特征包括以下几个方面：

（1）性格的态度特征。人对现实的稳定的态度系统，是性格特征的重要组成部分。态度特征表现为个人对现实的态度倾向性特点，如对社会、集体、他人的态度；对劳动、工作、学习的态度；对自己的态度等。这些态度特征的有机结合，构成个体起主导作用的性格特征，属于道德品质的范畴，是性格的核心。

（2）性格的理智特征。人们在感知、记忆、想象、思维等认知方面表现出来的心理特征。它表现为不同个体心理活动的差异。如在感知方面是主动观察型，还是被动感知型；在思维方式方面是具体罗列型，还是抽象概括型；在想象力方面是丰富型，还是贫乏型等。

（3）性格的情绪特征。表现为个人受情绪影响或控制情绪程度状态的特点。如个人受情绪感染和支配的程度、情绪受意志控制的程度、情绪反应的强弱或快慢、情绪起伏波动的程度、主导心境的程度等。

（4）性格的意志特征。这是指个体对自己的行为进行自觉调节的能力，表现在个人自觉控制自己的行为及行为努力程度方面。如是否具有明确的行为目标、能否自觉调节和控制自身的行为、在意志行动中表现出的是独立性还是依赖性、是主动性还是被动性，还表现为是否坚定、顽强、忍耐、持久等。

3. 消费者性格

消费者性格是指消费者在对待客观事物的态度和社会行为方式中所表现出的较为稳定的心理特征。消费者性格属于心理因素的范围，是主要的个性心理特征。具有不同性格的人，购买行为差异是很大的。

消费者的性格特点主要反映在一些稳定的心理活动和行为方面，如消费习惯、消费态度、情感特点等；而性格又必须通过每一次具体的消费行为才能反映出来。

### 3.3.2 性格与购买行为

1. 消费者性格类型

消费者千差万别的性格特点，往往表现在他们对消费活动的态度和习惯化的购买行为方式，以及个体活动的独立性程度上，从而构成千姿百态的消费性格。

1）按消费态度划分

（1）节俭型。这类消费者勤俭节约、朴实无华、生活方式简单，认识事物，考虑问题比较现实。他们选购商品的标准是实用，不追求外观，不图名牌。对于商品信息，容易接受说明商品内在质量的内容，购买中不喜欢营销人员人为地赋予商品过多的象征意义。

我国人民视俭朴为美德，尽管现在生活比以前富裕多了，但购买消费品大多精打细算，讲究实用性。这种消费态度强烈地、明显地体现在消费行为上，并成为其他各种具体消费行为的主导。此类消费者在我国为数众多，尤其在中年消费者中更是多见。

（2）自由型。这类消费者态度浪漫，生活方式比较随便，选择商品标准多样，既考虑质量，也讲求外观，但相比之下，质量不是最主要的。他们不拘泥于一定的市场信息，有时也受销售宣传的诱导，联想丰富，不能完全自觉地、有意识地控制自己的情绪。

（3）保守型。这类消费者态度严谨、固执，生活方式刻板，喜欢遵循传统消费习惯，对有关新产品的市场信息抱怀疑态度，有意无意地进行抵制；信奉传统商品，经常怀恋往昔。

（4）怪癖型。这类消费者态度傲慢，往往具有某种特殊的生活方式或思维方式。选购商品时往往不能接受别人的意见、建议；有时会向营销人员提出一些令人不解的问题和难以满足的要求，自尊心强而过于敏感，消费情绪不稳定。

（5）顺应型。这类消费者态度随和、生活方式大众化。他们一般不购买标新立异的商品，但也不固守传统。其行为受相关群体影响较大，和与自己相仿的消费者群体保持比较一致的消费水平，对社会时髦不积极也不反对；能够随着社会发展、时代变迁，不断调节、改变自己的消费方式和习惯。

2）按购买方式划分

（1）习惯型。这类消费者，当他们对某一厂牌、商标的商品有深刻体验后，便保持稳定的注意力，逐步形成习惯性的购买和消费，不轻易改变自己的信念，不受时尚和社会潮流的影响，购买中遵循惯例，长久不变。

（2）慎重型。这类消费者，在采取购买行为之前，要做周密考虑，广泛收集有关信息；在选购时，尽可能认真、详细地进行商品的比较，选择衡量各种利弊之后才做出购买决定。

（3）挑剔型。这类消费者，一般都具有一定的购买经验和商品知识。挑选商品主观性强，善于观察别人不易观察到的细微之处，检查商品极为小心仔细，有时甚至达到苛刻程度。

（4）被动型。这类消费者，往往是奉命购买或代人购买，没有购买经验，在选购商品时大多没有主见，表现出不知所措的言行，渴望得到营销人员的帮助。

3）按个体活动的独立程度划分

（1）独立型。这类消费者有主见，能独立自主地进行判断和选择，不易受外界因素影响，他们是家庭购买决策的关键人物。

（2）顺从型。这类消费者易受暗示，购买时会犹豫不决。

2．对不同性格消费者购买行为的营销策略

（1）对待选购快和慢的消费者的策略。消费者选购商品的速度有快有慢。一般来说，对慢性的消费者，营业员不能因为他们选购商品时间长就沉不住气，更不能急躁，显出不耐烦的表情；对急性消费者，营业员对他们没有经过充分思考匆忙做出的决定应谨慎稳重，适度提醒，防止他们后悔退货；对于敏感性的消费者，营业员应根据他们的要求，需要买什么就拿什么，不要多介绍商品的性能和特点，因为这类消费者对需要购买的商品的性能和特点早已心中有数，有必要的准备，对产品的要求很高。

（2）对待言谈多和寡的消费者的策略。在购买活动中，有的消费者爱说话，有的则沉默寡言。对爱说话的消费者，营业员应掌握分寸，多用纯业务性语言，多讲营销行话，避免言语冲突；对沉默寡言的消费者，营业员要根据其不明显的举动、面部表情和目光注视方向等因素，摸清他们挑选商品的重点是放在商品质量上，还是放在商品价格上，或是放在商品的花色外观上，用客观的语言来介绍商品。这样，就会使营业员和消费者很快找到共同语言，促使购买行为尽快实现。

（3）对待轻信和多疑的消费者的策略。轻信型的消费者对商品性能和特点不太了解，营业员应主动帮助他们出主意，检查和查证商品的质量，不要弄虚作假；对多疑的消费者，主观意愿很强烈，对他人的意见有排斥感，应尽量让他们自己去观察和选定商品。

（4）对待积极和消极的消费者的策略。购买行为积极的消费者深知自己要买什么、购买意图清楚明确，行为举止和语言表达明确，营业员应主动和他们配合，促使其购买行为迅速实现；购买行为消极的消费者，没有明确的购买目标，是否成交，在很大程度上取决于营业员能否积极、主动、热情地接待他们，激发他们的购买热情，引发他们的购买行为。

（5）对待不同情感的消费者的策略。对待不爱交际的消费者，营业员应注意语言语气，不能随便开玩笑，否则他们会难以接受；对待腼腆的消费者，营业员不要看不起他们，以免伤害他们的自尊心；对温厚的消费者，营业员应主动向他们介绍商品，为他们选择适合需要的商品。

### 3.3.3 消费者的能力

消费者要顺利完成商品的购买、消费等活动，需要具备相应的才能和能力。如要掌握观察能力、比较、判断和决策的能力，还有具备沟通、议价等能力。

1．能力的概念

能力是完成一项目标或者任务所体现出来的素质，能力是直接影响活动效率，并使活动顺利完成的个性心理特征。

能力就是直接影响活动效率并使活动得以顺利完成所必备的心理特征。能力同活动是密切相关的，任何能力都离不开活动，离开了活动，能力既无从表现，也不能形成，更不能发展。人们只有从一个人所从事的活动中，才能了解出他所具备的能力。例如，一个学生在唱歌时表现出很强的曲调感、节奏感，我们认为他具有歌唱能力。一个学生在绘画时，表现得善于鉴别色彩，视觉记忆突出，而且画得逼真、生动，我们则认为他具有绘画的能力。因此，能力总是和人的活动相联系的，离开了具体活动，就谈不上什么能力。

2．能力的差异

人与人之间在能力上存在个别差异。正是这些差异，决定了人们的行为活动具有不同的效率和效果。能力的差异主要表现在以下几个方面。

1）能力水平的差异

水平差异表现在同种能力的水平高低上，能力水平的高低又集中体现在人的智商水平的差异上。

全人口的智力差异从低到高有许多不同的层次。但在全人口中，人类的智力水平呈正态分布，两头小，中间大：超常和低常智力的人只占少数，在 3%～5%；大部分人的智力为正常水平，具体如图 3.1 所示。如果一个人在某一方面有杰出的才能，即其能力得到高度的发展和最完善的结合，便称为天才。天才并非是和常人迥然不同的另一种人，绝不是天降之才。我国著名数学家华罗庚说："根据我自己的体会，所谓天才就是坚持不断地努力，聪明在于学习，天才由于积累。"

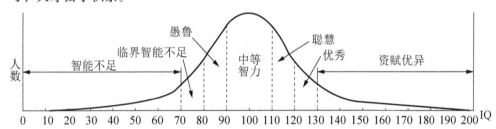

图 3.1　人类智力水平的正态分布图

2）能力类型的差异

能力类型的差异主要是指人与人之间具有不同的优势能力。例如，有的人善于抽象思维，有的人善于形象思维；有的人善于模仿，有的善于创造；有的人擅长社交，有的则不善交际。在消费实践中，更有意义的是消费者能力类型的差异。正是由于消费者在能力类型上千差万别，才使消费活动的效率与效果明显不同。

3）能力表现时间的差异

人的能力不仅在水平和类型上存在差异，而且在表现时间的早晚上也有明显不同。例如，有的人天生早慧，有的人则大器晚成。消费者能力表现的早晚，主要与后天消费实践的多少及专门训练程度有关。

【知识拓展】

**能力表现的时间差异**

（1）能力的早期表现。古今中外有些人在童年期就表现出某些方面的优异能力。例如诗人白居易，1岁开始识字，五六岁开始就会作诗，9岁已精通声韵。能力早期表现在音乐、绘画等领域中最为常见。

（2）中年成才。中年是成才和创造发明的最佳年龄，是人生的黄金时期。中年人年富力强、体格健壮、精力充沛、敏锐、少保守，既有较强的抽象思维能力和记忆能力，又有丰富的基础知识和实际经验。中年期是个人成就最多，对社会贡献最多的时期。一般认为，30～45岁是人的智力最佳年龄阶段，其峰值在37岁左右。

（3）能力晚期表现。有些人的才能表现较晚。能力的晚期表现又叫大器晚成。医学家和药学家李时珍在61岁时才写成巨著《本草纲目》，画家齐白石在40岁时才显露他的绘画才能，50岁时成为著名画家。

3．消费者的能力结构

1）一般能力

一般能力指在许多活动中都必需的带共同性的基本能力，它适合于多种活动的要求。在消费活动中，一般能力又包括以下一些具体的能力：

（1）注意力。有的消费者很快就能买到自己所需要的商品，而有的消费者在商店里转了大半天也找不着自己所需要的商品。这种情况就是注意力的差异所致。

（2）观察力。观察力是个体对事物进行准确而又迅速的感知能力。观察力强的消费者，往往能很快地挑选出他所满意的商品。如果消费者观察能力较差，他往往看不到商品的某种不太明显的优点或缺点，就可能失去买到优质商品的机会。

（3）记忆力。一个消费者能否记住某种商品的特性，关系到他能否有效地做出购买决策。有的决策是面对商品时做出的，而有的决策则是在没有见到商品的情况下做出的。在后一种情形中，记忆是一个关键。消费者一旦记住了他所需要的商品的特点、商标、产地等，那么他可以在没有走进商店之前就做出购买决策。

（4）判断力。判断力表现在消费者选购商品时，通过分析、比较对商品的优劣进行判断的能力上。一般来说，判断力强的顾客，能迅速果断做出买或不买的决策；反之，判断力差的顾客，经常表现为优柔寡断，有时甚至会做出错误的判断。这种能力，也表现在对商品的使用中，有的能迅速发现商品的优劣，做出正确的评价，而有的消费者则不能。

（5）比较能力。这表现为，看看哪种商品更适合自己的需要，哪种款式、哪种颜色更好等的能力。

（6）决策能力。当消费者选中了自己满意的商品，是否能下决心买下来，这还需要有决策能力。

2）特殊能力

特殊能力是某种专门性活动所必需的知识和技能，它属于专业技术方面的能力。如购买高级衣料的鉴别能力，购买古玩、乐器的鉴赏能力，购买药品的评价能力等。

3）人际交往能力

从心理学角度看，营销工作是一种商业交际活动。所谓交际，是人与人之间的交往。在社会生活中，每个人所处的地位，肩负的任务不同（即他所担任的角色不同），他的行为方式和行为准则也会不同。在市场活动中，作为买卖双方的消费者和营销人员，就代表着不同的社会角色进行着交际活动。

4）应变能力

营销活动要想获得满意的效果是相当困难的。这是因为买卖双方利益明显的歧异性，使得双方在心理上难以认同；还有双方在市场地位上的对立性，这种对立性尤其在市场供求严重失衡的情况下表现得更为明显。这就要求消费者具有一定的应变能力来把握购买行为的最终效果。

### 【与相关课程的联系】

推销学中的推销方格就是根据推销员和消费者各自不同的能力进行划分的。

### 3.3.4 能力与购买行为

**案例阅读**

王某和李某是会计专业的同班同学，王某性格内向，人称"林妹妹"，对电脑知识了解不是很多；李某性格外向，体格健硕，对电脑比较通晓。二人在购买电脑时表现出了很大的差异性。购买前：王某借阅了大量有关电脑的书籍，向老师、同学咨询，最后决定和李某买一样的，而李某只是在网上查找了自己要买的联想牌电脑的报价；购买中：王某到电脑公司后，看到了宏碁电脑在搞促销，在营业员的劝说下买了宏碁电脑，由于促销，当天没人送货，王某只好花了30元雇人把电脑送到学校。李某凭借自己的知识、议价能力，以优惠的价格买到了他喜欢的联想电脑，而且是自己搬回学校的。

消费者不同的能力决定了不同的购买类型，一般可从以下角度划分。

1. 按购买目标的确定程度划分

（1）确定型。此类人有比较明确的购买目标，事先掌握了一定的市场信息和商品知识，他们进入商店后，能够有目的地选择商品，主动提出需购商品的规格、式样、价格等多项要求。如果购买目标明确且能够通过语言清晰、准确地表达，购买决策过程一般较为顺利。

（2）半确定型。此类消费者进入商店前已有大致的购买目标，但对商品的具体要求尚不明确。他们进入商店后，行为是随机的，与营业员接触时，不能具体地提出对所需商品的各项要求，注意力不是集中在某一种商品上，决策过程要根据购买现场情景而定。

（3）盲目型。此类消费者购买目标不明确或不确定。他们进入商店里，无目的地浏览，对所需商品的各种要求意识淡薄，表达不清，往往难以为营业员掌握。这种人在进行决策时容易受购买现场环境的影响，如营业员的态度，其他消费者的购买情况等。

2. 按对商品的认识程度划分

（1）知识型。此类消费者了解较多有关的商品知识，能够辨别商品的质量优劣，能很内行地在同种或同类商品中进行比较、选择。这类人在选择中比较自信，往往胸有成竹，有时会向营业员提少量关键性问题。营业员接待这类顾客时要尊重他们自己的意见，或提供一些技术性的专业资料，不必过多地解释和评论。

（2）略知型。此类消费者掌握部分有关的商品知识，需要营业员在服务中补充他们欠缺的部分知识，有选择性地向他们介绍商品。

（3）无知型。这是就消费者对某一具体商品的认知而言的。此类消费者缺乏有关的商品知识，没有购买和使用经验，挑选商品常常不得要领，犹豫不决，希望营业员多做介绍、详细解释。他们容易受广告、其他消费者或营业员的影响，买后容易产生后悔心理。因而营业员要不怕麻烦，主动认真、实事求是地介绍商品。

划分消费者的类型，是一件十分复杂的事情，因为每个消费者的性别、年龄、职业、经济条件、心理状态、空闲时间和购买商品的种类等方面不同，以及购买环境、购买方式、供求状况，营业员的仪表和服务质量等方面有别，都会引起消费行为的差异现象。

人的能力是在实践中表现出来的，因此，在营销活动中，消费者购买行为的多样性或差异性，也一定会在购买活动中表现出来。这就为我们促进销售，引导消费创造了依据。但是，工商企业的营销工作应讲究职业道德，切不可有意利用顾客的能力弱点去推销伪劣商品，欺诈顾客。

【参考答案】

一、单项选择题

1. 喜欢标新立异，追求新颖奇特商品的消费者属于（　　）。
   A. 多血质　　　　B. 胆汁质　　　　C. 抑郁质　　　　D. 黏液质
2. 消费者个性心理特征的差异性主要表现在（　　）。
   A. 心理活动　　　B. 认识能力　　　C. 购买行为　　　D. 分析能力
3. 影响消费活动效果的个性心理特征是（　　）。
   A. 气质　　　　　B. 性格　　　　　C. 能力　　　　　D. 兴趣
4. 在先天素质的基础上，通过教育活动形成的稳定的心理特征的总和是（　　）。
   A. 气质　　　　　B. 性格　　　　　C. 个性　　　　　D. 能力
5. 决定人的气质的主要因素是（　　）。
   A. 职业因素　　　B. 性别因素　　　C. 先天因素　　　D. 社会因素

二、多项选择题

1. 人的心理过程通过气质表现出来的独特特点是（　　）。
   A. 心理过程的动力性　　　　　B. 心理素质的稳定性
   C. 心理过程的阶段性　　　　　D. 心理过程的指向性
   E. 心理反应的灵活性
2. 人的兴趣的复杂性与多样性主要是由于需要的以下特点决定的：（　　）。
   A. 多样性　　　　B. 发展性　　　　C. 客观性
   D. 主观性　　　　E. 可变性
3. 消费个性形成的影响因素包括（　　）。
   A. 先天素质　　　B. 社会环境　　　C. 个性倾向
   D. 经济条件　　　E. 社会经历
4. 态度是由（　　）所组成。
   A. 认知因素　　　B. 情感因素　　　C. 行为倾向性
   D. 行为　　　　　E. 个性
5. 按购买方式划分，消费者的性格类型包括（　　）。
   A. 大众型　　　　B. 习惯型　　　　C. 理智型
   D. 情感型　　　　E. 挑剔型

三、简答题

1. 什么是个性？你认为一名营销人员应该怎样针对消费者的个性差异做到有的放矢的服务？

2. 什么是兴趣？如何培养与激发消费者的兴趣？
3. 简述消费者的能力差异及其对消费行为的影响。
4. 气质与性格的主要区别有哪些？了解人们的气质类型对消费活动有何意义？

四、论述题

论述消费者能力的培养及其意义。

五、案例讨论题

在中国质量万行活动中，不少制造、销售伪劣商品的工商企业被曝光，顾客感到由衷的高兴。3月15日，正值世界消费者权益日，某大商场为了改善服务态度，提高服务水平，向顾客发出意见征询函，调查内容是"如果您去商店退换商品，售货员不予退换怎么办？"要求被调查者写出自己遇到这种事是怎么做的。其中有这样一些答案可供参考：

（1）耐心诉说。尽自己最大努力，慢慢解释退换商品原因，直至得到解决。

（2）自认倒霉。向商店申诉也没有，商品质量不好又不是商店能生产的，自己吃点亏，下回长经验。缺少退换的勇气和信心。

（3）灵活变通。找好说话的其他营业员申诉，找营业组长或值班经理求情，只要有一人同意退换就可得到解决。

（4）据理力争，绝不求情。脸红脖子粗地与售货员争辩，不行就往报纸上曝光，再不解决就找工商、消费者协会投诉。

**讨论**

1. 这个调查内容能否反映出消费者个性心理特征的本质？
2. 四种答案反映出消费者的哪些气质特征？

## 项目实训

1. 征求同学对你购买决策能力的评价。
2. 利用节假日到大商场做现场观察，注意顾客购买商品时的特点。然后，回答以下问题：从现场销售情况分析销售者与消费者的气质类型与特点，并结合实际判断其销售的优、缺点，提出相应促销方案。

## 课后拓展

1. 扫描左侧二维码，对自己进行气质类型的在线测试。
2. 扫描中间二维码，对自己的性格进行测试。
3. 扫描右侧二维码，对自己的能力进行测试。

【参考答案】

【参考答案】

【参考答案】

# 项目 4

## 掌握消费者购买过程中的复杂心理

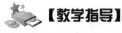【教学指导】

| 教学重、难点 | 教学重点 | 消费者需要、消费者购买动机的特征和类型 |
|---|---|---|
| | 教学难点 | 消费者购买决策的过程，消费者购买行为的类型 |
| 学习目标 | 知识目标 | 了解心理学的基本理论，掌握消费者行为、消费心理学的含义、消费心理与消费行为关系、定性及定量研究消费心理的方法 |
| | 能力目标 | 掌握消费心理学的研究内容和方法，并能运用分析消费心理和行为 |

【本章概览】

【本章课件】

# 【导入案例】

国庆销售高峰期，卖场内的各大堆头前都人潮涌动，皮鞋堆头前更不例外，促销小姐们都彬彬有礼地站在堆头前，等待着过往的顾客前来选购。

"小姐，您看这双米色的鞋合适吗？"一个温柔的声音传来，只见一位梳着短发的促销员正笑盈盈地拿着一双休闲鞋给一位怀孕的女顾客看。那位顾客看着面前摆放着各种各样的鞋子，脸上流露出犹豫的神色，嘀咕说："我也不知道该选哪双好。"促销员笑着说："这双米色的比较清爽，这个季节穿刚好，而且今年也比较流行米色，您觉得怎样？"顾客看了看，没有吱声，又随手拿起一双黑色的端详。促销员又耐心地询问："您打算配什么颜色的裤子？深色裤子多还是浅色裤子多？"顾客说："我想买一双配黑裤子的。"促销员看了看说："那这双黑色的是不是更好一些？"边说边拿起米色和黑色的鞋子放在一起让顾客比较，然后又说："您要不要先试穿一下，看哪双更好一些？"顾客这时看了看旁边一双高跟的皮鞋，眼里流露出羡慕的神情，善解人意的促销员马上笑着说："现在穿这种不太适合，不过再过一段时间就可以了，是吧？"顾客听完笑了笑，便拿起一双黑色的试穿起来。待穿好后，促销员在一边耐心地询问："合不合脚？感觉如何？"顾客觉得很满意，便点了点头。"就这双吗？那好，我帮您包起来吧。"

促销员边说边动作麻利地把鞋包装好，开好销售小票，双手递到顾客手中，指着前面礼貌地说："麻烦您到前面那个收银台付款好吗？谢谢！"顾客拿着小票愉快地走向了收银台。

这位促销员能在接待顾客过程中始终掌握主动权，一步步地巧妙引导这位顾客愉快完成了购买过程，其关键在于她善于揣摩顾客心理，能根据顾客情况设身处地、恰到好处地介绍产品，再加上热情主动、体贴入微，从而激发了顾客的购买欲望，顺利完成了销售。可见，善于揣摩消费者的心理，诱导消费者的购买行为，影响消费者的购买决策过程，也是营销成功的重要条件之一。

**思考**

消费者的需求和购买动机是多种多样的，营销人员如何才能发现消费者的真实想法？

本项目的内容就是从分析消费者的需要和动机理论出发，介绍了消费者的购买决策过程，通过研究消费者购买行为，从而揭示出消费者购买行为的规律。

# 任务1 熟悉消费者需求理论

 **案例阅读**

现在很多人认为，糖含有高热量，高糖的饮食会造成蛀牙，低糖的饮食习惯更为健康，使用合成甜味剂是安全健康的选择。事实上，这些想法并不完全正确，其实一汤匙的糖只含有16卡路里的热量，糖被食品卫生部门认定为安全食品。

事实虽然如此，但糖已经逐渐地将市场拱手让给了人工合成甜味剂。为了纠正公众对糖的误解，同时给人工合成甜味剂咄咄逼人的营销入侵予以有力回击，糖业协会决定发起一场大规模的广告战。在进行广告策划之前，糖业协会作了一项消费者调查，以了解与食糖消费相关的人口数量状况、态度和价值观等。现将一些主要的发现列示如下：

（1）86%的人喜欢或喜爱甜的东西。

（2）食糖和含糖的食品同人生中幸福、愉快的时刻相联系。

（3）人工合成甜味剂的使用者与非使用者对食糖和含糖食品的喜欢程度相同，消费的食糖大体也差不多。

（4）大量使用食糖的家庭（每年消费18千克以上）在食糖用户中只占30%的比例，但代表了77%的消费量，他们更加频繁地烘烤食品和更爱吃加糖的点心、甜食和早餐。它们中75%的家庭有小孩，而在轻度和轻量使用者中这一比例为48%。同时，食糖的大量使用者说他们爱或热爱甜味，而中度和轻度使用者只是喜欢甜味。

（5）超过2/3的应答者同意下面的观点："我觉得可以享受点心或甜食，因为我的饮食习惯总体来说是健康的。""喜爱甜食对孩子来说是正常和自然的。"

（6）一半以上的应答者认为，他们应该限制在食糖和人工甜味剂方面的消费。

虽然调查的结果总体上是积极的，但糖业协会仍然担心消费者会继续对其消费的食糖数量表现出不安。同时，糖业协会对大量无糖食品的广泛促销也深表忧虑，因为这可能使消费者产生"糖在某种程度上有害"的想法。

**思考**

当消费者经常看到无糖产品的促销广告，可能形成吃糖不安全的想法。解释一下这一想法是如何形成的？为了使消费者消费食糖，应该发掘消费者哪些深层动机？

---

在影响消费者行为的诸多心理因素中，需要和动机占有特殊而又重要的地位，与消费者行为有着直接而紧密的联系，因为人们的任何消费行为都是在一定动机的驱使下满足某些特定的需要和欲望。因此，了解消费者的需要和动机是什么，是研究消费者购买决策行为的前提和基础。

### 4.1.1 消费者的需要

行为科学认为，人的行为都有一定的动机，而动机又产生于人类本身的内在需要，消费者行为也不例外。产生消费者行为的最基本的内在原因是消费者需要。

1. 消费者需要的概念

需要是指人们在个体生活和社会生活中感到某种欠缺而力求获得满足的一种心理状态。需要既有生理的也有心理的。作为有机体，人体必须不断补充一定的能量才能生存，如食物、水、空气和睡眠等，因而，生物性需要是人类最基本的需要。作为社会成员，人还有求美、求知、交往、尊重、成就等社会性需要，这是人类所特有的需要。需要在人的心理活动中具有十分重要的作用，它影响着人的情绪、思维、意志等活动，是人类行为的原动力。古语云："人生而有欲"，其中"欲"，就是欲望、意愿或需要。

消费者需要是指消费者在一定的社会经济条件下，为了自身的生存与发展而对商品的需求和欲望。消费者需要包括在人类一般需要之中，通常以对商品的愿望、意向、兴趣、理想等形式表现出来。经济学中的消费需要指的是在一定时间内有支付能力的市场需求。就消费者个体而言，消费需要反映了消费者某种生理或心理体验的缺乏状态，并直接表现为消费者对获取以商品或劳务形式存在的消费对象的需求和欲望。

🌐 **【与相关课程的联系】**

欲望、需要等名词是经济学和管理学中的重要概念。产品的设计一定要满足人们的需要,推销要选择有需要的人群才能事半功倍。

2. 消费者需要的特征

消费者由于不同的主观原因和客观条件,对商品或劳务有不同的需要,而且这些需要随着人们物质文化生活水平的不断提高而日益多样化。但是,无论消费者需要如何纷繁复杂、千变万化,仍会具有某些共同的特性和规律性。具体表现为以下五点:

(1)需要的差异性和多样性。由于不同的消费者在年龄、性别、民族、职业、文化水平、经济条件、宗教信仰和个性习惯等方面的主客观条件千差万别,由此形成多种多样的消费需求差异。消费者需要的多样性可从三个方面理解:①对同一类商品的多种需要。人们往往要求某一商品除了具备某种基本的功能外,还要兼有其他的附属功能。如手机除了通话短信基本功能外,人们对其外观、影音、拍照等需要也越来越高。②对不同商品的多种需要。如随着生活水平的日益提高,消费者可能同时会产生购买手机、电脑、甚至外出旅游等需要。③显现的需要和潜在的需要同时存在于同一消费者身上。由于潜在需要的不确定性,消费者需要的多样性范围进一步扩大。

🔍 **案例阅读**

中国地区间之间消费的差异非常大,不同的气候、不同的土壤会滋生出不同的消费者。以中国具有一定区域代表性的几个城市为例,不同区域的城市有着不同的文化,这使得不同区域的消费者有着不同的特性:北京作为政治、文化和教育的中心,北京人表现出大气、张扬和潜在的贵族意识,在生活中会对政治表现出兴趣;上海是中国的金融中心,也是最具有国际化气质的大城市,上海人非常精明,同时追求品位和格调;成都人的特点则表现出休闲和慵懒的态度,其生活节奏很慢,更加追求轻松的生活。

城市文化塑造了城市消费者的价值取向,上海人、成都人更倾向于超前消费,而北京人、武汉人、广州人更倾向于稳健的消费,在消费上非常谨慎。

(2)需要的层次性和发展性。消费者需要可以按照不同的划分方法,划分成若干个高低不同的层次。例如,充饥、御寒属于较低层次的需要,受人尊重、实现自我价值属于较高层次的需要。通常消费者首先要求满足低层次的需要,在低层次需要满足的基础上才会产生更高层次的需要。就发展而言,社会经济文化的发展不断创造新的消费对象,新的、更高层次的消费又反过来促进社会经济文化的发展。消费者需要的发展性在市场上主要表现为消费数量的增多和消费质量的提高。又如,手表开始只为计时,所以只有时、分、秒。后来为满足消费者计日的需要,于是研制出带日期、星期的手表。为解决上发条麻烦的问题,又生产出全自动机械表、电子表。同时考虑到消费者心理需要,又在手表的规格款式上不断推陈出新。

(3)需要的伸缩性和周期性。伸缩性又称需求弹性,是指消费者对某种商品的需要会因某些因素的影响而发生一定限度的变化。消费者需要受到消费者自身条件和外部环境的制约。自身条件主要指消费者对需要欲望的程度和货币支付能力;外部环境包括企业所提供的商品、广告宣传、销售服务等。两者都会促进或抑制消费者的需要。同时,不同的商品对消费者生活的影响程度不同,消费需要的伸缩性也不一样。消费者日常生活中不可缺少的生活必需品,如粮食、食盐、肥皂等基本生活用品,消费需要的伸缩性就小;而属于满足享受需要的用品,如高档服装、高档化妆品、耐用消费品等,其消费需要的伸缩性就大。消费者需要还具有周期性的特点,一些需要得到满足后,一定时期内不再产生,但随着时间的推移还会重新出现,并显示出明显的周期性。例如,许多季节性商品、节日礼品等。人们对许多消费品的需要,都具有周期性重复出现的特点,只不过循环的周期长短不同而已。

(4)需要的关联性和替代性。消费者的需要多种多样,各种消费需要之间往往具有一定的关联性。消费者为满足需要在购买某一商品时往往顺便购买相关的商品,如购买一套西装,可能顺便购买衬衫、领带、皮鞋等,而购买皮鞋时,又可能顺便购买鞋油、鞋刷等。因此,企业在确定商品的范围和结构时应充分考虑到消费需求的关联性,甚至店址的选择都要考虑到毗邻商店的经营品种和服务项目。不仅如此,消费者需要还具有相互替代性。这种替代性使消费品常常出现某种商品销量增长,而另一种商品销量减少的现象。例如,消费者对洗衣粉的需要增加,对肥皂的需要相对减少;对空调的需要增加,对电风扇的需要相对减少等。

(5)需要的可变性和可诱导性。消费者需要不是一成不变的,无论何种内容、层次的需要都会因客观环境的变化而发生改变。社会政治经济的变革、生活工作环境的变迁、企业广告宣传和经营战略的调整等,都有可能诱发消费者的需要发生变化和转移,使此种需要变成彼种需要,使潜在的需要变成显现的需要,使微弱的需要变成强烈的需要。由此可见,消费者需要具有可诱导性质,即可以通过人为地、有意识地给予外部诱因或改变环境状况诱使和引导消费需要按照预期的目标发生变化和转移。实践中,很多企业正是利用消费需要的这一特点,开展广告宣传、倡导消费时尚、创造示范效应、施予优惠刺激等,来有效地影响、诱导消费者形成改变或发展某种需要。

3. 消费者需要的分类

消费者的需要既是主观欲望的反映,也是客观现实的反映,由于消费者的主观世界和客观环境十分复杂,所以消费者需要也是丰富多彩、多种多样的。按照不同的标志,对消费者需要的划分也有不同的分类,如表4-1所示。

表4-1 不同学者对消费者需要的分类一览表

| 划分方法 | 代表者 | 分类标准 | 分 类 |
| --- | --- | --- | --- |
| 两分法 | 传统的观点 | 按照需要的起源 | 生理需要、社会需要 |
| | | 按照需要的对象 | 物质需要、精神需要 |
| 三分法 | 恩格斯 | 按照需要的生活形式 | 生存需要、享受需要、发展需要 |
| 五分法 | 马斯洛 | 按照需要的层次 | 生理需要、安全需要、社会需要、尊重需要、自我实现需要 |
| 二十分法 | 亨利·默里 | 按照需要的表现方式 | 贬抑需要、成就需要、交往需要、攻击需要、自主需要、对抗需要、防御需要、恭敬需要、支配需要、表现需要、躲避伤害需要、躲避羞辱需要、培育需要、秩序需要、游戏需要、抵制需要、感受需要、性需要、求援需要、了解需要 |

(1)按照需要的起源,可以分为生理性需要和社会性需要。①生理性需要是指消费者为维持和发展个体生命而产生的对客观事物的需求和欲望,如饮食、睡眠、休息、运动、避暑、

御寒等。这种需要是人作为有机体与生俱来的,由消费者的生理特性决定的。②社会性需要是指消费者在社会环境的影响下所形成的带有人类社会特点的某些需要,如社会交往的需要、对荣誉的需要、被尊重的需要、表现自我的需要等。这些需要是人作为社会成员在后天的社会生活学习中习得的,是由消费者的心理特性决定的。

(2)按照需要的对象,可以分为物质需要和精神需要。①物质需要是指消费者对以物质形态存在的、具体有形的商品的需要。这种需要反映了消费者在生物属性上的欲求,又可以进一步作低级和高级之分,低级的物质需要是指维持生命所必需的基本对象;高级的物质需要是指人们对高级生活用品如家用电器、高档服装、美容用品、健身器材等,以及用于从事劳动的物质对象如劳动工具的需要。②精神需要是指消费者对于意识观念的对象或精神产品的需要。这种需要反映了消费者在社会属性上的欲求,具体表现为对艺术、知识、美、认识和追求真理、满足兴趣爱好及友情、亲情等方面的需要。

(3)按照需要的形式,可以分为生存需要、享受需要和发展需要。①生存需要包括对基本的物质生活资料、休息、健康、安全的需要。满足这类需要的目的,是使消费者的生命存在得以维持和延续。②享受需要表现为要求吃好、穿美、住得舒适、用得奢华,有丰富的消遣娱乐生活。这类需要的满足,可以使消费者在生理和心理上获得最大限度的享受。③发展需要体现为要求学习文化知识,增进智力和体力,提高个人修养,掌握专门技能,在某一领域取得突出成就等。这类需要的满足,可以使消费者的潜能得到充分释放,人格得到高度发展。

(4)按照需要的层次,可以分为生理的需要、安全的需要、归属和爱的需要、尊重的需要、自我实现的需要。马斯洛于1943年和1954年先后发表了《人类动机的理论》《动机和人》等著作,提出了著名的"需要层次理论"。按马斯洛的理论,个体成长发展的内在力量是动机。而动机是由多种不同性质的需要所组成,各种需要之间,有先后顺序与高低层次之分;每一层次的需要与满足,将决定个体人格发展的境界或程度。马斯洛需要层次示意图如图4.1所示。

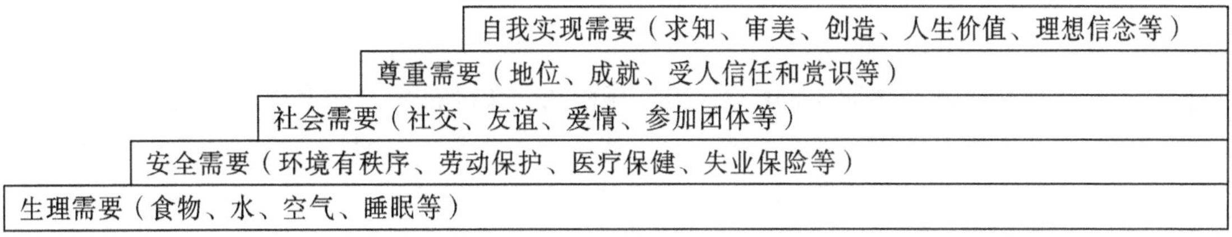

| 自我实现需要(求知、审美、创造、人生价值、理想信念等) |
| 尊重需要(地位、成就、受人信任和赏识等) |
| 社会需要(社交、友谊、爱情、参加团体等) |
| 安全需要(环境有秩序、劳动保护、医疗保健、失业保险等) |
| 生理需要(食物、水、空气、睡眠等) |

图4.1 马斯洛需要层次示意图

① 生理需要是指个体为维持生存和发展对基本生活资料的需要,也是人们最原始、最基本的需要,如吃饭、穿衣、住宅、医疗等。若不满足,则有生命危险。

② 安全需要是指人们希望保护自己的肌体和精神不受危害的需要,包括劳动安全、生活稳定、有良好的医疗保健、希望免于灾难、希望未来有保障等。安全需要比生理需要较高一级,当生理需要得到满足以后就要保障这种需要。

③ 社会需要是指个人渴望得到家庭、团体、朋友、同事的关怀爱护理解,是对友情、信任、温暖、爱情的需要。它比生理和安全需要更细微、更难捉摸。它与个人性格、经历、生活区域、民族、生活习惯、宗教信仰等都有关系,这种需要是难以觉察悟,无法度量的。

④ 尊重需要包括自我尊重和受人尊重两方面的要求，具体表现为渴望实力、成就、独立与自由，渴望名誉与声望，受到别人的赏识和高度评价等。尊重的需要很少能够得到完全的满足，但基本上的满足就可产生推动力。

⑤ 自我实现需要是最高等级的需要，指人们希望发挥自己的特长和潜能，实现对理想、信念、抱负的追求，取得事业的成功，使自我价值得到充分实现。这也是一种创造的需要。有自我实现需要的人，似乎在竭尽所能，使自己趋于完美。自我实现意味着充分地、活跃地、忘我地、集中全力全神贯注地体验生活。

【拓展案例】

【课堂互动】

1. 扫描二维码，讨论马斯诺需要层次理论案例——西游记的5人团队。
2. 请针对"需要层次理论"中提到的五种需要，分别举出相应的例子。

### 4.1.2 消费者的购买动机

购买动机是在消费需要基础上产生的、引发消费者购买行为的直接原因和动力。相对于消费者需要而言，动机更为清晰显现，与消费行为的联系也更加具体。研究消费动机可以为把握消费者购买行为的内在规律提供更具体、更有效的依据。

1. 购买动机的概念

【名人简介】

动机这一概念是由美国心理学家伍德沃斯（R.Wood-worth）于1918年率先引入心理学的。他把动机视为决定行为的内在动力。一般认为，动机是"引起个体活动，维持已引起的活动，并促使活动朝向某一目标进行的内在作用"。

所谓消费者购买动机，是指消费者为了满足自己一定的需要而引起购买行为的愿望或意念，它是能够引起消费者购买某一商品或劳务的内在动力。

2. 购买动机的特点

（1）复杂性。消费者的购买动机是很复杂的。一种购买行为往往包含着若干个购买动机，不同的购买动机可能表现出同样的购买行为，相同的购买动机也可能表现出不同的购买行为。在消费者的诸多消费需求中，往往只有一种需求占主导地位（也即优势消费需求），同时还具有许多辅助的需求。当外部条件满足时，占主导地位的消费需求将会产生主导动机，辅助性的需求将会引起辅助性动机。主导性的动机能引起优先购买行为。

（2）转化性。主导性的动机和辅助性动机有时会发生相互转化。当一个消费者的购买行为在多种购买动机驱使形成的过程中，主导动机往往起关键作用。但如果在决策或选购商品的过程中，出现了较强的外部刺激，如购买现场的广告宣传，或发现钱没带够，或某种商品价格调整，或售货员态度恶劣等，迫使消费者主导性动机被压抑，而主导性动机就可能向辅助性动机转化。

（3）内隐性。动机并不是显露无遗的。消费者的真实动机经常处于内隐状态，难以从外部直接观察到。正如弗洛伊德所说，动机犹如海中的一座冰山，显现在海面上的只是很小的一部分，大部分隐藏在看不见的水下。人的心理活动是极为复杂的，消费者经常出于某些原因不愿意让他人知道自己的真实动机。例如，某人购买了一辆福特牌轿车，他也许会说买车是家庭消费需要，但真正的购买动机可能是要向别人显示他事业的成功、生活的优越和家庭的富有等。

（4）冲突性。当消费者同时存在两种以上的动机且共同发生作用时，动机之间就会发生矛盾和冲突，使消费者在购买商品时内心出现矛盾、左右为难的情形。此时，消费者应该理智地对待，要在内心的矛盾冲突中实现购买决策，可以采用的办法有：在双趋式（利-利）冲突的情况下，采取趋大利的选择，即"两利相权取其重"；在双避式（害-害）冲突的情况下，采取避大害的选择，即"两害相权取其轻"；在趋避式（利-害）冲突情况下，采取趋利避害的选择；在难辨利弊的情况下，可采取随机选择的方法，即根据自己的喜好程度、经济能力而定。

（5）指向性。消费者购买动机具有指向性，即方向性、目的性，它能使购买行为保持一定的方向和目的。由于动机是一个内在的心理过程，本身是看不见、摸不着的，只能从动机的行为来分析它的内容和特征。因此，动机和实践有着密切的关系。研究消费者购买动机，就要把握其发展变化的规律，根据其指向性特征，组织企业的营销活动。

3. 购买动机的类型

消费者需要的多样性，决定了消费者购买动机的复杂性。据有些心理学家分析，驱使人们行为的动机有 600 种之多，这些动机按照不同的方式组合和交织在一起，相互联系、相互制约，推动着人们沿着一定的方向行动，演奏出丰富多彩的人类社会生活的交响曲。在现实生活中，消费者的购买动机又呈现出一定的共性和规律性。概括起来，一般可以分为生理性和心理性两大类。如图 4.2 所示。

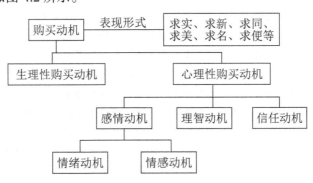

图 4.2 消费者购买动机类型

（1）生理性购买动机是指消费者为保持和延续生命有机体而引起的购买动机。这种购买动机是建立在生理需要的基础之上的，具有经常性、普遍性、重复性、习惯性和主导性等特点。具体可以分为四种类型：①维持生命的动机。消费者饥时思食、渴时思饮、寒时思衣所产生的对食物、饮料、衣服等的购买动机均属于这一类。②保护生命的动机。消费者为保护生命安全的需要而购买商品的动机，如为治病而购买药品、为建住房而购买建筑材料等。③延续生命的动机。指消费者为了组织家庭、繁殖后代、哺育儿女的需要而购买有关商品的动机就属于这一类。④发展生命的动机。指消费者为使生活过得舒适、愉快，为了提高文化科学知识水平，为了强身健体而购买有关商品的动机属于此类。

（2）心理性购买动机是指由消费者的认知、情感、意志等心理过程引起的购买动机，消费者个体心理因素是引起其心理性购买动机的根源，具体包括感情动机、理智动机和惠顾动机（信任动机）。

① 感情动机是指由消费者的情绪和情感两个方面所引起的购买动机。消费者在喜、怒、哀、乐、欲、爱、恶、惧等情绪推动下的购买行为，一般具有冲动性、情景性和不稳定性的特点；消费者在由道德感、理智感和审美感等人类高级情感所引起的购买动机推动下的购买行为，一般具有稳定性和深刻性的特点。感情动机主要表现在求新、求美、好胜、求名等方面。

② 理智动机是指消费者在对商品的分析、比较和深思熟虑的基础上所产生的购买动机。理智动机推动下的购买行为，具有客观性、周密性和控制性的特点。理智动机主要表现为求实、求廉、求便等方面。

③ 惠顾动机是指消费者根据感情和理智上的经验，对特定的商品、品牌、商店等产生特殊的信任和偏爱，形成习惯、重复消费的购买动机。产生惠顾动机的原因很多，如良好的信誉、礼貌周到的服务，物美价廉的商品，便利的购买时间、地点、交通条件，优美舒适的环境等。惠顾动机是以信任为基础的，因此具有经验性、稳定性和重复性等特点。

### 案例阅读

张先生是某财经大学营销专业的毕业生，一直跟踪研究新的营销模式和手段。他注意到，随着社会环境的快速变化，社会生活的节奏加快，消费者的购买行为也发生了很大的变化，电子商务及网络购物的兴起成为一种新的时尚。于是，张先生决定也开一家网店。

为了开好网店，张先生运用所学过的市场营销知识对消费者的网络消费行为进行了深入研究。他发现，消费者购买动机的转变是网络购物兴起的直接原因和动力。这些动机主要有：第一，求便动机。现代社会的生活节奏非常快，尤其是大城市的白领阶层，平时由于工作繁忙，无暇购物。因此，网络购物是适应现代生活的新型购物方式，可以帮助消费者节省体力和精力，使得消费者购物更加方便。第二，求廉动机。网络销售是一种直销模式，它免去了大量的中间环节，没有租赁店铺、仓库、水电、员工工资等费用，因此，同样的商品在网上商店的销售价格一般要比实体店的销售价格便宜。第三，追求时尚的动机。网民，尤其是年轻人之所以对网络购物感兴趣，是因为他们认为这是一种时尚。这种时尚体现在两个方面：一方面，网络购物本身就是一种时尚，如果自己连网络购物都没有尝试过，往往会在朋友们面前很没有面子，进行网络购物则可以达到心理上的平衡；另一方面，网络商店的商品大多数比较新颖、时尚，很可能本地没有此类产品，而通过网络购物就比较容易满足这种需求，以展示自己独特的个性和魅力。第四，好奇性动机。网络购物是一种新鲜事物，而且这种网络虚拟商店又打破了时空和地域的界限，全国乃至全世界的产品都可以聚到网络上，这就激发了消费者的好奇心，希望体验网络购物的与众不同之处。通过这些分析，张先生坚定了开网店的信心。

经过认真的考虑，张先生将他的网店命名为"好妈妈时尚商城"，专门从事准妈妈服装的销售。张先生联系了国内著名的生产孕妇装的厂家，取得了网络销售代理权。这样做的好处是张先生基本不用大量进货，只需进少量的样品即可，节省了大量的开店费用，只花了几千元钱就把网店开了起来。张先生在网店的营销上还下了很大功夫。为了便于传播，他花了几百元钱将网店"装修"了一番。此外，张先生还特别注重建立客户关系，以优质的服务取得消费者的信任。有一次，一个客户反映说她收到的衣服的扣子坏了一个，张先生二话没说，特地花了10元钱让快递公司专门给她送去了两组扣子。由于张先生的信誉好，物美价廉，他的网络商店很快便红火了起来。客户不仅遍布全国，连远在美国、加拿大的网民都成了他的客户。很快，张先生网店的月收入便达到了5 000多元。

【与相关课程的联系】

形象广告、公益广告就是利用了人们的感情动机，建议广告就是利用了理智动机，推广广告就是利用了惠顾动机。

## 任务2 领悟消费者购买决策

决策就是做出决定的过程，是为了达到某一目标，在两种或两种以上备选方案中选择最优方案的过程。购买决策是指人们为了合理地支配有限的财力和精力以达到最佳消费效益，搜集、筛选可行消费方案，并实施选定方案、评估消费效益的过程。

### 4.2.1 消费者购买决策与准备

消费者在占有一定市场信息的基础上，从实现购买目的的若干购买方案中选择一种最优的方案，据以做出决定就是消费者的购买决策。购买决策是消费者心理变化的最高阶段，它表现为权衡购买动机、确定购买目的、选择购买方式方法、制订购买计划等方面，是消费者在购买前的准备阶段。消费者的决策与购买准备过程，要付出一定的时间和精力。

1. 购买决策的内容

（1）为什么买，即权衡购买动机。消费者购买商品的动机和原因多种多样，在诸多的甚至彼此间存在矛盾的购买动机中，消费者首先要进行权衡，做出选择。例如，某一消费者既想买空调又想买冰箱，而实际货币支付能力只能选择其一，消费者就需要对购买两者的各种动机进行比较选择，然后决定购买。即使消费者购买同一种商品，也存在动机权衡的问题。

（2）买什么，即确定购买对象。这是购买决策的核心和首要问题。消费者购买决策，要受商品自身特性如商品的型号、款式、颜色、包装、品牌等因素的影响，还受市场行情、价格及售前、售后服务等因素的影响。

（3）买多少，即确定购买数量。购买数量一般取决于实际需要、支付能力及市场的供应情况及其心理因素。

（4）在哪里买，即确定购买地点。消费者对购买地点的选择，取决于购物场所的环境品位、商家信誉、交通便利程度、可挑选的品种数量、价格水平及服务态度等。这类决策既和消费者的惠顾动机有关，也和求名、求速、求廉等动机有关。

（5）何时买，即确定购买时间。购买时间的选择，取决于消费者对某种商品需要的迫切性、存货情况、营业时间、交通情况和消费者自己可控制的空闲时间等因素。其中，消费者对某种商品需要的迫切性，是决定购买时间的决定性因素。

（6）如何买，即确定购买方式。这是消费者取得商品的途径。购买方式包括直接到商店选购、邮购、函购、预购、代购、分期付款等。选择何种购买方式，取决于购买目的、购买对象、购买时间、购买地点等因素。随着超市、便利店、仓储式销售、大型购物中心及电话订购、电视购物、直销、网络购物等新型销售方式的不断涌现，现代消费者的购买方式也更加多样化。

2. 购买决策的特点

（1）决策主体的单一性。由于购买商品是满足消费者个人或家庭消费需要的个体行为活动，因而通常表现为消费者个别的独立的决策过程，即由消费者个人单独决策，或同关系密切的参照群体，如家人、亲友共同制定决策。

（2）决策范围的有限性。由于购买决策多是解决如何满足消费者个人及家庭的需要问题，因而同其他事项的决策相比，消费者的决策范围相对有限，仅仅限于购买何种商品、购买时间、地点、方式等方面的决策。

（3）决策影响因素的复杂性。影响购买决策的因素复杂多样，既有消费者的个性品质、兴趣爱好、态度倾向、生活习惯、收入水平等个人因素；又有社会时尚、所属相关群体、社会阶层、家庭等环境因素的影响。

（4）决策内容的情境性。消费者的购买决策具有明显的情境性。影响决策的各种因素并非一成不变，而是随着环境、时间、地点的变化而不断变化的。这也使消费者在实际购买活动中需要具体情况具体分析，以便做出正确的决策。

3. 消费者的购买准备

做出购买或消费决策之后到购买行为实施的过程，是消费者的购买准备。小件商品的购买准备较为简单，人们购买一块肥皂、一瓶饮料、一包面巾纸等，不需要做太多的购买准备，从消费需要的产生到购买行为的实施可以迅速完成；大件、高档商品的购买准备过程较复杂，花费时间较长，准备条件较多。在准备购买过程，消费者心理和行为还会受其他因素的影响甚至干扰，消费者个性也会影响购买的准备活动。购买准备主要包括四个方面：购买地点的确定、购买时间的确定、支付方式的准备、购后运输手段的准备。

（1）购买地点的确定。消费者购买地点的确定，会影响商业经营单位的效益。消费者确定购买地点时，一般选择有经营特色的购买地点，如服务质量好、购物环境优美、购买比较方便、离居住地或工作地点比较近一些的购买地点。

（2）购买时间的确定。主要取决于消费者本人的工作、生活习惯等因素。

（3）支付方式的准备。可以分为两类：一类是确定支付的方式，是现金、信用卡、还是两者兼而有之的方式。在我国大部分的购物环境中，使用信用卡的比例仍然较低，消费者习惯于使用现金支付，随着经济活动的日益繁荣，这种支付方式必将被信用式支付手段代替，这一点值得营销者注意。另一类支付方式的准备，是消费者准备以一次结清的方式付款、还是以分期付款的方式购买商品。这一类准备过程主要取决于消费者计划、个性特点、对商品的需要程度及现有的支付能力等。

（4）购后运输手段的准备。这是购买大件商品时必须考虑的一个问题。如果商店不给予运输方面的协助，消费者要么请人帮忙运回、要么自己租用或准备运输工具。因此，消费者购买大件商品时，营销者应当协助消费者或提供送货上门等服务，减少消费者的购买准备。

此外，消费者的个性也会影响购买准备，一般环境依赖型消费者的购物准备，比较重视他人的意见，购买前要请家人或朋友参谋一下，有了这些人员的参谋，购物后觉得踏实放心。

购买专业性较强的商品，还包括安装条件的准备等。例如，音乐爱好者购买的AV中心，包括大屏幕彩电、高保真音响系统、影碟系统、CD机等，使用AV中心对于居室环境有一定的要求。有些消费者并不精通家用电器安装管理，要把这些东西安装好并调试出美妙的效果有一定的困难，如果营销者能够提供完善的安装、维修服务，消费者可能迅速跃过购买准备的心理过程，实施购买行为。

**案例阅读**

小李大学毕业后来到广州工作，不久，便建立了小家庭。他们，一个在研究所工作，一个在机关就职。由于天气炎热，便打算买一台空调。但他俩对空调不很了解，只好到处打听行情，还跑了好几家商店，掌握了大量的相关信息，并对各种信息进行分析、比较、综合和归纳，最后决定买一台海尔单制冷空调。小李是青岛人，远离家乡和亲人，对家乡有特殊的感情。确定了购买海尔空调后，他们立即行动起来，先去离家较近的几家商店了解销售服务情况，最后选中了海尔专卖店，高高兴兴地买了一台海尔空调。

### 4.2.2 消费者决策过程

消费者购买决策过程是消费者在各种内外因素和主客观因素影响下形成购买动机、导致购买行为的过程。只有对消费者决策过程进行深入分析，才能对消费者决策做出完整的理解。心理学家认为，消费者购买决策的过程是一个动态发展的过程，一般遵循五个阶段的模式，即认知需要、收集信息、比较评价、购买决策和购后行为。不过在现实中，消费者并不是在购买每件物品时都要经过这五个步骤，某些购买决策过程可能非常简单，消费者可能跃过某个环节或倒置某个次序。

1. 认知需要

认知需要是消费者决策过程的第一阶段，这个阶段对消费者和营销者都非常重要。消费者对某类商品的需求源于消费者自身的生理或心理需要。当某种需要未得到满足时，满意状态与实际缺乏状态之间的差异会构成一种刺激，促使消费者发现需要所在，进而产生寻求满足需要的方法和途径的动机。引起消费者认知需要的刺激可以来自个体内部的未满足需要，如饥饿、干渴、寒冷等；也可以来自外部环境，如流行时尚、他人购买等。有时，需要还来自于某种新产品介绍的引诱。

2. 收集信息

收集信息，简单理解就是寻找和分析与满足需要有关的商品和服务的资料。消费者一旦对所需要解决的需要满足问题进行了确认，便会着手进行有关的信息收集。消费者一般会通过以下四种途径去获取所需的信息：

（1）个人来源。即消费者从家人、朋友、邻居、同事或其他熟人等处得到的信息。

（2）商业来源。即消费者从广告、销售人员介绍、商品包装、说明书、商品陈列或展示会等方面得到的信息。

（3）公共来源。即消费者从大众媒体的报道、消费者组织的评论或政府机构等方面得到的消息。

（4）经验来源。即消费者通过接触、试验或使用商品得到的信息。

从消费者的角度看，从企业控制的商业性来源得到的信息主要起着通知性的作用，从其他非商业性来源得到的信息主要起着建议、评价和验评的作用。

通过信息的收集，消费者能够熟悉市场上一些竞争品牌和特性。在这一阶段，营销者要设计信息传播策略，利用商业来源使消费者充分了解本企业的产品，也要设法利用和刺激其他信息来源，加强信息的影响力和有效性。

### 【与相关课程的联系】

市场调查与预测这门课程，主要工作就是进行信息的收集和处理。

3．比较评价

消费者在充分收集了各种有关信息之后，就会进入购买方案的选择和评价阶段——消费者主要对所收集的各种信息进行整理筛选，"去粗取精、去伪存真、由此及彼、由表及里"的分析比较，权衡各自的长短优劣，确定对某商品应持的态度和购买意向，以便做出最佳选择。

一般情况下，消费者对商品信息比较评价的标准，主要集中在商品的属性、质量、价格三个方面，但有时也因人而异。不同的消费者，其消费需要的结构不同，对商品信息的比较和所得结果必然有异。同时，消费者对商品信息比较评价所用的时间也长短不一，一般对紧俏、名牌、低档商品、日常生活用品等，消费者比较评价的时间较短；而对高档商品，如电脑、汽车等高技术耐用消费品，比较评价的时间较长。

4．购买决策

消费者在广泛收集商品信息并对其比较评价的基础上，形成了对某种商品的肯定或否定态度。肯定态度一旦形成，就会产生购买意图，最终进入购买决策阶段。但是，在形成购买意图和做出购买决策之间，仍有一些不确定的因素存在，会使消费者临时改变其购买决策。这些因素主要来源于两方面：一是其他人的态度；二是未预期到的情况。如图4.3所示。

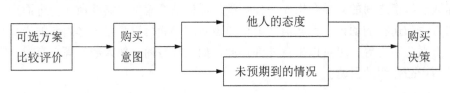

图4.3 购买意图和购买决策间的不确定因素

（1）他人态度。如果在消费者准备进行购买时，其他人提出反对意见或提出更有吸引力的建议，就有可能使消费者推迟或放弃购买。他人态度的影响力大小主要取决于三个因素：①他人否定态度的强烈程度；②他人与消费者之间的关系；③他人的权威性或专业水准。

（2）意外因素，即未预期到的情况因素。包括消费者个人、家庭、企业、市场及其他外部环境等方面突然出现的一些有关的新情况，如家庭中出现了其他方面的紧迫开支、产品生产企业出现了重大的质量问题、市场上出现了新产品、经济形势出现了较大的变化等，都可能会使消费者改变或放弃购买决策。

5．购后行为

消费者购买和使用了某种产品后，必然会产生某种程度的满意或不满意感。消费者是否满意会直接影响其购买后的行为。如果感到满意，以后就可能重复购买，并向他人称赞和推荐这种产品，而这种称赞和建议往往比企业为促进产品销售而进行的广告宣传更有效；如果感到不满意，以后就不会再购买这种产品，而且会采取公开或私下的行动来发泄不满。

消费者购买后的感受或满意程度大致有以下三种情况：

（1）很满意。即所购商品很好地满足了买主的消费需求，这也加强了消费者对该品牌商品的喜好，坚定今后继续消费该商品的信心。

（2）基本满意。即所购商品不能给买主以预期的满足，这会使消费者重新修正对该品牌的认识，甚至会动摇消费者今后继续消费该商品的信念。

（3）不满意。即所购商品没有达到买主的预期目的，使消费者内心产生严重不协调的状况。消费者一旦对所购商品不满意，今后可能会中断对该品牌的购买和消费。因此，买后感受对购买行为有着重要的反作用，甚至是消费者购买决策过程认知需要的起点。

### 【课堂互动】

扫描二维码观看小视频，以手机为例，分析其网上消费者购买决策过程。

【拓展视频】

### 【与相关课程的联系】

销售管理、市场营销等课程售后服务的内容就是关注消费者的购后行为。

#### 4.2.3 风险知觉与消费决策

1. 风险知觉的概念

消费者在决定购买商品的时候，经常会面临一些两难的问题，即购买商品带来满足、愉快的同时，也会带来一些不愿意、不希望的损失或者潜在的危险，甚至会带来一些现实的伤害。这些损失、危险、甚至伤害使消费者清楚地意识到的，这就是消费者的风险知觉。

由于清楚意识到消费商品会带来损失、危险、甚至于伤害，消费者会尽量减少或避免这些不希望出现的后果，这种过程叫减少风险论。

2. 风险知觉的类型

（1）消费支出性风险。就是在购买了甲商品之后，影响了对乙商品的消费。例如，有的消费者喜爱大屏幕彩色电视机，那种宽大的屏幕（尤其是70英寸以上）所产生的视觉愉快是小屏幕彩电无法相比的，但这种大屏幕彩电的价格比较昂贵，70英寸以上的价格在2万~3万元人民币。对于普通消费者而言，购买这样的商品需要一段时间的积蓄，积蓄过程中，日常生活的开支必须酌情节减。节减日常生活的开支就是一种损失，日常消费受到影响。

（2）社会性风险。当消费者使用某种商品时，可能会给他的社会关系带来不利影响甚至于损害、影响人际关系等，称为社会性风险。这种现象在风格新颖的服装、服饰类商品消费中比较典型。例如，在特定的生活或工作环境中，服装风格与同事、朋友相差较大，可能招致他人较多的注意和议论，有些消费者心理会产生一定的焦虑与担心。这种焦虑心理来自于消费群体趋同性的无形压力，消费者本人会担心在生活群体或工作群体中失掉认同感（少数榜样型消费者除外）。在社会观念趋向于平均主义、内部联系相对紧密的消费群体内部，这一类消费风险是比较常见的，因此，在公共环境中过于暴露、展示自我形象的商品，容易引发这一类风险知觉。

（3）形象性风险。在消费了某种商品之后，会给消费者本人的形象带来直接损害和危险，称为形象性风险。这类风险知觉的情况比较复杂，例如，在食品消费方面，一些营养成分高、味道可口的食品大家都喜欢吃，如巧克力等。但有些女性消费者为了身体健美，害怕吃多了之后体重增加、影响形体，所以购买这类食品之前头脑中已经产生回避心理；"基因食品"的概念在市场上已经被热炒，有些消费者试图赶上这一类消费时髦，但又担心基因食品的卫生标准是否达到了法律所规定的要求，转基因食品是否会对人体健康产生无法预料的影响，这都是风险知觉造成的效果。

（4）功能性风险。购买了某种商品之后，商品本身会给消费者带来麻烦甚至带来潜在的危险，称为功能风险。例如，家用煤气热水器可以大大方便消费者在家中的洗浴，但国内因使用不当或产品质量低劣造成中毒甚至死亡的情况时有发生。购买或使用这种商品就要面临这样的危险，不购买或使用的话，冬季生活中又有许多不方便。这样的风险知觉经常出现在购买质量差但供应量少的商品中，消费者购买前知觉到消费商品的风险，必然要尽量减少或消除这种风险。

3．减少风险知觉的方法

消费者一旦知觉到某种风险的存在，必然会想办法来降低风险。消费者应付风险知觉的办法多种多样，且不同的消费者在应付同种风险时所采取的办法也不尽相同。消费行为专家发现人们减少、消除风险知觉的方法有以下五种：

（1）尽量全面地搜集与商品有关的信息，增加对该商品的了解程度。如通过报纸、电台、电视台等宣传媒体来了解这种商品的特点，通过与服务人员的交谈来了解该商品，通过有消费经验的人来了解这种商品的使用效果等。消费者对于商品的了解程度越深，对可能带来的风险与危害的认识也就越清楚，如果消费者认识到这种风险远远小于这种商品带来的益处，或可以用一定的办法减少风险的程度，消费者会坚持原来的购买心理，完成购买行为。如果对于这种风险的认识越多，发现消费这种商品可能带来的风险很大，消费者又无法自己来克服这种风险，他很可能会放弃这种购买行为。

（2）在购买之前尽量请人提出参考意见，邀请有消费经验的人一起购买，或挑选商品的时候尽量请人提出参考性意见，找出商品的毛病和缺点，避免购买商品之后给自己带来的风险。在服装商品消费中，许多女性消费者愿意邀请同伴帮助挑选；在大件商品购买中，人们愿意请熟人或有经验的人帮助选购商品。

（3）尽量认购那些知名度高、产品形象和企业形象都很好的商品。如商品牌子比较响亮的商品、名牌商品、在当地名气较高的商品，而尽量不去购买那些名气小、对商品印象不深、对其功能与特性不太熟悉的商品。在商店选择方面，尽量选择名气大、专业性强的商店。

（4）保持原来的消费行为与品牌忠诚。明知有消费风险，又不能获得足够充分的信息，也不愿意花费相应的消费成本，消费者可能维持原来的消费行为，继续购买已经习惯的品牌，避免购买不熟悉品牌的风险。

（5）采取从众型购买行为。大家都在选择某种品牌，一定有其道理，应该没有大的问题，即使不是最好的选择，也不会最坏，故从众型购买行为是消费者减少知觉风险的一种办法。

## 任务3　把握消费者购买行为

**案例阅读**

（1）消费者关于空调的信息来源分析。调查数据显示，消费者了解空调的主要途径是电视（72.9%）、商场（11.8%）、别人介绍（6.5%）和报刊（4.2%）。其他传播渠道（如广播、路牌、互联网、交通工具等）都不是主要途径。说明通过电视、商场、周围人和报刊传播空调的信息效果较好，特别是电视、商场和周围人的宣传感染力较强。

（2）空调购买地点分析。调查数据显示，25.0%的消费者从家电市场购买空调，23.5%的消费者从家电连锁店购买，18.2%从家电商店购买，15.7%从家电专卖店购买，14.4%的消费者从百货商店购买，只有2.1%的消费者从大型超市购买，说明空调销售有五大主渠道，而大型超市不是空调的主要销售渠道。

（3）空调广告宣传、使用说明书的真实性分析。调查数据显示，在关于空调的广告宣传、使用说明书与实际是否相符的调查中，14.7%的调查对象回答"完全相符"，77.1%的调查对象回答"多数相符"，4.6%的调查对象回答"少数相符"，0.6%的调查对象回答"不相符"，2.9%的调查对象没有回答。

（4）空调促销活动对消费者购买决策的影响分析。调查数据显示，调查对象在购买空调的过程中，主要受到广告（30.9%）、别人推荐（21.2%）、商场营业员介绍（19.5%）和降价（15.0%）等促销活动的影响，而受到有奖销售（3.5%）、赠品（1.2%）等促销活动的影响很小。

（5）空调各品牌市场占有率情况分析。调查数据显示，调查对象购买使用各品牌情况，即各品牌市场占有率情况：海尔14.1%、格力11.4%、美的8.3%、三菱7.4%、春兰4.7%、科龙3.9%、松下3.7%、海信2.3%、奥克斯2.2%、LG1.5%、其他品牌40.6%。出现其他品牌市场占有率高达40.6%，主要原因在于，早些年我国空调市场上品牌众多，而空调是一种耐用消费品，其使用寿命可长达十几年。如果我们只限于调查一年内新购买的空调，则结果肯定不会这样，因为这些年许多小品牌空调已被市场淘汰，空调的市场集中度越来越高。

（6）消费者购买空调价格情况分析。调查数据显示，79.9%的调查对象购买的空调价格在3 000元以下，8.6%的调查对象购买的空调价格在3 001～4 000元，6.0%的调查对象购买的空调价格在4 001～5 000元。

（7）消费者购买空调时主要考虑因素分析。调查数据显示，调查对象在购买空调时，主要考虑因素：66.0%回答是制冷热效果，10.0%回答是品牌，7.6%回答是节能，7.2%回答是性价比，3.7%回答是健康，2.7%回答是售后服务，1.4%回答是外观，只有0.2%回答是安装服务。

（8）消费者购买空调后获得售后服务的主要途径分析。调查数据显示，调查对象购买空调后，获得售后服务主要途径是厂家特约维修网点（67.6%），其他由零售商（17.8%）和一般维修店（8.7%）提供售后服务。

（资料来源：节选自http://www.cnft.org/中国科技成果转化网/2005年浙江市场消费者公认空调品牌调查/浙江消费者协会）

所谓行为，就是有机体在外界环境的影响和刺激下，所引起的内在生理和心理变化的外在反应。消费者购买行为，就是指消费者个人或家庭为了满足自己物质和精神生活的需要，在某种动机的驱使和支配下,用货币换取商品或劳务的实际活动。消费者的购买行为,总是以购买动机为先导,没有动机,就不会产生行为。研究消费者动机,主要解决消费者为何购买的问题,而研究消费者购买行为,目的在于揭示消费者购买行为的规律。消费者购买行为具有动态性、互动性、多样性、易变性、冲动性、交易性等特点。

### 4.3.1 消费者对信息的评价

消费者对信息的评价,是消费者购买行为的重要组成部分。从信息论的角度看,可以说,消费者购买决策过程主要是围绕信息的搜集、获取、储存、提取、评价、比较和选择等活动展开。一个消费者产生了某种需要,并不一定能够转化为购买动机,进而实现购买行为。因为如果没有能够满足其需要的购买对象,需要只能仅仅停留在欲望阶段,却无法满足。要找到购买对象,必须先寻找、收集信息。同时,要实现购买行为效益最大化,也必须收集更全面、更准确的信息,并要对信息进行合理的分析评价。

1. 信息收集的过程

消费者在作决策时通常需要掌握三种类型的信息:①解决某个问题合适的评价标准;②各种备选方案或办法;③每一备选方案在每一评价标准上的表现或特征。如图4.4所示。

图4.4　消费者决策过程中信息搜集的类型

(1)合适的评价标准是指购买者希望买到的商品拥有的特征。例如,消费者想购买一款手机,他首先要确定他所要购买的手机应具有哪些特征。在一些国家,政府和消费者组织希望消费者使用"合理而明智"的评价标准,如食物中的营养成分,营销者则希望消费者使用与其品牌强度相匹配的评价标准。于是,政府机构和营销者都会向消费者提供旨在影响其评价标准的信息。

(2)存在的备选方案。如目前市场上所存在的各种品牌和型号的手机。

(3)备选方案的特征。如目前市场上不同品牌手机的款式、功能、价格、质量等方面情况。消费者所面临的可满足其需要的信息是众多的,一般会对各种信息进行逐步地筛选,直至从中找到最为适宜的方案。图4.5所示为消费者在购买手机时对几种备选方案的筛选过程。

从图中可看出,消费者一般不可能收集到全部产品的全部信息,他们只能在知晓的范围内进行选择。再对其知晓的信息进行比较评价后,会挑出其中一部分进行认真的考虑选择。最终又会在其中选出两三个进行最后的抉择,直至做出购买决策。在此逐步筛选的过程中,每进入一个新的阶段都需要进一步收集有关产品更为详细的资料和信息,如果某一产品被首先淘汰,除其不适应消费者的需要之外,可能很大程度上是由于所提供的信息资料不够充分。因此,积极向消费者提供产品和服务的有关资料,在消费者收集信息阶段是非常重要的。

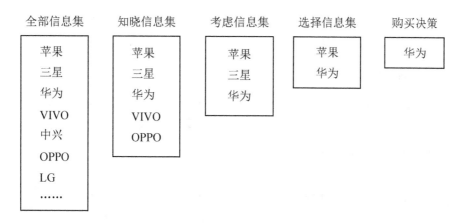

图 4.5　消费者信息收集和筛选过程

2．信息收集的影响因素

消费者在信息收集的过程中，可能会受到以下一些因素的影响：

（1）参与购买的程度。购买决策可以分为高度参与和低度参与。消费者参与的程度越高，收集信息的积极性就越高，信息的获取量就越大。

（2）风险预期。购买中预期的风险越大，信息的收集就越积极。同时，购买风险越高，消费者就越倾向于从人际来源和公共来源来收集信息。如购买股票期货等。

（3）产品知识和经验。当缺乏产品的知识和经验时，消费者会更积极地搜寻信息。丰富的过去体验会减少信息的搜寻，但如果过去的体验是消极的，消费者也会增加信息的收集。

（4）目标确定与否。当消费者明确地知道其所追求的目标时，搜寻信息就会更积极。如消费者购车时，明确了追求安全的目标后，就会积极地搜寻关于汽车的安全气囊、碰撞安全指数等方面信息。

（5）产品差异。如果产品间存在许多差异，那么消费者可能会更全面地了解信息。产品差异越大，消费者越可能去搜寻更多的信息。

（6）收集信息成本。这里的成本主要包括货币成本、时间成本、精力成本和体力成本等。高成本会明显降低消费者收集信息的积极性。

3．信息收集的意义

消费者收集的信息主要包括商品、价格、流行时尚、信贷利率等各种因素及其变化趋势，收集这些信息对于消费者的购买行为有多方面的意义。

（1）扩大需要的种类和范围。许多需要是在消费者知晓了新的产品之后才产生的，如果不经常收集商品信息，消费者需要的种类和范围与现实的商品世界相比，就会变得越来越狭窄，生活方式也会跟不上社会发展的潮流。

（2）扩大商品的选择范围。由于能够满足消费者同种需要的商品种类很多，同一类商品又有很多不同的品牌和型号。通过信息的收集，消费者能够获得更丰富的知识，了解到更多的商品类型、品牌及其性能、质量等，从而扩大了自己的选择范围。

（3）纠正错误的认知。有时消费者因掌握的信息不够全面或不够准确，而容易造成片面、错误的认知。通过新信息的收集，对原有的信息进行鉴别，从而减少和纠正错误的认识。

（4）减少决策风险。消费者通过直接或间接的途径收集大量准确的信息，能够更全面、客观、准确地了解实际情况，从而使决策更为合理、风险更低。

#### 4.3.2 消费者的购买活动

在消费者的购买活动中，每个消费者的购买决策都与他人存有差异，这使得对购买决策的分析研究趋于复杂化。因此，有必要对不同消费者在购买活动中的角色进行判断，同时也有必要把消费者的购买行为按照一定的标准进行分类研究，为全面认识消费者行为奠定基础。

1. 购买活动的参与者

消费者的购买活动在许多情况下并不是由一个人单独做出的，而是有其他成员的参与，是一种群体决策的过程。这不仅表现在一些共同使用的产品（如电视、冰箱、住房等）也表现在一些个人单独使用的产品（如服装、手机、化妆品等）的购买决策过程中。

一般来说，参与购买决策的成员大体可形成以下五种主要角色：

（1）发起者。即首先提出或有意向购买某一产品或服务的人。

（2）影响者。即其看法或建议对最终决策具有一定影响的人。

（3）决定者。即对是否买、为何买、如何买、何处买等方面的购买决策做出完全或部分最后决定的人。

（4）购买者。即实际采购人，如与卖方商谈交易条件，带上现金去商店选购等。

（5）使用者。即实际消费或使用产品或服务的人。

这五种角色相辅相成，共同促成了购买行为，是企业营销的主要对象。消费者以个人为单位购买时，如购买简单、价格较低的日常生活用品时，五种角色可能同时由一人担任；以家庭为购买单位时，如购买价格昂贵的耐用消费品时，五种角色往往由家庭不同成员分别担任，甚至还有家庭以外的人员参与进来。

> **案例阅读**
>
> 某一天，老年服装店里来了四五位消费者，从他们亲密无间的关系上可以推测出这是一家子，并可能是专为老爷子来买衣服的。老爷子走在前面，手拉着一个十来岁的孩子，面色红润、气定神闲、怡然自得，后面是一对中年夫妇。中年妇女转了一圈，很快就选中了一件较高档的上装，要老爷子试穿；可老爷子不愿意，嫌价格太高、款式太新。中年男子说反正是我们出钱，你管价钱高不高呢。可老爷子并不领情，脸色也有点难看。营业员见状，连忙说，老爷子你可真是好福气，儿孙如此孝顺，你就别难为他们了。小男孩也摇着老人的手说好的好的，就买这件好了。老爷子虽嘴里说小孩子懂什么好坏，但脸上已露出了笑容。营业员见此情景，很快衣服包扎好，交给了中年妇女，一家人高高兴兴地走出了店门。

2. 购买行为的类型

消费者的购买行为，实际上是一种解决问题的活动过程。消费者在购买活动中所遇到及所要解决的问题的复杂程度和重要性不同，其购买行为的复杂性程度和类型也就不一样。

消费者在购买活动中所遇到及所要解决的问题的重要性和复杂性程度，主要与以下几个方面的因素有关：

（1）风险性。这取决于所购商品技术上复杂性、价值的高低及其对个人或家庭生活的影响范围和程度。风险性越大，消费者就越会加以慎重对待。

（2）选择性。这主要取决于相同性替代产品和相关性替代产品的多少和差别程度。相同性替代产品有两种情况：品牌差别小的同种产品为同质产品，即产品并不因生产经营者不同而在质量、花色、式样、价格、服务等方面存在较大的差别；品牌差别大的同种产品为异质产品，即产品因生产经营者不同而在质量、花色、式样、价格、服务等方面存在较大的差别。在相同性替代产品和相关性替代产品较多且差别较大时，就会增加消费者选择的难度和工作量。

（3）信息或知识的充实性。消费者在做购买决策时通常都需要一定的与欲购商品有关的信息或知识，当需要的信息或知识比较多而消费者又知之甚少时，就会迫使消费者在这方面投入较多的精力来加以掌握。

不同的消费者在购买活动中，其购买决策过程的复杂程度不同。究其原因，是因为受诸多因素影响，其中最主要的是参与程度和品牌差异大小。美国营销学家亨利·阿塞尔根据购买者在购买过程中的介入程度和品牌之间的差异程度，区分了以下四种消费者购买行为类型。如表4-2所示。

【名人简介】

表4-2 消费者购买行为类型

| 类　　型 | 高度介入 | 低度介入 |
| --- | --- | --- |
| 品牌间差异大 | 复杂型购买行为 | 多样型购买行为 |
| 品牌间差异小 | 协调型购买行为 | 习惯型购买行为 |

（1）复杂型购买行为。如果消费者属于高度参与，并且了解现有各品牌、品种和规格之间具有明显差异，则会产生复杂的购买行为。当消费者购买一件贵重的、不常买的、有风险的而且又非常有意义的产品时，由于产品品牌差异大，消费者对产品缺乏了解，因而需要有一个学习过程，广泛了解产品性能、特点，从而对产品产生某种看法，最后决定购买。对于这种复杂购买行为，营销者应采取有效措施帮助消费者了解产品性能及其相对重要性，并介绍产品优势及其给购买者带来的利益，从而影响购买者的最终选择。

（2）协调型购买行为。在这种购买行为中，消费者高度参与，但是并不认为各品牌之间有明显差异。购买后，消费者产生一种购后不协调的感觉。于是他开始收集信息，试图证明自己的决策是正确的，化解或减轻这种不协调。

现实中，有些产品品牌差异不大，消费者不经常购买，而购买时又有一定的风险，因此，消费者一般要比较、看货，只要价格公道、购买方便、机会合适，消费者就会决定购买。购买之后，消费者也许会感到有些不协调或不够满意。在使用过程中，会了解更多情况，并寻求种种理由来减轻、化解这种不协调，以证明自己的购买决定是正确的。经过由不协调到协调的过程，消费者会有一系列的心理变化。针对这种购买行为类型，营销者要提供完善的售后服务。通过各种途径经常提供有利于本企业和产品的信息。

（3）多样型购买行为。是指消费者购买产品有很大的随意性，并不深入收集信息和评估比较就决定购买某一品牌，在消费时才加以评估，但是在下次购买时又转换其他品牌。虽然有些产品品牌差异明显，但消费者并不愿花长时间来选择和评估，而是不断变换所购产品的品牌。这样做并不是因为对产品不满意，而是为了寻求多样化。针对这种购买行为类型，营销者可采用销售促进和占据有利货架位置等方法，保障供应，鼓励消费者购买。

（4）习惯型购买行为。是指消费者并未深入收集信息和评估品牌，只是习惯于购买自己熟悉的品牌。对于价格低廉、经常购买、品牌差异小的产品，消费者不需要花时间进行选择，也不需要经过搜集信息、评价产品特点等复杂过程，因而，其购买行为最简单。消费者只是被动地接收信息，出于熟悉而购买，也不一定进行购后评价。这类产品的营销者可以用价格优惠、电视广告、独特包装、销售促进等方式鼓励消费者试用、购买和续购其产品。

【课堂互动】

根据表 4-2 消费者购买行为的类型，考虑如下产品的购买行为各属于哪种类型，并解释原因：①购买一辆宝马汽车；②购买一瓶洗发水；③购买一台空调；④购买一瓶矿泉水。

### 4.3.3 购买后的评价

购买后的评价是消费者购买决策过程的一个阶段。在该阶段，消费者根据他们是否满意在购买产品之后采取进一步的行动。它包括一些在产品使用后可能产生的心理活动及消费者发生在购买以后的典型行为。了解消费者的购后评价，对提高消费者的满意度，加强消费者对企业的忠诚度，提高企业的竞争力，具有重要的意义。企业要注意增进与消费者之间的沟通，采取相应的对策，进一步改善消费者购后评价。消费者购买后的评价如图 4.6 所示。

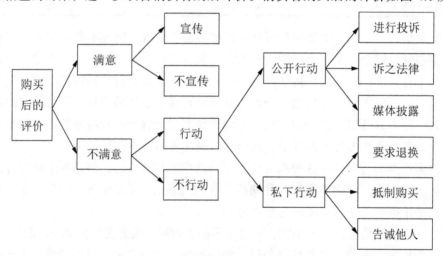

图 4.6　消费者购买后的评价

1. 购后评价的内容

消费者的消费体验，会通过向别人交流自身的感受或表达对商品的评价等方式反映出来。这种评价的内容可能是多方面的，一般包括以下三点：

（1）对品牌的评价。商品的品牌会保留在消费者的头脑中，形成记忆和印象。消费者会将自己心目中对某品牌的印象向他人、消费群体或其他群体传播，这种传播就构成了商品的知名度。这种知名度会影响消费者下一次的购买行为。

（2）对质量的评价。消费者依据各种渠道获得的他人评价和个人的判断标准，来评价商品的质量。同时，消费者也从商品的价格、包装、功能和使用效果等方面综合起来对质量做出评价。商品的价格越高，消费者要求商品的质量也要越好，否则，消费者会做出质次价高的评价。

（3）对企业的评价。包括对经销商、销售人员及生产厂商做出的评价。购物场所设施完备，环境优雅舒适，售货员的服务热情周到，消费者一般会做出良好的评价。消费者对产品或服务是否满意，还受到之前对质量水平期望的影响，生产厂商对商品的宣传与消费者购得的商品差别越小，或者实际购得的商品性能优于宣传所提到的效果，消费者对生产厂商也会做出较高的评价；反之，消费者实际购得的商品性能与预期不一样时，就会带来消极影响。

2．购后满意的评价

感到满意的消费者在购后行为方面会有两种情况，一是向他人进行宣传和推荐；一是不进行宣传。消费者能够主动对企业的产品进行积极的宣传是最为理想的，企业要设法促使消费者这样去做，因为"满意的顾客是企业最好的广告"。消费者对产品满意与否直接决定着以后的行为。顾客满意的价值，主要体现在以下几个方面：

（1）顾客满意是企业的出发点又是落脚点。任何企业在提供产品和服务时，其目的都在于得到顾客的认可和接受。这就要求企业必须了解顾客需要什么样的产品和服务，否则再精美的产品，顾客不需要，也不会得到顾客的认可。因此，企业只有掌握了这个出发点，才能为顾客提供满意的产品和服务。同时，顾客满意的程度，决定了企业的经营效果，根据赖克海德和萨瑟的理论，一个公司如果将其顾客流失率降低5%，其利润就能增加25%～85%。因此，企业的落脚点也应在于使顾客满意。

（2）顾客满意使企业获得更高的长期盈利能力。在采取各种措施做到使顾客满意的同时，企业也获得了许多能够长期盈利的优势。首先，在企业保证顾客满意度的过程中，企业越来越了解顾客的需求，因此节省了大量的用于市场调研的费用，新产品研制和生产也缩短了时间，很大程度上减少了企业的资源浪费，压缩了生产成本，从而获得价格优势；其次，提高了顾客的回头率，重复购买使得企业获得更多的利润；再次，降低了交易成本，越高的顾客满意度意味着销售成本越低，对于重复购买的顾客，销售人员只需向其推荐应该买何种产品，而不需费时费力地说服顾客为何购买本企业的产品；最后，降低了沟通成本，满意的顾客乐于将自己感受告诉他人，如朋友、同事甚至其他顾客，这种宣传效果更加直接有效。

（3）顾客满意使企业在竞争中得到更好的保护。满意的顾客会形成对企业较高的忠诚度，并且能够长期保持，而不会轻易转向其他企业。即使在企业出现困难时，这些顾客也会在一定范围内对企业保持忠诚。这给企业提供了缓冲的时间，最大限度降低了企业的损失。

（4）顾客满意使企业能够应付顾客需求的变化。顾客的需求在不断的发展变化，如何抓住这一变化并去满足不断产生的新需求，是企业在发展中需解决的问题。在以提高顾客满意水平为目标的企业中，能够及时预测并发现顾客需求的变化，同时满意度高的顾客也会给企业的应变提供更充足的时间。如瑞士航空公司一直以来具有较高的顾客满意度，但在适应顾客的新需求，如介绍售票的分机情况、制订常客计划、加大头等舱座位等方面都落后于竞争对手，但顾客仍乘坐该航班，同时提供了大量反馈的信息。

### 案例阅读

1971年4月，在美国的西雅图帕克市场，星巴克第一家店正式开业。星巴克从一家小小的咖啡豆零售店成长为一家大型国际咖啡连锁店，星巴克不仅仅为顾客提供可口的咖啡，而且致力于体验的建立，使顾

客购买和享用咖啡的过程非常美好。

星巴克将自己定位为独立于家庭、工作室以外的"第三空间",星巴克在海外和中国定位的落脚点是"您的邻居",是其家庭客厅的延伸、价廉物美的社交场所、工作和家庭之外的第三个最佳去处,而绝非白领阶层的专属。

在星巴克,人们在购买咖啡的同时,也买到了时下在中国非常需要的、超出顾客满意预期的一种东西:一种体验、一种生活方式。根据不同的口味提供不同的产品,实现一种"专门定制式"的"一对一"服务,真正做到真心实意为顾客着想。正是星巴克为顾客提供了超过预期的服务,使顾客获得了更大的满意,也使星巴克得到了快速的发展。

使顾客满意不是最终目的,使顾客的满意超过其预期才是双赢的真谛。

### 3. 购后不满意的评价

感到不满意的消费者可能会采取行动或不采取行动。一般来说,若不满意的程度较低或商品的价值不大,消费者可能不采取任何行动;若不满意的程度较高或商品的价值较大,消费者一般都会采取相应的行动。

不满意的消费者所采取的行动,一种是私下的行动,如要求对商品进行退换,将不满意的情况告诉亲戚朋友,并且以后不再购买此种品牌或此家企业的商品等,这种私下行动虽然对企业有不利的影响,但影响的程度相对较小;另一种是公开的行动,消费者将其不满意的情况诉诸公众,如向消费者协会投诉,向新闻媒体披露,甚至告上法庭,这种公开行动会对企业造成较大的负面影响,企业应尽可能地避免这种情况出现。对此,企业可以采取一些行之有效的措施来减少消费者购后不满意的程度。

(1) 树立全员"不满意危机公关"意识。企业只有具备了这种危机意识,意识到对不满意的处理不当会给企业造成的危害,才不会对顾客的投诉置之不理,或互相推诿,而是以一种积极的心态去处理顾客的不满意,直至顾客满意。

(2) 定期进行满意度调查。通过对顾客满意度的调查,企业可以得知顾客对企业产品或服务的满意程度,了解到企业对顾客满意度影响较大的是哪些方面,企业存在的不足是什么,应如何改进,进而做出对策,防患于未然。

(3) 设立专门的顾客投诉部门。据调查,95%的不满意顾客不会投诉,而仅仅是停止购买。因此,为方便消费者的投诉,企业应设立专门的顾客投诉部门并设置便捷的投诉方式,尽量将顾客的不满意在企业内部解决。对此,可安排意见簿、意见箱、免费投诉电话或电子信箱等。另外,专门的顾客投诉部门可使顾客的投诉更加便捷,也避免了顾客投诉时部门、员工间互相推卸责任的情况发生。例如,3M公司就是采用设立专门的部门处理顾客的投诉,来迅速处理顾客的不满意,3M公司骄傲地说,它的产品的改进有2/3来自于顾客的建议。

由此可见,即便出现消费者不满意的情况,企业如能采取恰当的措施,妥善处理,不仅能够及时化解不利的情况,甚至可以帮助企业将不利的影响转化成有利的因素。

## 自测试题

【参考答案】

一、单项选择题

1. 人类消费行为的复杂多样性是基于（　　）。
   A. 需要的复杂多样性　　　　　B. 动机的复杂多样性
   C. 消费品的复杂多样性　　　　D. 生存环境的复杂多样性
2. 按马斯洛需要层次论，最高层次的需要是（　　）。
   A. 安全需要　　　　　　　　　B. 自尊需要
   C. 社会需要　　　　　　　　　D. 自我实现需要
3. 消费者意识到某种消费需要后产生的心理状态是（　　）。
   A. 紧张　　　　B. 调节　　　　C. 平衡　　　　D. 强化
4. 最明显地反映出消费者需要周期性特征的需要是（　　）。
   A. 生理性需要　　　　　　　　B. 社会性需要
   C. 物质需要　　　　　　　　　D. 精神需要
5. 在购买牙膏、牙刷等生活必需品时的购买决策主要依据以往的经验和习惯，这种购买类型属于（　　）。
   A. 协调型　　　B. 习惯型　　　C. 理智型　　　D. 多变型

二、多项选择题

1. 消费者理智性购买动机的特点可以包括（　　）。
   A. 客观性　　　B. 主观性　　　C. 周密性
   D. 控制性　　　E. 随机性
2. 消费者为完成其购买行为必须具备的能力包括（　　）。
   A. 感知能力　　B. 记忆能力　　C. 分析能力
   D. 检验能力　　E. 思维能力
3. 影响消费者在认识商品、购买商品等活动中情感变化的因素主要有（　　）。
   A. 市场状况　　B. 购物环境　　C. 商品因素
   D. 心理准备　　E. 货币收入
4. 习惯性购买行为中的强化物包括（　　）。
   A. 收入水平　　B. 社会文化　　C. 商标
   D. 商品外形　　E. 厂商知名度
5. 人的消费需要转化为消费动机的条件包括（　　）。
   A. 社会条件　　B. 消费习惯　　C. 消费环境
   D. 商品诱因　　E. 优势需要

三、简答题

1. 什么是消费者需要？消费者需要的特征有哪些？
2. 什么是消费者购买动机？消费者购买动机如何分类？
3. 消费者的购买决策过程包括哪些步骤？
4. 消费者在购买活动中，参与购买决策的成员主要有哪些角色？
5. 企业可以采取哪些措施来减少消费者购后不满意的程度？

四、论述题

1. 简述马斯洛需要层次理论的内容,并说明各层次之间的关系。
2. 简述不同消费者购买行为类型的产生条件和相应的营销策略。

五、案例讨论题

小张是某大学市场营销专业的学生,小张决定购买一台电脑。下面是小张购买电脑的决策过程:

由于购买电脑的费用高,小张给父母打电话要求父母支持,父母询问后得知了小张购买电脑的原因——大学写作业、查资料等都需要用电脑,父母听后同意了小张买电脑的要求。

要买一台什么样的电脑呢?小张开始有些犯愁。小张查看了《消费心理学》的相关内容后,找到了高年级的学长,了解了学长们电脑的品牌,自己又到中关村在线网站进行了查询,后来又去了市里的电脑商店进行了问价和进一步的了解,并征求了同班同学的意见。

经过反复比较,小张认为购买一台联想×型号笔记本电脑比较适合自己的需要,是2016年的新产品,全金属轻薄外形,很时尚,便于携带,价格4 800元左右,符合预算。

通过网上反复调查和同学的建议,小张最后在学校附近的电脑城购买了一台联想×型号笔记本电脑。选择在这里买电脑的原因有两个:一是商场在搞促销,价格4 900元,同赠送外接音响;二是便于售后服务。

通过一段时间的使用,小张对这台联想笔记本电脑感到很满意,还向他人进行了推荐。

讨论

1. 试运用消费者决策过程的五阶段模型,分析小张购买电脑所经历的相关阶段。
2. 根据消费者购买行为类型分析,小张是属于哪一类购买行为?为什么?

## 项目实训

1. 选择某产品测试自己的三位同学或朋友,分析他们购买此产品的主要动机。
2. 以自己最近的一次购买活动为主题,分析购买决策的全过程,并思考在各个阶段所遇到的营销策略。
3. 如果你曾经有过一次不愉快的购买经历,你会如何评价这次购买的产品?你的购后行为有哪些?

## 课后拓展

1. 上网收集资料,谈谈消费者如何提高消费决策能力。
2. 在商场或超市对某种特定商品的购买者行为和营销人员的销售策略进行调查后,对相关商品的购买者、购买目的、购买时间、购买地点及购买决策过程进行分析。把观察结果和分析报告做成PPT,在班上进行交流汇报。

# 项目 5

## 探知文化、流行与习俗对消费心理的影响

【教学指导】

| 教学重、难点 | 教学重点 | 文化内涵，消费流行周期各阶段的特征及营销对策 |
|---|---|---|
| | 教学难点 | 消费习俗对消费的影响 |
| 学习目标 | 知识目标 | 掌握社会文化、主流文化与外来文化的内涵；消费流行的概念与分类；影响消费习俗的因素，消费习俗对消费心理的影响 |
| | 能力目标 | 掌握文化对消费心理的影响，消费心理对消费流行的影响，消费流行对消费心理的影响，企业在市场营销过程中，如何进行有效运用 |

【本章概览】

【本章课件】

**【导入案例】**

"最近来故宫参观的人,进了门都喜欢往两边走。"林某是故宫的研究员,在故宫工作超过 15 年,她告诉人们,因为电视剧《甄嬛传》的热播,来故宫的游客掀起了一股"后宫热"。2012 年 4 月份故宫的游客人数比上年同期增长超过 20%,很多过去已经来过故宫的人又来了。皇后的景仁宫、华妃的翊坤宫、敬妃的咸福宫、安陵容的延禧宫、祺贵人的储秀宫,很多剧迷带着小抄来故宫,寻找剧中的宫斗主战场。让这些甄嬛迷遗憾的是,永寿宫等剧中关键宫殿尚未对公众开放。

很多年轻人结伴而来,手上都拿着《甄嬛传地图》,上面标注着剧中宫殿的名字和位置。跟着旅行团到故宫的游客,很多也要求导游多走两边的东六宫和西六宫,一个游客竟问导游甄嬛和十七爷初遇的地方在哪里,一定要去看一看。

《甄嬛传》的热播,导致了游客参观故宫的"后宫热"。几年前的韩剧《大长今》,导致了北京等地韩式泡菜的热销,也激起了去韩国旅游的热潮。

**思考**

不同的消费者有不同的文化背景,其消费需求和消费习惯有很大的差异。企业应该如何根据不同文化背景的人,生产出适应不同文化特色的商品来满足消费者?在营销过程中,如何有效利用社会文化的特征取得优势呢?

在影响消费者心理行为的社会性因素中,消费流行、消费习俗的影响占据着很重要的位置,而社会文化的影响具有普遍的渗透力,这种渗透在不同的亚文化环境下又表现出不同的特征,对消费行为的影响不可忽视。

## 任务 1 通晓社会文化与消费心理

### 5.1.1 社会文化概述

1. 文化的含义

文化是人类知识、信仰、艺术、道德、法律、美学、习俗、语言、文字及人作为社会成员所获得的其他能力和习惯的总称。文化是人们在社会实践中形成的,是一种历史现象的沉淀;同时,文化又是动态的,处于不断的变化之中。

笼统地说,文化是一种社会现象,是人们长期创造形成的产物。同时又是一种历史现象,是社会历史的产物。文化一般由两部分组成:第一,全体社会成员共同的基本核心文化;第二,具有不同价值观、生活方式及风俗习惯的亚文化。

2. 文化的特征

(1)文化的习得性。每种文化都是通过人们学习而得到的。学习有两种形式:一是"文化继承"，即学习自己民族（或群体）的文化。正是这种学习，保持了民族（或群体）文化的延续，并且形成了独特的民族（或群体）个性。中华民族由于受几千年传统儒家文化的影响，形成了强烈的民族风格与个性，仁义、中庸、忍让、谦恭的民族文化心态。表现在人们的消费行为中就是随大流、重规范、讲传统、重形式等。这同西方人重视个人价值，追求个性消费的生活方式正好形成了鲜明的对比。二是"文化移入"，即学习外来文化。在一个民族（或群体）的文化演进过程中，不可避免地要学习，融进其他民族（或群体）的文化内容，甚至使其成为本民族（或群体）文化的典型特征。例如，中国人现在习以为常的西装，就是学习借鉴西方服装文化的结果。

（2）文化的共享性。构成文化的东西，必须能为社会中绝大多数人所共享。显然，共同的语言为之提供了基础，任何执行社会化任务的机构，都为文化的共享起到了作用。在现代社会里，通过大众媒体不时地向受众传递着重要的文化信息，如怎样穿着才合适，怎样装饰住宅才体面，拿什么样的食品招待客人才不落伍，等等。

（3）文化的无形性。文化对消费者行为的影响就像一只"看不见的手"。文化对人们行为影响是自然而然的，也是自动的，因此人们根据一定文化所采取的行为通常被看作是理所当然的。例如，要理解有的社会中人们每天使用各自喜爱的牙膏刷两次牙是一种文化现象，就要知道另外一些社会中的人根本就不刷牙，或者以非常不同的方式刷牙。

（4）文化的变化性。为了实现满足需要的功能，文化必须不断改变，以使社会得到最好的满足。导致文化变迁的原因很多，诸如技术创新、人口变动、资源短缺、意外灾害、在当代文化移入也是一大原因。文化的变迁，最明显的是表现为风尚演变。

3. 社会文化

社会文化指社会意识形态同人们的衣、食、住、行等物质生活、社会关系相结合的一种文化，如服饰文化、饮食文化、伦理道德观念、信仰等。

### 5.1.2 社会主流文化对消费者行为的影响

1. 社会主流文化对消费者行为的影响

每个国家，每个民族都有她自己长期以来积累起来的文化。中国传统文化是中华民族在中国古代社会形成和发展起来的比较稳定的文化形态，是中华民族智慧的结晶。

中国主流文化对消费者行为的影响有以下几点：

（1）中庸之道。中庸是中国人的一个重要的价值观，几千年来一直深刻地制约着我们中华民族的思想和行为。这种价值观反映在消费行为中，就是强调与他人看齐，强调与社会保持一致的重要性（消费中的集体主义取向）；反对超前消费，反对消费中的标新立异（求同、重传统）；物品能用则用，实在用不下去了才去买新产品（精打细算、节俭）。

（2）注重人之伦理。中国文化一向强调血缘关系，也就是以家庭为本位；现在虽然家庭核心化，三世或四世同堂的现象不太多，但传统的家庭伦理观念仍然保持着，亲子之间的相互依存关系很明显。个人的消费行为，往往与整个家庭紧密联在一起，一个人不仅要考虑自己的需要，而且更要考虑到整个家庭的需要。在目前的广告中，不少就是以温馨的家庭氛围为背景的。

（3）"面子"主义。中国文化的一大特色是人际交往中讲究自己的"形象"和在他人心目中的地位，重视"脸面"。国人尤其特别注意通过印象装饰和角色扮演力图在他人心目中形成一个好的形象，获得一个众口赞誉的好名声。所谓的"面子"，是指个人在社会生活中借助勤奋努力和刻意经营而在他人心目中形成的声望和社会地位。因此，国人特别注重给别人、给自己留"面子"。这种"面子主义"的形成与中国传统文化对"礼"的强调有着极为密切的关系。反映在消费行为中，中国消费者过于看重与自己的身份地位相一致，与周围的他人相一致的求同消费和人情消费，在许多情况下出现了"死要面子活受罪"的不良消费行为。

（4）重义轻利。注重情义和精神价值，强调人与人之间的感情和道义，是中国文化的一大特色，同时也是中西文化之间的主要差异之一。中国文化的这种重义轻利传统，主要表现在两个方面：一是在人际交往和正常的工作关系中过于重视超越规则的感情交流，忽视"正式规范"对双方行为的制约作用，其结果导致非正式的人情关系干预或影响正式的组织行为。二是在人际交往中热衷于互相馈赠各种礼品甚至金钱，以强化相互的关系。重义轻利在消费行为中的表现，就是人情消费盛行：在婚丧嫁娶中相互攀比，搞排场；购买产品时重视产品的美学价值和情感特征，忽视对产品进行认真细致的、科学理性的分析。

（5）谦逊含蓄。中国文化一向崇尚谦逊含蓄。自我谦逊和尊重他人是中华民族的一贯道德准则，像谦称"在下"，尊称"您""君""阁下"等，现在还频繁地出现。要谦逊就得含蓄一些，一般来说，西方民族表现得较为外向和奔放，而中国人则比较内向和含蓄。民族性格上的这种差异直接导致了不同的审美情趣。中国人欣赏的是含蓄、柔和、淡雅、内敛、朴素而庄重的和谐美，而西方人则崇尚张扬的、外露的、色彩艳丽的美。消费审美情趣上的这种差异最明显地表现在三个方面：一是服装上中国人喜欢淡雅朴素的各式服装，而西方人则喜欢坦露、能够展示人体美的艳丽服装；二是建筑上中国建筑强调和谐与含蓄，西方建筑则注重冲突与明快的节奏；三是产品包装上中国的产品包装重在保护产品，不太讲究外包装的宣传和美化作用，西方的产品包装则强调充分展示产品的属性，重在美化和广告宣传。

2. 社会亚文化对消费者行为的影响

亚文化又称副文化，指不占主流的或某一局部的文化现象，相对于某一国家或社会的主文化而言。一种亚文化可以代表一种生活方式。它不仅包括与主体文化共通的价值观念，而且包括自己独特的价值观念。每个亚文化群体都有自身的某些生活行为方式，成员往往与其发生认同。

通常按民族、地域、宗教、性别、年龄等因素将消费者划分为不同的亚文化群。亚文化以直接的方式影响着人们的心理和行为，这一影响在消费行为中表现更为明显。

（1）民族亚文化。不同的民族在观念、信仰、语言文字和生活方式等方面都有各自独特的文化特征。我国是一个由56个民族组成的大家庭，各民族都有自己独特的消费行为。例如，蒙古族穿蒙袍、饮奶茶、喝烈性酒；朝鲜族喜欢鲜艳的服饰，食物以素食为主，男子地位较突出；等等。因此，市场营销人员应时刻注意文化、民族及其与产品之间的关系，以便推销适销对路的商品。

（2）地域亚文化。不同地域的人由于生活环境和文化的影响，在需要、兴趣、爱好等方面表现出明显的差异，除了国别和文化特色可以代表地域文化之外，统一国家也存在不同地区的亚文化，影响着该地区人们的观念和行为方式。例如，我国地域辽阔，通常习惯用南北东西来区分不同地域亚文化，有句俗语叫"南甜北咸，东辣西酸"，说的是不同地区的饮食特点，而八大菜系则不仅仅反映了我国丰富的餐饮文化，更反映了不同地方的人们在饮食方面有不同偏好。

除了饮食，南北方在生活习惯和行为方式上也有很多区别，营销商在推广产品和打开市场时，必须考虑到这种差异，否则就难以达到预期目的。例如在江浙一带，绿茶因其清凉消暑而颇受欢迎，但当经销商把其推销到北方某些城市时，并未得到预期的销售效果。原因在于当地人喜欢饮花茶，不习惯绿茶那种味道。

（3）宗教亚文化。不同的宗教有不同的文化倾向和禁忌，影响着教徒的价值观念和行为准则，从而影响这些消费者的消费需求。作为营销人员，了解了信仰不同宗教的人的消费心理，对于扩大经营市场有重要的作用。宗教因素对于企业营销具有重要意义。

**【知识拓展】**

宗教可能意味着禁用一些产品，如印度教禁食牛肉。这些禁忌往往一方面限制了一部分产品的需求，另一方面又会促进另一些产品特别是替代品的需求。牛奶制品在印度教徒和佛教徒中很受欢迎，因为他们当中很多人是素食主义者。宗教也可能意味着与一定宗教节日有关的高需求、高消费期，如基督教的圣诞节。

**【与相关课程的联系】**

亚文化是进行市场细分的重要指标，在市场营销、广告、市场营销策划策划和推销等课程中被广为利用。

### 5.1.3 社会外来文化对消费者行为的影响

1. 外来文化

外来文化是指通过信息、文化、民族融合等途径把外国的文化引入中国，融中外文化为一体的新文化体系。

从 19 世纪末到 20 世纪上半叶，自给自足的农业社会仍是当时主要的经济特征。从整个社会的消费模式看，传统的节俭实用、满足生存基本需要的消费模式仍为主流。但伴随资本主义工商业的发展、外来文化的影响，一些与中国传统消费方式和文化有很大差异的生活方式也开始在当时的中上阶层出现。例如，留声机、自鸣钟、电影、霓虹灯、火车、电报、机动车等新技术产品的出现，意味着商业与娱乐方式的变化；广告和时尚杂志的出现，从时间、空间、感官、概念上开始改变人们的生活方式；电影院、歌舞厅、咖啡厅等消费场所开始在受外来文化影响较大的沿海城市出现，有一定经济能力又追求新鲜感的人开始通过这些与传统中国消费模式完全不同的方式来展现自己的生活品位。

随着中国近几年来的迅猛发展和沟通的日益方便，外国文化及西方流行在中国处处可以见到。各种繁多的欧美及日韩文化、产品开始在中国各大中小城市普及，外来文化对青少年的消费行为影响较大。如外来影视图书文化、节日文化、快餐文化、品牌服饰文化。新兴媒体是外来文化的重要载体。

2. 社会外来文化对消费者行为的影响

随着国际交往的日益频繁，各国文化相互之间的交流、碰撞、融合必然对消费者的消费需求和购买行为产生影响。外来文化对消费者的消费心理和购买行为具有不可忽视的影响和制约作用，主要表现在以下两个方面：

（1）影响消费者的购买基准。当消费者对某一外国商品缺乏购买经验，犹豫不决时，外来文化为其提供从商品的广告、商标、产品介绍中寻找和评价信息的知觉参考。

（2）外来文化使消费者的消费心理和购买行为发生变化。例如，茶叶的消费已经成了历史悠久的文化现象。在中国，茶常常被作为大众日常交流的媒介，重感受、重交流；也是官场应酬的手段，如送礼讨教、端茶送客等。日本茶道则追求"和、敬、请、寂"，重精神、重仪式。这反映了两国各自不同的茶文化和消费文化。现在，中国消费者对茶叶的消费心理受到外来文化的影响，由喜欢低价、面子、从众心理，向品牌、多元化、个性化转变。

在面对外来文化时，我们一定要坚持自己特有的价值观和民族自信心，在吸收的过程中善于分析，运用我们的智慧有分辨力的吸收和融入。其实，任何一个国家的文化都没有优劣之分，只要这种文化适合这个国家的发展和进步就要发扬和支持。

## 任务 2　懂得消费流行与消费心理

消费流行会对社会生产有重大的影响。当企业推出一种新产品，如果成为流行商品以后，由于市场广阔，销量增长迅速，销售时间集中，能给企业带来巨大的利润；反之，如对消费估计不足，产品产生大量积压，将会给企业带来很大的损失。消费流行也会给市场带来巨大的活力。同时，消费流行的商品是市场的重点商品，因为它们销售迅速、购买活跃，产销双方都能获得较多的利润，在流行商品的带动下与此有连带消费关系的商品，以及其他许多类商品也会大量销售，使市场购销活跃、繁荣兴旺。

案例阅读

微信是腾讯公司于 2011 年 1 月 21 日推出的一个为智能终端提供即时通信服务的免费应用程序，是支持跨通信运营商、跨操作系统平台通过网络快速发送免费（需消耗少量网络流量）语音短信、视频、图片和文字，同时，也可以使用通过共享流媒体内容的资料和基于位置的社交插件"摇一摇""漂流瓶""朋友圈""公众平台""语音记事本"等服务插件。

微信提供公众平台、朋友圈、消息推送等功能，用户可以通过"摇一摇""搜索号码""附近的人"和扫二维码方式添加好友和关注公众平台，同时微信将内容分享给好友及将用户看到的精彩内容分享到微信朋友圈。

微信不仅是时下最热门的社交信息平台，而且是移动端的一大入口。目前，微信正在演变成为一大商业交易平台，它对营销行业带来的颠覆性变化开始显现。微信商城的开发也随之兴起。微信商城是基于微信而研发的一款社会化电子商务系统，消费者只要通过微信平台，就可以实现商品查询、选购、体验、互动、订购与支付的线上线下一体化服务模式。

现在，不管是亲戚吃饭还是朋友聚会，常常看到这样的画面：几个人围坐在一张桌子旁，但彼此之间很久都不说话，只自顾自低着头摆弄手机，不停地发微信、语音、自拍、刷屏。

微信流行的原因有两点：一方面它打破了传统的交流方式，如见面、打电话等，使人与人之间的交流更便捷了；另一方面是使用面更广，信息的交流和反馈更及时，而且是免费的。

据悉，2016 年微信用户数量超过 8 亿，已超过 QQ 用户数量。微信的流行，对社交、电子商务等活动都带来了巨大的改变。

### 5.2.1 消费流行的内涵

**1. 消费流行**

消费流行是在一定时期和范围内,大部分消费者呈现出相似或相同行为表现的一种消费现象。具体表现为多数消费者对某种商品或时尚同时产生兴趣,而使该商品或时尚在短时间内成为众多消费者狂热追求的对象。此时,这种商品即成为流行商品,这种消费趋势也就成为消费流行。

消费流行出现的原因是多方面的。一方面,某些消费流行的发生是出于商品生产者和销售者的利益。他们为扩大商品销售,努力营造出某种消费气氛,引导消费者进入流行的潮流之中。另一方面,有些流行现象是由于消费者的某种共同心理需求造成的。大部分消费者在这一共同心理的影响下,主动追求某种新款商品或新的消费风格,从而自发推动了流行的形成。

一般来说,一些吃、穿、用商品都有可能流行,尤其是穿着类商品、日用商品流行的机会更多。消费流行是客观存在的,是不以人们的意志为转移的。它一旦在某一消费者群体中出现,便会形成一种强大的社会心理强制。事实证明,消费流行往往是新的常规性消费行为形成的前驱。从消费流行中,可以把握住社会群体思想脉搏,超前把握消费潮流与趋向,增强营销的主动性。

**2. 消费流行的特点**

(1) 骤发性。消费者往往对某种商品或劳务的需求急剧膨胀,迅速增长。这是消费流行的主要标志。

(2) 短暂性。消费流行具有来势猛、消失快的规律。故而常常表现为"昙花一现",其流行期或者三五个月,或者更短。同时,人们对流行产品的重复购买率低,多属一次性购买,从而也缩短了流行时间。

(3) 一致性。消费流行本身由从众化需求所决定,使得消费者对流行产品或劳务的需求时空范围趋向一致。

(4) 集中性。由于消费流行具有一致性,这种从众化的购买活动,在流行产品流行时间相对短暂的影响下,使得流行产品购买活动趋向集中,从而易于形成流行高潮。

(5) 地域性。这是由于消费流行受地理位置和社会文化因素等影响造成的。在一定的地域内,人们形成了某种共同的信仰、消费习惯和行为规范,区别于其他地域。因而甲商品在 A 地流行,但在 B 地就不一定流行,甚至是被禁止使用。

(6) 梯度性。这是由于消费流行受地理位置、交通条件、文化层次、收入水平等多种因素影响。消费流行总是从一地兴起,然后向周围扩散、渗透。于是在地区间、在时间上形成流行梯度。这种梯度差会使得流行产品或劳务在不同的时空范围内处于流行周期的不同阶段。

(7) 变动性。从发展趋势来看,消费流行总是处于不断变化中。求新求美是消费者永恒的主题,也是社会进步和需求层次不断提高的反映,这势必会引起消费者不断变化,流行品不断涌现。

(8) 群体性。一种消费流行往往是在特定区域的特定的人口群体中开始发生的。如果这种消费流行具有通用性和群众性,就会为更多的人口群体所接受和仿效,迅速发展壮大。

（9）相关性。人们的消费需求不仅仅是相互关联、相互依存的，而且还往往组成某种消费需求群，表现出奇特的系统组合特征，例如，在"西服热"兴起的时候，消费者的需求并不仅仅局限于西服本身，而是随着对西服需求量的增加，对衬衫、领带、皮鞋、袜子等消费品的需求量也都同时上升。这里，消费者对西服的需求实际上就是一个需求群，或者说是一个需求系统。

（10）周期性。消费流行尽管具有突发性、短暂性等特点，但同时，某种消费倾向自发端于市场到退潮于市场，有一个初发、发展、盛行、衰老、过时的过程，这个过程即为消费流行周期。

### 【与相关课程的联系】

消费流行为企业加大产品研发，开发时髦产品提供了理论根据。在产品策略里运用广泛，为概念营销提供了支持。对促销也有很大的帮助。

### 5.2.2 消费流行的分类

从现象上看消费流行的变化十分复杂，流行的商品、流行的时间、流行的速度都不一样，但是从市场的角度考察，消费流行仍有一定的规律性。

#### 1. 按消费流行的性质分类

（1）吃的商品引起的消费流行。这种消费流行是由于吃的商品的某种特殊性质包含的内容比较广泛，流行的商品数种类也比较多，而且流行的时间长、地域广。流行食品的价格，往往要高于一般食品的价格。例如，20世纪五六十年代高热量食品、高蛋白食品（巧克力、牛奶及其制品、牛肉、鸡蛋等）曾经在一些国家十分流行；20世纪七八十年代以来，健康无公害食品、天然食品、绿色食品在一些国家形成消费流行。

（2）用的商品引起的消费流行。用的商品由于能给生活带来巨大的便利而产生消费流行，如电视机丰富了人们的生活，使人们足不出户而知天下事，坐在家里就能欣赏戏剧、音乐、观看电影、电视剧。电冰箱具有食品保鲜、冷冻的特性，人们不必天天采购商品，可以节约时间。用的商品引起的消费流行，往往是性质相近的几种商品，流行的时间与商品的生命周期有关，流行的范围比较广泛，时间也较长。但比起吃的商品引起的消费流行，在地域和时间上要稍逊色一些。消费流行中用的商品一般价格较高。如果这些流行商品具有可比较商品，其价格往往高于可比较品的几倍甚至十几倍，如果没有相应的可比较品，其价格只是稍稍高于其价值。

（3）穿着类商品引起的消费流行。这类商品引起的消费流行，往往不是由于商品本身具有的性能，而是由于商品的附带特性而引起消费者的青睐。如时装由于其色彩、款式、面料而形成流行。一般来说，流行的商品比较少，仅少数几种甚至只有一两种色彩、款式的商品，流行的时间也较短。因此，这种流行商品的价格往往要大大高于非流行商品，但是过了流行期，价格会大大下跌。

【知识拓展】

在商品短缺的时期，商品流行表现得特别明显。在我国20世纪70年代，当时所谓的"三大件"（即手表、自行车、缝纫机)成为流行商品,在城市和农村都曾形成过消费流行趋势,也成为当时年轻人结婚的必需品。20世纪80年代,从大中城市开始,出现了新的流行趋势,即电视机、洗衣机、收录机成为新的流行商品。改革开放初期,在经济发达地区,彩色电视机、电冰箱、录像机又形成这一时期的消费流行。服饰类商品中消费流行变化更加频繁,蝙蝠衫、牛仔服、针织毛衣,都曾经形成过消费流行。进入20世纪90年代以来,我国国民经济持续发展,告别了商品短缺时代。这期间,形成了多数商品供过于求的买方市场。居民"排浪式"的消费流行趋势发生了很大变化,消费流行更多地被消费时尚所替代。

2. 按消费流行的速度分类

按消费流行的速度分类,有迅速流行、缓慢流行和一般流行。商品流行的速度和商品的市场寿命周期有关,也和商品的分类和性质有关。由于社会生产力的不断发展,科学技术迅速进步,商品的市场生命周期呈现逐渐缩短的趋势,所以导致消费流行的速度不断加快。但就消费流行本身而言,其流行的速度还是有快慢之分的。有些商品,市场生命周期较短,因而消费流行速度很快。有些商品市场生命周期相对较长,因而流行速度较慢。还有些商品市场生命周期无严格界限区分,流行速度介于上述两者之间。这种现象是由消费心理引起的。

消费流行速度与商品价格形成相关现象。流行商品价格高,流行速度较慢;流行商品价格低,流行速度就快。这是因为消费者在购物过程中,消费心理倾向于在购买价格高、贵重的商品时选择的时间较长,购买比较慎重。而对价格低使用频率高的商品,则决策时间短、购买比较迅速。

3. 按消费流行的范围分类

(1) 世界性的消费流行。这种流行范围大、分布广,一般来源于人们对世界范围一些共同问题的关心。如健康食品、保健食品的流行,来源于人们对环境问题的关心和担忧。仿古商品的流行,来源于人们对古代田园式生活情感的留恋。这种流行对发达国家的社会生产、人民消费产生的影响较大,对发展中国家而言,这种消费流行主要来源于这样两种消费心理:一是生产厂家为开拓发达国家市场,适应市场需要而大力生产、推广此类流行商品;二是发展中国家的高消费阶层为追求消费流行而模仿发达国家,这种情况产生了强烈的示范效应,不断扩大影响。

(2) 全国性的消费流行。我国是一个幅员辽阔的发展中国家,人口众多,经济发展不平衡,所谓全国性的消费流行并不能涵盖所有的消费地区和消费人口,而只是就大部分地区而言,全国性的消费流行有的是受到世界市场消费流行的影响而形成的,如健康、方便食品的流行。但是这种消费流行从总体而言,速度慢、时间长;有时受到消费习惯的制约,受到经济发展水平的影响,流行只停留在某些经济发达地区和高收入阶层。

全国性消费流行一般起源于经济发达地区、沿海城市,是根据我国的经济发展水平和生活条件而选择的某些商品。这类商品一般符合我国人民的消费习惯和消费心理。有些全国性的消费流行由于流行速度快,呈现出明显的波浪式,在一些地区是流行高潮,在其他地区可能是低潮,过一段时间这种情况又会反过来。时装的流行就具有这种鲜明的特点,如北京、上海、广州开始流行某种款式的服装,随后迅速向全国其他大中城市扩散,然后是在中小城市和广大农村流行,而这时北京、上海、广州又开始流行新的时装。

(3) 地区性的消费流行。从现象上看,这种消费流行是最普遍、最常见的。从实质上看,这种消费流行有的来源于全国性的消费流行,有的纯粹是一种地区性流行。全国性消费流行在地区上的反映，其特点是流行起源于大中城市、经济发达地区，流行的商品相同或相似，流行的原因不完全反映商品在该地区的消费特点。有些全国性的消费流行由于流行速度不同，在某个地区形成流行高峰，而在其他地区是低谷，因而给人一种地区性流行的感觉。

纯粹的地区性流行是由地区消费的特点所产生的。在一些经济发达地区，在沿海开放城市，消费流行此起彼伏并且不断变化。一些具有创新观念的消费者不断追求新商品、新式样，因而带动了商品的流行。即使在一些中小城市，也会由于地方特点，使一两种具有明显地方特色的商品引起一场消费流行。地区性消费流行还有这样一种现象，即由于经济交往的扩大，人员流动的增加，某些大中城市的人们一般消费使用的商品，也会成为相对封闭地区人们模仿消费的对象，因而形成一股消费流行浪潮。

（4）阶层性的消费流行。按照市场细分化的原理，有高、中、低档收入的阶层，有婴儿、儿童、青年、中年、老年人市场，有大学、中学、小学、低文化程度消费者阶层的市场，有工人、农民、职员、知识分子市场等。有些商品只在某个市场部分引起很大反响，形成一种流行趋势。这种消费流行由于职业、年龄、收入的差异，一般只限于在某个阶层流行，但有时其影响力也超出了阶层的范围。

此外，按消费流行的时间分类，有长期流行（一般在5年以上）、中短期流行和短期季节流行。按流行时间分类，往往无严格的界限，由于各地区情况不同，即使是同一种商品流行，流行时间也有长有短，因此分类比较复杂。

需要指出的是，社会流行不同于消费习俗。流行是一种风尚，在一定时期内，迅速风行一时，然后消失。而风俗习惯则历史悠久，比较稳定，一旦形成，难以改变。一般来说，当流行的某类事物作为特定现象而为人们普遍接受，并经常重复出现时，流行就演化为风俗习惯。

### 案例阅读

"山寨机"。主要是指华南沿海一些地下工厂生产的高仿或自有品牌的电子产品，如手机、数码播放器、掌上游戏机及其他电子设备，有的"山寨机"做出规模了，就堂而皇之以品牌机的面目出现在电子市场上。"山寨机"最大的特点就是便宜，而且功能很丰富，几乎把高端品牌的电子产品所具备的功能都包含在内，比如一款仿造高端三星手机的"山寨机"，在外形上不仅一模一样，而且具有拍照、摄像、MP3/MP4播放、手写等功能，价格只有正品行货的1/10左右。

高仿手机。价格非常便宜，一款几千元的品牌手机，被高仿后，仅卖几百元，仅是品牌手机价格的1/3，即使没有售后服务，消费者也愿意买。

贴牌机。贴着国产品牌手机牌子的山寨机，价格低廉、功能齐全。

杂牌手机。原创、个性化。

"山寨机"为什么如此流行呢？原因在于它的价格。"山寨机"手机成本构造中，最重要的三个部件是液晶屏、主板和电池，如果这三个部件的成本降低了，成品就会很便宜。如果山寨机制造商采购了B级液晶屏，过一两年屏幕就会发黄，看不清楚；同样，电池更不保险，即使没有安全隐患，其寿命能否支撑两年以上也是个问题。而粗糙的焊接技术更是难以保证手机主板的质量，手机随时都有因短路而报废的可能。而售后就更不用指望了，生产"山寨机"的那家工厂不知何时就会关门转行，到时候手机更换和维修都无从谈起。

尽管这样，"山寨机"现在仍有着强大的生命力。造成这种现象的主要原因是现在的一些年轻人平均一年就换一部手机，因此功能丰富、价格又便宜的"山寨机"在这些消费者中有很强的号召力，从而促成"山寨机"在市场的暂时热销。

从经济学的意义上讲，消费时尚与消费流行没有本质的区别，只不过前者是商品充裕时期的反映，而后者是商品短缺时期的表现。为了表现出连续性，我们在这里有时并不特别加以区别，但两者的不同特点还是存在的。在西方发达国家，商品的流行时间更加集中和短暂。例如，一种型号的汽车，至多只流行一两年。新推出一种型号的电脑，只流行一年左右，而时装更是某一个季节的时尚。

在我国，消费时尚商品也是存在的，如最新型号的手机、最新款式的汽车等都可能成为一些地区、一段时间内的时尚商品。

### 5.2.3 消费流行周期各阶段的特征及营销对策

1. 流行初发期

流行初发期是只有好奇心强、少数的消费者对某种即将流行的商品产生需求的阶段。在此阶段，市场上对即将流行的该商品需求量很小。不过，销售量可望缓慢上升、持续扩大。

在此阶段的对策应是：细心观察市场的变化，分析影响该商品流行的各种因素，迅速做出该商品是否能够流行的预测。同时，进行试销。采取适当的促销手段，"催发"流行。

2. 流行发展期

流行发展期表现为多数消费者对某种流行商品有所认识，开始产生大量需求。该商品成为流行品已露端倪，过去观望、等待的消费者已开始购买该种商品，因此需求量急剧增加，市场成为"卖方市场"，出现供不应求的局面。

此阶段企业采取的对策应是：利用现有设备和人力，最大限度地扩大生产规模，全力开拓市场，大量销售产品。消费流行具有时间相对短暂、购买行为集中、一致的特征，这就要求企业可采取"短渠道"和"宽渠道"的渠道策略，即流通环节要少，中间商要多。环节少，生产企业甚至直接推销，有助于消费流行高潮形成；中间商数目多，有助于通过多个批发商扩大流通范围；零售商销售流行产品，有助于消费流行范围的扩大，便于在相对较短暂的时间内将流行品销售出去。另外，中间商数目多，还可弥补消费流行梯度性形成的空档，变滞后的消费流行市场机会为企业机会，扩大市场占有率。

3. 流行盛行期

流行盛行期是某种商品倍受广大消费者青睐，在市场上广为流行。这一阶段，该种商品市场销售量达到高峰。预期价格回落，持观望态度的消费者极少。市场暂时出现供求平衡的态势。此时，生产、仿冒该流行品的厂家也在增多。

此阶段企业采取的对策应是：一要加强广告宣传，提醒消费者注意辨别伪劣假冒产品；二要提高产品质量，增加花色品种，扩大市场；三要加强市场预测，全力进行新产品开发，做好转产的准备工作，以便在竞争中处在主动地位。

在价格方面，当流行高潮过去之后，流行趋势大减，企业可继续降低价格，甚至采取大甩卖的形式处理过时的流行品，加速资金周转，并致力于新产品的开发工作。

4. 流行衰减期

流行衰减期指某种流行商品已基本满足了市场需求，销量渐呈降势，出现供大于求的局面。此时市场演变为"买方市场"，企业之间竞争激烈。企业在这一阶段应采取降价销售等策略，抓紧时机处理剩余产品；调整生产，试销新产品，适应新的市场需求，迎接新一轮消费潮流。

5．流行过时期

在流行过时期，人们对某种商品或劳务的需求热情逐渐消失，只能在少数人身上看到这一消费流行的痕迹。企业在此之前应进行"冷研究"，在思想上有所警觉，行动上有所准备，做到随机应变。

### 【与相关课程的联系】

市场营销学课程中产品的生命周期和消费流行周期有相似之处。

#### 5.2.4 消费心理对消费流行的影响

消费心理对消费流行的影响非常大，例如，新潮时装往往是由于影视明星、体育明星或其他知名人士穿戴而成为流行商品。也有的是由于时装模特充分展示了商品的特性而形成流行。这往往和崇拜名人、模仿消费的消费心理有关。因为名人、明星具有一定的社会地位，受到社会的尊敬，他们在社会生活的各个方面会受到人们的注意，由于"爱屋及乌"的心理影响，对他们使用的商品、穿戴的服饰也就成为很多人模仿消费的商品而形成消费流行。

1．社会阶层对消费流行的影响

1）高收入阶层的影响

由于收入高，消费水平也高，这一阶层的人生活消费支出有很大的选择自由，生活消费表现为高层次、多样化，对购买新商品态度坚决。

2）社会地位较高阶层的影响

如影视明星、歌星、体育明星等，由于其职业而受人崇拜，他们的生活消费也比较注意选择，并具有一定的倾向性。但并非这两个阶层中的全部人员都能够对消费流行产生影响作用。从消费心理角度考察，这部分人中那些具有良好的商品认知行为，购买商品追求时尚、美观、名牌、多功能心理的消费者，对消费流行的形成影响作用较大。由于他们对生活消费有较大的选择自由，所以对市场上新商品比较敏感，勇于购买和使用。有些人对美观、富于欣赏性的商品非常喜爱，他们追求的是商品美观带来的心理愉悦作用。有些新商品，具有较多的功能，便利、实用、符合高收入者中一部分人的购买心理偏好而产生消费流行。为了显示自己的社会地位、名望，有些人就专门购买名牌、贵重商品，而不计较价格高低。这种求名心理是许多收入较高的人为了满足炫耀自己的消费心理。当一种商品进入市场后，符合这些人的消费心理，这种商品就会形成一种消费流行浪潮，产生消费流行的第一阶段。

3）其他阶层的影响

对消费流行影响较大的还有一部分消费者，他们的收入中等或偏上，也具有某种社会地位但不及前一部分人社会威望高。还有些人是刚刚进入较高收入的人，他们的消费选择是攀比心理、模仿消费，这种消费带有较大的盲目性。有些企业就抓住这种心理，加强对有一定社会地位、有社会威望人士所使用商品的宣传，博得众多消费者的效仿，带动消费流行的产生和发展。这些中等收入阶层人数多，产生购买行为后，对其他人影响作用也大，他们的模仿消费心理可以带动社会其他阶层从众消费心理，从而使消费流行经历其发展的第二阶段。

> **案例阅读**

## 不同层次收入群体消费状况

1. 低收入群体的消费状况

这一群体主要包括四部分人：一是下岗职工，或已经出了再就业服务中心但仍然没有找到工作的人。这部分人群中，女工人数多、年龄大、知识层次和再就业能力较低，他们没有稳定的收入来源。二是"体制外"的人，即那些从来没有在国有单位工作过，靠打零工、摆小摊养家糊口的人，以及残疾人和孤寡老人。三是进城的农民工。四是较早退休的"体制内"人员，这部分人主要是从企业退下来的，工资水平非常低。低收入消费者的家庭年人均收入为 2 500～5 000 元，其消费以基本生活消费为主，影响这一层次居民消费的主要原因是收入水平低且增加缓慢。由于收入水平越低，消费需求相对就越高，所以增加低收入居民的收入将对促进整体消费带来较大效用。

2. 中等收入群体的消费状况

中等收入群体的消费者家庭年人均收入一般在 5 000～25 000 元，这部分消费者的收入基本稳定，在满足日常消费之外略有结余，但是受近几年体制改革的影响，消费倾向下降很快。而且这一消费群体的家庭占到城镇家庭总数的 60.98%，收入占到居民收入总数的 58%，是我国消费的主体部分，他们的消费行为对我国整体消费状况的影响是最大的，对这一层次居民消费的启动将直接关系到经济启动的成败。

据我国城镇居民家庭基本情况调查结果的资料显示，目前中等收入消费群体占据较大比重，处于"多收少支"和金融资产积累阶段。这部分居民属温饱型消费群体，其基本的消费需求已经满足，正积聚资金向更高一层的消费提升。但由于住房、医疗、教育等各项改革的集中推进，使这些居民预期支出大增，有钱也不敢花，即期消费变得缩手缩脚，消费行为更加谨慎。大量的购买力沉淀下来，以获得"未来安全"需要。目前在城市居民中仍有相当一部分消费者抱有中长期的消费行为。

3. 高收入群体的消费状况

生活宽裕的高收入居民十分关注生活质量的提高，消费倾向也出现明显变化，投资意识日益高涨。越来越多的高收入居民，在消费时追求精神消费和期盼消费，教育、文化、通信、保健、住宅等成为消费热点，追求时尚化与个性化日趋明显。

扫描二维码，了解中国居民消费群体的分析与研究等相关内容。

【拓展知识】

2. 感性消费

消费者在日常生活中的经常性的购买行为，使其形成固定的消费习惯，称为一般消费习惯。由于消费需求的日趋差异化、多样化、个性化、复杂化，使现代社会进入了重视"情绪价值"胜过"机能价值"的时代，也就是说人们更加重视个性的满足、精神的愉悦、舒适及优越感。这种消费现象被专家称为"感性消费"。

1）感性消费的内涵

感性消费，即消费者购买商品是为了满足情感上的渴求，或是追求某种特定商品与理想的自我概念的吻合。他们在消费时，所追求的已不单单是产品的数量和质量，而是商品与自己关系的密切程度。

根据西方营销理论的研究，消费者的需求发展大致可以分为三个阶段：一是"量的消费时代"；二是"质的消费时代"；三是"感性消费时代"。在感性消费需要的驱动下，消费者购买的商品往往不是非买不可的生活必需品，而是一种能与其心理需求引起共鸣的感性商品。

这种购买决策往往采用的是心理上的感性标准，即"我喜欢的就是最好的"；其购买行为通常建立在感性逻辑之上，以"喜欢就买"作为行动导向。因此，所谓感性消费，实质上是现代消费者更加注重精神愉悦、个人实现和情感满足等高层次需要的突出反映。

2）感性消费的特征

（1）从商品满足人们需要的属性看，在商品的物质性消费过程中，消费者是生存者，商品是满足人们生活需要的工具；在感性消费形态下，消费者既是生存者又是享受者，而商品则需要具备既满足人们生存需要又满足人们享受需要的双重属性。

（2）从消费者的购买行为评价来看，在商品的物质性消费中，消费者是依据传统的经济上的理性标准来评价和选择商品；在感性消费条件下，消费者往往以自己的直观感觉作为衡量商品的重要标准，其购买行为建立在感觉逻辑之上。

（3）从消费形态的复杂程度看，物质性消费，可以说是一种平面式的、单方位的、分立式的简单性消费；而感性消费则是一种立体的、多方位的、相关性的复杂型消费。因此，从消费所追求的目的、消费水平、消费意识、消费行为的复杂程度、对商品的利用范围及发展的先后顺序看，物质性消费是一种较低层次的消费，感性消费则是一种较高层次的消费。

3）感性消费出现的原因

感性消费以人的直观感觉作为重要衡量标准的商品，感性消费心理是每一个消费者都可能产生的消费心理。影响这种心理形成的因素，既有主观因素，也有客观因素。

（1）激情引起的感性消费。人都有七情六欲，过度的悲伤、阴郁、愤怒和兴奋都可能使人情绪冲动。当人们的感情控制了理智时，就形成了感性消费行为。消费者的感性消费心理主要是由兴奋引起的，消费者兴奋情绪的产生来自多方面：

① 庆功的喜悦。当人们工作有了成就，受到表彰时，在亲朋好友的赞许祝贺下，心情往往十分开朗。如果此时作为消费者去逛商店，感性消费的行为很容易产生。

② 孩子的学业进步或成绩优异给家长带来的兴奋。孩子是父母心中的希望，孩子成长过程中的每一点进步，都会使父母感到欣喜和安慰。特别是当他们成绩优异或在中考、高考等关键时刻取得成功时，家长激动的心情丝毫不亚于孩子。在这种时候，他们带孩子购物时，高兴的情绪溢于言表，会尽量慷慨地满足孩子们提出的购物要求。

③ 意外惊喜带来的兴奋。如海外的亲属久别重逢、分别多年的好友意外相见、贵重物品失而复得、破灭的希望死灰复燃、久治不愈的疾病得到根治……都会使人欣喜若狂。此时，人们消费的欲望格外强烈，购物的冲动毫不掩饰。

④ 团聚的欢乐。人们在紧张工作之余常常需要利用团聚来联络感情，团聚给人们带来的欢乐是不言而喻的。因此，无论是生日庆贺、家人团聚还是朋友聚会，都会使人分外高兴。怀着美好的心情去商场，购物的兴致格外高，随时都有可能被琳琅满目的商品吸引，产生感性消费行为。

⑤ 社会活动或他人欢乐的感染。每一个消费者都生活在一定社会环境中，环境的氛围常常感染着、包围着他们。因此，当环境充满欢乐气氛时，消费者自身情绪也热情奔放。当着重大活动或事件发生时，为庆祝胜利人们也极有可能产生购物的行为。

（2）兴趣、爱好引起的感性消费。兴趣、爱好是人们对事物感觉喜爱和偏好的情绪。这种情绪影响消费者消费心理的变化和消费行为的产生。例如，足球球迷不仅对观看足球比赛有浓厚的兴趣，而且对与足球有关的各种商品也会产生强烈的购物欲望。只要能过足球瘾，他们随时都会产生购物的欲望，只要有承受能力，即使是花重金也在所不惜。

消费者对某种商品的兴趣越浓，购物冲动越容易产生。企业营销人员要诱导促成感性消费心理转化及实现购物行为，就要认真研究消费者消费兴趣的形成过程。

① 特长引起消费兴趣。特长既有天生的，也有后天形成的。有特长的人在消费活动中，往往把注意力集中在与其特长有关的商品上。例如，画家特有的艺术鉴赏能力使他们对具有艺术魅力的美术品和工艺品会产生特殊的兴趣。

② 由所从事的工作产生的消费兴趣。人们从事某种工作时间一长，便对该项事业产生了感情，发生了浓厚兴趣。这种兴趣在消费活动中表现为，凡是与消费者的专业结合紧密的商品，他们都感兴趣，并随时会产生购物的欲望和行为。例如，教师在不断扩展知识领域时对书籍常常有浓厚的兴趣，他们外出采购物品时往往下意识地走进书店，看到新书、好书自然产生感性消费心理及行为。

③ 思维方式不同引起的消费兴趣。每一个生理健康的人都有一定的思维能力。有的人逻辑思维能力较强，如数学家、物理学家等；有的人形象思维能力较强，如文学家、艺术家等。不同的思维能力使他们对社会生活的兴趣不同，反映在消费活动中其兴趣爱好表现也有很大差别。物理学家可能对商品的功能、效用产生极大兴趣，而艺术学家则对商品的美感、造型的艺术特色更感兴趣。

④ 气氛不同引起的消费兴趣。不同环境对人的兴趣、爱好有不同的影响。家庭和睦、工作气氛和谐、领导信任、同事间友好、邻里关系融洽会使人感到心情舒畅，对美好生活的追求更迫切，消费欲望更强烈，感性消费行为也容易产生。此种心境下，如果有人推荐某种新产品，马上就会得到响应，有时甚至引起一个消费群的兴趣。

（3）猎奇心理引起的感性消费。客观世界变幻莫测，许多事物人们没见过或没听过，充满了神秘，往往引起人们极大的好奇。就商品而言，也有许多新奇的东西是人们不了解、不认识的，因而产生好奇心理是正常现象。在好奇心理驱动下，消费者随时可能形成感性购物欲望和购物行为。也有的消费者由于性格较活跃，生活中喜欢标新立异，他们除了具备一般好奇心理外，还养成了猎奇的癖好。凡是他们认为奇特的商品，无论式样、功能、造型还是色彩，只要能满足好奇心理，都会成为他们猎奇的对象。这些人往往会成为新产品消费的带头人。因此，精明的企业经营者在开发产品，开拓市场时，都非常注意观察和分析这类消费者的心理表现，从而为企业铺设成功的路。

（4）价格波动引起的感性消费。价格是制约消费者购物欲望转化为购物行为的重要因素之一。因此，商品的涨价与降价常常引发消费者的购物行为的改变，人们常说"买涨不买落"，这是生意人对消费者购物心理的评价。意思是说，商品涨价对消费者带来一定心理压力，担心再不买还会再涨价；而商品降价，则使消费者容易形成"等一等，还会再降价"的心理。在这种心理支配下，每当听到某商品要涨价的风声时，市场上常会出现"抢购风"。正因为价格在促使消费者形成感性消费心理上有特殊作用，所以常被经营者作为心理经营术使用。

（5）名人效应引起的感性消费。人们往往仰慕社会名流。其原因：一是敬重他们的人品或才气；二是借与名人的某种联系显示自己的地位、身份或财富。这种动机反映在消费过程中就产生了名人效应，由此而引起的购物行为时有发生。

每个人都有程度不同的自我表现欲望，而在社会地位、经济收入、文化品位较高阶层人士中，突出个性、注重自我形象的自我表现心理表现得更为突出、更为强烈。他们中的一些人为了显示自己的社会地位、经济地位、名望、身份，专门购买名、特、优、贵商品，格外重视由此而表现出的社会象征意义。这些商品对他们有很强的吸引力，往往能激起他们的强烈的购买欲望，并且在购买后积极而频繁地进行消费。他们的积极消费，也就成为其他阶层人士攀比、模仿的对象。

（6）外界环境引起的感性消费。每一个消费者都生活在一定的消费群体中，他人的消费习惯、生活方式都潜移默化地影响着消费者自身的消费心理和消费行为。当外界影响构成强烈刺激时，消费者会不自觉地被感染，从而产生感性消费心态。例如，人们在旅游活动中，置身于游览胜地，往往对当地的民俗、民风发生兴趣，许多旅游者会争相购买有纪念意义的旅游商品。在这种气氛中，作为旅游消费者都会自然而然地产生感性消费行为。

4）感性消费情感的策略应用

（1）抓住消费者的情感需要。情感诉求要从消费者的心理需要出发，紧紧围绕消费者的情感需要进行诉求，才能产生巨大的感染力和影响力。需要是情绪情感产生的直接基础，若消费者没有类似的需要，任何刺激也无法激发起他的这种情感，在情感广告中，广告刺激必须以消费者的需要为中介才能发挥作用。广告要想打动消费者，必须针对消费者的需要进行诉求，同时，把产品与消费者的需要紧密联系，使消费者一出现类似需要就联想到该产品，这样才能取得良好的促销效果。情感诉求正是诉求产品能够满足消费者的某种需要，以达到使消费者产生共鸣的目的。

（2）增加产品的心理附加值。人类的需要具有多重性，既有物质性需要，也有精神性需要，并且这两类需要常处于交融状态。一方面，物质需要的满足可以带来精神上的愉悦；另一方面，精神上的满足又可以强化物质需要的满足，甚至会代替物质需要的满足。从这种意义上说，产品的质量是基础，附加值是超值。作为物质形态的产品或服务，本来并不具备心理附加值的功能，但适当的广告宣传，会给产品人为地赋予这种附加值，甚至使该产品成为某种意义或形象的象征——购买这类商品时可以获得双重的满足，一个是物质上的，另一个是精神上的，这对于有条件购买该产品的消费者会产生极大的吸引力。例如，"派克钢笔"是身份的象征，"金利来"代表的是成功男人的形象，而"万宝路"则是独立、自由、粗犷、豪放的男子汉的象征。

（3）利用暗示，倡导流行。消费者的购买动机是多种多样的，有时购买者并不一定是使用者，许多产品是用来馈赠亲友的，通过馈赠礼品，表达某种情感，如果某产品正好符合这种愿望，他们就会主动去购买。而较少考虑产品的质量、功效等具体属性。当厂商通过广告传播把购买这种产品变为一种时尚或风气后，消费者就会被这种时尚所牵引，去购买这种产品。例如，"脑白金"广告被称为一种广告现象，"今年过节不收礼，收礼只收脑白金"的广告语被高频度播放后，几乎妇孺皆知，但该广告并没有引起人们的积极情感，甚至引起很多消费者的反感，该广告曾在2002年被评为中国十大恶俗广告之首。但不可否认，通过暗示、引导消费，该广告在促进销售方面还是比较成功的。

### 📎 案例阅读

中国人原先对头发里的头屑根本不屑一顾，并没有把它作为一个问题放在心上。可是在"海飞丝"洗发水的一场以制造流行时尚、创造市场的旷日持久的广告宣传下，中国消费者强烈意识到：有头屑是使用劣质洗发水的结果，使用劣质洗发水者是档次不高的人，结论是，有头屑者难以进入高层次社交圈，甚至还会影响恋人和朋友间的感情。这引起了绅士、淑女们的"恐慌"，这种"恐慌"迅速演化成必须使用海飞丝洗发水的时尚。于是海飞丝洗发水很快走俏市场，成为少男少女们扮靓显阔的必需品和加深情侣感情的黏合剂，也成了发廊提高价码的宠物和砝码，从而形成了庞大的消费市场，而生产海飞丝的中美合资广州宝洁公司转眼间成了年销售额突破亿元的超级化妆品企业。近日，著名演员姚晨出任海飞丝全新代言人，在韩国为海飞丝拍摄新一辑的电视及平面广告。正如海飞丝所倡导的"自信、果敢、实力"的品牌精神，全新代言人姚晨充满自信实力，灿烂笑容更是给大家留下深刻印象。

3. 畸形消费

1）畸形消费概述

畸形消费是由于消费变态心理而引起的消费态势，是一种不良的消费方式。由于社会生活和消费心理特征的多样性，消费表现为正常消费和畸形消费。与正常消费相比，虽然畸形消费所占比重不大，但由于我国消费者众多，其消费总量的绝对数也不容忽视。

2）畸形消费的表现及成因

由于社会生活和消费心理特征的多样性，即使是畸形消费，也会因其产生的内在原因和外在条件的不同而有多种表现。

（1）抢购和待购消费及其形成原因。抢购是指消费者在短时间内由于某种因素的考虑发生的超过实际需要的购买行为。一般分为涨价抢购、俏货抢购和盲目抢购。严格地说，如果商品涨价和商品短缺的客观事实确实存在，那么涨价抢购和俏货抢购这两种抢购方式也应当归入理性消费之列；反之，如果并不存在上述的相应客观可能性时，那么这两种抢购就属于盲目消费的范畴。盲目抢购是不加分析、无计划、非理性的购买活动，属于畸形消费的范畴。

待购则是指消费者虽然确实有实际需求，但由于某种原因，消费者认为不是购买的最佳时机而表现出的暂时不消费的行为。待购可分为理性待购和盲目待购。不管是抢购还是待购，只有当其归属于盲目消费范畴时才可定性为畸形消费。产生盲目消费抢购或待购行为的原因主要在于消费者缺乏安全感，总想通过抢购或待购的方式来消除这种不安全感。当社会不安全因素增多或消费者个人心理承受力较差时，容易产生畸形消费。

（2）癖好消费及其成因。癖好消费是指超过正常消费程度或正常范围的嗜好消费。并非所有的癖好消费都属于畸形消费，只有当某种癖好消费对个人或社会可能造成有害影响时才可将其认定为畸形消费，如嗜酒如命、吸烟成癖、过度沉迷上网则应引起社会的关注和警惕。产生畸形癖好消费的缘由既有社会传统习俗的原因，也有个人性格和生活习性的原因，社会、组织、家庭和个人都应采取适当方式加以控制或限制，以免造成不良后果。

（3）排斥消费及其成因。排斥消费是指由于某种原因导致消费产生了心理障碍而拒绝购买的暂时不消费态势。排斥消费一般分为差距消费排斥和信任消费排斥。差距消费排斥即由现实商品与消费者需求期望之间存在差距造成的排斥。如某家生产奶粉的企业被曝光生产销售了劣质奶粉后，消费者对其所有的奶制品都会产生怀疑和不信任，而产生抵触消费。排斥消费的具体表现是否属于畸形消费，取决于是否存在促使排斥心理障碍产生的客观事实，如果确实有客观事实，那么消费者不仅有理由而且也应该拒绝购买；只有当并不存在足够的客观事实，消费者仍坚持拒绝的态度时，则此种表现才属于畸形消费的范畴。

产生畸形消费的原因主要在于消费主体的偏执倾向。这些消费者往往不愿改变自己已经形成的观点，不管实际情况发生了怎样的变化，仍然以自己的主观判断作为评价事务的标准。

3）畸形消费原理的应用

畸形消费原理的运用，并非意味着通过对相关问题的分析去迎合消费者不正常的消费心态，而是要通过对畸形消费的认识去指导企业的相关活动，为企业的稳定发展服务。

（1）重视消费者的抢购与待购，消除消费者的不安全因素。畸形抢购虽然在短时间内看似增加了企业的经济效益，但从长时间看，它们的存在均会对企业的长远利益造成危害。试想，如果消费者对某企业怀有不安全感，即使是畸形抢购或是畸形待购，也会在社会上造成不良影响，给企业造成负面影响，从而破坏企业的声誉。因此，企业应认真对待畸形消费现象所产生的危害，并应采取一切可能的手段去消除消费者的疑虑。如加大正面宣传力度，尽可能使消费者和社会了解企业的发展前景；通过各种手段制止或消除对企业产生不利影响的信息传播；不从事可能给消费者产生各种误解的活动等。企业不应因不正常的抢购和待购属于畸形消费而听之任之；反之，应采取认真的态度给予对待，通过消除消费者的不安全感使其对企业的发展充满希望，树立企业的良好形象，同时也为维护正常的经济秩序做出贡献。

### 案例阅读

2011年，为买苹果手机和iPad2，17岁高中生小王通过网络找到黑中介，想卖肾换钱。在黑中介的牵线下，他奔波千里来到郴州，做了检查后，在郴州一家医院的男性泌尿科做了手术，事后得到2.2万元。

拿到钱后，小王去买了苹果手机和iPad2，但他回家后身体越来越差，直到家长再三追问，他才坦承自己把一个肾卖掉了。小王的母亲赶紧赶到郴州市报案，多名犯罪嫌疑人先后落网。经鉴定，小王的伤情构成重伤、三级伤残。

公安机关2011年7月11日将何某、尹某、唐某、宋某、苏某抓获归案，并于2012年3月5日将其他4名起次要、辅助作用的被告人监视居住。检方认为，5名被告人故意伤害被害人王某身体致其重伤，其行为触犯了《中华人民共和国刑法》第二百三十四条第二款，犯罪事实清楚，证据充分，应当以故意伤害罪追究其刑事责任。

另据介绍，检方认为被告人黄某（护士）、杨某（协助手术助手）、黄某（麻醉师）、张某（巡回护士）伙同他人共同故意伤害被害人王某身体致其重伤，应以故意伤害罪追诉4人刑事责任。

【拓展视频】　　扫描二维码，了解案例详情。

（2）树立社会市场营销观念，逐步消除畸形癖好消费。如果从短期的利益加以考虑，畸形的癖好消费对于企业来说可能是件好事。因为嗜酒如命和吸烟成癖的人越多，给酒厂和烟厂创造的利润就越高，似乎对企业有好处。但如果从长远角度考虑问题则情况恰恰相反。因为当畸形癖好消费达到一定程度后，其超过了正常的消费程度和消费影响，必然会由于其对社会造成的危害而遭到社会和大多数人的抵制，最后会致使相关企业失去生存空间。目前，许多烟厂倒闭、酒厂关门的事实正是这一过程的真实写照。因此，那些与畸形癖好消费有关的企业也应通过对畸形消费的认识，及早树立社会市场营销观念，尽快实现本企业投资方向的调整。社会各方也应共同努力，为早日消除传统陋习做出努力。

（3）合理界定排斥消费，满足正常消费需求。通过对排斥消费产生原因的分析可知，如果不对排斥消费进行科学的分析，笼统地把所有的排斥都归结为畸形消费，就很可能使企业看不到自身所存在的问题而失去大量消费者。一般来说，正常限度内的消费差距排斥和信任消费排斥的产生，是由于企业的技术或生产因素造成的，这些无疑给消费者在心理上造成障碍。因此，企业应认真寻找原因，制定合理的对策来消除这些心理上的障碍。如针对合理的差距消费排斥，企业应全面分析可能促使消费者产生心理障碍的所有因素，然后根据核查结果采取切实可行的办法或进行生产调整去缩短现实商品与需求期望之间的差距；针对合理的信任消费排斥，企业应认真核查给消费者造成信用危机的真正原因，然后采取恰当的方法或宣传或以新的形象来消除消费者的不信任感。由于消费者的不信任感一旦形成，便不会在短期内消除，所以企业可采取更换品牌的做法来消除这种排斥消费。如果企业已出现了畸形排斥消费，企业也不能坐以待毙，而应采取积极的对策，如加大促销攻势，通过说理的方式促使消费者改变态度，同时应加强对企业的宣传，给消费者一个美好的企业形象。总而言之，要想消除消费者心中已经形成的心理障碍，就必须采取符合人们心理机制规律要求的合理手段去施加影响，从而改变消费者对企业或产品的印象。

与正常消费相比，虽然畸形消费所占比重不大，但由于我国消费者众多，其消费总量的绝对数也不容忽视。特别对于相关企业来说，通过对不同消费的比较分析，研究消费心理学关于畸形消费的表现和成因，可以使企业更恰当地摆正自己的位置，因势利导地去处理自己与市场消费的关系，从而为增强企业的适应性和提高企业的社会地位创造条件。

因此，消费流行是一种重要的经济现象，我们研究消费流行，目的是要因势利导，促进经济的发展和生产水平的提高，同时追踪消费者心理的变化轨迹，为市场营销服务，为经济建设服务。

### 【与相关课程的联系】

目前消费者的持币观望，致使二、三线房地产市场出现了"量价齐跌"的现象。经济学基础课程中的国家经济政策的调控，就要利用政策宣传等进行引导，恢复消费者的理性购房消费。

### 5.2.5 消费流行对消费心理的影响

在消费流行的冲击下，消费心理发生了许多微妙的变化，我们研究消费流行时，应看到消费心理对消费流行形成与发展的影响，同时还应看到消费流行引起消费心理的变化。考察这些具体变化，也就成为研究消费心理，搞好市场营销的重要内容。

1. 认知态度的变化

按正常的消费心理，顾客对一种新商品，往往在开始时持怀疑态度。按照一般的学习模式，人们对这个事物有一个学习认识的过程。有的是通过经验，有的是通过亲友的介绍，还有的是通过大众传播媒介传送的信息来学习。当然，这种消费心理意义上的学习过程，不同于正规的知识学习，它只是对自己有兴趣的商品知识予以接受。但由于消费流行的出现，大部分消费者的认知态度会发生变化，首先是怀疑态度取消，肯定倾向增加；其次是学习时间缩短，接受新商品时间提前。在日常生活中，许多消费者唯恐落后于消费潮流，一出现消费流行，就密切注视着它的变化。一旦购买条件成熟，马上积极购买，争取走入消费潮流之中，这样消费心理就从认知态度上发生了变化。认真分析后可以看到，这是消费流行强化了消费者的购物心理。

2. 驱动力的变化

人们购买商品，有时是由于生活需要，有时是因为人们为维护社会交往而产生的消费需求。由于这两种需求产生了购买商品的心理驱动力，这些驱动力使人们在购物时产生了生理动机和心理动机。按一般消费心理，这些购买动机是比较稳定的。当然有些心理动机也具有冲动性，如情绪动机。这种情绪变化是与个人消费心理相一致的，但是在消费流行中，购买商品的驱动力会发生新的变化。如有时明明没有消费需要，但看到时尚商品，也加入了购买商品的行列，对流行商品产生了一种盲目的购买驱动力。这种新的购买驱动力可以划入具体的购买心理动机之中，如求新、求美、求名、从众心理动机。但有时购买者在购买流行商品时，并不能达到上述心理要求，因此，只能说是消费流行使人产生了一种新的购买心理驱动力。研究这种驱动力对于认识消费流行的意义具有重要的作用。

3. 在消费流行中，会使原有的一些消费心理发生反方向变化

因为在正常的生活消费中，消费者往往要对商品比值比价，心理上做出评价和比较后，再去购买物美价廉、经济合算的商品。但是，在消费流行的冲击下，这种传统的消费心理受到冲击。一些流行商品明明因供求关系而抬高了价格，但是，消费者却常常不予计较而踊跃购买；相反，原有的正常商品的消费行为有所减少。如为了购买时装，对其他服装产生了等一等或迟一些时候再购买的消费心理。

在正常的消费活动中，消费者购买商品，是某种具体的购买心理动机起主导作用。如购买商品注重实用性和便利性的求实心理动机，但在消费流行中就会发生变化，对实用便利产生了新的理解。因为一些流行商品从总体上比较，比原有老产品有新功能，当然会给生活带来新的便利，特别是一些吃的商品和家庭用品。这些消费者加入消费流行，是心理作用强化的直接结果。

4. 有些顾客原有的偏好心理受到冲击

有些消费者由于对某种商品的长期使用，产生了信任感，购物时非此不买，形成了购买习惯，或者对印象好的厂家、商店经常光顾。在消费流行的冲击下，这种具体的消费心理发生了新的变化，虽然这些人对老产品、老牌子仍有信任感，但整天不断耳濡目染的都是流行商品，不断地受到家人、亲友使用流行商品时的那种炫耀心理的感染，也会逐渐失去对老产品、老牌子的偏好心理。这时，如果老产品、老牌子不能改变商品结构、品种、形象，不能适应消费流行的需求，就会有相当一部分顾客转向流行商品，如果这些企业赶不上流行浪潮，就会失去老顾客。

个人购物偏好心理是消费生活中较长时间的习惯养成的，这种习惯心理的养成是建立在个人生活习惯、兴趣爱好之上的。在消费流行中，这种偏好心理也会发生微妙的变化。有时，是消费者个人认识到原有习惯应该改变，有时是社会风尚的无形压力使之动摇、改变。

尽管这些常见的消费心理在消费流行中或多或少地发生了变异，但综合来看，其变化的基础仍然是原有的心理动机，形成强化或转移的形式并未从根本上脱离消费心理动机。

### 案例阅读

中国的饮茶历史已经有近五千年，中国人还没有养成喝咖啡的习惯。但星巴克却能成功地在中国大量贩卖价格不菲的咖啡。其秘密武器在于，它并不是单纯提供咖啡，而是提供一个可以炫耀自己有情调的场所、一种悠闲体面地喝咖啡的小资生活方式，让光顾的人可以在公共背景下表明他们是新潮一族。

一位公司白领说："我更喜欢茶的味道，我在家里喝茶，在公共场合则喝咖啡。"这就是星巴克改变中国人不喝咖啡习惯的突破口——喜欢炫耀、追求时尚的心理。很多人说星巴克的咖啡根本算不上正宗，有些喝起来简直更像一种冷饮。是的，与其他那些咖啡店靠正宗口味赢得顾客的手段不同，星巴克的咖啡究

竟是什么味道其实并不重要,只要它的每一间店都坐落在恰当的闹市位置、高档写字楼之中,里面的家具和装饰让人感受到满溢的小资格调,有一面开向人们经过的大街或走道的足够大的玻璃,能让喝咖啡的人感受到自己的体面,星巴克的咖啡就会有人来喝,对这个场所的爱好会延伸到对它的产品的喜爱上。

## 任务3 明白消费习俗与消费心理

**案例阅读**

酸、甜、苦、辣、咸,这是我们舌尖每天碰触的味道。《舌尖上的中国》将这些抽象的感觉具化为生动、鲜活的镜头,用《自然的馈赠》《主食的故事》《转化的灵感》《时间的味道》《厨房的秘密》《五味的调和》《我们的田野》七集故事,记录下中国各地富有传奇色彩的美食文化。

《舌尖上的中国》勾起网友们对味道的重温或想象:"画面上那切了一刀的肉夹馍,那酥脆的声音,那晶莹剔透的油水……我流口水了!""从山东烙饼到新疆烤馕,从卤水豆腐到过桥米线……《舌尖上的中国》仿佛中华美食的影像辞典。""藕从河底挖出来,火腿抹好盐吊起来,满渔网活蹦乱跳的鲜鱼,蒸笼里冒着蒸气的白馒头——多质朴而华美的中国饮食文化啊!"

华东师范大学人类学与民俗学研究所所长田教授评论道,这部纪录片正是在号召人们对当下的饮食文化进行反思。中国的饮食文化原本是博大精深的,美食也是很丰富的。但现代社会中的人们生活饮食却单一化,每天多是工作餐,用餐被"标准化"。《舌尖上的中国》介绍的很多美食来源于自然馈赠,有助于倡导人们回归"真材实料",寻求一种更为健康的饮食习惯。

北京的刘某本来为不知请女友父母吃什么而一筹莫展,《舌尖上的中国》介绍的一家极具民族特色的"蒙古包"餐厅,让他灵机一动:带他们去品尝地道的烤肉,欣赏北京的夜空。更夸张的是这部纪录片引发的"吃货效应"。来自淘宝的数据显示:开播不久,淘宝零食特产的搜索量高达400万次,片中出现的毛豆腐搜索量甚至增长了48倍。有人在微博上爆料:第一集介绍云南火腿之后,某淘宝店产生33笔订单,其中32笔是在节目播出当晚。据说,有不少吃货是按图索骥,边看电视边下订单。有网友专门制作菜单,香菇灌汤包、西湖醋鱼、葱烧海参、剁椒鱼头等片中提到的食物悉数尽收;有网友提议开个相关食品实体店;有网友呼吁干脆组个美食旅行团,走一路吃一路……《舌尖上的清华》《舌尖上的北大》等各种"舌尖体"也开始在网上雨后春笋般涌现。

对中国人而言,吃,大概是最能把所有中国人紧密联系在一起的事了。《舌尖上的中国》里讲了这样一个故事:在浙江慈城有一对空巢老人,他们最开心的时刻就是儿孙从宁波回来,为儿孙制作可口的年糕,一家人吃着年糕唠家常。然而,短暂的团聚后,儿孙们各自开车离去,家里又剩下这对老人。

陕北的饽饽商贩、查干湖的捕鱼老者、云南的火腿匠人、兰州的拉面师傅……在《舌尖上的中国》里,每一个鲜活的个体背后都洋溢着朴实的气息。"片子里那些辛勤劳动、有着质朴笑容的人们,才是组成这个国家最重要、最真实的存在。"某网友说。

《舌尖上的中国》用一个个具体的人物故事串联起祖国各地的美食生态,这其中,有制作的技巧,有艰

【拓展视频】

辛的劳作，有相濡以沫的真情，有端上桌的美食，也有食物的演变过程，有方寸间的方桌厨房，也有广袤的祖国山河……"《舌尖上的中国》这类片子其实是最好的爱国主义教育片。因为爱中国饮食，所以更爱中国。"资深媒体人陈某在微博上这样写道。

"其实它讲的不是美食，而是深入美食背后，讲文化传承，探讨当今社会中人类该如何善待食物、如何与大自然和谐相处。"文化学者胡某这样评价《舌尖上的中国》。

人们在日常生活消费中，由于自然的、社会的原因，形成了各地区各具特色的消费习俗。这些消费习俗的形成有政治、经济的原因，也有消费心理的影响。消费习俗一旦形成，不但对日常生活消费产生直接影响，而且对消费心理也有一定的影响，因此认识消费习俗与消费心理的关系，就成为消费心理学的重要研究内容。

### 5.3.1 消费习俗概述

消费习俗是指人们在日常消费生活中，由于自然的、社会的原因所形成的不同地区各具特色的消费习惯，是各类习俗中的一种重要习俗。

1. 消费习俗的特点

（1）长期性。消费习俗都是在漫长的生活实践中逐渐形成和发展起来的，一种习俗的产生、形成和发展要经过若干年乃至更长的时间。在长期的生活中，消费习俗潜移默化地进入生活的各个方面，不知不觉地发挥影响作用。

（2）社会性。消费习俗是在共同的社会生活中互相影响产生的，是社会生活的有机组成部分，带有浓厚的社会色彩。

（3）地区性。消费习俗是特定地区产生的，带有强烈的地方色彩，是和当地的生活传统相一致，是当地的地方消费习惯。

（4）非强制性。消费习俗的产生、流行，往往不是强制颁布推行的，而是一种无形的社会习惯，千百万人的习惯也是一种无形的力量，使生活在这里的人们自觉或不自觉地遵守这些消费习俗，并以此规范自己的消费行为。

2. 消费习俗的类型

（1）喜庆性的消费习俗。这是消费习俗中最主要的一种形式，它往往是人们为表达各种美好愿望而引起的各种消费需求。如中国人结婚喜欢穿红衣服、办酒席等。

（2）纪念性的消费习俗。这是指人们为了表达某人对某事的纪念之情而形成的消费风俗和习惯。这是一种十分普遍的消费习俗，因各国家、民族的不同而形成各异。如端午节吃粽子、清明节踏青等。

（3）信仰性的消费习俗。这是由于宗教信仰而引起的消费性的风俗习惯，这类习俗受宗教教义、教规、教法的影响，并由此衍生而成。如圣诞节、开斋节等节日消费。

（4）社会文化性的消费习俗。这是在较高文明程度基础上形成的消费习俗。它的形成、变化和发展与社会经济、文化水平有密切关系。如花灯节、风筝节等。

（5）地域性的消费习俗。这是由于地理位置的差别而形成的消费风俗习惯。不仅国家之间不同，同一国家由于地域不同，习俗也不同。如饮食的"南甜北咸、东辣西酸"。

## 【知识拓展】

农历九月九叫"重阳",在中国的《易经》中把"六"定为阴数,把"九"定为阳数。九月九,日月并阳,两九相重,故而叫重阳,也叫重九。中国传统节日是与节气相对应的,进入到这个时候,天气下降,地气上升,天地之气交接,古人为了避免不正之气,在这一天要登高、插茱萸、饮菊花酒,以避害趋利,确保身体健康。

有花有酒,登高远眺,最能牵动文人墨客的诗情。从历史上的文化名人留下的那些篇章和故事中,我们能更清晰地看到重阳节中的风俗。

唐朝时,首都长安也有不少"京漂族",王维 15 岁就到长安郊游了。他天资聪明,多才多艺,据说曾根据画作中弹琴人的姿势而说出所弹曲目,甚至是某段音符。王维很快就在京城结交了不少王公贵族,成为王府的座上嘉宾。虽然他在京城混得还不错,但是少年孤身漂泊在外也难免思念故乡和家人。

在他 17 岁那年的重阳,按照当时的民间风俗登高望远,不由心中怀念故乡,吟出了"遥知兄弟登高处,遍插茱萸少一人"的思乡情。

古人将茱萸作为驱邪的神物,每逢重阳节,人人佩戴,在汉代时就已经成为重要习俗。唐代延续了旧俗,只是插茱萸比佩戴茱萸香囊更为流行。而且,唐朝时每年九月八日就开始做重九,直到初十,庆祝活动还会继续。

到宋代茱萸被称为"辟邪翁",依然非常流行。只是到了近代,因为山茱萸的减少,佩戴茱萸香囊、插茱萸的习俗渐渐退出了人们生活。

### 5.3.2 影响消费习俗的因素

1. 模仿心理

上行下效,认同权威,补偿缺憾,寻求精神享乐,显示自身优越性,是广大消费者的共同心态。消费流行的带头人为从众者提供了模仿的榜样,参与者通过模仿带头人的消费行为,加入到消费流行的潮流中来。"高位层"的消费行为对"中位层"(指中等社会阶层,中等收入阶层和中等文化阶层)的消费行为影响最为直接、最为显著,是他们模仿的主要对象,我们所说的"示范效应"主要体现在他们身上。"中位层"消费者处在一个"承上启下"的特殊社会阶层上,而且人数众多,影响面广。他们的模仿行为,不仅使消费流行得以发展,而且还会成为"下位层"和其他社会阶层消费者的模仿对象,从而在"梯度传播"中带动其他社会阶层的消费行为,使消费流行得到进一步、更深入的发展。在当今社会,由于社会活动的广泛性,引起人们仿效的榜样多不胜数。影视演员、体育名人、政府首脑、时装模特、企业界领袖等,他们的着装打扮、言行举止,通过各种媒体的宣传,都会引起追随者的仿效。

2. 攀比心理

这是一种争强斗胜,与他人攀比,赶上并超过他人的心理。社会阶层的划分只是相对而言的,如果把"上、中、下"社会阶层进一步细分的话,我们不难发现,每两个相邻阶层间的距离是很近的。无论是社会地位,还是经济收入、文化品位,都相差无几,只不过在某些方面"略逊一筹"或"略胜一筹"而已。这样,阶层之间的攀比心理和攀比行为就会不可避免地发生。也正是这种攀比心理和攀比行为，进一步推动了消费流行的发展，使消费流行先后进入不同的流行阶段。

3. 从众心理

市场营销学把市场分为两大部分，一部分是生产资料市场，另一部分是生活资料市场（消费品市场）。研究表明，生产资料市场上的购买者是专家购买，而消费品市场上的购买者大都是非专家购买。也就是说，在消费品市场上，消费者由于缺乏必要的商品知识和市场知识，他们的购买行为极易被诱导。在购买行为理论中，有一种"风险理论"认为，消费者的购买行为是一种减少风险的行为。消费者由于缺乏市场知识和商品知识，一般情况下总是认为大多数人购买的商品一定是不错的商品。于是，受广告、人际传播等的影响，又见到人们纷纷购买和消费某类商品，自己便不知不觉地加入到其中去，成为其中的一员。也正是在这种从众心理的作用下，消费流行才可能在更广大范围内流行开来。这种从众心理是人们寻求社会认同感和社会安全感的重要表现，因此，服从多数人的心理和个体自觉接受社会行为规范的倾向，就成为消费流行产生和发展的重要条件。但值得注意的是，在从众心理作用下产生的购买行为大多是比较盲目的。"赶时髦"之所以被一些人理解为贬义词，其原因就在于从众心理的盲目性使消费者出现经济上、精神上的损失。

4. 同步心理

趋同从众，不甘落后，是常人常态。古人云："物以类聚，人以群分。"不同的社会阶层、社会群体，购买行为是不一样的，同一阶层、同一群体的购买心理、购买行为是大致相同的。在同阶层、同群体中，每一个成员都不想被群体抛弃，这一心理表现在购买行为上，往往是争先恐后地与同阶层、同群体的购买行为保持同步。横向式消费流行比纵向式消费流行的速度一般要快一些，原因恰恰就在于同步心理规范了同阶层、同群体成员的购买行为，客观上推动消费流行的发展。

### 案例阅读

资料显示，在河南省农村居民的消费支出中，部分消费支出的比重过大，消费结构过度偏倚，这其中又以建房和婚嫁两项支出的增长最为显著，也最为浪费。先看建房，农村居民建房攀比心理比较严重，盲目地求大、求高，既不美观又造成巨大的浪费，不少地方农民拿出十年甚至二十年的全部积蓄用来建房的例子比比皆是，实际上许多农民本身也不愿意如此，无奈受农村不健康的风气所迫，被动跟风。另外，婚嫁也是农民的一大重要支出，不少地方，农民一生的花费都主要集中在建房和为孩子娶媳妇上。农村居民消费结构的过度偏倚对农民的文化消费产生挤出效应，导致文化消费水平低下，精神文化生活匮乏。对此农民本身也抱怨很多，无奈大势所趋，形势使然。压缩这样的消费支出显然有利于增强农民的文化消费能力。因此，一方面，要加强对农村居民消费观念的引导，消除农村消费中的盲目攀比，求高、求大的不良风气；另一方面，采取具体措施，消除农村消费结构中的过度偏倚现象。例如，在建房上，利用新农村建设中各地正在实施的村庄规划，以"够用"为原则，统一面积、高度等建房标准。而对于婚嫁，要在人口政策上，大力宣传引导，优化农村的男女比例结构，同时，要加强宣传教育，改善不健康的婚嫁习俗，提倡节俭、庄重的婚俗礼仪。

🌐 【与相关课程的联系】

市场营销学课程中的市场细分变量，主要是根据地理、人口、心理和行为来划分。消费习俗也是心理变量的一个。可以根据不同区域、不同人群的习俗进行市场细分。广告实务课程中广告内容选择一定不能与习俗相违背。

### 5.3.3 消费习俗对消费心理的影响

1. 消费习俗对消费者心理的影响

随着社会的进步，人们的生活方式不断变化。新的消费方式进入人们的日常生活，虽然给消费习俗带来了冲击，但是消费习俗对消费心理的影响可以时时感觉到。

（1）消费习俗给一些消费者心理带来了某种稳定性。消费习俗是长期形成的，对社会生活、消费习惯的影响是很大的，据此而派生出的一些消费心理也具有某种稳定性。消费者在购买商品时，由于消费习俗的影响，会产生习惯性购买心理，往往较长时间地去购买符合消费习俗的各种商品。

（2）消费习俗强化了一些消费者的心理行为。由于消费习俗带有地方性，很多人产生了一种对地方消费习惯的偏爱，并有一种自豪感，这种感觉强化了消费者的一些心理活动。例如，广州人对本地饮食文化比较喜爱，各民族人民对本民族服饰偏好等。

（3）消费习俗使消费心理的变化减慢。在日常生活的社会交往中，原有的一些消费习俗有些是符合时代潮流的，有些是落伍的，但是由于消费心理对消费习俗的偏爱，使消费习俗的变化比较困难；反过来，适应新消费方式的消费心理变化也减慢了，变化时间延长了。有时生活方式变化了，但是由于长期消费习俗引起的消费心理仍处于滞后状态，迟迟不能跟上生活的变化。

 【知识拓展】

蒙古族的服饰具有自己的审美特征，蒙古族特别偏爱鲜艳、光亮的颜色，这些色彩都使人感到色调明朗、身心欢娱。蒙古族又崇尚白色、天蓝色这样一些纯净、明快的色彩。蓝天白云，绿草红衣，一种天然的和谐。另外，蒙古族居住在蒙古高原，气候寒冷又加之以游牧为主，马上活动的时间比较长，因此，其服饰必须有较强的防寒作用而且又便于骑乘，长袍、坎肩、皮帽皮靴自然就成了他们的首选服饰。从蒙古民族服饰的款式看，褒衣博带，既能体现人体的曲线美，又能体现蒙古牧人宽厚大度、粗犷坦荡的性格。

还有比较有特色的是蒙古族摔跤服。摔跤比赛服装包括坎肩、长裤、套裤、彩绸腰带。坎肩袒露胸部。长裤宽大。套裤上图案丰富,一般为云朵纹、植物纹、兽纹等。图案粗犷有力,色彩对比强烈。膝盖处用各色布块拼接组合缝制图案,纹样大方庄重,表示吉祥如意。服装各部分配搭恰当,浑然一体,具有勇武的民族特色。

现在许多少数民族同胞平时是不穿民族服装的,但在重大节日往往都要穿戴,不存在是否流行的问题。

【拓展视频】

扫描二维码,了解更多的少数民族服饰。

2. 消费习俗对购买行为的影响

由于消费习俗本身的特点,决定它所引起的购买行为同一般情况下的购买行为又有所区别,主要表现以下几个特征:

(1)由消费习俗所引起的购买行为具有普遍性。任何消费习俗的形成都必须有一定的接受者。由此决定,它能够在某种特定的情况下引起消费者对某些商品的普遍需求。例如,在中国的传统节日——春节里,人们要购买各种商品,肉类、蔬菜、水果、糕点、服装及各种礼品。这一期间,消费者的需求要比平时增加好几倍,几乎家家如此。这就是消费习俗的普遍性引起购买行为的普遍性。

(2)消费习俗不同于社会流行。是因为它形成之后就固定下来,并周期性地出现。例如,每年端午节吃粽子、中秋节吃月饼等。因此,随着这些节日的周期性出现,人们也要周期性地购买。

(3)由消费习俗所引起的购买行为具有无条件性。消费习俗是社会风尚或习惯,它不仅反映了人们的行动倾向,也反映了人们的心理活动与精神风貌。一种消费方式、消费习惯之所以能够继承相传并形成消费习俗,重要的原因是人们的从众心理。每个人都习惯于和别人去做同样的事,想同样的问题。因此,由消费习俗引起的购买行为几乎没有什么条件限制。虽然它引起的消费数量大、花费多,但消费者又可以克服许多其他方面的困难,甚至减少其他方面的支出,来满足这方面的消费要求。这就是购买行为的无条件性。

【参考答案】

一、单项选择题

1. 不同地区的消费文化(　　)。

　　A. 大体相似　　　B. 差异很大　　　C. 差异较小　　　D. 完全不同

2. 从众行为产生于（　　）。
   A. 内在压力　　B. 消费压力　　C. 个体压力　　D. 群体压力
3. 消费流行的本质在于认知标准的（　　）。
   A. 主观性　　B. 客观性　　C. 地域性　　D. 社会性
4. 消费者受群体规范影响的主要心理原因是（　　）。
   A. 仿效心理　　B. 学习心理　　C. 攀比心理　　D. 追随心理
5. 现代民族消费文化具有很强的（　　）。
   A. 独特性　　B. 包容性　　C. 区域性　　D. 商品性
6. 消费流行具有来势猛、消失快的规律指的是消费流行特点的（　　）。
   A. 短暂性　　B. 一致性　　C. 地域性　　D. 群体性
7. 消费习俗不具有（　　）特点。
   A. 长期性　　B. 社会性　　C. 地区性　　D. 强制性
8. 某一文化群体所属次级群体成员共有的独特的价值观念、生活方式和行为规范称（　　）。
   A. 文化　　B. 亚文化　　C. 区域文化　　D. 民族文化
9. 消费流行具有发生、发展、盛行和衰退的现象，这就是（　　）。
   A. 流行周期　　B. 消费周期　　C. 消费规律　　D. 消费时尚
10. 基督教的复活节有特定的消费活动的习惯做法是（　　）。
    A. 喜庆　　B. 纪念　　C. 宗教　　D. 文化

二、多项选择题

1. 对于消费者的消费习惯，经营者应当（　　）。
   A. 阻止形成　　B. 引导形成　　C. 促其形成
   D. 创造出来　　E. 进行设计
2. 消费者能否接受群体行为规范主要取决于（　　）。
   A. 趋同心理　　B. 从众心理　　C. 学习心理
   D. 容忍心理　　E. 异化心理
3. 影响和制约人的消费需要的社会因素有（　　）。
   A. 民俗民风　　B. 宗教信仰　　C. 社会分层
   D. 政治制度　　E. 社会时尚
4. 民族消费文化心理寄托着本民族的（　　）。
   A. 价值观念　　B. 社会责任　　C. 文化传统
   D. 共同理想　　E. 经济目标
5. 消费流行的特点是（　　）。
   A. 时效性强　　B. 地区差异大　　C. 持续性长
   D. 周期性明显　　E. 群体性崇拜

三、简答题

1. 什么是消费习俗？什么是模仿和从众？
2. 简述消费流行周期各阶段的特性及营销对策。
3. 简述影响消费习俗的因素。
4. 简述社会文化对消费行为的影响。

四、论述题

1. 论述传统文化对消费行为的影响。

2. 论述消费习俗对消费心理和行为的影响。

五、案例讨论题

我国地域辽阔，历史悠久，不同地域受地理及历史影响，形成了以上海为代表的海派文化，以黄河流域为代表的农耕文化等各具特色的地域文化。地域文化对当地保险消费有着举足轻重的影响。一张保单，如果用同样的营销方式在全国推广，无疑会遇到障碍。

在我国东南沿海地区，由于与西方世界接触较早，交流频繁，文化相对主义强，更易于接受保险理念；同时，对于保险公司推出的新业务，人们也更愿意进行尝试。在文化相对主义较强的地区，面对外来事物或新鲜事物潜在的风险，人们更愿意选择风险转移，所以在该地区保险更容易被接受，保险公司进行展业的机会越多。

另外是价值观。价值观和价值观体系是决定人的行为的心理基础。价值观是人们对社会存在的反映，是社会成员用来评价行为、事物以及从各种可能的目标中选择自己合意目标的准则。价值观通过人们的行为取向及对事物的评价、态度反映出来，是驱使人们行为的内部动力。它支配和调节一切社会行为，涉及社会生活的各个领域。

持传统观念的人重家庭，重人际关系，重视健康。由于多数人认为家中老人可由家族成员赡养，形成一种家庭自保机制，对养老保险不感兴趣或者需求不大。另外，由于对健康的重视，消费者可能会对生存保险及健康险更加感兴趣。此外，人际关系对保险业务的影响主要体现在保险销售环节，一个善于处理人际关系的人可能会比其他同事有更好的销售业绩。

由此可见，针对各地文化的差异，保险公司需要做好两方面业务：一方面，因地制宜，确定险种投放比例；另一方面，因时制宜，不断更新销售方法，注意字斟句酌，培养优秀营销人员。这样不仅能有效降低保险公司的营业费用，还能提升保险行业的公众形象。

只有重视文化习俗对保险消费的影响，才能使保险营销更贴近市场，从而使保险产品更有的放矢，使保险市场更人性化，提高营销效率、扩大市场规模，并有效提升行业形象。

【拓展知识】

扫描二维码，了解文化习俗对保险消费的影响的更多内容。

**讨论**

你如何看待文化习俗对保险营销的影响？

## 项目实训

1. 调查身边同学使用手机的情况，分析消费流行对学生购买手机品牌、价位、功能有何影响？
2. 举出一些不同地域的消费习俗，并谈谈它们对购买行为的影响。

## 课后拓展

1. 上网查找一些流行文化对消费心理影响的案例。
2. 不同民族和不同地域的同学，讲一下自己家乡的消费习俗。
3. 收集资料，在班级进行讨论，如何引导消费者在文化习俗中进行科学消费。

# 项目 6
## 正确区分不同消费者群体的消费心理

**【教学指导】**

| 教学重、难点 | 教学重点 | 不同消费群体，如儿童、女性、中年、老年的消费行为和消费心理 |
|---|---|---|
| | 教学难点 | |
| 学习目标 | 知识目标 | 掌握消费者群体的概念与分类，消费者群体影响力，消费者群体规范与消费行为 |
| | 能力目标 | 企业在市场营销过程中，对于不同消费群体如何进行心理分析，采取相应策略 |

【本章概览】

【本章课件】

## 【导入案例】

2013 年,"大妈"(Dama)作为一个新词被录入牛津词典,人们突然发现,中国社会中又多了一个特定群体。大妈通常有这样的特征:年龄大多在 55~65 岁;大多曾经工作过,但已经退休;不再需要为生存奔波;有一定的购买力,却延续着当年的节俭;不掌握大众传媒上的话语权,曝光率却极高。

2013 年 4 月 15 日,黄金价格一天下跌 20%,大量中国民众冲进最近的店铺抢购黄金制品,一买就是几千克,他们被称作是抄底黄金市场的"中国大妈"。据统计,2013 年中国大妈买金的狂热程度轰动世界,推动中国黄金消费需求增长 32%,创历史新高。中国已然成为世界上最重要的实物黄金市场。

2013 年,华尔街大鳄在美联储的授意下举起了做空黄金的"屠刀",经过一年的酝酿造势,华尔街大鳄们终于出手做空黄金了,黄金大跌,世界哗然,不料半路杀出一群"中国大妈",1 000 亿人民币,300 吨黄金瞬间被扫,整个华尔街为之震动,华尔街卖出多少黄金,大妈们照单全收。做空大战中,世界五百强之一的高盛集团率先举手投降。一场"金融大鳄"与"中国大妈"之间的黄金阻击战以"中国大妈"完胜告终。

"最近你买黄金了吗?"这成为中国百姓 2013 年"五一"节日里的新问候语。

中国大妈 2013 年的五一小长假上演了"满城尽带黄金甲"的大片,以大妈大婶们为主流的中国主妇狂买黄金,导致许多城市的商场黄金专柜被"一扫而空",不仅如此,还有人到港台狂购。

中国大妈们是普通老百姓,她们出手抢购实体金,当然也有传统观念的"存金藏银"因素,但主要还是期望财富保值和规避通货膨胀。"抢金潮"其实映衬着中国民间投资理财渠道的匮乏与不足,大妈们把钞票换成"黄货",也更凸显提振内需消费的隐忧。

世界黄金协会发布的最新报告显示,受中国及印度市场强力推动,2013 年第二季度全球黄金消费需求大幅攀升 53%,黄金消费需求创下 5 年来的最高水平,其中中国市场金条和金币的需求量同比激增 157%。对黄金销售商而言,大妈们是绝对的金主。中国大妈绝对是黄金抢购潮中的主角,她们很久没有见到金价如此低,对她们来说,这是一种巨大的吸引力。

大妈走向世界后,更多的外国人开始讨论这个特殊的群体,有外媒撰文指出,大妈挤进由英语把持的秩序森然的金融词汇队伍,有点儿瞎胡闹。"贴上大妈这个标签的群体大体是这样的:热情但冲动,精力充沛但经常盲从,擅长利益计算但缺乏能力眼光。一切都在暗示,大妈很难是生意场上笑到最后的人。"其实,这些外国人并不明白,大妈根本无意要与华尔街精英们一决高下,支撑大妈对黄金不懈追求的,不全是升值诱惑,而主要是安全感的缺失。

扫描二维码,了解中国大妈疯狂抢购黄金的背后深层原因。

**思考**

为什么大妈钟爱黄金?其他群体大爷、大叔、爷爷、奶奶为什么没成为"金主"?不同群体的消费行为和消费心理有什么特点?

【拓展案例】

消费者作为社会成员之一,必然生活在一定的社会环境中,其购买行为不可避免地要受其所处的社会环境和各种群体关系的制约和影响。

## 任务 1 了解消费群体

### 案例阅读

有一个白领年轻人,他的母亲老了,牙齿全坏掉了,于是他开车带着母亲去镶牙,一进牙科诊所,医生开始推销他们的假牙，可母亲却要了最便宜的那种。医生不甘就此罢休，他一边看着小伙子，一边耐心地给他们比较好牙与坏牙的本质不同。可是令医生非常失望的是，这个看似富翁的年轻人却无动于衷，只顾着自己打电话抽雪茄，根本就不理会他。医生拗不过母亲，同意了她的要求。这时，母亲颤颤悠悠地从口袋里掏出一个布包，一层一层打开，拿出钱交了押金，一周后再准备来镶牙。

两人走后，诊所里的人就开始大骂这个大款儿子，说他衣冠楚楚，吸的是上等的雪茄，可却不舍得花钱给母亲镶一副好牙。正当他们义愤填膺时，不想大款儿子又回来了，他说："医生，麻烦您给我母亲镶最好的烤瓷牙，费用我来出，多少钱都无所谓。不过您千万不要告诉她实情，我母亲是个非常节俭的人，我不想让她不高兴。"

除了年轻人讲究孝敬父母的方法外，你从上述案例中，能看到老年人和年轻人的消费行为的差异吗？

### 6.1.1 消费者群体的概念与分类

#### 1. 群体的内涵

群体或社会群体是指通过一定的社会关系结合起来进行共同活动而产生相互作用的集体，为了实现共同的特定的目标而形成的相互作用、相互影响和相互依赖的集合体，其成员之间存在一种稳定的联系和心理依附关系。最小的群体为家庭，我们每一个人都有属于自己的家，在这小小的空间里我们与家人相互互动，建立成亲密的关系；群体规模可以比较大，如几十人组成的班集体。经常一起上街购物的两位邻居也是一个群体。群体人员之间一般有较经常的接触和互动，从而能够相互影响。人们总是生活在不同规模与类型的群体之中，多样化的社会群体塑造了丰富多彩的人类行为，并满足着人们的各种需要。

社会成员构成一个群体，应具备以下四个基本特征：

（1）群体是一个有组织的结构，群体成员需以一定纽带联系起来。如以血缘为纽带组成了氏族和家庭，以地缘为纽带组成了邻里群体，以业缘为纽带组成了职业群体。同一群体的成员在共同的活动中会表现观念与行为的一致性，当与其他群体相比较时，成员就会产生一种属于自己群体的感觉，称之为归属感。群体成员相互依靠、相互作用和相互制约。共同目标使群体成员有了极强的凝聚力和归属感。在群体中，每个成员都意识到了他人的存在，具有相关活动的意识，并通过成员的相互影响、相互作用和相互制约，达到群体行为的统一性和整体性。

（2）成员之间有共同目标和持续的相互交往。公共汽车里的乘客、电影院里的观众不能称为群体，因为他们是偶然和临时性地聚集在一起，缺乏持续的相互交往。群体中的每个成员都能相互依存，在行为上互相影响、互相联系。群体成员有一致认同的特定目标，在组织的分工下，群体成员有了共同的行为方向，群体成员所做的一切工作都紧紧围绕群体目标展开。在目标的实现过程中，每个群体成员都具有一定的角色地位，并使行为与角色一致，彼此合作使群体朝着共同的目标前进。

（3）成员之间具有认同感。同一群体的成员对重大事件和原则问题的认识倾向于与群体保持一致。当个人对外界情况不明时，这种认同就会发生很大的相互影响，有时甚至会是盲目的，如在认知方面的影响。

（4）群体成员有共同的群体意识和规范。群体成员之间均进行观念、思想、情感等信息交流，成员之间有共同的群体意识和规范。

从消费者行为分析角度来看，研究群体影响至关重要。首先，群体成员在接触和互动过程中，通过心理和行为的相互影响与学习，会产生一些共同的信念、态度和规范，它们对消费者的行为将产生潜移默化的影响。其次，群体规范和压力会促使消费者自觉或不自觉地与群体的期待保持一致。即使是那些个人主义色彩很重、独立性很强的人，也无法摆脱群体的影响。最后，很多产品的购买和消费是与群体的存在和发展密不可分的。例如，加入某一球迷俱乐部，不仅要参加该俱乐部的活动，而且还要购买与该俱乐部的形象相一致的产品，如印有某种标志或某个球星头像的球衣、球帽、旗帜等。

### 【与相关课程的联系】

某一消费群体的消费行为具有很大的相似性，为企业进行市场细分提供了依据。

2．群体的类型

（1）以群体是否存在为标准，可以把群体分为假设群体和实际群体。假设群体是为了研究、统计、市场区分的需要的有某些共同特点而没有联系没有组织的群体，如40~50岁的知识分子组成的"中年知识分子"。实际群体则是客观存在的群体，如家庭、学校、机关、工厂等。

（2）按群体的组织程度，可以把群体分为正式群体和非正式群体。正式群体是指有明确的组织目标、正式的组织结构，成员有着具体的角色规定的群体。一个单位的基层党组织、大学里的教研室、工厂里的新产品开发小组均属于正式群体。非正式群体是指人们在交往过程中，由于共同的兴趣、爱好和看法而自发形成的群体。非正式群体可以是在正式群体之内，也可以是在正式群体之外，或是跨几个群体，其成员的联系和交往比较松散、自由。

（3）按个人卷入的程度，可把群体分为主要群体和次级群体。主要群体又叫初级群体，是指成员之间具有经常性面对面接触和交往，形成亲密人际关系的群体。这类群体主要包括家庭、邻里、儿童游戏群体等。次要群体或次级群体指的是人类有目的、有组织地按照一定社会契约建立起来的社会群体。典型的次级群体是各类社会组织，如公司、政府机构、学校等。次要群体规模一般比较大，人数比较多，群体成员不能完全接触或接触比较少。在主要群体中，成员之间不仅有频繁的接触，而且有强烈的情感联系，正因为如此，像家庭、朋友等关系密切的主要群体，对个体来说是不可或缺的。

（4）按群体发展的水平和层次，可以把群体分为松散群体、联合群体和集体。集体是群体发展的最高水平。衡量这种发展水平的标准通常有三个：第一，共同活动。松散群体只在共同的时间、空间里集群，没有共同活动，或没有共同活动的内容；联合群体仅有共同活动的内容；而集体的共同活动不仅有共同活动的内容，而且有广泛的社会意义，即成员能认识到活动对个人、对所在集体和整个社会的意义。第二，人际关系的基础。人际关系可以有两种基础：一是直接性的人际关系，主要是凭彼此的好感与厌恶、相互能否接受影响、相互能否积极交往等；二是间接性的人际关系，即群体的价值与评价，共同活动的任务和目的。松散群体的人际关系以直接性人际关系占主导地位；集体则是间接性的人际关系占绝对优势；而联合群体则介于二者之间。第三，"集团意识"的强弱，即成员个人是否意识到自己是该群体中的一员、在该群体中的地位、与群体中其他成员的关系。松散群体的"集团意识"最差，成员以"私"字当头；集体的"集团意识"最强，成员把个体看成是集体的一部分；联合群体介于两者之间。

（5）按个人是否为一个群体的成员，可以把群体分为隶属群体和参照群体。隶属群体或成员群体是消费者实际参加或隶属的群体，如家庭、学校等。参照群体是指这样一个群体，该群体的看法和价值观被个体作为他或她当前行为的基础。因此，参照群体是个体在某种特定情境下作为行为指南而使用的群体。美国社会心理学家赫伯特·海曼于1942年最先使用"参照群体"这一概念，用以表示在确定自己的地位时与之进行对比的人类群体。当消费者积极参加某一群体的活动时，该群体通常会作为他的参照群体。

### 6.1.2 消费者群体对消费心理的影响

1．群体规范

所谓群体规范，是指人们共同遵守的行为方式的总和，它是群体对成员确定的行为标准。广义的群体规范包括社会制度、法律、纪律、道德、风俗和信仰等，都是一个社会里多数成员共有的行为模式。不遵循规范就要受到谴责或惩罚。群体规范的基本作用是对成员具有比较和评价的作用，它可以为成员提供认知标准和行为准则，用以调节、制约成员的思想和行为，使它们保持一致，群体规范还可以作为成员们彼此认同的依据。

但是群体规范并不是对成员的一言一行都加以约束，而是规定了成员的思想行为的可接受和不可接受的范围。群体规范因群体存在的正式性和非正式性，以及有无明文规定和监督、处罚，而分为正式的规范和非正式的规范。群体内的期望或规范可能不为局外人所觉察，但置身于其中的成员却能明显地体验到这些规范的存在，并对他们的购买心理与行为产生影响。例如，大学老师一般不购买过于炫耀的服装，因为着装太炫耀以及浓妆艳抹，都不符合大学老师这个知识分子阶层的规范或期待。

2．从众心理

个人的意见、行为与群体不一致时，会产生一种紧张、恐惧心理，促使他产生与群体行为求得一致的愿望，甚至会受到很大压力，产生顺从群体规范的倾向，这种现象称为从众或者顺从。例如，某消费者原计划购买甲品牌的电视机，后来发现群体中的大多数人，认为乙品牌电视机更好，那么他会在从众心理的支配下转而购买乙品牌电视机。

3．群体的一致性

群体的一致性表示群体中各成员间相互影响、相互吸引和共同性的程度。一致性，既是群体得以形成的前提，也可在群体活动中得到发展。例如，一群素不相识的人，起先只是由于手段性目的上的某种一致性，聚合成一个整体。但随群体活动的展开，各个成员间逐渐了解，找到更多的共同点，由此建立起信任和友好的人际关系，一致性程度逐渐加深。消费者为了维持与群体的一致性，会经常对照其他成员的偏好和购买行为，自觉或不自觉地选择与群体内其他人一致的品牌和商品。

4．群体规模

群体规模对消费者心理具有一定的影响。一般群体人数越多，对个体成员压力越大，个体的顺从心理也越强；反之，压力相应降低，个体的服从心理也逐步减弱。这种群体规模对消费者心理的影响，尤其在日常购物活动组成的临时群体中表现得更为显著。例如，某消费者一人去商场购物，除了有明确目标外，面对商品时往往犹豫不决，而两个人或三四个人同时结伴购物，则很容易做出是否购买的决策。

### 5. 群体的内聚力

内聚力是成员被群体吸引并愿意留在群体内的愿望。内聚力指的是群体成员彼此之间的"黏合力"。没有内聚力，一群人不能被称作为一个群体。美国社会心理学家S.沙赫特等人的研究证明，群体内聚力越强，其成员就越遵循群体的目标和规范。群体内聚力的实质是群体对成员，成员对成员的吸引力，它对于群体的存在、活动，有着至关重要的作用。

由于社会交往中的人们在利益、价值观、兴趣、爱好、观点、习惯、态度、个性特征、社会背景等一方面或几方面存在一致性，这种一致性正是形成相互认同的基础。有了一致性就会形成认同，有了相互的认同就会产生内聚力，有了内聚力就会形成群体。

## 6.1.3 决定消费者群体影响力的因素

### 1. 消费群体的特征

消费群体的特征包括该群体的权威性、合法性、强制力、规范与压力等众多方面。通常情况下，规模较大、正式的、长期的拥有社会广泛认可的合法力量或法律所赋予的权力的、有严格的群体规范与适当压力的群体，对其成员的影响较大。反之亦然。

### 2. 消费者个体特征

消费群体内部成员由于个人性格、生活经历和知识经验等方面的差异，导致其对群体规范的认识与遵从程度不同。一般来说，性格内向、生活阅历浅、受教育程度较低的消费者往往缺乏自信心，易受外来干扰，对群体的依赖性较强，容易受到群体的影响与制约。

### 3. 商品的特征

对于不同的商品，群体对消费者个体选择品牌与品种的影响也不同。这种不同的影响主要体现在两个方面：第一，产品的必需与非必需程度。产品的必需程度越高，群体对其影响越小。例如，生活必需品，每个家庭都会经常使用，已经形成了稳定的消费习惯，此时，群体对其影响较小；相反，对于非必需品，如住房、汽车、高档时装等商品的购买，群体对其影响较大。第二，产品与群体的关系，即他人对该种产品的认识程度，是公众的还是私人的。通常情况下，一个产品的公众性越强，产品或品牌的使用可见性越高，受群体影响就越大。

### 4. 信息沟通状况

信息沟通是决定消费群体影响力的重要因素。群体成员之间交际活动越频繁，信息沟通越顺畅，越有助于加强群体规范的形成，并对消费者个人行为及群体的共同行为产生积极影响。另外，适宜的信息沟通内容、方式、范围、速度也会大大加强对消费群体的影响力度。

## 任务2 熟悉不同消费群体的心理分析

### 6.2.1 家庭消费的心理特点

#### 1. 家庭的内涵

1）家庭的概念

家庭是指以婚姻、血缘和有继承关系的成员为基础组成的一种社会生活组织形式。它是社会结构的基本单位,也是消费的基本单位。一方面,家庭是社会这个综合系统的一个基本组织单位(简称社会细胞),它为其成员参加社会经济活动提供了基本立足点;另一方面,家庭又是社会的基本经济收支单位(简称经济细胞),这特别表现在家庭是消费品的基本消费单位,对市场及市场的消费品而言,是基本的货币支出单位。世界上消费品市场的消费几乎都是以家庭为单位进行的购买活动。家庭的这种双重身份,称为家庭的二重性。

2)家庭的功能

家庭具有多种功能,其中与消费心理行为密切相关的功能有经济功能、情感交流功能、赡养与抚养功能、教育功能等。经济功能是指为每一个家庭成员提供生活的条件和保障。情感交流功能是指家庭作为成员的思想与情感交流最充分的场所。赡养与抚养功能是指家庭抚养未成年家庭成员、赡养老人和丧失劳动能力的家庭成员。教育功能是指家庭成员接受价值观、学习社会行为模式的场所,这种功能对儿童尤为重要。

3)家庭的类型

我国目前的家庭结构形式大致有四种:一是三代人或更多代人同堂的家庭,即年轻夫妇的子女和父母,或者包括祖父母合居的家庭,这类家庭被称为主干家庭,主干家庭是我国传统的家庭组成形式。二是核心家庭,是指由异性的两个成年人组成,生活在社会所准许的男女婚姻关系中并拥有自己子女的家庭,这类家庭在整个社会中代表着社会习俗等方面的普通要求和形式,或者说是一种典型的为现代社会所普遍接受的家庭类型。三是单身家庭,是指只有一个家庭成员所组成的家庭。四是联合家庭,是指由两个或两个以上的核心家庭联合、合并而组成的家庭,如父母去世,兄弟姐妹们分别结婚后合并在一起居住而形成的大家庭,这类家庭在我国不多见。家庭结构形成不同,其家庭的轴心即主持家务的人也不同。

2. 不同家庭生命周期的消费行为

家庭生命周期是根据家庭主人的婚姻状况、家庭成员的年龄、家庭规模等因素所构成的家庭发展阶段。在我国,家庭一般经过以下几个不同的发展阶段。

1)单身期

单身主要是指已长大成人但尚未结婚者,在国外,这种家庭被称为单身家庭;在我国这种情况多不构成家庭。在这一时期,单身消费者的消费心理多为自我消费中心观。这部分人最大的特点是在交往中表现的大方、慷慨、阔绰,呈现出明显的炫耀心理。这部分消费者个性特征和个人爱好表现突出,舍得花大钱满足自己的爱好。由于这时期的消费者大多没有经济负担,又有较多可支配的货币,所以他们的消费弹性大,稳定性差。因此,这部分消费者是市场经营者最好的争取对象。

2)新婚期

新婚期即青年男女结婚自立门户,但没有要孩子的阶段。这种家庭多是处在独立生活时期,在经济上一般也很独立,无过重的家庭负担。这一时期的消费者多以二人世界为主,以规划自己的小家庭为目的,物质和精神消费都比较充分。随着社会的进步,在开放地区和文化层次较高的地区,这一时期有延长的趋势,而且出现了越来越多不打算要孩子、只有夫妻两人共同生活的所谓"丁克"族。

这一时期的消费心理多以夫妻为中心消费观,即以规划自己的小家庭为中心目的的消费心理。这时候消费较多且带有浪漫色彩,"吃"占的比重较低,多进行家庭的装修及美化、服饰的购买等。精神消费是这一时期的主流,如外出旅游及用于文化、体育方面的消费等。

3）生育期

生育期即夫妻生养子女的阶段。这一时期往往持续很长，具体可分为以下两个阶段：

（1）青年夫妻子女较小时期。这一时期的家庭较前一时期有明显的变化，子女出生至上学，家庭的经济负担开始加重。由于家庭生育观念的转变，子女的生活开支在家庭消费支出中的比例日趋增加。在这一时期，家庭消费多是以子女的一般生活费用、教育、保健费用为主，教育投资的比重逐年加大。夫妻对自身消费表现出务实的消费心理。培养子女望子成龙的强烈愿望使围绕孩子产生的消费较多，而家长的消费水平由于经济原因往往很难提高，有时甚至下降。

（2）子女长大尚未独立时期，指子女在中学或大学读书，以及刚参加工作的家庭。这一时期家庭的基本消费状况稍好于上一时期，但以子女消费为中心的观念已稍有淡化。其表现形式也不同于前一时期，主要以培养子女未来的自主生活能力为主，父母开始为子女的预期消费做更充分的准备，如婚嫁、出国深造等。这一时期家庭消费开始逐步由比较紧张转向宽松，家庭日常消费最突出的是求实心理，而预防性储蓄意识的增强是这一时期最明显的特点。

4）离巢期

离巢期也称空巢期，即子女工作、成家独立，剩下二位老人的时期。这时，夫妻已退休或接近退休，家庭经济状况一般较好，其消费观念往往表现为两种类型：一类是继续以子女甚至下一代为消费的着眼点，但实际支出比例大为下降；另一类则基本上与子女无过多经济往来，较为重视自身的存在价值，消费也趋向以营养、保健、舒适为主，注重健康导向，对自我教育方面的消费也很感兴趣，更多地体现自我的消费情趣。随着人口老龄化的加剧，老年家庭将急剧增加，他们对社会服务的消费需求也将大为增加。

5）鳏寡期

鳏寡期即二位老人先后谢世的时期。这一时期的家庭多以夫妻双方一方去世或生活自理能力极大下降为标志，进而转向依靠子女。由于自身生活能力不足，消费行为减低，甚至没有购买能力。这时的消费基本上以吃和保健为主，家用方面的消费极低。对于有较多退休养老金的老人，这时的嗜好心理往往趋于增强，同时也舍得花钱满足嗜好，如养花、鱼、鸟或读书、书法等。

### 案例阅读

多年来，传统观念一直认为年轻人市场才是最赚钱的。然而，中国正在发生变化的人口结构迫使企业重新思考。由于婴儿数量快速下降，与婴幼儿相关的产业和服务公司正举步维艰。相比之下，产品对准老年人的公司迅速兴旺。

"我花钱是为了更自由地生活，也免除了孩子照顾我的义务"，谢先生说。随着数以百万计的中国退休人员更加接受西方的"核心家庭"观念，像谢先生这样的老人越来越多。黄先生则表示："退休后，才有机会过属于自己的生活……这是享受生命的最好时光。"尽管黄先生代表着一小部分退休富人市场，但专家说这个市场在未来数十年内将稳步增长，因为到那时，今天富裕的中产阶级正好到了退休年龄，"老年人所保持的节俭消费模式慢慢消失"。

我国有数以百万计的老年消费者，"银发美元"有待发掘。据预测，2025—2050年，老年消费者的潜在购买力会高达5万亿元，这将使其在未来国民经济中占据相当份额。银发人口的年收入总额——包括退休金、兼职报酬和家庭现金礼品，为3 000亿～4 000亿元。这些数字背后的消费能力刺激着一些商家的胃口，他们正着力开发日益增长的老年人口市场的潜力。

老年人处于家庭生命周期的空巢期，子女已经成家立业，家庭负担明显减少，各项收入和积蓄基本上可用于自我消费。一般来说，社会保障、养老金和积蓄是老年人退休收入的三大来源。随着社会的进步与经济的发展，老年人收入明显增加。价值观念与生活方式也在不断更新，许多老年人不再像前辈那样，只管填饱肚子，而是更多地按照营养要求安排饮食；不再身着多年不改的呆板衣服，而是追求款式新颖的服装；不再被繁重的家务拖累，而是期望更多地参与社会活动，参加各种文化、娱乐、体育健身活动，或者外出旅游。"老有所乐，老有所为"，受到年轻人现代消费观念的熏陶，老年人的消费观念也在不断现代化。一些经济条件好的老年人对时尚产品和新潮消费品同样感兴趣，消费上也日见大方，尤其是在保健品、卫生用品、医疗服务、生活照料等延年益寿、增进健康的支出上，老年人更舍得花钱。他们被称为"银发族"。

3．家庭决策角色

1）丈夫决策型

丈夫决策型，即家庭主要商品的购买决策由丈夫决定。这在有较强中国传统的家庭中是常见的。这种家庭的特点是旧的传统观念较强，文化水平相对较低，家庭的主要来源仍以丈夫为主。因此，男性的购买行为与心理在很大程度上代表了家庭的购买行为。同时，还有一类丈夫决策型家庭，即丈夫的生活能力大大高于妻子，有较强的理家购物能力，这也形成另一特色的丈夫决策型家庭。

2）妻子决策型

妻子决策型，即家庭主要商品的购买决策由妻子决定。这种类型的家庭成因是较复杂的。一类是由于丈夫忙于工作和事业，家务劳动从决策到具体购买都由妻子承担。另一类是家庭收入很高，消费支出的决策已不构成家庭生活的主要话题。生活内容是家庭成员关心的对象，而在这一类家庭中，消费支出的货币量已不是家庭成员关心的对象。再一类是妻子生活、购物、理家能力大大超过丈夫。前两类妻子决策型家庭在购买行为上是比较随意的，并且机动性较大。而后者的购买则是很精明的，往往是市场上的挑剔购买者。

3）共同决策型

共同决策型，即由家庭成员主要是夫妻双方共同协商决策。这种家庭的主要特点是夫妻双方关系融洽，有过良好的教育基础，思想较为开放，适应时代潮流。这类家庭的购买决策往往较为慎重、全面，购买行为较理智。

4）夫妻自主决策型

夫妻自主决策型，即构成家庭的夫妻双方在经济上相对独立，各自都能自主的做出决策而对方也从不过多干预。这种类型的多数开放型家庭，一般在经济收入较宽裕、层次较高的家庭中常见。这类消费者在购买中，自主性和随意性都比较强。

> **案例阅读**

随着消费水平不断提高，儿童可以参与做主的项目越来越多，同时也说明了儿童的消费地位在提高，在家庭生活中，有越来越多的儿童成为家庭的中心，父母的权威正在进一步弱化。一家监测机构在对全国15个城市青少年进行消费调查后发现，在与自己生活息息相关的吃、穿、用等方面，青少年对父母的影响最大：60.7%中学生表示，在父母为他们购置运动鞋和休闲服、牛仔衣时，他们有着非常大的影响或比较有影响；54.9%的中学生认为他们对父母购买食品有较大影响力。此外，在家庭购置电脑、电视机等花费相对较大的家用电器时,青少年对父母的购买决策也显现出较强的影响力。但在购买化妆品、家庭常用药品、洗衣机、电冰箱等方面,青少年的影响力相对较弱。

4. 家庭消费的特征

1) 阶段性

每一个家庭都有自身发生、发展、消亡的过程。这个过程被称为家庭的生命周期,即一个家庭从建立到解体、消亡的全部过程。在其家庭生命周期的不同阶段,消费者的购买心理与购买行为有着明显的差异。

2) 相对稳定性

我国大多数家庭的收入相对稳定,日常消费的支出及其他各项支出也相对均衡和稳定。同时,我国传统道德观念、法律规范的约束也能使大多数家庭维系住持久而稳定的婚姻关系,从而使家庭消费相对稳定。

3) 传承性

由于每一个家庭都可以归属于不同的群体和社会阶层,具有不同的价值观念,并受一定经济条件的制约,因此形成了不同的家庭消费特色、消费习惯和消费观念等。这些具有家庭特色的消费习惯和观念,对家庭成员的日常消费行为具有潜移默化的影响。如当子女脱离原有家庭并组建自己的家庭时,必然带有原有家庭消费特征的某些痕迹。

5. 不同社会阶层的消费特点

社会阶层是指按照一定的社会标准,如收入、受教育程度、职业、社会地位及名望等,将社会成员划分成若干社会等级。不同社会阶层的人由于价值观、消费观、审美观和生活习惯等的不同,形成不同的消费需求和购买行为。不同社会阶层的消费特点见表6-1。

表6-1 不同社会阶层的消费特点

| 阶 层 | 特 点 |
|---|---|
| 现实的温饱型阶层 | 安定、传统的中国式家庭生活,消费中档品 |
| 积极的小康型阶层 | 努力工作、追求高档消费品的小康型家庭 |
| 富裕阶层 | 首先购买的富裕人,人口数少,但购买力很强 |
| 保守的老百姓阶层 | 比质量更重视数量的一般家庭,主要是低收入的城市居民和贫民 |
| 知识分子阶层 | 开放性的,重视文化消费的知识分子 |
| 专门人员和管理人员阶层 | 重视金钱;生活节奏快;从事专门或管理职业的白领人,流行的倡导者 |
| 新一代阶层 | 缺乏传统观念;关心股票、体育、广告等 |

【知识拓展】

### 我国家庭社会阶层分类

随着我国经济的发展,人们的收入差距不断增大,2003年中国社会科学院研究人员参照国际标准,结合我国国情,对不同家庭社会阶层的经济及消费情况进行了调查,并对消费阶层进行了分类,类型如下:

(1) 富豪型家庭阶层(少于10%)。即由工商界杰出人士、明星、著名作家、著名画家组成。他们社会地位显赫，经济收入丰厚，生活中追求物质、精神生活的高品位，高档商品的购买与使用在其生活中已日常化、随意化。

（2）富裕型阶层（10%以上）。即由高级技术人员、管理人员或成功的个体经营户组成。这类家庭阶层的生活条件也相当充裕，他们追求商品消费的个性化，是高档住宅、汽车、名牌商品的主要消费者。

（3）小康型家庭阶层（40%）。即由我国大部分城市家庭及较发达农村家庭组成。由于家庭生活不再拮据，消费领域日渐扩大，消费能力也大大加强，不仅满足于日常生活消费，也涉及休闲、文化娱乐等精神方面的消费。

（4）温饱型家庭阶层（20%左右）。即由中小城市的工薪阶层家庭组成。家庭经济来源少，收入一般，往往消费谨慎，考虑长远。在维持生理性需要的同时，略有节余，实用的、经济实惠的商品是他们追求的主要目标。

（5）贫困型家庭阶层（20%）。由城市下岗人员、低收入者和边远贫困地区的农村家庭组成。这类家庭的收入几乎全部用于维持基本的生活费用，他们没有清醒的消费意识。低档、廉价的商品往往成为他们关注的对象。

社会阶层对消费行为的影响主要表现在三个方面。

1）消费观念不同

社会阶层对人们的消费心理与行为具有较大的影响。同一阶层的消费者其消费心理具有相似性，如富有阶层的消费者求新求异心理突出，追求高档消费；富裕阶层的消费者追求消费个性化是其消费主题；温饱阶层的消费者存在一种立即获得满足感的消费心理，追求经济实惠、物美价廉的商品，支持子女教育、储蓄是其主要消费心理倾向；贫困阶层的消费者几乎要将全部收入用来维持基本生活，求廉、求实是其主导性消费动机。不同阶层的成员由于其收入水平、教育程度、职业等方面存在明显的差异，其消费心理和行为存在较大差异。

2）购物方式不同

一般来说，人们会形成哪些商店适合哪些阶层消费者惠顾的看法，并倾向于到与自己社会地位相一致的商店购物。通常，较高阶层特别青睐那些购物环境优雅、品质和服务上乘的商店，而且乐于接受新的购物方式；中层消费者比较谨慎，对购物环境有较高要求，但也经常在折扣店购物；下层消费者由于受资金限制，对价格特别敏感，多到廉价的地摊、批发市场购物。

3）获取信息的渠道不同

一般低阶层消费者习惯于口碑式人际传播，而高阶层消费者爱从专业性刊物上或其他大众传播媒介中获取信息。此外在产品选择和使用上、休闲活动、认知方式、心理感受等方面也会存在差异。

### 6.2.2 少年儿童群体的消费心理特点

少年儿童消费者群体是由 0～14 岁的消费者组成的群体。这部分消费者在人口总数中占有较大比例。从世界范围看，年轻人口型国家中，0～14 岁的少年儿童占 30%～40%；老年人口型国家中，儿童占 30%左右。我国这一比例为 30%～40%，这一年龄阶段的消费者构成了一支庞大的消费大军，形成了具有特定心理的消费者群体。

这一部分消费者又可根据年龄特征分为儿童消费者群体（0～10 岁）和少年消费者群体（11～14 岁）。这里分别就这两个年龄阶段的消费者群体的心理特征进行探讨。

1. 儿童消费者群体的消费心理

从出生婴儿到 10 岁的儿童，受一系列外部环境因素的影响，他们的消费心理变化幅度最大。这种变化在不同的年龄阶段表现得最为明显，即乳婴期（0~3 岁）、学前期（3~6 岁，又称幼儿期）、学初期（6~10 岁，又称童年期）。在这三个阶段中，儿童的心理出现三次较大的质的飞跃，即开始了人类的学习过程，逐渐有了认识能力、意识倾向、学习、兴趣、爱好、意志及情绪等心理品质，学会了在感知和思维的基础上解决简单的问题。这种心理特征在消费者活动中表现为以下几种情况。

1）从纯生理性需要逐渐发展为带有社会性的需要

儿童在婴幼儿时期，消费需要主要表现为生理性的，且纯粹由他人帮助完成的特点。随着年龄的增长，儿童对外界环境刺激的反应日益敏感，消费需要从本能发展为有自我意识加入的社会性需要。例如，四五岁的儿童就学会了比较，表现出了有意识的支配行为，年龄越大，这种比较也就越深入。然而，这时的儿童仅是商品和服务的使用者，而很少成为直接购买者。处于幼儿期、学前期的儿童，已经具有一定的购买意识，并对父母的购买决策发生影响。有的还可以单独购买某些简单商品，即购买行为由完全依赖型向半依赖型转化。

2）从模仿型消费逐渐发展为带有个性特点的消费

儿童的模仿性非常强，尤其在学前期，对于其他同龄儿童的消费行为往往有强烈的模仿欲望。随着年龄的增长，这种模仿性消费逐渐被个性特点的消费所代替，购买行为也开始有了一定的目标和意向，如自己的玩具用品一定要好于其他同龄儿童。

3）消费情绪从不稳定发展到比较稳定

儿童的消费情绪极不稳定，易受他人感染也易变化，这种心理特性在学前期表现得尤为突出。随着年龄的增长，儿童接触社会环境的机会增多，有了集体生活的锻炼，意志得到增强，消费情绪逐渐趋于稳定。

总之，儿童的消费心理多处于感情支配阶段，购买行为以依赖型为主，但已有影响父母购买决策的倾向。

2. 少年消费者群体的消费心理

少年消费者群体是指 10~14 岁年龄阶段的消费者。少年期是儿童向青年过渡的时期。在这一时期，生理上呈现第二个发育高峰。与此同时，心理上也有较大变化，如有了自尊与被尊重的要求，逻辑思维能力增强。总之，少年期是依赖与独立、成熟与幼稚、自觉性和被动性交织在一起的时期。少年消费者群体的消费心理特征可以从以下几点表现出来。

1）有成人感，独立性增强

有成人感，是少年消费者自我意识发展的显著心理特征。他们认为自己已长大成人，应该有成年人的权利与地位，要求受到尊重，学习、生活、交友都不希望父母过多干涉，而希望能按自己的意愿行事。在消费心理上，表现出不愿受父母束缚，要求自主独立地购买所喜欢的商品。他们的消费需求倾向和购买行为尽管还不成熟，有时会与父母发生矛盾，但却处于形成之中。

2）购买的倾向性开始确立，购买行为趋向稳定

少年时期的消费者，知识不断丰富，对社会环境的认识不断加深，幻想相对减少，有意识的思维与行为增多，兴趣趋于稳定。随着购买活动次数的增加，他们的感知性经验越来越

丰富，对商品的分析、判断、评价能力逐渐增强，购买行为趋于习惯化、稳定化，购买的倾向性也开始确立，购买动机与实际的吻合度有所提高。

3）从受家庭的影响转向受社会的影响，受影响的范围逐渐扩大

儿童期的消费者主要受家庭的影响。少年消费者则由于参与集体学习、集体活动，与社会的接触机会增多、范围扩大，受社会环境影响比重逐渐上升。这种影响包括新环境、新事物、新知识、新产品等内容，其消费影响媒介主要是同学、朋友、明星、书籍、大众传媒等。与家庭相比，他们更乐于接受社会的影响。

3. 面向少年儿童消费者群体的市场营销心理策略

少年儿童消费者构成了一个庞大的消费市场。企业把握少年儿童的心理特征，是为了刺激其购买动机，满足他们的心理和物质需求，积极培养、激发和引导他们的消费欲望，从而大力开发这一具有极大潜力的消费市场。为此，可以采用以下几种策略。

1）根据不同对象，采取不同的组合策略

乳婴期的儿童，一般由父母为其购买商品。企业对商品的设计要求、广告诉求和价格制定可以完全从父母的消费心理出发。商品质量要考虑父母对儿童给予保护、追求安全的心理，生活用品和服装要适应不同父母审美情趣的要求，玩具的价格要适当。学龄前期的儿童不同程度地参与了父母为其购买商品的活动。因此，企业既要考虑父母的要求，也要考虑儿童的兴趣。玩具用品的外观要符合儿童的心理特点、价格要符合父母的要求、用途要迎合父母提高儿童智力及各方面能力的需要。

2）改善外观设计，增强商品的吸引力

少年儿童虽然已能进行简单的逻辑思维，但直观的、具体的形象思维仍起主导作用，对商品优劣的判断较多地依赖商品的外观形象。因此，商品的外观形象对他们的购买行为具有重要的支配作用。为此，企业在儿童用品的造型、色彩等外观设计上，要考虑儿童的心理特点，力求生动活泼、色彩鲜明。如用动物头像做成笔帽，用儿童喜爱的卡通形象作为服装装饰图案等，以此增强商品的吸引力。

3）树立品牌形象

少年儿童的记忆力很好，一些别具特色并为少年儿童喜爱的品牌、商标或商品造型，一旦被其认识，就很难忘记；相反，如果他们对某商品产生不良印象，甚至厌恶情绪，则很难改变。因此，企业在给商品命名、设计商标图案和进行广告宣传时，要针对少年儿童的心理偏好，使他们能够对品牌产生深刻印象，并且还要不断努力在产品质量、服务态度上狠下功夫，使少年儿童能够长期保留对企业及商品的良好印象。

## 6.2.3 青年群体的消费心理特点

青年是指由少年向中年过渡时期的人群。处于这一时期的消费者，形成了青年消费者群体。不同的国家和地区由于自然条件、风俗习惯、经济发展水平不同，人的成熟早晚各异，青年的年龄范围也不尽一致。在我国，青年一般指年龄在15~35岁的消费者。

1. 青年消费者群体的特点

（1）青年消费者群体人数众多，是仅次于少年儿童消费者群体的另一个庞大的消费者群体。

（2）青年消费者群体具有较强的独立性和很大的购买潜力。进入这一时期的消费者，已

具备独立购买商品的能力，具有较强的自主意识。尤其参加工作以后有了经济收入的青年消费者，由于没有过多的负担，独立性更强，购买力也较高。因此，青年消费者群体是消费潜力巨大的消费者群体。

（3）青年消费者群体的购买行为具有扩散性，对其他各类消费者都会产生深刻影响。他们不仅具有独立的购买能力，其购买意愿也多为家庭所尊重。新婚夫妇的购买代表了最新的家庭消费趋势，对已婚家庭会形成消费冲击和诱惑。孩子出生后，他们又以独特的消费观念和消费方式影响下一代的消费行为。这种高辐射力是任何一个年龄阶段的消费者所不及的。因此，青年消费者群体应成为企业积极争取的对象。

【知识拓展】

### 高校学生消费群体的特点

（1）人数多，消费容量大。
（2）拥有一定的即期购买力。
（3）能够建立品牌的长期效应。
（4）消费刺激点是价格、品牌、文化、潮流、购买便利性。
（5）消费群体性。学生一起学习、工作、生活，年龄差不多，具有许多共同的消费特点。高校是人口密度非常高的地区，学生人数非常集中。

【拓展知识】

（6）消费具有随大流的特点。大学生很容易接受新东西，但他们也容易随大流，别人怎么样，我也怎么样。
（7）学生是消费者中的弱者。
（8）大多数学生，特别是高年级学生不在校内消费，消费资金大量流向社会。
（9）学生的消费呈稳健增长趋势。

2. 青年消费者群体的消费心理

1）追求时尚，表现时代

青年人典型的心理特征之一就是思维敏捷、思想活跃，对未来充满希望，并具有冒险和创新精神。任何新事物，新知识都会使他们感到新奇、渴望并大胆追求。这些心理特征反映在消费心理方面就是追求新颖与时尚，力图站在时代前列，领导消费新潮流。他们始终对现实世界中新兴事物抱有极大的兴趣，渴望更换品牌体验不同的感受。因此，青年消费者强烈的求新、求异思维决定了他们往往是新产品、新消费方式的追求者、尝试者和推广者。

2）追求个性，表现自我

处于青春时期的消费者自我意识迅速增强。他们追求个性独立，希望确立自我价值，形成完美的个性形象，因而非常喜爱个性化的商品，并力求在消费活动中充分展示自我。

3）追求实用，表现成熟

青年消费者的消费倾向从不稳定向稳定过渡，因而在追求时尚、表现个性的同时，也注重商品的实用性和科学性，要求商品经济实用，货真价实。由于青年人大多具有一定的文化水准，接触信息较多，因而在选择与购买过程中盲目性较少，购买动机及购买行为表现出一定的成熟性。

4）注重情感，冲动性强

青年消费者处于少年到成年的过渡阶段，思想倾向、志趣爱好等还不完全稳定，行动易受感情支配。上述特征反映在消费活动中，表现为青年消费者易受客观环境的影响，情感变化剧烈，经常发生冲动性购买行为。同时，直观选择商品的习惯使他们往往忽略综合选择的必要，款式、颜色、形状、价格等因素都能单独成为青年消费者的购买理由，这也是冲动购买的一种表现。

3．面向青年消费者群体的市场营销心理策略

企业要想争取到青年消费者市场，必须针对青年消费者群体的心理特征，制定相应的市场营销心理策略。

1）满足青年消费者多层次的心理需要

产品的设计、开发要能满足青年消费者多层次的心理需要，以商品功能刺激他们产生购买动机。青年消费者进入社会后，除了生理、安全保障需要之外，还产生了社会交往、自尊、成就感等多方面的精神需要。企业开发的各类商品，既要具备实用价值，更要满足青年消费者不同的心理需要。例如，个性化的产品会使青年消费者感到自己与众不同。名牌皮包、时装会表现拥有者的成就感和社会地位感，特别受到青年消费者的青睐。

2）开发时尚产品，引导消费潮流

青年消费者学习和接受新事物快，富于想象力和好奇心，因此在消费上追求时尚、新颖。每个时期、每个年代，时尚是不断变化的，企业要研究预测国际国内消费的变化趋势，适应青年消费者的心理，开发各类时尚产品，引导青年消费者消费。

3）注重个性化产品的生产、营销

个性化的产品、与众不同的另类商品被青年消费者称为"酷"而大受欢迎。企业在产品的设计、生产中，要改变传统思维方式，要面向青年消费者开发个性产品。尤其是服装、装饰品、书包、手袋、手机、数码产品等外显商品的设计生产，要改变千篇一律的大众化设计，寻求特性，以树立消费者的个性形象。在市场销售过程中也应注重个性化，如在商场设立形象设计顾问，帮助顾客挑选化妆品、设计发型。在时装销售现场，帮助青年消费者进行个性化的着装设计，推荐购买穿着类商品和饰物。

4）缩小差距，追求商品的共同点

青年消费者由于职业、收入水平不同，产生了不同的消费阶层。他们在商品的购买上，也有因收入不同带来的差别。但是，青年人好胜、不服输的天性又使这种差别的表现方式不十分明显。例如，城市中青年人结婚的居室布置也广为农村青年所模仿，房屋装修、家用电器一应俱全。但是其商品的品牌、质量还是有所不同。企业在开拓青年消费者市场时，要考虑到这些不同的特点，生产不同档次、不同价格水平、面向不同收入水平的同类产品。这些产品在外观形式上差别不太大，但在质量价格上应能形成多种选择，以满足不同收入水平青年消费者的需要。

5）做好售后服务工作，使青年消费者成为推动市场开拓的力量

青年消费者购买商品后，往往会通过使用和其他人的评价，对购买行为进行评判，把他的购买预期与产品性能进行比较。若发现性能与预期相符，就会基本满意，进而向他人推荐此产品。如果发现产品性能超过预期，就会非常满意，进而大力向他人展示、炫耀，以显示

自己的鉴别能力；相反，若发现产品达不到预期，就会感到失望和不满，会散布对此商品的否定评价，进而影响这种商品的市场销路。企业在售出商品后，要收集相应信息，了解顾客反映以改进产品。同时，要及时处理好顾客投诉，以积极的态度解决产品存在的问题，使青年消费者对企业的服务感到满意。

### 6.2.4　女性的消费心理与消费行为

据第六次全国人口普查统计，我国女性6.52亿人，占总人口的48.73%，其中在消费活动中有较大影响的是中青年妇女，即20~50岁这一年龄段的女性，约占人口总数的21%。女性消费者不仅数量大，而且在购买活动中起着特殊重要的作用。女性不仅对自己所需的消费品进行购买决策，而且在家庭中她们承担了母亲、女儿、妻子、主妇等多种角色，因此，也是绝大多数儿童用品、老人用品、男性用品、家庭用品的购买者。

网易网上调查显示：不管女性的社会地位如何，在家庭消费上，女性可谓绝对地当家做主。在家庭消费中，女性完全掌握支配权的占到了51.6%，与家人协商做一半主的占到44.5%，二者合计达96.1%。同时，女性的审美观影响着社会消费潮流，年轻女性的心境和感性支配着流行，女性不仅自己爱美，还注意恋人、丈夫、儿女和居家的形象。因此，商品的流行大多是随女性的审美观的变化而变化的，研究女性消费，尤其是青年女性的消费，可以洞悉社会消费心理的变化和趋势。

1. 女性消费者群体的消费心理

1）情感性心理

女性消费者在个性心理的表现上具有较强的情感性特征，即感情丰富、细腻，心境变化剧烈，富于幻想和联想。这种特征反映在消费活动中，就是在某种情绪或情感的驱动下产生购买欲望从而进一步实行购买行为。这里导致情绪或情感萌生的原因是多方面的，如商品品牌的寓意、款式色彩产生的联想、商品形状带来的美感、环境气氛形成的温馨感觉等都可以使女性萌发购买欲望，甚至产生冲动性购买行为。在给男朋友或丈夫、子女、父母购买商品时，她们的这种心理特征表现得更加强烈。

2）注重商品的实用性和细节设计

由于女性消费者在家庭中的地位及从事家务劳动的经验体会，使她们对商品的关注角度与男性有所不同。她们在购买生活日常用品时，更关注商品的实际效用，关心商品带来的具体利益。商品在细节之处的设计优势，往往更能博得女性消费者的欢心，如家庭洗涤剂精巧的喷头设计、家用微波炉使用的专用器皿、多用途的家庭刀具等。她们在购买商品时所表现出来的反复询问、了解使用方法，使人明显感觉到女性消费者的细心。

3）注重商品的便利性和生活的创造性

现代社会，中青年妇女的就业率很高，她们既要工作，又要担负着家庭的大部分家务劳动，因此，她们对日常生活用品的方便性具有强烈的要求。每一种新的、能减轻家务劳动强度、节省家务劳动时间的便利性消费品，都能博得她们的青睐。例如，人性化设计的整体洗碗机、多用搅拌切片机、消毒柜、微波炉等以家庭为对象的厨房用品，成为现代女性的新选择。同时，女性消费者对于生活中新的、富于创造性的事物，也充满热情，如购置新款时装、布置新房间、烹调一道新菜等。

4）有较强的自我意识和自尊心

女性消费者一般都有较强的自我意识和自尊心，对外界事物反应敏感。在日常消费活动中，她们往往以选择的眼光、购买的内容及购买的标准来评价自己和别人。当自己购物时，希望通过明智的、有效的消费活动来体现自我价值。当别人购物时，即使作为旁观者，也愿意发表意见，并且希望自己的意见被采纳。在购买活动中，营业员的表情、语调、介绍及评论等，都会影响女性消费者的自尊心，进而影响其购买行为。例如，营业员所说的"您穿这件衣服衬得人特别年轻"等恭维话会鼓动起女性的购买欲望。

5）购买商品挑剔

由于女性消费品品种繁多，弹性较大加之女性特有的细腻、认真，所以她们通常在选择商品时比较细致，注重产品在细微处的差别，通俗地讲就是更加"挑剔"，产品某些细微的优点或不足都会引起女性消费者的注意。另外，女性通常具有较强的表达能力、感染能力和传播能力，善于通过说服、劝告、传话等方式对周围其他消费者的购买决策发生影响。

6）攀比炫耀心理

炫耀心理是以购物来显示自己某种超人之处的心理状态，是爱美心理和时髦心理的一种具体表现。当代女性，特别是家庭收入较高的中青年女性，喜欢在生活上和人攀比，总希望比自己的同事、亲友过得更舒适，显得更富有。她们在消费活动中除了要满足自己的基本生活消费需求或使自己更美、更时髦之外，还可能通过追求高档次、高质量、高价格的名牌产品或在外观上具有奇异、超凡脱俗、典雅、洒脱等与众不同的特点的产品或前卫的消费方式，来显示其地位上的优越、经济上的富有、情趣上的脱俗等。

2. 面向女性消费者群体的市场营销心理策略

女性消费者在购买活动中地位重要，影响决策力强，她们的消费心理具有情感性、挑剔性、求实性等特点。根据上述特点，面向女性消费者的市场营销心理策略主要有以下四种：

（1）销售环境布置要典雅温馨、热烈明快，具有个性特色。女性消费者在购买家庭装饰品、穿着类商品、首饰、化妆品时，追求浪漫的心理感觉。因此，销售这类商品的环境布置要符合女性消费者心理，要创造条件营造一个相对安静、舒适的场所，使女性消费者能休闲地观赏、浏览商品，使环境能给她们带来感情联想，从而产生购买动机。如在销售现场提供良好的服务，有更多的人情味效果会更好。

（2）女性商品设计要注重细节，色彩、款式、形状要体现流行、时尚，并且使用方便。如一些厨房刀具、小型电器、家庭日常卫生用品，多为女性经常使用。这类商品的生产设计要为使用者着想，应简单、方便、实用。一些方便食品、半成品，要能为女性消费者节省时间，减轻劳动强度，品种样式要丰富，使女性消费者可以有更多选择，以避免产生生活单调的心理，使女性消费者不愿意接受。

（3）对女性消费者个人消费和经常购买的商品要进行广告宣传，并且要针对女性心理特点，注重传递商品的实用性、具体利益等信息，传递有关商品的质量、档次、时尚的信息、传递商品的品牌、性能、价格等方面的信息。要靠特色打动女性消费者，开拓市场。

（4）现场促销推广活动要关注女性消费者的情绪变化。营业员用语要规范，有礼貌，讲究语言表达的艺术性，尊重女性消费者的自尊心，赞美女性消费者的选择，以博得消费者的心理满足感。切忌对消费者已购商品的选择、评价下简单或生硬的断语，更不能抢白、顶撞。

现场促销面向女性消费者的折扣商品，要注意说明理由，允许消费者挑选。实践表明，喧闹的促销现场有时反而会使女性消费者"敬而远之"，收不到预期的效果。

### 6.2.5 中年消费群体的消费心理

中年消费者群体指 35～55 岁的消费者组成的群体。中年消费者购买力强，购买活动多，购买的商品既有家庭日用品，也有个人、子女、父母的穿着类商品，还有大件耐用消费品。争取这部分顾客，对于企业巩固市场、扩大销售具有重要意义。

1. 中年消费者群体的消费心理

1）经验丰富，理智性强

中年消费者生活阅历广，购买经验丰富，情绪反应一般比较平稳，能理智的支配自己的行动，感情用事的现象较少见。他们注重产品的实际效用、价格与外观的统一，从购买欲望形成到实施购买往往要经过分析、比较和判断的过程，随意性很小。在购买过程中，即使遇到推销人员不负责任的介绍与夸大其词的劝诱，以及其他外界因素的影响，一般也不会感情用事，而是冷静理智的进行分析、比较、判断与挑选，使自己的购买行为尽量正确、合理。

2）量入为出，计划性强

中年处于青年向老年的过渡阶段，而中年消费者大多肩负着赡老抚幼的重任，是家庭经济的主要承担者。在消费上，他们一般奉行量入为出的原则，养成了勤俭持家、精打细算的习惯，消费支出计划性强，很少出现计划外开支和即兴消费的现象。他们在购物时往往格外注重产品的价格和实用性，并对与此有关的各项因素，如产品的品种、品牌、质量、用途等进行全面衡量后再做选择。一般来说，物美价廉的产品往往更能激发中年消费者的购买欲望。

3）注重身份，稳定性强

中年消费者正处于人生的成熟阶段，大多数生活稳定。他们不再像青年时那样赶时髦、超前消费，而是注意建立和维护与自己所扮演的社会角色相适应的消费标准与消费内容，如中年消费者更注重个人气质和内涵的体现。

2. 面向中年消费者群体的市场营销心理策略

1）注重培育中年消费者成为忠诚顾客

中年消费者在购买家庭日常生活用品时，往往是习惯性购买，习惯去固定的场所购买经常使用的品牌商品。生产者、经营者要满足中年消费者的这种心理需要，使其消费习惯形成并保持下来。不要轻易改变本企业长期形成历史悠久的商品品牌包装，以免失去顾客。商品的质量标准和性能价格比，要照顾到中年消费者的购买习惯，也不要轻易变动。

2）在商品的设计上要突出实用性、便利性

在商品销售现场，要为顾客着想，提供良好的服务。中年消费者消费心理稳定，追求商品的实用性、便利性，华而不实的包装，热烈、刺激的造型，强烈对比、色彩动感的画面往往不被中年消费者喜爱。在销售那些中年人参与购买的商品时，应根据中年人的消费习惯，提供各种富有人情味的服务，如提供饮水、休息、物品保管、代为照看小孩等，这样会收到良好的促销效果，使中年消费者成为下次光顾、经常光顾的忠诚顾客。

3）切实解决购物后发生的商品退换、服务等方面的问题

中年消费者购物后发现问题，多直接找经营者解决，而且态度坚定、理由充分。经营者

应切实给他们解决问题，冷静面对，切忌对他们提出的问题推诿、扯皮、不负责任，因而失去忠诚顾客。

4）促销广告活动要理性化

面向中年消费者开展商品广告宣传或现场促销活动要理性化。中年消费者购物多为理性购买，不会轻易受外界环境因素影响和刺激。因此，在广告促销活动中，要靠商品的功能、效用打动消费者，要靠实在的使用效果、使用人的现身说法来证明。在现场促销时，营业员面对中年顾客要以冷静、客观的态度及丰富的商品知识说服顾客来推荐商品并给顾客留下思考的空间和时间，切忌推销情绪化、过分热情而招致中年消费者反感。

总之，面向中年消费者开展市场营销，要充分认识中年消费者的心理特征，采取适宜的策略。当然，这里介绍中年消费者的心理特征，是就多数人行为特点而总结归纳的，并不排除特殊情况。例如，在现代社会中，一些40岁左右的消费者更有一种接近青年人的心理特征，因此，在制定市场营销策略时不能绝对化。

### 6.2.6 老年消费群体的消费心理

老年消费者群体一般是指退休后离开工作岗位的，60岁以上的男性、55岁以上的女性消费者组成的群体。第六次全国人口普查统计，我国60岁及以上人口占13.26%，达到2.22亿。并且仍有增加的趋势。按有关机构分类，我国已步入老龄化人口国家。由于老年人在吃、穿、用、住、行方面都有特殊要求，所以，这个群体要求有自己独特的产品和服务。对老年消费者消费需求的满足，从一个侧面反映了一个国家的经济发展水平和社会性稳定程度。因此，研究老年消费者群体的消费心理特征，满足老年消费者的消费需求是非常必要的。老年消费者由于生理演变的结果，他们的消费心理与其他消费者群有许多不同之处。

1. 老年消费者群体的消费心理

1）消费习惯稳定

消费行为理智的老年消费者在几十年的生活实践中，不仅形成了自身的生活习惯，而且形成了一定的购买习惯。这类习惯一旦形成就较难改变，并且会在很大程度上影响老年消费者的购买行为；反过来，这会使老年型商品市场变得相对稳定。因此，为争取更多的老年消费者，企业要注意"老字号"及传统商标品牌的宣传，经常更换商标、店名的做法是不明智的。由于年龄和心理的因素，与年轻人相比，老年人的消费观较为成熟，消费行为理智，冲动型热情消费和目的不明的盲目消费相对要少。对消费新潮的反应会显得较为迟钝，他们不赶时髦，讲究实惠。

2）商品追求实用

老年消费者把商品的实用性作为购买商品的第一目的性，他们强调质量可靠、方便实用、经济合理、舒适安全。至于商品的品牌、款式、颜色、包装装潢是放在第二位考虑的。我国现阶段的老年消费者经历过较长一段时间的并不富裕的生活，他们生活一般都很节俭，价格便宜对于他们选择商品有一定的吸引力。但是随着人们生活水平的改善，收入水平的提高，老年消费者在购买商品时也不是一味地追求低价格，品质和实用性才是他们考虑的主要因素。

3）消费追求便利

老年消费者由于生理机能逐步退化，对商品消费的需求着重于其易学易用、方便操作，以减少体力和脑力的负担，同时有益于健康。老年消费者对消费便利性的追求还体现在对商品质量和服务的追求上,老年消费者对商品质量和服务质量的要求高于一般消费者,这是老年消费者的质量特征。质量高、售后服务好的商品能够使老年消费者用得放心、用得舒服,不必为其保养和维修消耗太多的精力。

4)需求结构发生变化

随着生理机能的衰退,老年消费者对保健食品和用品的需求量大大增加。只要某种食品或保健用品对健康有利,价格一般不会成为老年消费者的购买障碍。同时,由于需求结构的变化,老年消费者在穿着及其他奢侈品方面的支出大大减少,而对满足其兴趣、嗜好的商品购买支出明显增加。例如,穿着类商品需求下降的原因是,老年人不再追求时尚流行,活动、运动少,一件衣服可以穿许多年,所以添置的少。而用的商品从生活日用品占较大比重开始转向对旅游、休闲、娱乐、健身用品的需求比例上升。全面提升生活标准和精神生活是中老年人生活的重点,尤其是"空巢老人",他们更渴望精神消费和服务消费,以满足他们的精神和文化的需求。

5)部分老年消费者抱有补偿性消费心理

在子女长大成人独立、经济负担减轻之后,部分老年消费者产生了强烈的补偿心理,试图补偿过去因条件限制而未能实现的消费愿望。他们不仅在美容美发、穿着打扮、营养食品、健身娱乐、旅游观光等方面和青年消费者一样有着强烈的消费兴趣,而且还乐于进行大宗支出。

6)注重健康,增加储蓄

对于一些身体状况较差的老年人来说,健康无疑是他们最关心的问题。这些人一般更加注重保养身体,较多购买医疗保健品。此外,老年人退休之后,他们的收入都有所下降,特别是大多数农村的老年人,一旦不再劳作,就几乎没有收入来源,而得依靠自己以往的储蓄来生活,或是由子女抚养。因此,随着年龄的增加,为了保证以后有足够的医疗支出,他们会更加节省开支以增加储蓄,为以后治疗疾病做更多的准备。

2. 面向老年消费者群体的市场营销心理策略

针对以上老年消费者的消费心理特点,企业不但要提供老年消费者所希望的方便、舒适、有益于健康的消费品,还要提供良好的服务。同时,要考虑老年消费者娱乐休闲方面的要求,提供适合老年人特点的健身娱乐用品和休闲方式。此外,老年消费者用品的购买者既可能是老人自己,也可能是子女、孙子女等,因此,针对老年消费者可采取以下三种市场营销心理策略:

(1)生产商要针对老年消费者注重实用性、方便性、安全性及舒适性的消费心理,开发、生产出适合老年消费者需要的各类商品。目前,我国市场上真正适合老年人的商品品种仍显单调,大有潜力可挖。如可专为老年消费者生产各种食品、保健品,并直接面向他们销售,挖掘传统产品并赋予时代特色,则更能适合老年消费者的心理。

精明的日本企业家就看准了"银色市场"的有利可图,在老年产品开发上大做文章,并将其引入高科技领域。针对老年消费者患高血压者众多,而普通血压计又使用不便的问题,他们就推出了体积小、易携带的"手指式自动血压计"。针对老年消费者血脉不通,冬天特别怕冷的生理特征,他们还推出了防冻背心和设计别致的暖脚器。他们生产的老年产品,由于充分考虑到了老年消费者的特殊需要,为他们解决了具体困难,因而备受欢迎,走俏市场。

### 【课堂互动】

扫描二维码，了解德国制造的老人管家机器人。

（2）帮助老年消费者增强消费信心。老年消费者由于体力和智力都处于明显的衰退状态，所以他们的心理可能会变得脆弱、敏感、失落，在购买心理和行为上常常表现出反复权衡、仔细挑选、犹豫不决。针对这种情况，应采取一些策略，帮助老年消费者恢复自信，增强消费信心。例如，选派商品知识丰富、富有亲和力、态度热情的售货员为老年消费者服务，制定商品无理由退换制度、售前咨询、售后服务制度、送货上门、服务到家制度及免费试用、先尝后买、操作演示等都是提高老年消费者购买欲望的有效措施。

（3）广告促销活动不但针对老年消费者，还可以针对老年消费者的子女开展。有些商品，像老年人健身用品、营养品等，不但可以面向老年人设计广告，还可以面向青年人，提倡尊老敬老的社会风尚，激发青年人孝敬老人的心理，从而产生购买行为。又如，专门服务于老年人的旅游团，很多情况下是子女为父母付款，有些营养保健品也是子女购买送去孝敬老人。因此，老年人用品的广告面向青年人，也常能取得较好的销售效果。

总之，企业在策划老年消费市场的营销策略时，要考虑老年消费者的购买特点，根据老年消费者心理制定各项营销策略，满足老年消费者群体的需求。

### 【与相关课程的联系】

不同消费群体的消费心理有很大的差异，产品的设计、包装、品牌的策划要适合目标市场的需要。不同群体可以划分出相应的目标市场。

## 任务3 掌握相关群体对消费心理的影响分析

### 案例阅读

2014年国庆黄金周期间，选择出境游的中国游客在境外消费增长最多的是哪些国家？大家在境外消费的项目又有哪些变化？

中国之声联合了中国银联通过大数据的分析来解密这些问题，截至2014年10月6日银联卡跨行交易系统统计出来的出境游情况，黄金周境外消费交易量增长最快的国家是韩国，大家更喜欢去韩国购物。

韩国的各大商家全力以赴来迎接这一波中国游客的到来，其中大部分的百货公司超市都挂出了巨幅中文欢迎标语，而且不仅酒店业增加会说中文的职员，韩国的旅游发展局也推出了一个新的项目叫作家常菜体验，让到访韩国的中国客人，可以到真正的韩国人家里面去买菜做饭，体验当地的生活。

韩国首尔江南区的狎鸥亭是传说中的韩国整容一条街，10月3日还是韩国传统节日开天节，这天为国家公休日，但这条大街并没有因此冷清许多，因为这几天来做整容的中国人很多，许多整形医院都在开门营业。

有着200余家整容中心规模的狎鸥亭整容一条街形成于1997年韩国经济危机开始的时候。狎鸥亭能形成整容一条街，其原因主要是经济性和交通位置的有利。即在生活水平到达一定的高度，比较宽裕的时候人们才生活可能有美容消费的欲望，而狎鸥亭所在的江南区是韩国的富人区，在经济上是最适合开整容中心的。另外，江南交通条件便利，无论是从汉江以北的地区，还是从地方来首尔的高速，到达江南都很方便，因为上述条件客观上为整容中心的在江南的聚集创造了客观条件。另外，目前狎鸥亭的整容中心已趋于饱和，因此，最近新开的店开始选择在江南站附近落户。

【拓展视频】

扫描二维码，了解韩国整容街接待中国顾客的后续报道（2016年）。

### 6.3.1 消费者群体规范与消费行为

群体规范是在群体成员互动的过程中形成的。它通过群体成员日常生活中对某些行为的强化和对某些行为的负强化而逐渐形成的。群体规范的形成有一定心理机制。人们在共同的生活中，对于外界事物的经验具有一种将其格式化、规范化的自然倾向，这种规范化的经验被称为定型，它有助于人们在重新遇到此类事物时尽快做出反应。群体规范就其形成过程来说也属于定型。

另外，群体规范的形成还受模仿、暗示、从众、服从等因素的影响，是群体成员为着目标的实现而发生相互作用的结果。群体规范一旦形成，它就会影响成员的行为。群体规范具有一种无形的压力，约束着人们的行为表现，而这种约束力往往没有被人们所意识到。因而群体规范一旦形成，就会成为群体成员的行为准则，自觉地或被迫地来遵守它。为了成为某一个群体的一员，人们往往尽力做到符合其所在群体的规范，因为不符合群体规范的代价也许是受到群体成员的排斥，甚至被嘲笑。从某种程度上说，群体规范是控制人们行为的有效办法。

【知识拓展】

美国心理学家 M. 谢里夫的群体规范压力实验说明了群体规范的形成过程。他的实验是在暗室里进行的，一个被试者坐在暗室里，面前的一段距离内出现一个光点，光点闪现几分钟后消失，然后让被试者判断光点移动的距离。实际上，光点并未移动，但在暗室中看光点，每个人都会觉得光点在移动，这是一种视错觉现象。这样的实验进行几次，每个被试者都建立了个人的反应模式。有的人觉得光点向右上方移动，有的人觉得向左下方移动，有的人觉得向上方移动等，每个人的反应模式各不相同，随后让被试者一起在暗室内看出现的光点，大家可以相互讨论，说出自己的判断。实验反复进行，一段时间过后，大家对光点移动方向的判断逐渐趋于一致，这就是说，群体的规范代替了个人的反应模式。

实验继续进行着，出现了一个有趣的现象。当把这些被试者重新分开单独进行判断时，每个人并没有恢复它最初建立的个人反应模式，也没有形成新的反应模式，而是一致保持群体形成的规范。这表明群体的规范会形成一种无形的压力，约束着人们的行为，甚至这种约束并没有被人们意识到。

1. 群体规范的种类

（1）正式规范。正式规范就是明文规定的规范，一般存在于正式群体之中。这类规范往往是通过群体成员讨论，以文字形式保存下来，并辅之一系列配套制度来维护，如奖惩制度及其实施办法等。

（2）习惯性规范。习惯性规范就是自发形成或约定俗成的规范，主要存在于非正式群体之中，也存在于正式群体之中。在一定情况下，习惯性规范比正式规范对人的约束和压力更大。如经常可以听到大家议论某人说话比较放肆、某人过分表现自己等，一般都是这种规范在起作用。因此，了解群体规范既要注意看得见、摸得着的正式规范，还要特别注意多种多样的习惯性规范的影响。

（3）反社会规范。反社会规范是指不被社会所承认的规范，所以具有很大的危害性和反动性，如流氓团伙、危害社会的集团等群体的特定规范都属于这一类规范。

2．群体规范的功能

（1）群体规范有利于增进凝聚力，促进群体生存。群体规范通过保护群体的特性，拒绝其成员的越轨行为，强化那些能够增加成功机会的规范，把群体成员的意见和行为统一起来，实现共同的目标，从而尽量减少其他群体和个人的干扰，防止"一盘散沙"，增强群体的整体性，对群体起到维护作用。

（2）群体规范有利于增加群体成员行为的可预测性。群体规范通过建立共同准则和行为基础来促进群体的平稳运行，降低人们预期行为中的不确定性，从而使群体和群体成员能够相互预测彼此的行为，简化群体的工作方式，并做出适当的反应，从而提高群体的效率。

（3）群体规范有利于减少摩擦，改善人际关系。群体规范通过界定成员间的适当行为，有利于减少和避免尴尬或难堪的人际关系，从而尽可能减少人际摩擦，防止对抗，使群体成员在一种相对"安全"的心理环境中进行工作。因此，没有群体就没有群体规范，没有规范也就没有群体。

（4）群体规范成为认知的标准化。群体的规范就像一把尺子，摆在每个群体成员面前，约束着他们，使他们的认知和评价有一个统一的标准，从而形成了共同的看法和意见。群体规范不仅约束着成员的认知和评价，还约束着他们的行为，使他们表现出一定的群体行为特点。群体规范对行为的定向作用，主要是为成员划定了活动的范围，制订了日常的行为方式，也就是告诉人们应该做什么、不应该做什么、怎样去做等方面的要求。

群体规范也有消极的一面，群体规范会使群体成员产生惰性。规范是一种多数人的意见，并且要求所有成员都无原则地遵守，从而把成员的行为限制在一个中等水平，既不能积极，也不能落后。在规范的限制下，人们往往把一些创造性行为看作是越轨的，不符合社会要求的行为，这些行为者往往会受到打击和排斥，因而不利于群体成员积极性和创造性的发挥。

3．消费者群体规范因素对消费行为的影响

（1）消费者群体规范为消费者提供可供选择的消费行为或生活方式的模式。社会生活是丰富多彩，变化多样的。处于不同群体中的人们，行为活动会有很大差别。例如，营业员在为顾客服务时，要求仪表整洁、服装得体、举止文雅，但不要打扮得过于时髦。而电影明星在表演时要适应剧中角色的要求，更换各种流行服装和发式。这些不同的消费行为通过各种形式传播给消费者，为其提供模仿的榜样。特别是对于缺乏消费经验与购买能力的人，他们经常不能确定哪种商品对他们更合适。在这种情况下，消费者对消费者群体的依赖性，超过了对商业环境的依赖性。

（2）消费者群体引起消费者的仿效欲望，从而影响他们对商品购买与消费的态度。模仿是一种最普遍的社会心理现象，但模仿要有对象，即我们通常所说的偶像。模仿的偶像越具有代表性、权威性，就越能激起人们的仿效欲望，模仿的行为也就具有普遍性。而在消费者的购买活动中，消费者对商品的评价往往是相对的，当没有具体的模仿模式时，不能充分肯定自己对商品的态度。但某些消费者群体为其提供具体的模式时，而消费者又非常欣赏时，那么会激起其强烈的仿效愿望，从而形成对商品的肯定态度。

（3）消费者群体促使行为趋于某种"一致化"。消费者对商品的认识、评价往往会受到消费者群体中其他人的影响。这是因为相关群体会形成一种团体压力，使团体内的个人自觉、不自觉地符合团体规范。例如，当消费者在选购某种商品，但又不能确定自己选购这种商品是否合适时，如果群体内其他成员对此持肯定的态度，就会促使他坚定自己的购买行为；反之，如果群体内其他成员对此持否定的态度，就会促使他改变自己的购买行为。

### 6.3.2 相关群体

1. 相关群体的概念

相关群体也称为参考群体或参照群体，指消费者在认知、情感的形成过程和消费行为的实施过程中，用来作为参照标准的群体。相关群体能对消费者心理与行为产生持续性影响，并对其消费决策产生重要作用。相对于一般的消费者群体，它与个体消费者的关系更为密切，对消费活动的影响更大，主要包括家庭、朋友、购物群体、工作群体、成员群体等相关团体。

2. 相关群体的类型

（1）主要团体。包括家庭成员、亲朋好友和同窗同事。主要团体对消费者的购买行为发生直接和主要的影响。

（2）次要团体。即消费者所参加的工会、职业协会等社会团体和业余组织。这些团体对消费者购买行为发生间接的影响。

（3）期望群体。消费者虽不属于这一群体，但这一群体成员的态度、行为对消费者有着很大影响，如歌星、球星等。

### 🌐【与相关课程的联系】

推销学中寻找顾客的"中心开花法"，就是要找到意见领袖，如歌星、球星等名人。

3. 相关群体对消费行为的影响

（1）信息性影响。相关群体的价值观和行为被个人作为有用的信息加以参考。

（2）功利性影响。相关群体的价值观和行为对消费者发生作用后，可以帮助其获得奖赏或避免惩罚。

（3）价值表现的影响。相关群体的价值观和行为方式被个人所内化，无需任何外在的奖罚就会依据群体的价值观或规范行事。

### 6.3.3 相关群体在市场营销中的作用

（1）相关群体为企业的营销提供了方向。企业在市场营销中，应充分利用社会群体的影响，尤其是相关群体的意见领导者的影响，要注意研究意见领导者的特性，提供其爱好的商品，并针对他们做广告，以发挥其"导向"和"引导"作用，从而对目标市场到制订出正确的营销策略。

（2）相关群体消费者的形成对消费活动，有调节、控制消费的意义，可以使消费活动向健康的方向发展。任何消费，当消费活动以群体的规模进行时，不但对个体消费产生影响，而且还有利于推动社会消费的进步。因为消费由个人活动变为群体行为的同时，将使消费活动的社会化程度大大提高，而消费的社会化又将推动社会整体消费水平的提高。

（3）相关群体消费者的形成，还为有关部门借助群体对个体的影响力，对消费者加以合理引导和控制，使其向健康的方向发展提供了条件和可能。

## 自测试题

【参考答案】

一、单项选择题

1. 由尚未入学的孩子和青年夫妇组成的家庭时期属于家庭生命周期中的（　　）阶段。
   A. 家庭新建时期  B. 家庭发展中期
   C. 家庭发展后期  D. 家庭空巢时期
   E. 家庭衰亡期

2. 子女与父母分开居住，家中剩下中老年的夫妻二人的家庭时期属于（　　）阶段。
   A. 家庭新建时期  B. 家庭发展中期
   C. 家庭发展后期  D. 家庭空巢时期
   E. 家庭衰亡期

二、多项选择题

1. 以下属于群体的是（　　）。
   A. 团支部  B. 路上来往的行人
   C. 公园里的游人  D. "肾友会"等病友组织

2. 按照各种群体的概念，消费者群体属于（　　）。
   A. 实际群体  B. 假设群体  C. 正式群体  D. 非正式群体

3. 群体成员在群体中能感受到的心理影响有（　　）。
   A. 群体凝聚力  B. 群体归属感  C. 群体认同感  D. 群体心理压力

4. 下列不属于我国现阶段社会阶层的划分依据的是（　　）。
   A. 职业  B. 年龄  C. 经济收入
   D. 受教育程度  E. 政治地位

5. 针对少年儿童群体，可以采用（　　）药品营销策略。
   A. 重视知识营销，提供专业化服务  B. 药品应体现文化内涵
   C. 广告有艺术性和渲染力  D. 采用小动物、卡通人物等包装图案
   E. 选择中年影星做形象代言人

6. 老年群体的消费心理特征包括（　　）。
   A. 注重商品的科技成分  B. 对保健品的需求加大
   C. 品牌忠诚度高  D. 追求方便舒适
   E. 群体性突出

7. 女性群体的消费心理特征包括（　　）。
   A. 注重商品外观
   B. 购买行为带有情感性和冲动性
   C. 讲求商品的精神价值而不是实际效用
   D. 希望别人对自己的购买行为做出好的评价
   E. 讲求实际效用和具体利益

8. 在现实生活中，人们的社会交往较多发生在同一阶层内，如不同学历的人之间的联系远低于同学历者之间的联系，体现出社会阶层的（　　）特点。

  A. 等级分布　　B. 多维性　　C. 对成员行为的约束性
  D. 同质性　　　E. 动态性

### 三、简答题

1. 消费者群体的概念和分类。
2. 影响相关群体消费的因素是什么？
3. 简述针对少年儿童家具的营销策略。
4. 简述针对老年群体的旅游营销策略。
5. 简述针对老年群体的药品营销策略。

### 四、论述题

1. 试述女性消费者的消费行为。
2. 试论述群体规范对消费行为的影响。

### 五、案例讨论题

2016 年 1 月 13 日，上海交通大学舆情研究实验室社会调查中心、上海广播电视台广告经营中心等机构联合发布《2015 年中国大学生消费行为与品牌认知报告》。详情扫描二维码查看。

讨论
1. 大学生作为一个新型的消费群体，有哪些特点？
2. 如何引导大学生正确的消费观念？

1. 分组讨论，如购买手机、电脑等商品，你作为大学生，你的购买决策受哪些群体的影响？
2. 做一个简单调查，了解自己和周围同学的消费水平，并分析如果商家拟开拓大学生市场可从哪些方面着手。

1. 上网了解目前我国的社会阶层划分情况。
2. 分别访问 10 名男性与女性国家机关工作人员、工人、教师、农民，并总结性别群体与职业群体的消费特点。

# 项目 7

## 摸准商品价格脉搏实现利益最大化

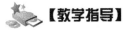

**【教学指导】**

| 教学重、难点 | 教学重点 | 价格的需求弹性；消费者的价格心理特征和反应，定价的心理策略 |
|---|---|---|
| | 教学难点 | 心理策略与技巧，商品定价、调价的心理策略 |
| 学习目标 | 知识目标 | 理解价格弹性；了解定价的方法，掌握定价和调价的心理技巧 |
| | 能力目标 | 掌握消费者的价格心理表现，价格变动对消费心理和消费行为的影响，掌握商品定价和调价的心理策略，并能在实际工作中进行运用 |

【本章概览】

【本章课件】

【导入案例】

有一次，在比利时画廊发生了一个有趣的故事：美国画商看中了印度人带来的三幅画，印度人要价5 000美元。当时一幅画的平均价格在1 000～1 500美元，美国人嫌贵，谈判陷入僵局。那位印度人被惹火了，怒气冲冲地跑出去，把其中一幅画烧了，美国画商见到这么好的画烧了，太可惜了，十分心痛，问印度人剩下两幅愿卖多少？印度人还是要5 000美元，画商思来想去，拒绝了这个报价。印度人又烧掉其中一幅，画商只好乞求，可千万别烧到最后一幅。又问印度人愿卖多少？印度人张口就要7 500美元。美国人说，一幅画怎么比三幅画的价钱还高呢？那位印度人说，这三幅画均出自己经过世的名画家之手，本来三幅画都在的时候，价格是5 000美元，现在只剩这一幅了，已经是绝世之宝了，它的价值远远超过三幅画的价值，现在你要是买，最低出价7 500美元！美国人一脸苦相，没办法，最后只好以7500美元成交。

**思考**

一幅画的平均价格在1 000～1 500美元，印度人把三幅画的价格定为5 000美元，根据是什么？印度人的一幅画的平均价格不到1 700美元，为什么最后一幅画的价格可以调高到7 500美元？

价格是一只看不见的手，合理的定价是产品竞争的主要手段，也是企业利润来源的重要方面。在自由竞争的市场上，价格是由市场决定的，那么企业应该如何对产品进行正确的定价呢？商品价格的高低取决于什么？在消费过程中，价格的变动应该考虑哪些心理因素？你又是如何看待"买涨不买跌"的心理？

## 任务1 理解商品价格

在现实生活中，影响消费者心理与行为的因素很多，然而，毫无疑问，价格是影响消费者购买决策的最具刺激性、敏感性的重要因素之一。在现代市场经济条件下，价格的制定、调整和价格水平的涨落，既调节着市场供求和企业的经营活动，也影响和制约着消费者的消费活动。

### 7.1.1 商品的价格

在激烈的市场竞争过程中，价格已经成为众多商家展开厮杀的重要利器，那么，什么是商品的价格呢？

在现代社会的日常应用之中，价格一般指进行交易时，买方所需要付出的代价或付款。按照经济学的严格定义，价格是商品同货币交换比例的指数，或者说，价格是价值的货币表现，是商品的交换价值在流通过程中所取得的转化形式，是一项以货币为表现形式，为商品、服务及资产所订立的价值数字。

经济学理论认为，价格是商品价值的货币表现，是商品与货币交换比例的指数，是商品经济特有的一个重要经济范畴。而营销心理学有关价格的含义则是指建立在消费者心理基础之上的各种商品价值的货币表现形式。

商品价格是消费者每天都要直接或间接接触的经济现象，它像一只看不见的手，通过涨落、波动无形地指挥着生产者、经营者、消费者的行为，牵动着亿万消费者的心。

## 7.1.2 商品价格的功能

**案例阅读**

巴黎的迪士尼乐园1992年开业,1994年却每天亏损高达100万美元。公司认为,顾客为了获得迪士尼的产品不会太计较价格的高低,但一项市场调查显示,法国顾客对主题乐园门票的心理极限是200法郎,于是迪士尼悬崖勒马,在1995年将门票从250法郎降到195法郎,在当年,实现了盈利。

迪士尼一开始并不了解顾客的心理价位,在随后的几年里,法国家庭对超过200法郎的门票价格的抵触消失,因为他们的承受能力在上升。

在消费者行为学的研究中,商品价格的功能是指商品价格对消费者心理的影响,以及影响过程中消费者所产生的价格心理现象。

消费者在选购商品时,通常把价格与商品的其他要素如质量、品牌、性能等综合起来加以评价,在此基础上决定是否购买。然而,就对消费者的影响而言,价格又有着与其他商品要素不同的心理作用机制。具体表现在以下三个方面。

1. 衡量商品价值功能

商品价值是价格的内在尺度,价格围绕价值上下波动,并最终趋向于价值。商品价值凝聚了生产过程和流通过程中活劳动和物化劳动的时间耗费,从理论意义上讲,消费者在选购商品时应以商品的价值为尺度来判断是否购买。然而,人们常常可以看到,有些内在质量相似的产品,因包装、装潢不同而价格相差较多时,消费者却宁愿购买价格高的产品,而对于一些处理品、清仓品,降价幅度越大,消费者的心理疑虑越重,不敢贸然购买。

这类现象的产生,是由于价格的心理功能在起作用。由于产品信息的非对称性,以及消费者购买行为的非专业性,消费者在选购产品时,总是自觉或不自觉地把价格同产品品质及内在价值联系起来,把价格作为衡量产品品质优劣和价值大小的最重要的尺度。他们往往认为,产品价格高,则意味着产品的质量好,价值大;产品价格低,则说明产品的质量差、价值小。所谓"一分钱,一分货""好货不便宜,便宜没好货",便是消费者在现实生活中通常奉行的价格心理准则。同样两件衬衣,质地看上去很相似,款式也差不多,如果其中一件用精制的盒子包装,标价280元;另一件只用普通的塑料袋包装,标价140元。顾客的第一反应就是认为280元的那件品质好、价值高,另一件则相反。

2. 自我意识比拟功能

从价格心理的角度分析,产品价格不仅被消费者用于比较产品价值和产品品质,还能使消费者产生自我意识比拟的心理功能。消费者在购买产品的过程中,通过联想和想象等心理活动,把产品价格与个人的偏好、情趣、个性心理特征等联系起来,通过价格的比拟来满足其社会心理需要和自尊心理需要。

价格的自我意识比拟主要有以下四种形式:

(1)社会经济地位比拟。有些消费者只到高档、大型百货商店或专卖店购买"名、特、优、新"产品,以显示自己的社会地位和经济地位。有些消费者则是大众商店、低档摊位的常客,专门购买折价、过季降价、清仓处理的廉价产品。假使这两类人的行为发生了错位,则第一种消费者会为去低档次的场所购物而感到不安,认为有损自己的社会形象,而第二种消费者去高档购物场所消费，则会产生局促不安、自卑压抑的感觉。

（2）文化修养比拟。有的消费者尽管对书法字画缺乏鉴赏能力，却要花费大笔支出购买昂贵的名人字画挂在家中，希望借此来显示自己具有很高的文化修养，得到心理上的慰藉。还有一些消费者既没有看书的习惯，又没有藏书的爱好，却购置大量豪华精装的书籍，以显示自己的博学及高品位。

（3）生活情趣比拟。有些消费者既缺乏音乐素养，又没有特殊兴趣，却购置钢琴或高档音响设备，或者亲身实地去欣赏体验自己听不懂的高雅音乐会，以期得到别人"生活情趣高雅"的评价，获得心理上的满足。

（4）观念更新比拟。一些消费者怕别人说自己落伍，跟不上潮流，即使不会使用电脑，也要花一大笔钱买台最先进的电脑作为摆设，希望能够以此获得"与时代发展同步"的心理安慰。还有一些消费者受广告影响，萌发追赶科技潮流的冲动。例如，"商务通"掌上电脑的电视广告"呼机、手机、商务通，一样都不能少"，曾经引发了一批中高收入阶层消费者的购买热情。很多人购买掌上电脑并无多大实际用处，其潜在心理是树立自己观念前卫的形象。

自我意识比拟这种心理功能，在消费者心理上的反应可能是有意识的，也可能是无意识的，但有一个共同点，就是从满足社会需求和自尊需求出发，更多地重视产品价格的社会价值象征意义。

3．调节需求功能

商品价格对消费需求有巨大的影响。通常，在其他条件不变的情况下，当市场上某种商品的价格下降时，其消费需求量会增加；反之，价格上涨，需求量会减少。即价格的变动与消费需求量的变化呈相反的方向。这是由于消费者会认为，商品价格上涨意味着购买这种商品会给他带来损失，而价格下降则意味着购买这种商品会给他带来更多的利益。例如，奢侈品，价格稍有变动，需求量就会发生较大的变化；生活日用品，价格变动很小，需求量变化很小，需求对价格变化反应增强；生活必需品如粮食、食盐等，需求对价格变动无反应。价格对需求的调节，还与消费者需要强度和预期心理有关。消费者对某种商品的需求越强烈、越迫切，对价格的变动就越敏感；反之，则相反。当某种商品价格上涨时，消费者认为还会上涨，就会去抢购，这就是生活中常见的"越涨越买""买涨不买跌"的现象。

### 7.1.3 需求价格弹性

需求价格弹性是指因价格变动而引起的需求量的相应变动率，它反映了需求变动对价格变动的敏感程度。需求价格弹性的大小，会因为商品种类的不同和消费需求程度的不同而有所差别，一般来说，与消费者生活密切相关的生活必需品的需求弹性较小，而非生活必需品的需求弹性较大。需求价格弹性的强弱，主要受两个方面的因素影响，即商品的需求强度和商品的替代性。

1．商品的需求强度与该商品的需求弹性负相关

一般情况下，人们对生活必需品的需要程度高于生活享受用品，因而生活必需品的价格变化对其需求量的影响作用小，即生活必需品的需求弹性小；反之，生活享受用品因其需要程度低而表现为富有弹性，即生活享受用品的需求弹性大。

2．商品的替代性与该商品的需求弹性正相关

商品的替代性是指不同商品使用效果类似、使用价值可以互相代替的性质，如羊毛衫与

绒衣、塑料杯与玻璃杯之间都存在不同程度的替代关系。替代性强的商品，其价格的提高会引起消费需求向其他可替代商品转移，这种需求转移强化了价格变动对该种商品需求量的影响，从而表现出较大的需求弹性。反之，某种商品难以替代，消费者别无选择，只能提高对价格变动的承受能力。这种需求对价格反映的低敏感程度，使得该商品表现为较小的需求弹性，如图7.1所示。

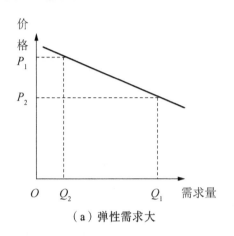 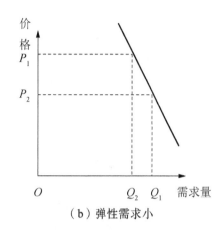

图 7.1　需求价格弹性

一般来说，需求价格弹性大的商品，如名表、高档服装等，降价会大幅度增加销量，能够增加销售收入；需求价格弹性小的商品，如普通食品、药品等，降价不会大幅度提高销量，涨价反而会增加销售收入。

### 【与相关课程的联系】

价格是微观经济学、市场营销学 4P 中的重要内容，价格是影响消费需求最重要的因素。

## 任务2　掌握消费者的价格心理

消费者的价格心理，是指消费者在购买过程中对价格刺激的各种心理反应及其表现。它是由消费者自身的个性心理和对价格的知觉判断共同构成的。消费者的价格判断既受其心理影响，也受到某些客观因素，如销售环境、气氛、地点和商品等因素的影响。价格判断具有主观性和客观性的双重性质。

### 7.2.1　消费者的价格心理特征

#### 案例阅读

美国亚利桑那州一家珠宝店采购到一批漂亮的绿宝石。此次采购数量很大，老板很怕短期内销不出去，影响资金周转，便决定按通常惯用的方法，减价销售，以达到薄利多销的目的。但事与愿违，原以为会一抢而光的商品，好几天过去，购买者却寥寥无几。老板谜团重重，是不是价格定得还高，应再降低一些？

就在这时，外地有一笔生意急需老板前去洽谈，已来不及仔细研究那批货降价多少，老板临行前只好匆匆地写了一张纸条留给店员："我走后绿宝石如仍销售不畅，可按 1/2 的价格卖掉。"由于着急，关键的字体 1/2 没有写清楚，店员将其读成"1～2 倍的价格"。店员们将绿宝石的价格先提高一倍，没想到购买者越来越多；又将价格提高一倍，结果大出所料，宝石在几天之内便被一抢而空。老板从外地回来，见宝石销售一空，一问价格，不由得大吃一惊，当知道原委后，店员、老板同时开怀大笑，这可真是歪打正着了。

1. 消费者对价格的习惯性

消费者对价格的习惯性是指消费者根据自己以往的购买经验，对某些商品的价格反复感知，从而决定是否购买的习惯性反应。

消费者对商品价格的认识，往往是从多次的购买活动中逐步体验的结果。特别是一些日用消费品，消费者由于长期购买，在大脑中留下深刻的印象，并形成了习惯价格。在习惯价格的基础上，形成了一种对商品价格上限和下限的概念。如果商品价格高于上限则会令人认为太贵；如果价格低于下限则会令人产生怀疑。只有商品价格处于上限和下限之间，消费者才会乐于接受。如果商品价格恰好为消费者所认同，消费者则会产生最大的依赖感。

消费者的价格习惯心理一旦形成，往往要稳定并维持一段时间，很难轻易改变。当有些商品价格必须变动时，企业一定要认识到价格的习惯心理对消费者购买行为的影响，在制定和调整商品价格时，对那些超出消费者习惯性价格范围之外的商品要慎重行事，一定要弄清这类商品的价格在消费者心目中的价格上限和下限的幅度。价格超过了上限，就应该千方百计地让消费者了解其商品的优秀品质；价格低于下限，则要想法打破消费者对此类商品是低档货或质量上有问题的顾虑，促使其尽快由不习惯转为习惯，增加购买。

2. 消费者对价格的敏感性

消费者对价格的敏感性是指消费者对商品价格变动的反应程度。由于商品价格直接影响着消费者的生活水平，所以消费者对价格的变动会做出不同程度的反应。消费者对价格变动的敏感心理，既有一定的客观标准，又有经过多年购买实践形成的一种心理价格尺度，因而具有一定的主观随意性。消费者对价格的敏感性是因商品而异的，对那些与消费者生活关系密切的商品的价格，由于购买频度较高，消费者的敏感性较高，如食品、蔬菜、肉蛋类等，这些商品的价格略有提高，消费者马上会做出强烈反应；而一些高档消费品，如电脑、音响、钢琴、家具等，由于其购买频度较低，即使价格比原有价格高出几十元、上百元，人们也不太计较，即消费者对这类商品的价格敏感性较低。如学校的师生每天在餐厅就餐，饭菜价格哪怕是变动了 0.5 元，他们也会议论纷纷；而市场上同样一台电冰箱的价格就是涨了 300 元，他们也不会放在心上。

3. 消费者对价格的感受性

消费者对价格的感受性是指消费者对商品价格高低的感知程度。消费者对商品价格的高与低的认识和判断，不完全基于某种商品价格是否超过或低于他们认定的价格尺度，他们还会通过与同类商品的价格进行比较，以及与购物现场不同种类商品价格的比较来认识。这种受背景刺激因素的影响，导致价格在感受上的差异，被称为价格错觉。不同的商品或服务，不同的环境和营销氛围，消费者的不同心境和个性，都会产生不同的价格感受。这种感受性会直接影响消费者的价格判断。如一瓶葡萄酒，商场售价二十几元，而在三星级以上酒店里饮用，定价达上百元，这是因为豪华优雅的环境和气氛影响了消费者对价格的感受性。

消费者对商品价格的感受性心理在他们购买商品时的反应是普遍的，企业在市场营销中可以用优质的产品、优良的服务、优美的装潢、优雅的环境来影响消费者的心理活动，影响消费者的观念态度，从而影响其对商品价格的感受性，取得较好的销售效果。

4．消费者对价格的倾向性

消费者对价格的倾向性是指消费者在购买过程中对商品价格选择所表现出的倾向。商品的价格有高、中、低档的区别，它们分别标志着商品不同的品质与质量标准。一般来说，当消费者对同类产品进行比较时，如果没有发现明显的差别，往往倾向于选择价格较低的产品。对各种不同种类商品的价格，消费者在比较时的倾向性也是不同的。对日常生活用品、短期时令商品，消费者倾向于选择价格较低的；对耐用消费品、高级奢侈品，消费者则倾向于价格较高的。目前，我国消费者的消费心理明显地呈现出多元化特征，既有追求高档名贵的"求名"心理，又有追求经济实惠的"求廉"心理，还有居于二者之间的要求价格适中、功能适中的"求中"心理。此外，还有满足情感、文化需要的"求情""求乐""求知"心理。由于不同的消费者的社会地位、经济收入、文化水平、个性特点的差异，在选购商品时的价格倾向也不同，他们会根据自己的不同需求特点，做出不同的价格选择。

企业在制订营销决策时，要充分考虑不同层次消费者的不同需要，研制生产高档、中档、低档等系列产品，采用合适的定价策略，满足消费者对价格的倾向性需求。

5．消费者对价格的逆反性

消费者对价格的逆反性是指消费者在某些特定情况下对商品价格的反向表现。正常情况下，消费者总希望买到物美价廉的产品，对于同等质量的产品总是希望其价格更低。但是在某些特定情况下，商品的畅销性与其价格却呈反向表现，即并非价格越低越畅销，这是由于消费者对价格的逆反心理造成的。

商品的主观价格是依据其客观价格而形成的，但是主观价格与客观价格经常会出现相互不一致、甚至背离的情况，在顾客心目中常会产生这样的判断：商品的价格太高，或者商品的价格偏低。主观价格是构成商品形象的一个组成部分。对于一个有较高自我比拟意识的人来说，购买一件他认为价格偏低的商品会感觉有失身份，所以有这样一个案例：一件女式风衣在一家商店出售，刚开始的标价是 68 元，这个价格是低于同等商品平均价格水平的，但在商店挂了很久都无人问津。消费者在购买时看到其低价会很自然地认为这件风衣可能是滞销货，或者存在质量问题，即使价格偏低也不愿意购买；但是当商家把价格改成 680 元之后，就有很多消费者因为其高价而注意到这件风衣，很快这件风衣便以 500 元的价格出售了。

> **案例阅读**
>
> 在商店里，标价偏低的衣服会挂置很久，倘若在价格上加几个零，可能转眼就被卖掉；差不多的一块手表，标价 68 000 元比标价 680 元要卖得火。这种价格越贵人们越疯狂购买，价格便宜反倒卖不出去的"反常"现象，最早由美国制度经济学家 T. 凡勃伦注意到，因此被命名为"凡勃伦效应"。它还有一个更为通俗的提法，叫作"炫耀性消费"。

## 7.2.2 价格变动与消费者的心理反应

在经营实践中，商品价格的变动与调整是经常发生的。调价的原因除了生产经营者的自身条件发生了变化以外，还包括市场供求状况、商品价值变动、市场货币价值与货币流通量变动、国际市场价格波动、消费走向变化等多方面的因素的影响。企业在调整商品价格时，既要考虑这些因素的影响，又要考虑消费者对商品调价的心理要求。

> **案例阅读**
>
> 肯德基的汉堡10元钱一个，购买套餐时价格只合计8元，加上定期的派发优惠券，可能你购买一个汉堡实际付出的价格只是7元，实惠看得见，心动到永远。但是假如单买汉堡，10元就是10元，9.5元也不可以，这就是美国的快餐文化，也是麦当劳和肯德基带给中国的独特的经营文化。

1. 消费者对价格调整的心理及行为反应

价格调整可分为两种情况：一种降价，另一种是提价。价格的变动会使消费者的利益受到影响，引起消费者心理与行为上的反应。此外，消费者对企业调整价格的动机、目的的理解程度不同，也会做出不同的心理反应。通常消费者无法直接了解企业调整价格的真实原因，因此，对价格调整的理解不易深入、准确，在心理和行为反应上难免出现偏差。

（1）调低商品价格。调低价格通常有利于消费者，理应激发消费者的购买欲望，促使其大量购买。但在现实生活中，消费者会做出与之相反的各种心理和行为反应，往往会"持币待购""越降越不买"。之所以如此，主要是由于以下几点：

① 消费者由"便宜—便宜货—质量不好""便宜没好货，好货不便宜"等一系列联想而引起心理不安。

② 消费者自认为不同于一般低收入阶层，不可以购买低档货，因为"便宜—便宜货—有失身份，有损自尊心和满足感"。

③ 消费者猜测企业可能有新产品即将问世，所以降价抛售老产品；老产品不久就会被淘汰，买了这种商品会很快落伍；可能企业不再生产该种商品的零部件，零部件的维修更换无法保证。

④ 降价商品可能是过期商品、残次品、库存品或低档品，功能少，质量不好，不再适合未来发展趋势。

⑤ 商品已降价，可能还会继续降，暂且耐心等待，期待新一轮的降价来临，从而可以买到更便宜的商品。

这些想法在消费者当中具有一定的普遍性。典型的例子就是中国的房地产市场。数据显示，2014年8月，全国100个城市（新建）住宅平均价格为10 771元/平方米，环比2014年9月下跌0.59%，连续第4个月下跌。"金九银十"的市场销售量很难持续回升，"金九银十"已经变为"铜九铁十"。

（2）调高商品价格。调高价格通常对消费者来说是不利的，理论上会抑制消费者的购买欲望，挫伤其购买积极性，减少实际购买需求。但在现实生活中，消费者同样会做出与之相反的各种反应。

① 商品涨价，可能是因其具有某些特殊的使用价值，或具有更优越的性能，好东西应该赶快购买。

② 商品已经涨价，可能还会继续上涨，应尽快抢购，以防将来购买会更吃亏。

③ 商品涨价，说明它是热门货，有流行的趋势，应尽早购买。

④ 商品还在涨价，可能是限量发行，说明它有升值的潜力，不如购买一些囤积起来，待价而沽。

⑤ 商品在涨价，可能出现断货，为保证急用而预先购买。

此外，消费者对价格调整的反应还表现出其他复杂的心理动机。例如，在保健品市场上，各种保健品之所以可以在市场上以高昂的价格"各领风骚两三年"，最主要的原因就是消费者盲目相信它真的具有一些意想不到的保健功能，而且看到价格在上涨，很多人在抢购，自己也冲动地跟随别人去购买。又如，在艺术品市场上，由于艺术品总是限量发行的，价格上涨则说明它具有增值潜力，所以很多收藏者出于投机或投资心理会考虑购买。

可见，商品价格的调整引起的心理反应非常复杂。既可能激发消费者的购买欲望，促使商品需求增加；也可能抑制其购买欲望，导致商品需求减少。因此，企业在调整价格的时候，一定要仔细分析各种因素的影响，准确把握消费者的价格心理，事先做好市场预测工作，采取行之有效的调价策略，以便达到扩大销售总额、增加利润的目的。

2．价格调整的心理策略及技巧

根据消费者对商品降价和提价的心理与行为反应，企业可以采取相应的降价策略和提价策略。

（1）商品降价的心理策略及技巧。造成商品降价的原因有诸多方面，如某些商品升级换代造成的淘汰品、残次品；商品保管不善造成的品质降低；市场行情不明造成的盲目进货；新技术、新科技的应用使成本下降等。凡此种种，都有可能导致商品降价出售。商品降价能否促进销售，关键在于商品是否具备降价条件，企业是否能够及时准确地把握降价时机和幅度，以及能否正确应用相关技巧。

① 企业考虑降价的原因。企业的生产能力过剩，需要扩大销售，而又不能通过改进产品和加强销售来达到目的；在强大的竞争压力下，企业市场份额下降，不得不降价竞销；企业的生产成本费用低于竞争对手，试图通过降价提高市场份额。

② 商品降价应具备的条件。消费者注重产品的性能与质量，而较少将所购产品与自身的社会形象相联系；消费者如对产品的质量和性能非常熟悉，某些日用品和食品降价后仍对产品保持足够的信任度；消费者需要企业向其充分说明削价的理由，并使其感到能够接受；即使制造商和产品品牌信誉度高，消费者只有在以较低的价格买到"好东西"时才会满意。

③ 降价的时机。时尚和新潮商品，进入流行阶段后期就应降价；季节性商品，应在换季时降价；一般商品，进入成熟期的后期就应降价；"假日经济"现象，重大节假日可实行降价优惠；商家庆典活动可实行降价；市场领导品牌率先降价，作为竞争对手采取跟进策略；其他特殊原因降价，如商店拆迁、商店改变经营方向、柜台租赁期满等。

④ 降价的幅度。降价幅度要适宜。幅度过小，不能激发消费者的购买欲望；幅度过大，企业可能会亏本经营，或造成消费者对商品品质产生怀疑。经验表明，降价幅度在10%以下时，几乎收不到什么促销效果；降价幅度至少要在 10%～30%，才会产生明显的促销效果。

降价幅度超过 50%时，必须说明大幅度降价的充分理由，否则消费者的疑虑会显著加强，消费者会怀疑这是假冒伪劣商品，反而不敢购买。

⑤ 降价的原则。产品降价必须坚持"一步到位"的原则，不能过于频繁地不断降价，否则会造成消费者对降价不切实际的心理预期或者对产品的正常价格产生不信任感。

⑥ 降价的技巧。企业在降价的操作方式与技巧上要注意以下问题：少数几种商品大幅度降价，比起很多种商品小幅度降价的促销效果来得好，因为这样更具有轰动效应。

商家向消费者传递降价信息的一般做法是把降价标签直接挂在商品上，这样能最大限度地吸引消费者立刻购买。因为顾客不但一眼能看到降价前后的两种价格，或降价金额、幅度，同时还能看到降价商品，眼见为实，从而立即做出购买决策。有的商家会把前后两种价格标签同时挂在商品上，以证明降价的真实性。

（2）商品提价的心理策略及技巧。一般来说，产品价格的提高会对消费者利益造成损害，引起消费者的不满。但在营销实践中，成功的提价可以使企业的利润增加。提价策略的掌握对企业来说，既具有现实意义，又有较大的困难和阻力。

① 企业考虑提价的原因。由于通货膨胀，物价上涨，企业的成本费用提高，企业不得不提高产品价格；企业的产品供不应求，不能满足其所有消费者的需要，在这种情况下，企业就可适当提价；资源稀缺或劳动力成本上升导致产品成本提高。

② 商品提价应具备的条件。消费者的品牌忠诚度很高，是品牌偏好者，他们忠诚于某一特定品牌，不因价格上涨而轻易改变购买习惯；消费者相信产品具有特殊的使用价值，或具有更优越的性能，是其他产品所不能替代的；消费者有求新、猎奇、追求名望、好胜攀比的心理，愿意为自己喜欢的产品支付高价；消费者能够理解价格上涨的原因，能容忍价格上涨带来的消费支出的增加。

③ 提价的时机。商品在市场占据优势地位；商品进入成长期；季节性商品达到销售旺季；一般商品在销售旺季；竞争对手商品提价。

总之，提价要掌握好时机，看准火候。提价后，可能有大批消费者将转向其他品牌，分销商也会因此而放弃商品的经营，这就给竞争对手抢占市场提供了可乘之机。如果企业提价失败，再想恢复原价，后果将更加严重，单单是企业品牌信誉的损失就足以使企业大伤元气。

④ 提价的幅度。提价的幅度不应过大。幅度过大，会损失一大批消费者。但是提价幅度并没有统一的标准，一般视消费者的价格心理而定。国外一般以 5%为提价幅度界限，认为这样符合消费者的心理承受能力。而我国某些商品以 30%、50%甚至更高的提价幅度出现，也能引起消费者的购买行动。但是企业应尽可能避免大幅提价情况的出现。

⑤ 提价原则。企业提价要信守谨慎行事的"走钢丝"原则。要尽量控制提价的幅度和速度，即提价的幅度宜小不宜大，提价的速度宜慢不宜快。要循序渐进，不能急于求成；要走小步，走一步看一步，而不能走大步，追求一步到位。

⑥ 提价技巧。在提价技巧与方式的选择上，企业有直接提价和间接提价两种。直接提价就是以一定幅度提高原有商品的标价。间接提价就是商品的市面标价不变，通过产品本身的变动，实际提高价格。企业通常的做法是暗地里更换产品型号、种类，变相提价，这种方法多用于家用电器，如减少一些不必要的产品功能等；另外一种方法是减少商品数量而价格不变，这种方法多用于食品上，如减少食品净含量。企业应尽可能多采用间接提价，把提价的不利因素减到最低程度，使提价不影响销量和利润，而且能被消费者普遍接受。

为使消费者接受上涨的价格，企业应针对不同的提价原因，采取相应的心理策略。这些心理策略包括通过各种渠道向顾客说明提价的原因，做好宣传解释工作；帮助顾客寻找节约途径，组织替代品的销售；提供热情周到的增值服务；尽量减少消费者的损失等，以求得消费者的谅解和支持，增强消费者信心，刺激消费需求和购买行为。

总之，商品提价要充分考虑消费者的心理要求，提价幅度应与消费者对商品的觉察价值基本相符。只有这样，商品提价才会被消费者所接受。

## 【与相关课程的联系】

很多企业的促销手段就是降价，结果并不如人意。市场营销策划课程中就讲到，价格策划一定要考虑消费者的心理感受、竞争对手的反应和企业的利润目标。

## 任务3　把握商品定价的心理策略

### 案例阅读

一家眼镜店别开生面地在商店的玻璃橱窗上，张贴出一个醒目的告示：凭本店的气魄和规模，本可以每月花300万元广告费，以保持产品的声望不衰。可是为了让顾客买到价廉的眼镜，本店决定不在电台和电视上做广告了，而把这笔300万元广告费与顾客共享。

该店由于没花广告费，眼镜售价肯定要便宜。消费者的一个共同心理是买到物美价廉的产品，这家眼镜店巧妙地利用了消费者的微妙心理，从而获得了成功。

### 7.3.1　定价的方法

定价方法是企业为实现定价目标所采取的价格制定方式。企业制定价格是一项复杂的工作，必须考虑各方面的因素，企业产品价格的高低要受市场需求、成本费用和竞争情况等因素的影响和制约。成本是价格的最低点，竞争对手和替代产品的价格是公司在考虑定价时的出发点，顾客对公司产品独有特征的评价是价格的上限。下面重点介绍以下几种定价方法。

1. 成本导向定价法

成本导向定价法是一种以成本为主要依据，是按卖方意图定价的一种方法，它主要包括以下几种类型：

（1）成本加成定价法。所谓成本加成定价，是指按照单位成本加上一定百分比的利润来确定产品销售价格。其计算公式为

$$单位产品售价 = 单位产品成本 \times (1 + 成本加成率)$$

其特点就是计算方便，同行业加成率基本一致，若成本也接近，按此法定价可避免价格竞争；而且对买方较公平，不会因需求量大增而大幅度抬价。但其缺点也很明显：仅限于卖方市场，它缺少对市场竞争的适应性和对市场供求反映的灵活性；加成率的确定缺乏科学的依据，而且单位产品成本是个估计值。

> **案例阅读**
>
> 2015年我国天然气消费目标约为2 600亿立方米，消费量年均增速将达到25%以上。但现有政府主导的成本加成天然气定价方法的影响，使国内天然气价格与国际天然气市场严重脱轨，价格水平明显偏低，影响了企业勘探和开发的积极性。
>
> 这种方法通常被拥有丰富天然气资源的国家在天然气发展初级阶段采用，例如，美国在天然气市场发展初期就曾采用过这种定价方法。实践表明，成本加成定价便于政府监管，可以较好地维护消费者利益，但由于信息不对称，政府难以掌握企业真实、合理的成本，对生产者进行勘探开发投资和努力降低成本、提高效率缺乏有效的激励和约束，更重要的是容易低估天然气的市场价值，造成资源浪费，刺激天然气需求盲目增长，加剧供求矛盾。美国就曾因采用成本加成定价严格管制天然气井口价格，造成了20世纪70年代的天然气短缺，给居民生活和国民经济发展带来严重影响。

（2）售价加成法。这是商业企业普遍采用的一种定价方法。其计算公式为

$$单位产品价格＝单位产品成本/（1－售价加成率）$$

式中，售价加成率＝预期到期利润/（价格×销售量）。

这种售价加成法的特点基本同成本加成定价法。

（3）投资收益率定价法。投资收益率定价法也叫目标收益率法，企业希望确定的价格能带来目标投资收益率。例如，通用汽车公司就使用目标定价法，规定汽车的投资收益率为15%～20%，对于投资收益率限制在合理范围内的公用事业来说，也适用目标定价法。其计算公式为

$$单位产品价格＝总成本×（1＋目标利润率）/预计销售量$$

投资收益率定价法有利于加强企业管理的计划性，可较好地实现投资回收。但这种方法要求企业有较高的管理水平，能够正确地测算价格与销量之间的关系，以避免价格过高导致销量达不到计划水平的被动局面。同时，目标收益率法还有一个显著弱点，即企业以估计的销售量求出应制定的价格，殊不知价格恰恰是影响销售量的重要因素，应该注意到这一点。

（4）边际成本定价法。边际成本定价法也叫边际贡献定价法，该方法以变动成本作为定价基础，只要定价高于变动成本，企业就可以获得边际收益（边际贡献），用以抵补固定成本，剩余即为盈利。其计算公式为

$$单位产品价格＝（总的变动成本＋边际贡献）/预计销售量$$

式中，边际贡献＝预计销售收入－总的变动成本。

如果边际收益（边际贡献）等于或超过固定成本，企业就可以保本或盈利。这种方法适用于产品供过于求，卖方竞争激烈的情况。在这种情况下，与其维持高价导致产品滞销积压、丧失市场，不如以低价保持市场，不计固定成本，尽力维持生产。

（5）盈亏平衡定价法。盈亏平衡定价法是按照生产某种产品的总成本和销售收入维持平衡的原则，来制定产品的保本价格。其计算公式为

$$单位产品保本价格＝（固定成本＋总的变动成本）/预计销售量$$
$$＝固定成本/预计销售量＋单位变动成本$$

盈亏平衡定价使企业无利润可言，只有在市场不景气时，企业为了维持生产不得已而采取的定价方法。

2. 需求导向定价法

需求导向定价法是一种以市场需求强度及消费者感受为主要依据的定价方法。它包括理解价值定价法，区分需求定价法和可销价格倒推法、拍卖定价法。

（1）理解价值定价法。理解价值定价法就是适用于一般企业的认知价值定价法。越来越多的企业根据对产品的理解、认知价值来制定价格。它们认为定价的关键是顾客对价值的认知，而不是销售的成本，它们利用市场营销组合中的非价格变量，在购买者心目中确立认知价值，制定的价格符合顾客心目中理想的价值，这种方法与市场定位思想非常相符。企业要开发出一组新产品，就要对其质量和价值严格把关，并根据这个条件下能销售的产品数量等定出价格。

由于理解价值定价法的关键在于准确地评价市场对企业产品的价值认识，所以，如果卖方高估了自己产品的价值，则其产品定价就会偏高；相反，如果卖方低估了自己的产品价值，则其产品定价就会偏低。为了有效地定价，企业就必须考虑消费者的购买心理和需求价格弹性，有效地进行市场调查。因此，我们可以将其分为以下几个步骤：

① 以理解价值为基础确定初始价格。

② 预测销量。

③ 确定目标和税值。

④ 预测目标成本。预测目标成本＝初始价格×预测销量－目标利税。

⑤ 做出决策。若目标成本＞实际成本，初始价格可行；若目标成本＜实际成本，初始价格不可行；然后采取措施，降低目标利税或实际成本。

（2）区分需求定价法。区分需求定价即是同一质量、功能、规格的商品或劳务，对待不同需求的顾客采取不同的价格，但这种价格差并非以成本差异为基础，而是依据顾客需求的差异来制定。其主要做法如下：

① 以不同的顾客群为基础。同一产品在不同市场上以不同的价格出售，使每一市场的边际收入相等，以达到总收入最大的目的。另外，在同一市场中，针对不同的买方，同一产品可以定不同的价格，因为不同买方的需求是有差异的，甚至在定价时可以灵活运用讨价还价的技巧。

② 以产品特征为基础。对于外观、功能不同的产品规定不同的价格，有时为满足不同顾客的心理需要，对产品特征、功能、用途等予以不同的描述，制定不同价格。

③ 以地区效用为基础。不同地区由于存在自然环境、人文背景的差异，同一种产品的效用是有差异的，如空调器在夏季气温差异很大的不同地区，其效用是不同的，针对这种差异对同一产品可以制定不同价格。

④ 以时间效用为基础。许多产品的需求有时间性，如服装、旅游需求有淡季旺季之分；经济周期的各个阶段，需求呈现明显的差异。以这些差异为基础，企业可制定不同的价格。

【知识拓展】

### 健身房按需求实行差异化定价

按时间需求分为：小时价、日价、月费、年费

按时段需求分为：白天价、夜间价、周末价

按内容需求分为：增强肌肉价、减肥价

按服务需求分为：请教练价（教练也分一级、二级、三级）、请陪练价

按设施需求分为：专业价、非专业价

（3）可销价格倒推法。产品的可销价格，就是消费者或进货企业能够接受的价格。该方法是根据消费者可以接受的价格水平或下一个环节的买主愿意接受的利润水平来倒推计算产品销售价格的定价方式。这种定价方法不以实际成本为主要依据，而是以市场需求为定价出发点，力求使价格被消费者或下一个环节的买主所接受，分销渠道中的批发商和零售商多采取这种定价方法。

（4）拍卖定价法。拍卖定价法一般用于文物、古董、旧货等物品，因为这些物品的成本与价值都难以确定。在拍卖时，顾客根据自己对被拍卖的物品的爱好和需求程度报出自己愿付的价格，大家互相竞争，价格可能越抬越高，到最后无人愿意再提高价格时，该物品即按已报出的最高价格卖出。

现在，拍卖定价法已被应用于一些权利和配额的拍卖。如美国政府曾经把一些商品的进出口配额加以拍卖，结果是最有效率的企业获得了这些配额，同时，政府也获得了大笔收入，一举两得。这比先前由政府官员分配配额的方法要有效得多，同时也避免了企业为得到配额而向政府官员行贿的问题。

3. 竞争导向定价法

在竞争十分激烈的市场上，企业通过研究竞争对手的生产条件、服务状况、价格水平等因素，依据自身的竞争实力，参考成本和供求状况来确定商品价格，这种定价方法就是通常所说的竞争导向定价法。其特点是价格与商品成本和需求不发生直接关系，商品成本或市场需求变化了，但竞争者的价格未变化，就应维持原价；反之，虽然成本或需求都没有变动，但竞争者的价格变动了，则相应地调整其商品价格。当然，为实现企业的定价目标和总体经营战略目标，谋求企业的生存或发展，企业可以在其他营销手段的配合下，将价格定得高于或低于竞争者的价格，并不一定要求和竞争对手的产品价格完全保持一致，竞争导向定价主要包括以下三种：

（1）随行就市定价法。在垄断竞争和完全竞争的市场结构条件下，任何一家企业都无力凭借自己的实力而在市场上取得绝对的优势，为了避免竞争特别是价格竞争带来的损失，大多数企业都采用随行就市定价法，即将本企业某产品价格保持在市场平均价格水平上，利用这样的价格来获得平均报酬。此外，采用随行就市定价法，企业就不必去全面了解消费者对不同价差的反应，从而为营销、定价人员节约了很多时间。

采用随行就市定价法，最重要的就是确定目前的"行市"。在实践中，"行市"的形成有两种途径：第一种途径是在完全竞争的环境里，各个企业都无权决定价格，通过对市场的无数次试探，相互之间取得默契而将价格保持在一定的水准上；第二种途径是在垄断竞争的市场条件下，某一部门或行业的少数几个企业首先定价，其他企业参考定价或追随定价。

（2）竞争价格定价法。区别于随行就市法，这是一种主动竞争的定价方法，一些实力雄厚、信誉好的企业多采用此法，这种定价法的关键在于知己知彼，勤于分析，随时调整。一般情况下，企业通过多方面因素与其竞争对手进行竞争定价，例如，比价格，与其他竞争对手的同类产品进行价差比较定价；通过对产量、成本、性能、品质、式样等产品的基本特点进行比较定价，明确本产品优势、特色，凭借本企业实力进行定价。

（3）密封投标定价法。密封投标定价法主要适用于投机交易的方式，投标目的就在于中标并获利。故无需在预测竞争者的价格意向的基础上提出自己的报价，最佳报价应该是使预期收益达到尽可能高的价格。

在招标投标方式下，投标价格是企业能否中标的关键性因素。高价格固然能带来较高的利润，但中标的可能性小；低价格能使中标的概率增大，但中标机会成本可能大于其他投资方向。那么，企业应该怎样确定投标价格呢？

首先，企业根据自身的成本，确定几个备选的投标价格方案，并依据成本利润率计算出企业可能盈利的各个价格水平；其次，分析竞争对手的实力和可能报价，确定本企业各个备选方案的中标机会，竞争对手的实力包括产销量、市场占有率、信誉、声望、质量、服务水平等项目，其可能报价则在分析历史资料的基础上得出；最后，根据每个方案可能的盈利水平和中标概率，计算每个方案的期望利润，其计算公式为

$$预期收益＝（报价－直接成本）\times 中标概率－失标损失\times（1－中标概率）$$
$$＝毛利\times 中标概率－失标损失\times 失标概率$$

显而易见，企业在报价时，既要考虑实现企业的利润目标，也要结合竞争状况考虑中标概率。

### 7.3.2 定价的心理技巧

制定合理的价格，是产品成功走向市场、满足顾客需要的重要前提。在对产品定价时，企业除了要考虑前面阐述的成本、需求和竞争等因素外，由于一种产品价格推出，必须得到消费者的认可和接受，才能称为成功的定价。因此，企业制定产品价格时必须考虑消费者的心理，深入探求消费者的价格心理表现，采取适当的心理定价技巧，从而制定出令企业满意、让消费者易于接受的合理价格。

1. 新产品定价的心理技巧

随着科学技术的不断进步，生产工艺的不断提高，新产品不断涌现，企业也面临着一个新的课题，即如何为新产品定价。新产品定价是企业定价的一个重要方面，它关系到新产品能否顺利进入市场并站稳脚跟，能否取得较好的经济效益以实现预期目标。可见，新产品定价问题既关系到产品的命运，也关系到企业的前途。因此，根据新产品的具体特点选择合理的定价技巧具有重要意义。

对于新产品的价格，消费者缺少参照物，也没有形成习惯，因此，在企业制定新产品销售策略时，新产品的定价是最复杂、最困难的一个环节。因新产品投入市场初期处于产品生命周期的第一个阶段——导入期，消费者对产品的质量、性能、先进性和适用性等了解甚少，特别朦胧，只有价格是实实在在的，消费者最易了解，价格的高低决定了消费者对新产品的最初认识。因此，新产品价格合理与否，是消费者对新产品做出主观判断的至关重要的影响因素，而要制定合理的新产品价格，关键在于新产品定价技巧的选择。

（1）撇脂定价。撇脂定价以在鲜牛奶中撇取奶油，先取其精华、后取其一般为比喻，指在新产品进入市场初期，利用消费者的求新、猎奇和追求时尚的心理，将价格定得很高，大大超出商品的实际价值，其目的在于从市场上"撇取油脂"，以便在短期内获取厚利，尽快收回投资，减小经营风险。随着竞争对手的日益增多，"奶油"已被撇走，此时企业可根据市场销售状况逐渐降低价格。

撇脂定价技巧的优点是：①能尽快收回成本，赚取利润，减少经营风险；②提高新产品身份，塑造其优质产品的形象，从而提高新产品的知名度；③扩大价格调整的回旋余地，提高了价格的适应能力，有助于企业的盈利能力。

撇脂定价技巧也存在一定的缺陷：①由于价格过高，在一定程度上有损消费者的利益；②当新产品尚未在消费者心中树立起较高声誉时，价格超过消费者的心理标准，可能会导致商品无人问津，不利于开拓市场；③利润丰厚迅速吸引其他竞争者进入，会诱发竞争，最终迫使企业降价；④长期占领市场或进一步提高市场占有率比较困难，除非具有绝对优势的产品迎合目标市场的需要，企业才能在快速赚取暴利的同时，提升市场占有率。

因此，在选择撇脂定价时，企业必须考虑自身的实际情况。适宜采取撇脂定价的情况有：①在市场上有相当一部分消费者对这种产品具有缺乏弹性的需求，这样，即使价格再高，人们也愿意购买。②小批量的生产和销售产品的成本和费用并不高，如果成本和费用高，将会抵消高价，难以实现厚利。③高价在一定时间内不致引起竞争者的加入，若较高利润引致更多企业加入，导致竞争激烈，则会引起价格暴跌，好景难以维持。④高价能给产品树立高级品的形象，这是对产品质量、档次方面的要求。在消费者心中，高价产品应该是质量好、档次高的产品，如果新产品达不到档次和质量标准，高价不但难以给产品树立高级产品的形象，反而会使人们认为企业唯利是图。

> **案例阅读**
>
> 一个打火机价格是29.9万元，因为其品牌是"都彭"；一件西服的价格是1万元，因为它是"圣大保罗"；同样，一瓶白酒的销售价格可以是8 888元……定位为奢侈品的产品成为身份和地位的象征，用"一字千金"来形容奢侈品品牌的含金量一点也不为过。

（2）渗透定价。渗透定价与撇脂定价相反，是以低价投放新产品，利用消费者求实惠、求价廉的心理，使产品在市场上广泛渗透，以便提高企业的市场份额。然后随着市场份额的提高调整价格，实现企业盈利。这种定价技巧特别适用于需求弹性较大的新产品。

渗透定价的好处是：①低价能迅速打开新产品销路，有利于提高企业的市场占有率，为新产品的生存打下根基；②物美价廉的产品，能够争取到较多的消费者，使新产品一进入市场就能在消费者心中树立良好的价格形象；③低价薄利不易引发竞争，有利于企业长期占领市场。随着销售量的增加，市场份额的扩大，成本可随之降低，从而为增加利润提供了可能。再者，随着生产的扩大，市场占有率的提高，生产成本的逐步下降，企业可以提高产品的价格以赚取较丰厚的利润。这时，其他企业即使想加入，由于生产能力、技术水平、市场拥有量和生产成本等诸多因素的影响，难以与原有厂家相抗衡，也只能是望尘莫及。

渗透定价的不足之处有：①投资回收期较长，且价格变动余地小，难以应付在短期内骤然出现的竞争或需求的较大变化，增大了企业的经营风险；②逐步提高价格会使消费者产生抵触心理，有些顾客会转而购买其他品牌；③要求新产品必须具备较高的品质，能够在一投入市场时，就迅速建立起良好的声誉，吸引大量的购买者，为今后逐步提高价格打下基础。因低价商品往往给人一种档次较低的印象，这种印象一旦形成，很难改变。

适宜采取渗透定价的情况有：①对于价格弹性大的产品，低价会促进销售。虽然单位利润低，但销量增加仍会提高利润总额；②企业将之作为先发制人的竞争策略，有助于夺取市场占有率；③在成熟市场上竞争，往往要采取这种策略，以便和竞争者保持均势；④当大多数竞争者都降低了价格，尤其当消费者对产品价格很敏感，并且企业的主要竞争对手提供了本企业无法提供的附加价值时；⑤对于需求价格弹性大、购买率高、周转快的产品，如日常生活用品，适宜采用薄利多销、占领市场的定价技巧。

（3）满意定价。满意定价是介于撇脂定价和渗透定价之间的一种定价技巧。它既不像撇脂定价那样，一开始就把新产品的价格定得很高；也不像渗透定价那样，一开始就把新产品价格定得很低，而是根据消费者对该种新产品所期望的支付价格，将其定在高价和低价之间，兼顾企业和消费者的利益，使二者均满意的价格策略。这种定价策略适用于那些日常生活消费品和技术含量不高的新产品。企业选择这种定价策略的目的是在长期稳定的销售增长中获取平均利润。

由于撇脂定价把价格定得过高，虽然在一定条件下对企业是有利的，但它既有可能遭到消费者的拒绝，也有可能招致竞争者的加入，使企业的利益受损。渗透定价把产品价格定得过低，虽然从一般意义上讲对消费者有利，但也有可能引起消费者对产品质量、性能等的怀疑。而且，价低利薄，资金回收期长，增加了企业的经营风险。而满意定价使新产品价格介于高价与低价之间，考虑到了消费者的购买能力和购买心理，比较容易建立稳定的商业信誉，能较大程度地适应广大消费者的需要，增强消费者的购买信心，使消费者比较满意此种价格标准。在国内外定价实践中，对新产品定价采用这种策略者较多。

2．一般产品定价的心理技巧

企业对于那些已经进入市场的处于成长期、成熟期和衰退期的商品，也要考虑它们的价格在消费者心目中的变化情况，运用适当的定价心理技巧，来组织这些商品的销售活动。一般而言，处于成长期和成熟期的商品多数是市场上的旺销商品，此时的商品生产技术已经成熟，生产具备了一定的规模，拥有较高的市场占有率，消费者对商品的认识程度提高，从而降低了产品的成本。这时，企业应重视影响利润高低的重要因素之一是如何利用消费者的心理因素，制定适合消费者心理标准的价格。对处于衰退期的商品，企业应继续维持商品在消费者心目中的形象，以避免经营中的亏损。

（1）习惯定价。习惯定价是根据消费者的价格习惯心理而制定的符合消费者习惯的商品价格。由于某些商品如日用品、生活便利品及一些服务类的价格，在长期的销售实践中已形成了消费者习惯的价格，企业在确定这些商品价格时要尽量去适应这些消费习惯，一般不应轻易改变，以免消费者拒绝购买。采取这种定价技巧的特点是商品的质量和零售价格具有稳定性。像消费者经常购买的日用小商品，因消费者经常使用，对商品的性能、质量、替代品等方面的情况有详细的了解，形成了自己的购买经验、消费习惯和主观评价，从而在心理上对商品的价格有一个不易改变的标准。即使商品的生产成本略有升降，也不应过快地变动销售价格，否则容易引起消费者的逆反心理。提价，容易促使消费者去寻找代用品和替代品，导致市场占有率的下降；降价，往往容易造成消费者对产品质量的怀疑，反而使销售量下降。可见，商品价格偏离了习惯价格，消费者的心理倾向会促使消费者缩减商品的购买量。

（2）声望定价。声望定价是企业利用自己在长期的市场经营实践中，在消费者心目中树立起的声望，通过制定较高的价格，来满足消费者的求名心理和炫耀心理的一种定价技巧。消费者的求名心理通常表现为对名牌产品的追求，对去名牌商店购物的追求，对购物地点的追求，对某种特定服务的追求等。因此，这种定价策略只适用于高档名牌商品、奢侈品及确有特色的服务、商店或特定地点等。当消费者在得到某种特定服务或购买到某名牌商品时，心理上会感到自己的声望、地位也随之提高了，这样，求名心理和炫耀心理同时得到了满足，往往认为支付高价也值得。企业采取这种定价技巧时，必须注意以下几点：

① 经营的商品和服务必须保证高质量，以维持和巩固消费者对商品、服务和企业的信任，维护商品、服务和企业的声誉。

② 价格并不是越高越好，应将其定在买主愿意接受的适当水平上；否则，价格过高会抑制消费。

③ 重视消费者对商品和服务的反应，不断改善商品的质量及功能，加强售后服务，提高服务质量，以增强消费者对商品、服务和企业的安全感、信赖感。

④ 切忌将这种定价策略滥用到一般的商品和服务上或一般商店中，造成消费者的反感，给企业经营招致不可挽回的损失。

### 案例阅读

一些超市、便利店销售的水，如康师傅、冰露等相当部分是1元/瓶。一家食杂店的张先生说，以前他的店卖两种价位的水，分别为1.5元/瓶、1元/瓶，前者进货价1.2元左右，后者进货价0.7元左右，两者利润差不多。不过，在零售上1元/瓶的水比较好卖，所以他现在干脆只卖"一元水"。这就是习惯定价。

产自英国艾塞克斯郡的Elsenham就只有20多年历史，它是产自一块厚度大约在400米的优质承压含水层的泉水。如今，一瓶750毫升装的Elsenham已经卖到30英镑，是世界上最贵的瓶装水之一；另外，美国田纳西州的Bling瓶装水在包装似乎已经做到了极致。它的瓶子上有数十颗手工镶嵌的施华洛氏奇水晶，每瓶售价36.75美元。这类高端品牌瓶装水的定价就是采用的声望定价法。

（3）尾数定价。尾数定价是指商品的价格处于整数和零头的分界线时，定价不能取整数而取零头的定价技巧。这是一种典型的心理定价技巧，利用消费者对商品价格的感觉、知觉的差异所造成的错觉来刺激他们的购买行为。一般情况下，多数消费者在购买日用商品时，比较愿意接受零头价格，而不喜欢接受整数价格，特别是对于购买次数频繁的日用品。求廉心理促使消费者更偏爱零头价格。例如，某种水果若定价为4.98元，消费者会认为不到5元钱，符合一般消费水平，从而激起消费者的购买欲望，使产品销售量增加；如果定价是5.01元，虽然仅仅多了3分钱，但是给消费者的感觉就是超过了5元钱，可能超出了预期。

目前，尾数定价技巧是国际市场上广为流行的一种零售商品的定价技巧。但是由于世界各地的消费者有着不同的风俗习惯和消费习惯，所以不同国家和地区运用这种定价技巧时存在一些差别，其关键在于零头部分的设计上。因受不同风俗习惯的影响，有些数字是人们乐于接受的，而有些数字却是人们忌讳的，为此，零头部分定得好，有利于促进销售，否则就会阻碍销售。一些商业心理学家的调查表明，美国市场上零售商品的价格尾数以奇数居多，以奇数为尾数的价格中又以9为最多，一般是9美分、49美分、99美分等。在调查中还发现，49美分的商品的销售数量远远超过50美分和48美分的商品的销售数量。对5美元以下的商品，零头为9最受欢迎；而5美元以上的商品，价格的零头部分为95的，销售效果最佳。在日本和我国的港澳台地区，人们喜欢偶数，认为偶数给人以稳定、安全的感觉，在商品价格尾数中尤以偶数8更受欢迎。因为8在日本被认为是吉祥如意的象征，而在港澳台地区则将8与"发"（发财致富）联系在一起。西方人则认为13是不吉利的数字，商品定价尽量避免使用 13。在我国，4、7 这样的数字因它们的谐音为"死"和"气"，有人认为不吉利而受到冷落。

尾数定价给消费者的心理感受有以下三点：

① 商品价格非常精确。企业制定的商品价格非常精确，连角和分都计算得清清楚楚，工作是认真负责的，从而认为定价准确合理，企业是可信的；相反，把价格定在整数位上，如 50、100、200、500、1 000 等，则给消费者一种概略定价，不负责任的感觉。

② 尾数定价给消费者以价格偏低的感觉。消费者总希望能买到物美价廉的商品，尾数定价正是利用了这种心理倾向，如一件商品定价为 98.50 元与定价 100 元，虽只差 1.50 元，但给消费者心理上造成的差距远不止 1.50 元钱。

③ 尾数定价易使消费者产生价格下降的心理错觉。当一种商品价格在整数以下时，会使消费者产生价格下降的印象，而当商品价格在整数以上时，会给消费者造成商品可能提价的印象，从而抑制了购买。

尾数定价策略给人以计算精确，价格已达最低限度的感觉，而深受广大消费者欢迎。但这种定价技巧只适用于价值小、数量大、销售面广、购买次数频繁的日用消费品，且价格宜低不宜高。

（4）整数定价。整数定价指企业把商品价格定在整数上的一种定价技巧。它与尾数定价正好相反，其特点是舍零取整，价格宜高不宜低。这种定价技巧实质上利用了消费者的"一分钱、一分货"的心理及炫耀心理，它主要适用于对名、优、特或高档耐用消费品的定价。消费者常常把价格看作是商品质量的象征，如果价格定得较低，消费者会认为价低则质次，不愿意购买；相反，如果把价格定得稍高一些，而且是一个整数，可以在消费者心目中树立价高质优的产品形象，给人以可靠性强的心理感受。对一些高档耐用消费品，价格若为一个数目较大的整数，还可以显示购买者的高贵和富有，满足其炫耀心理，从而达到刺激购买的目的。对于一套进口组合音响，将价格定为 9 800 元比定为 9 795 元更适合消费者的心理。

从经营的角度看，价格定为整数既便于记忆，又方便购买，免去了价款找零的麻烦，因此，对价值较低的方便商品也适合选择这种定价策略。例如，一些儿童食品定价为 1 元、2 元钱，就有利于吸引儿童的购买，起到了促进销售的作用。

（5）分级定价。分级定价是指企业根据市场细分理论，对不同档次的商品采取差别定价的技巧。即企业在出售商品时，将不同厂家生产的同一类产品，按品牌、规格、花色、型号和质量等标准划分为若干个档次，对每一个档次的商品制定一个价格，以适应不同消费者的不同心理需要。例如，冬季商场里出售的羽绒服，经常按品牌分为几个档次，每个档次之间都存在差价，使消费者很容易相信这是由质量差别而引起的，给消费者以"一分钱、一分货"的感受。又如，我国一些国产名酒纷纷推出其二线、三线品牌以扩大市场面，适应不同层次的消费需求，如五粮液集团的"五粮春""金六福""浏阳河"等。这种定价策略既便于消费者购买合适的商品，也便于简化交易手续，通过制定不同档次的商品价格，来反映不同商品的品质水平，从而满足不同消费者的消费心理、消费习惯和消费水平。

选择分级定价时必须充分考虑不同消费者的心理需要，商品档次的划分应根据不同的商品而定，既不能过多，也不能太少，要便利消费者挑选；价差要符合消费者的购买心理，既不能过大，也不能过小，应以消费者能够接受，且有利于企业促销为原则。

（6）折扣定价。折扣定价是指企业在一定的市场范围内，以目标价格为标准，为维持和扩大市场占有率而采取的减价促销的价格策略。例如，我们经常见到的"全场商品六折起"、六一儿童节儿童用品打折、寒暑假期间学生购买飞机票打五折、教师打七五折等，均为企业在促销中利用消费者的折扣心理而常用的手法。消费者的折扣价格心理是一种求"实惠"、抓"机会"的心理，企业利用这种心理，采取低于原有价格的优惠价格来吸引消费者，使消费者感到有"利"可图，以激发购买欲望，促使消费者大量购买、重复购买，甚至超储购买。在实际运用时，折扣定价策略有不同的形式。

① 数量折扣。数量折扣是企业根据消费者所购商品数量的多少，给予不同的减价优惠，即批量作价。消费者购买的数量越多，折扣越大。从表面上看，这种价格技巧似乎降低了企业的利润，其实不然。购买者的购买数量越大，产品的销售速度就越快，从而使企业的资金周转速度加快、流通费用减少，不但不会降低利润，而且还会迅速收回投资，降低企业的经营风险，这不失为薄利多销的一种很好的形式。数量折扣有累计数量折扣和一次性数量折扣两种具体形式。累计数量折扣是指在一定时期内（如一个月、半年、一年等），消费者的购买数量累计达到一定数量时，按总量给予一定的折扣，目的是在企业和顾客之间建立起长期的、较稳定的合作关系，有利于企业合理安排生产经营。一次性数量折扣是按一次性购买数量的多少而给予的折扣，目的在于鼓励顾客加大一次购买的数量，便于企业大批量生产和销售。

② 付款折扣。付款折扣是指企业按照顾客在不同的约定日期付款而给予不同折扣的一种定价技巧，它是在"信用购货"这个特定的条件下产生的，在美国和日本相当流行。付款折扣的目的在于鼓励顾客尽早付款，以加速企业的资金周转。例如，在美国的食品行业，典型的付款折扣具有这样的形式"5/15，Net（净）30"：其含义是指买主若在开出发票的15天内付款，可得到5%的折扣；超过15天但在30天以内付款不给折扣；超过30天付款则需加付利息。在我国房地产经营企业的商品房销售中，也经常采取这种策略，如购房者若一次付款，则给予3%～5%的优惠；若分期付款或通过银行按揭，则不给折扣。

③ 季节折扣。季节折扣是企业为了促进这季商品的销售，利用优惠价格，激发消费者违时购买热情的一种价格技巧。对于过季商品，若不采取一定的措施促进销售，往往会造成积压，有的要积压半年、一年，而有的可能会成为永久性积压品，如时装，有着较强的流行性，一旦过时，处于淘汰期，则会成为滞销品，影响到企业的资金周转。如果在临近换季时或换季以后，在价格上给予一定的减让，仍可刺激那些追求实惠的消费者，减轻企业的滞销压力。

折扣定价注意到实际市场价格与目标价格的差异，是一种竞争力较强、弹性较大、买卖双方都愿意接受的价格策略。不过，减价优惠的幅度要适中，时机要把握准，以免遭到买方的拒绝。为此，企业必须深入研究市场供求、竞争状况、消费者心理及企业的经济利益，才能使目标价格保持较高的灵活性，增强商品在市场上的竞争力，扩大销量，加速资金周转，节省流通费用，以取得较高的经济效益。

> **案例阅读**
>
> 公司总是很好心地给爷爷奶奶、学生提供特价优惠。实际上，在美国，大多数的年长消费者比30多岁的夫妇有更多的钱可以花，30多岁的夫妇上有老下有小，要付房贷、车贷、学费贷款、信用卡。但是，老人有更多的时间进行挑选，货比三家，所以公司会给老人折扣，不管他们有钱没钱。学生也会花很多时间进行挑选，因为他们没钱。因此，给老人和学生折扣不是公司发善心，而是尽量根据每一个人的支付意愿程度进行定价的一种体现。

（7）招徕定价。招徕定价是指企业为了招徕更多的顾客，有意将某些日用消费品的价格定得很低,甚至远远低于成本,以吸引顾客由此及彼购买其他商品,从而增加总盈利的一种定价技巧。这种定价技巧利用了消费者的从众、求廉、投机和占便宜的心理。对于习惯性消费的日用品,消费者普遍存在求廉心理,一旦某种商品价格低于市价,消费者就会蜂拥而至,这种冲动性从众心理使很多消费者根本不考虑该商品对自己是否有用或用途有多大而盲目购买,许多滞销品正是通过这种定价策略而打开销路的。

有些企业在采用这种定价策略时,利用了消费者的投机心理。它们经常在报纸、电视、广播等新闻媒体上做广告,决定以比平常或其他企业低得多的价格(有时会低于成本)出售某种或某几种商品,消费者往往怀有侥幸心理,光顾这些企业购买"特价"商品,企业正是以此招徕顾客的。因为这些企业经营的品种很多,顾客既然光临,除购买特价商品外,也许还会购买一些其他商品,这样,企业虽然在某种或某几种商品经营上受到损失,但总的营业额却会因此而增加。

### 案例阅读

家乐福卖场,商品不会少于3万种,他们的经营策略是在3万种商品里,选出3%的价格敏感商品作为特价品,让利给消费者。除去这900件的其他商品呢? 就分成以下四类:

(1)进口的钻石产品,没有对比性(高利润)
(2)一个区域独家垄断的黄金铂金产品(高利润)
(3)贴牌的产品(一般利润)
(4)一般的、大众的产品(平均利润)

在卖场,这900件商品为诱饵,让消费者来购买。把消费者先吸引进来,他们几乎不会只买了特价品就走,900件以外的商品都是赚钱的。

值得注意的是,采用招徕定价技巧时,选择用来招徕顾客的"特价"商品应该是消费者熟悉的、质量得到公认的或容易鉴别的日常用品或生活必需品。

(8)组合定价。组合定价指企业在生产经营两种或两种以上的互相关联、互相补充的商品时,根据消费者的心理而采取的相互补充的定价技巧。一个企业一般要经营多种产品,而这些产品之间往往具有替代或互补关系。在这种情况下,如果只从某一种产品的竞争状况、生产特点等出发定价,往往会影响另一种产品的销售,从而影响企业总的经营目标。因此,企业在定价时,应着眼于长远利益,从全局出发,对于有补充关系的商品应区别对待。对那些价值大、购买次数少、消费者对价格变动较为敏感的商品价格定得低些,以吸引消费者;而对与他们补充使用的、价值小、购买次数多和消费者对价格变动反应迟钝的商品,价格可适当定得高些。例如,有一家企业生产一种新型的高档圆珠笔,同时生产专用笔芯,根据这两种产品的互补关系和消费特征,厂家把圆珠笔的价格定为5.80元,低于正常价格0.20元,使消费者感到便宜,愿意购买;同时,把笔芯的价格定为1.20元,高于正常价格0.10元。由于笔芯是"低价易耗品",价格高一角、两角钱,消费者并不在意。圆珠笔的价格较低,促进了销售,从而将带动笔芯的销售。这样,圆珠笔销售上的损失可以从笔芯的销售中得到弥补,盈亏相抵后,甚至还可以增加总利润。

对于配套商品,既可以实行成套购买优惠价也可以实行赠送配套小商品的定价技巧,以促进消费者成套购买,节约营销成本,扩大销售量,加速资金周转,增加盈利。例如,销售西装,对于单独购买一件上衣的顾客,可按原价出售;若购买成套西装(包括上衣、裤子和马甲），则给予一定的价格优惠，或免费赠送配套的衬衣或领带，这样既会扩大销售、节约销售费用，又可以达到增加利润的目的。

### 7.3.3 影响定价的因素

1. 影响定价的一般因素

（1）产品价值量。产品的价值量是凝结于产品中的社会必要劳动时间，是产品价格的内在决定因素之一，其外在形式则通过货币表现为某种产品的价格，也就是说，价格是价值的货币表现。因此，价值成为产品价格的支配性因素。在实际中，产品价格由于受供求等多种因素的影响而表现活跃，并不总是与其价值相一致，而是常常与其价值相背离。但这种背离始终以价值为中心，是围绕价值上下波动的，从长远的发展及波动的平均值考察，价格与价值应是基本吻合的。

（2）货币价值。这是除了产品价值量之外，决定产品价格的另一个内在要素。当货币代表的价值发生变化时，即使产品本身的价值不变，其价格也必然发生变化。一般来说，货币价值量的变动会引起产品价格的反向变动。在现实经济活动中，纸币是由国家发行并强制流通的价格符号，纸币所代表的价值，主要取决于产品和货币之间流通数量的合理比例，即要求社会货币流通量与产品流通相适应。一旦纸币的发行量超过了流通中实际需要的货币量，就会引起纸币贬值，从而导致市场物价普遍上涨，这就是通货膨胀；反之，通货紧缩会使物价下降，也可能造成流通不畅，市场不景气，从而导致经济萎缩。

（3）产品供求关系。在市场经济条件下，产品价格是通过消费者心理选择过程及其表现出的购买行为来实现的。同消费者直接见面并为消费者接受的价格，才是价格的最终实现。因此，在现实购买行为中，价值并不能直接决定价格，而直接影响现行市场价格的是产品供求关系。一般来说，当产品供给量高于市场需求量时，价格呈下降趋势；反之，则价格呈上涨趋势，只有当二者基本持平时，产品的市场价格才是均衡价格。因此，产品供求关系对产品价格表现出最直接、最外在的影响。

（4）市场竞争。竞争是市场经济的重要机制。市场竞争包括消费者竞争和生产者竞争。这两种竞争都会影响市场产品价格的变动。在充分竞争的市场条件下，竞争对企业产品定价有较大的影响和限制作用，一个企业在决定其产品价格时，自主权的大小很大程度上取决于生产者竞争和消费者竞争的强度。从生产者角度分析，生产某产品的企业数量、产品质量、产量以及采取的营销策略，都直接影响企业对该产品的价格决策。从消费者角度分析，消费者对产品的认知程度、需求迫切性、价格心理标准及消费偏好等，同样对企业的价格决策有重要影响。如果企业是市场上唯一的产品提供者，在确定产品价格时就有广泛的自主决策权。如果某产品的弹性系数较小，企业甚至可以不考虑消费者的心理倾向；反之，如果市场上有多个企业参与竞争且实力相当，那么其中任何一家企业都无法对价格产生决定性影响，而只能接受市场上由消费者心理倾向所反映出的价格标准。这时企业应按照消费者心理标准决定的市场价格来调整自身的生产与经营，公式化的价格策略将会受到极大的限制。

【拓展知识】

（5）国际市场价格。随着改革开放步伐的加快，特别是中国加入WTO后，产品的国际市场价格对国内产品价格的影响越来越大。在不考虑通货膨胀和供求关系等因素的情况下，国际市场价格高的产品，会拉动国内产品价格的攀高；反之，国际市场价格低的产品，会迫使国内价格趋降。

2. 影响定价的社会心理因素

社会心理是人们在一定的社会环境、文化和社会条件影响下，通过人员传播、潜移默化等作用，由社会现象引起的感情、意识等心理现象。当消费者的社会心理表现为外部消费活动时，便促成了人们的消费行为。这种行为在一定程度上是企业经济活动和消费者消费行为的调解器，也影响产品价格的形成与变动。消费者的社会心理因素对市场价格的调整、涨跌起着明显的影响和牵制作用，对企业价格策略的制订和调整产生抑制或推动作用。影响定价的社会心理因素主要有以下四个：

（1）价格预期心理。价格预期心理是指在经济运行过程中，消费者群体或消费者个人对未来一定时期内价格水平变动趋势和变动幅度的一种心理估测。从总体上看，这是一种主观推测，它是以现有社会经济状况和价格水平为前提的推断和臆想。如果形成一种消费者群的价格预期心理趋势，就会较大地影响市场某类产品现期价格和预期价格的变动水平。因此，企业在制订价格策略时，必须考虑这一重要心理因素。

【知识拓展】

美国心理学家罗伯特·西奥迪尼做了个实验，对于来买台球桌的客户，有的先给他们看3 000美元的台球桌，有的先给他们看价格1 000美元的台球桌，结果，前者最后买的台球桌平均价格为1 000多美元，而后者买的台球桌平均价格为550美元。

心理学上，这种效应被称为"锚定"效应。3 000美元的台球桌也许大大超过客户的预算，但是它会使得客户购物时愿意增加开支。比如说，古董家具店打折的货品标的原价总是高得离奇，客户进来一看，觉得傻瓜才会花这么多钱去买这个东西，然后花2倍于预算的钱买了一堆东西，还很高兴。

（2）价格攀比心理。攀比心理是人们普遍存在的一种常见心理活动。价格攀比心理常表现为不同消费者之间的攀比和生产经营者之间的攀比。消费者之间的攀比心理会导致抢购、超前消费乃至诱发和加重消费膨胀态势，成为推动价格上涨的重要因素。拍卖市场中的竞相抬价就是这种心理的突出表现。生产经营者之间的价格攀比会直接导致价格的盲目涨跌，进而冲击消费者在正常时期的消费判断能力，使市场出现较突然的盲目波动。

（3）价格观望心理。价格观望心理是指消费者对价格水平变动趋势和变动量的观察等待，当其达到自己期望的水平时，才采取购买行动，从而取得较为理想的对比效益，即现价与期望价格之间的差额。价格观望心理是价格预期心理的一种表现形式，是以主观臆断为基础的心理活动。它一般产生于市场行为比较活跃的时期。消费者往往根据自身的生活经验和自我判断及社会群体的行为表现来确定等待、观望的时间。消费者观望心理对企业营销活动的影响多表现为隐形的。但这种心态一旦成为消费者群体的意识后，会对企业乃至社会造成很大的压力，可表现出社会性的购买高潮和社会性的拒绝购买两种极端行为。这种心理在耐用消费品及不动产的消费方面表现较为突出。企业在确定价格策略、广告策略时，应增加市场信息的透明度，注意信息传播的广泛性，以减少观望心理带来的盲动行为。

（4）倾斜心理与补偿心理。倾斜心理在心理学中反映了某种心理状态的不平衡。补偿心理则反映掩盖某种不足的一种心理防御机制。二者都是不对称心理状态的反映。这种心理状态来自利益主体对自身利益的强烈追求。在日常生活中，许多人都可以被认为既是营销者又是消费者。对营销者而言，这种心理状态可导致价格决策中的心理矛盾和选择错误。他们总希望自己产品的价格越高越好，而他人产品的价格则越低越好；购入价格越低越好，而销售价格则越高越好。而作为消费者，总希望自己的收入越多越好，产品价格越低越好。这种不平衡的心理态势，会促使人们成为"价格两面人"。这种心理态势如果在社会群体中不断强化，就会产生一种社会的冲动，在法制不健全的情况下，这种冲动将演变为市场上的假冒伪劣、低质高价、以次充好、短斤缺两等不正当行为，扰乱多年来消费者心目中形成的价格心理标准，使消费者失去对价格质量的信任感。

## 【知识拓展】

阅读以下内容，加强对定价策略的认识。

（1）打折时讲绝对金额，涨价时讲百分比。
（2）开发价值，宣传价值。
（3）要谈价值，而不是价格。
（4）价格永远不是第一个 P。
（5）低价格信号对买方管用，所以对卖方也管用。
（6）价格实际是低的，但是看着不低。
（7）价格尾数是 9 或 5 都不错，在亚洲，8 也很好。
（8）不要自作聪明。
（9）价格要因人而异。
（10）价格歧视是生财之道，要运用创造力、新发明、研发来寻找价格歧视新方法。
（11）定价的重要性再怎么强调也不为过。

【参考答案】

一、单项选择题

1. 在市场上影响消费行为的主要因素是（　　）。
   A. 营销活动　　　　　　　　B. 促销手段
   C. 消费心理　　　　　　　　D. 货币收入
2. 比较适宜于消费者地位显示心理的定价策略是（　　）。
   A. 反向定价策略　　　　　　B. 组合定价策略
   C. 尾数定价策略　　　　　　D. 整数定价策略
3. 消费者对某种商品的心理需求越强烈，该商品价格的调节作用越（　　）。
   A. 强　　　　B. 弱　　　　C. 真实　　　　D. 隐蔽
4. 针对消费者对新产品的求新、好奇心理而在定价时采用先高价后低价的方法是（　　）。
   A. 撇脂定价法　　　　　　　B. 渗透性定价法
   C. 满意定价法　　　　　　　D. 习惯性定价法

二、多项选择题

1. 迎合消费者求廉心理的定价策略是（　　）。
   A. 整数定价　　B. 尾数定价　　C. 招徕定价
   D. 习惯定价　　E. 撇脂定价

2. 商品价格的功能包括（　　）。
   A. 商品价值功能　　　　　　　　B. 比拟功能
   C. 减少支出功能　　　　　　　　D. 调节需求功能
3. 产品定价的方法主要有（　　）。
   A. 成本导向定价　　　　　　　　B. 需求导向定价
   C. 竞争导向定价　　　　　　　　D. 任意定价
4. 消费者的价格心理特征主要有以下（　　）几个方面。
   A. 消费者对价格的习惯性　　　　B. 消费者对价格的敏感性
   C. 消费者对价格的感受性　　　　D. 消费者对价格的倾向性
   E. 消费者对价格的逆反性
5. （　　）是影响定价的一般因素。
   A. 产品价值量　　　　　　　　　B. 货币价值
   C. 产品供求关系　　　　　　　　D. 市场竞争
   E. 国际市场价格

三、简答题

1. 什么是商品价格？商品价格有哪些功能？
2. 消费者的价格心理主要有哪些特征？
3. 简述消费者对价格调整的心理及行为反应。
4. 价格调整的心理策略及技巧有哪些？
5. 简述常用的商品定价方法。
6. 商品定价有哪些主要的心理技巧？
7. 简述影响定价的因素。

四、论述题

试论述影响商品定价的因素。

五、案例讨论题

工厂的职责是确保低成本，市场营销的职责是确保高价格。定价的重要性再怎么强调也不为过。

平均来讲，一个公司的产品价格哪怕只上涨1%，利润就会上升11.3%，所以你在定价策略上花再多的精力也不算过分。相比于促销和品牌打造，定价得到的注意力和尊重是远远不够的。公司都会聘用广告公司和公关公司等，但是却没有定价公司。

有一个实验，让精神病学家决定要不要释放某一精神病患者：当精神病学家被告知"100个相似的病人中有20个"会在被释放后6个月内发生暴力行为时，59%的精神病学家会选择释放这个病人；而当被告知"相似的病人有20%"会在被释放后6个月内发生暴力行为时，79%的精神病学家会选择释放这个病人。

因此，如果你希望人们把一个数字想得大一点，你就讲绝对数字，而不是百分比；如果你希望人们把一个数字想得小一点，你就讲百分比。汽车公司搞促销，优惠条件是如果你在月底前买车，那么可以享受"2 000美元的现金折扣"，2 000美元听起来比8%的折扣（假设汽车售价为25 000美元）要大得多。相反，华尔街金融怪才——基金经理们每年只收取1.9%的"费用"。

打折时讲绝对金额，收费时讲百分比。

讨论

1. 对于"定价公司"，你认为是否可行？
2. 打折时讲绝对金额，收费时讲百分比，利用了消费者什么定价心理？

 项目实训

1. 到各大零售商场进行调查，了解目前它们主要采取的定价技巧有哪些。
2. 调查身边同学最近的消费行为，分析学生对商品价格变动的心理反应与社会普通消费者有何异同？
3. 你在商品降价时参与过抢购吗？如果参与过，请分析当时的消费心理。

课后拓展

1. 扫描下方左侧二维码，查看"看不见的手"词条的含义。
2. 扫描下方右侧二维码，了解"淘宝网店里的商品如何定价"的方法。
3. 如果你开淘宝店，或者做微商，你的产品要进行价格调整，你应该采取哪些价格调整策略？

【拓展视频】

【拓展知识】

# 项目 8

## 追求卓越产品赢得顾客之心

  【教学指导】

| 教学重、难点 | 教学重点 | 品牌、包装的含义及特征；品牌的心理效应；品牌策略；包装的功能；包装设计的心理策略 |
|---|---|---|
| | 教学难点 | |
| 学习目标 | 知识目标 | 掌握商品名称、品牌、包装的含义及特征；品牌、包装的心理效应；品牌、包装设计的心理策略 |
| | 能力目标 | 充分认识商品名称、品牌、包装对消费心理的影响，能根据品牌、包装设计的心理策略，设计商品的品牌及包装 |

【本章概览】

【本章课件】

**【导入案例】**

可口可乐能在中国所向披靡,除了积累百年的品牌,还因为它有一个无可比拟的中文名字。可口可乐,一直被认为是广告界翻译得最好的品牌名称,不但保持了英文的音译,还比英文更有寓意。

可口可乐四个字生动地暗示出了产品给消费者带来的感受——好喝、清爽、快乐。可口亦可乐,让消费者胃口十足,"挡不住的感觉"油然而生。也正因如此,可乐逐渐成为饮品类的代名词和行业标准。可口可乐是怎么创造出来的,大家可能早有耳闻,但它的命名过程,恐怕知道的人就不多了。

1886年,美国亚特兰大市的药剂师约翰·潘伯顿无意中创造了可口可乐。他的助手兼会计员罗宾逊是一位古典书法家,他认为有两个大写字母C会很好看,因此用Coca-Cola作为这个奇异饮料的名称。

20世纪20年代,可口可乐已在上海生产,一开始它翻译成了一个非常奇怪的中文名字,叫"蝌蝌啃蜡",被接受的状况自然可想而知。于是可口可乐专门负责海外业务的出口公司,公开登报悬赏350英镑征求译名,当时身在英国的一位上海教授,便以"可口可乐"四个字击败其他所有对手,拿走了奖金。

现在看来可口可乐真是捡了个大便宜,350英镑的成本换来今天在中国数十亿元的销售额。

**思考**

可口可乐的成功命名,为打开中国市场立下了汗马功劳。正像我们每个人都有名字一样,所有的商品都有名称。不然的话,我们怎么把那么多的商品区分出来呢?商品的名称有什么作用和意义?如何才能给商品起一个好的名称呢?

商品名称就是企业为产品取的名字,是运用语言文字对商品的主要特性概括反映的称号。商品命名的主要目的就是能引起人们的注意并容易让人记住,最好还要能激起人们的联想,以激发消费者的购买兴趣。

 **任务1 商品名称与消费心理**

如今的市场经济已不是从前的"酒香不怕巷子深"的时代了,现在好的产品也需要好的包装,好的策划。产品名称就在其中起到了举足轻重的作用。商品名称就是企业为产品取的名字,是运用语言文字对商品的主要特性概括反映的称号。一个好的名字,是一个企业、一种产品拥有的一笔永久性的精神财富。一个好名字能时时唤起人们美好的联想,刺激消费者的购买欲望,更使其拥有者得到鞭策和鼓励。

因而,根据消费者的心理特点进行商品命名对刺激消费欲望、扩大商品影响,促进市场营销等方面都有着十分重要的作用。

### 8.1.1 商品命名

1)何谓"商品命名"

商品命名,就是选定恰当的语言文字,概括地反映商品的特征、用途、形状、性能等属性。例如，健胃消食片是一种具有健胃消食功能的药片；抽油烟机是清除油烟的机器；山地车是便于山地行走的自行车；等等。这些名称都明确地传达了它所代表的商品的基本用途和性能，使消费者能够迅速地获得商品的相关信息。

此外，商品名称也是消费者记忆和识别商品的重要标志之一。一个引人注意、富于美感、言简意赅、符合消费者购买心理的商品名称，不仅能使消费者了解商品的基本情况，还会刺激消费者的购买欲望，给消费者带来享受；反之，一件名称粗俗不堪的商品，即使质量再优良、包装再精美，也会大大降低或抑制消费者的购买欲望。

以我国体操王子李宁的名字命名的"李宁牌"体育用品系列，寄寓了企业要以李宁的拼搏精神改变我国体育系列用品落后的局面，追求世界一流产品的企业精神。"李宁牌"对于他们来说，与其说是一个商标，不如说是一个企业精神的缩略语。

2）商品命名的具体作用

（1）标志作用。商品名称就像人的名字一样，它是代表商品的一种符号。无论给商品起什么名字，一旦命名与产品基本实体紧密联系在一起了，只要一提起这一名称，就能让人想到这一商品。

（2）显示作用。以商品的某一特点加以命名，能显示商品内在的或与商品相联系的某一特点，或者能显示商品的某种功效，从而帮助消费者对商品做出正确判断。

（3）记忆作用。对于大多数消费者而言，记忆文字性的商品名称比记忆商品实体本身要简单方便。朗朗上口、言简意赅的名字，能给人留下深刻的印象，当消费者有购买需求的时候，就会想起这种商品。

（4）传播作用。不论是大众传播还是人际传播，都必须借助于商品名称来传递信息。

（5）刺激作用。一个富有刺激性的商品名称，能激发消费者的兴趣，对产品产生良好的情感，产生购买欲望。

（6）增值作用。一个富有情感和文化内涵的商品名称，还能增加商品的心理价值。

## 8.1.2 商品名称的消费心理效应

1. 商品命名的心理原则

商品命名应能够概括并准确地反映商品的主要特点和性能，易于消费者的理解和引起联想、进而激发购买欲望。美孚石油公司商品名称的确立，花费了40万美元，调查了55个国家的语言，编写了1万多个用罗马字组成的商标后才定了下来。他们之所以肯花大本钱用在商品的命名上，就是因为他们深深认识到，一个商品的名称，代表着一定的商品质量与特征，是企业经营信誉的象征和标志。企业在商品命名时要注意以下几个心理原则：

（1）名实相符。名实相符是指商品的名称要与商品实体的主要性质和特点要相适应，而不应出现商品的名与实不相称或有损商品形象的现象。这样消费者能够通过商品的名称直观地了解商品的主要功效和特性，有助于他们进行选择购买。例如，电冰箱、洗衣机等命名都是遵循了这个原则。

（2）便于记忆。商标的名称要简洁明了；用词要通俗易懂，不要用艰深冷僻、古奥晦涩的词；用字要力求笔画简单，易于书写印刷，不要用笔画繁杂，难以辨认或已被淘汰了的古字、废字；读音要响亮顺口有音乐美感，要避免平仄不分；此外名称的文字也不能过长。心理学研究表明，人的注意力、记忆力难以容纳五个以上的要素，超过五个字，阅读就会绕口，因而商品名称使用的字数最好在五个字以内。例如，位于北京崇文门的"金朗美丽殿大酒店"，因名字过长且绕口，后来改为"金朗大酒店"。

（3）引人注意。商品命名要对产品有恰当的形象描述，应根据商品目标消费者的年龄、职业、性别、知识水平等所产生的不同心理要求进行商品命名，使消费者产生良好的印象和兴趣。例如，女性商品名称应突出商品的柔和洁丽，高雅大方；男用商品名称应突出刚柔相济，浑厚朴实；青年用品名称应体现年轻人的青春气息；老年用品名称则应以朴素庄重为宜。但是，商品命名不必拘泥于固定的格式，只要突出了商品特点，考虑了消费者的心理特征，就可以做到为商品起一个引人注意、独具特色的商品名称。例如，"王麻子剪刀""蒙妮纱服装""老头乐"等。

（4）诱发情感。积极的情感是消费者购买商品的增效剂，如果消费者对商品没有良好的情感，就很难促进其购买行为完成。例如，锐步公司（Reebok）曾推出了一款名为"梦魇"（Incubus）的女士运动鞋。可是公司没有想到，在中世纪的民间传说中，Incubus 是一个趁女人熟睡时强暴她们的魔鬼。在受到提醒后，锐步公司马上宣布停止生产这个牌子的运动鞋。又如，消费者熟悉的"舒肤佳"香皂通过强调"舒"和"佳"两大焦点，给人以使用后会全身舒爽的联想，使其产品更具亲和力。因此，商品的命名应根据不同的购买者和使用者的个性心理特征，使其具有某种情绪色彩和特殊意义，以诱发消费者肯定和积极的情绪，增强购买欲望。

（5）启发联想。启发消费者关于商品的美好联想，是商品命名应当具备的一种内在功能，是通过商品命名使消费者从名称上引发联想。为达到这一目的，商品命名应力求具有形象性、趣味性、科学性和艺术感染力，以便启发消费者的美好联想，刺激消费者的购买欲望。例如，对历史典故、生活经历、故乡风情、美好事物的联想，唤起消费者对美好事物的追忆和对未来生活的向往，刺激其购买欲望。又如，"白桦林餐厅""忆苦思甜大杂院"等，对一代知识青年具有特殊的意义和心理感受。

总之，商品命名要避免雷同和一般化，应力求寓意深远，美好、高度概括商品的特性，富于情趣，健康向上，便于记忆。只有这样，才能既满足消费者的心理需要，又促进其购买行为。

2．商品命名的心理方法

商品命名的方法很多，每一种都有其特色和使用范围，但所有命名方法的核心都是使产品名称更好地适应消费者的心理特点，满足他们的需要。由于商品性质的差异和用途的限制，选择命名方法时要注意在使用时恰当与否和实际效果，而不能千篇一律或信手拈来。

（1）根据商品的主要效用命名。这种命名方法就是用直接反映商品的主要性能和用途的文字作为商品名称。其心理意义在于能突出商品的性能和功效，便于消费者迅速了解商品，并迎合消费者对商品求实用、实效的心理要求。在日用工业品和医药品等商品的命名中多用这种方法，如治疗感冒的药品"感康"、牙膏品牌"康齿灵"等均属此类。

（2）根据商品的主要成分命名。这种命名方法就是商品所含的重要成分体现在商品名称里，通常多用于食品、药品的命名上。如板蓝根冲剂，从名称上就可以了解到该药品的主要成分是中草药板蓝根。根据商品的主要成分进行命名，其心理意义在于它可以直接或间接反映商品的主要成分，为消费者了解商品的价值、功效等提供资料，使商品在消费者心目中有信任感和名贵感，从而引起购买欲望。一些化妆品，如"人参胎盘膏""银耳珍珠霜"等名称，突出商品所使用的名贵材料，以此刺激消费者的购买欲望。

（3）根据商品的产地命名。这种命名方法就是用商品出产地或传统商品生产所在地方作为商品名称。如贵州茅台酒、青岛啤酒、西湖龙井茶等。根据产地命名商品意在反映商品的历史渊源和天时地利之秉赋，通过人们对于地域的信任、进而衍生为对产品和商业品牌的信任感，给消费者以货真质好、独具地方特色、历史悠久、工艺精湛的印象，从而激发信任感、名贵感、产生购买欲望。

（4）根据人名命名。这种命名方法是用历史或现代名人、民间传说人物、产品首创人的名字作为商品名称。其心理意义在于借助于消费者对名人的崇拜和创制者的崇敬心理，以语言文字为媒介，将特定人物和特定商品相联系，诱发消费者的名人遐想和购买欲望。此种命名又分两种情况：第一种是以历史人物的名字命名，如"东坡肘子""中山装"等；第二种是以产品首创人的名字命名，如"张小泉剪刀""麻婆豆腐"等。

### 案例阅读

麻婆豆腐是中国豆腐菜肴中最富地方风味特色菜之一，已成为风靡世界的川菜名肴。此菜有一百多年的历史，是成都"陈麻婆豆腐店"传世佳肴。凡到四川的游客莫不以一尝为快事。麻婆豆腐，是清同治初年成都市北郊万福桥一家小饭店店主陈森富（一说名陈富春）之妻刘氏所创制。刘氏面部有麻点，人称陈麻婆。她创制的烧豆腐，则被称为"陈麻婆豆腐"，其饮食小店后来也以"陈麻婆豆腐店"为名。1909 年，成都通俗报社出版的《成都通览》（清·傅崇矩著）已将此店及"陈麻婆之豆腐"列入与包席馆正兴园、钟汤圆等店齐名的 22 家"成都之著名食品店"。《锦城竹枝词》《芙蓉话旧录》等书对陈麻婆创制麻婆豆腐的历史均有记述。清末诗人冯家吉《锦城竹枝词》云："麻婆陈氏尚传名，豆腐烘来味最精，万福桥边帘影动，合沾春酒醉先生"。麻婆豆腐由于名声卓著，已流传全国，乃至日本、新加坡等国家，但仍以四川陈氏麻婆豆腐为正宗。

（5）根据商品的外形命名。这种命名方法是用商品独特的外形和色彩作为商品名称，其心理意义在于能突出商品的优美造型，引起消费者兴趣和注意，便于消费者辨别或满足消费者审美欲望，还因其形象独特，使消费者留下深刻印象和记忆。例如，月饼、猫耳朵、燕尾服半圆仪、三角板、鸭舌帽等。采取这种命名方法，做到了名称和形象相统一，使人产生强烈的立体感，从而加深对商品的印象和记忆。特别是小食品、儿童食品，以商品的外形命名，名称和实物相统一，加快了儿童认识事物的速度，可以迅速激起儿童的购买欲望。

（6）根据商品的制作方法命名。这种方法是以商品独特的加工过程或传统工艺作为商品的名称。其心理意义在于能使消费者了解商品制作方法或不寻常的研制过程，提高商品的威望，容易使消费者产生货真价实、质量可靠的感觉。例如，烧饼、手拉面；220 红药水，俗称"二百二"，就是因为经过 220 次实验出来的结果，才以此命名。

（7）根据以美好形象的事物或形容词命名。这种命名方法是根据商品的使用效果和感情色彩加以形容比喻作为商品的名称。其心理意义在于通过形容词褒誉商品，使消费者产生美好联想，满足各种心理欲求，激发购买欲望。例如，修车工具"千斤顶"能够力顶千斤、"百岁酒"暗示此酒具有延年益寿的功效。这种命名方法可以暗示商品的性能和质量。

我国中药的命名中，有些动物、植物可憎可怕，让人厌恶，但药效极好，考虑到病人的心理作用，命名时避免了对病人的不良心理影响。例如，蚯蚓中药中被称为"地龙"、壁虎称为"天龙"、蝙蝠的粪便被称为"夜明砂",而尿碱被称为"人中白"。这些美妙的名称,给消费者留下了美好的印象,拉近了消费者与商品的距离。

(8)根据外文译音命名。这种命名方法就是用商品的外文直译为中文的谐音作为商品的名称。其心理意义在于能够激发消费者的好奇心理,满足求新、求变、求异的需要,也克服了某些外来语翻译上的困难。例如,"沙发""咖啡""可口可乐""凡士林"等,都是以外文译音命名的。

### 案例阅读

"金利来,男人的世界"。这句广告词早以为众人所熟悉。现在金利来家族中,除了响当当的领带外,还有其他种类颇多的男式服装、饰品、用品等,真是一个男人的世界。

1968年,"金利来"商标的创制者曾宪梓看到香港当地生产的领带质量低劣,全都摆在地摊上,便立志在香港生产出做工精良的领带来。曾宪梓在泰国时,跟着哥哥学做过几个月领带,掌握了一些制作技术。因此,在香港,他凭着剪刀、尺子、缝纫机等简单的工具,真的做出了质优款新的领带。

有了领带,还要给领带确定个商标,因为领带没有牌子,不能进入高档商品柜台。曾宪梓最初起的商标名称叫"金狮",并兴致勃勃将两条"金狮"领带送给他的一位亲戚。可没想到他的亲戚拒绝了他的礼物,并不高兴地说:"金输、金输,金子全给输了!"

原来,在香港"狮"与"输"读音相近,香港人爱讨个吉利,对"输"字很忌讳。

当晚,曾宪梓彻夜未眠,绞尽脑汁改"金狮"的名字,最后终于想出个好办法,将"金狮"的英文名"Goldlion"由意译改为意译与音译相结合,即"GOLD"仍为意译"金",而"LION"(狮)取音译为利来,即成为金利来名称。金利来,金与利一起来,谁听了都高兴。

除了以上列举的商品命名的方法外,商品的命名方法还有很多。不管是哪种命名的方法,商品的名称应该既能反映出商品的特性,又要有强烈的感染力和诱惑力,只有这样才能引起消费者的注意和联想,在一定的程度上满足消费者对商品的某种心理要求,激发其购买欲望。

### 【与相关课程的联系】

商品名称策划是产品策划的重要内容,特仑苏、莫斯利安等,开创了牛奶概念营销之路。

## 任务2　品牌创立与消费心理

### 案例阅读

被誉为华人第一国际品牌、世界著名的宏碁(Acer)电脑1976年创业时的英文名称叫Multitech,经过十年的努力,Multitech刚刚在国际市场上小有名气,但就在此时,一家美国数据机厂商通过律师通知宏碁,指控宏碁侵犯该公司的商标权,必须立即停止使用 Multitech 作为公司及品牌名称。经过查证,这家名Multitech 的美国数据机制造商在美国确实拥有商标权,而且在欧洲许多国家都早宏碁一步完成登记。商标权的问题如果不能解决,宏碁的自有品牌Multitech在欧美许多国家恐将寸步难行。在全世界,以"～tech"为名的信息技术公司不胜枚举,因为大家都强调技术(tech),这样的名称没有差异化;又因雷同性太高,在很多国家都不能注册，导致无法推广品牌。因此，当宏碁加速国际化脚步时，就不得不考虑更换品牌。宏碁不惜成本，将更改公司英文名称及商标的工作交给世界著名的广告公司——奥美（O&M）广告。为了创造一个具有国际品位的品牌名称，奥美动员纽约、英国、日本、澳大利亚、中国台湾地区分公司的创意工作者，运用电脑从4万多个名字中筛选，挑出1 000多个符合命名条件的名字，再交由宏碁的相关人士讨论，前后历时七八个月，终于决定选用Acer这个名字。

宏碁选择Acer作为新的公司名称与品牌名称，出于以下几个方面的考虑：

（1）Acer源于拉丁文，代表鲜明的、活泼的、敏锐的、有洞察力的，这些意义和宏碁所从事的高科行业的特性相吻合。

（2）Acer在英文中，源于词根Ace（王牌），有优秀、杰出的含义。

（3）许多文件列举理事长或品牌名称时，习惯按英文字母顺序排列，Acer第一个字母是A，第二个字母是C，取名Acer有助于宏碁在报章媒体的资料中排行在前，增加消费者对Acer的印象。

（4）Acer只有两个音节，四个英文字母，易读易记，比起宏碁原英文名称Mutitech，显得更有价值感，也更有品位。

宏碁为了更改品牌名和设计师新商标共花费近100万美元。应该说宏碁没有在法律诉讼上过多纠缠而毅然决定摒弃平庸的品牌名称Multitech，改用更具鲜明个性的品牌名称Acer，是明智之举。如今，Acer的品牌价值超过1.8亿美元。

在现代市场经济当中，品牌已被公认为是企业极为重要的无形资产，其价值甚至远远超过企业的有形资产。消费者熟知的"苹果"这一品牌，其价值高达1 242亿美元，是世界上价值最高的品牌之一。此外，"微软""可口可乐""麦当劳"这些知名品牌都价值不菲。这些品牌之所以价值连城，是因为它们已在消费者心中树立了稳固而持久的良好形象。消费者只要看到这些品牌，就会内心充满激情，想马上拥有这些品牌的商品。可口可乐的CEO曾经说过："可口可乐的品牌可以让倒闭的可口可乐重新成为一个跨国大公司。"

因此，企业树立并维持一个良好的品牌形象，就等于拥有了一笔巨大的财富。

## 8.2.1 品牌的内涵

### 1. 品牌的含义

品牌是一个复合概念，它由品牌外部标记（包括名称、术语、图像）、品牌识别、品牌联想、品牌形象等内容构成。营销大师菲利普·科特勒认为品牌是一种名称、术语、标记、符号或图案，或是它们的相互组合，用以识别某个消费者或某消费人群的产品或服务，并使之与竞争对手的产品或服务相区别。

在品牌的构成中，通常把可用语言称呼的部分，如单词、字母和数字叫作品牌名称，例如，麦当劳、海尔、长虹等；品牌中可被认识，但不能用语言称呼的部分叫作品牌标志，品牌标志常常是某种符号、设计、图案等。其中，品牌名称是品牌的核心要素，它作为一种语言符号是品牌在人际间进行传播的基础。

例如，汉语"麦当劳"、英语"McDonald's"、金黄色的大拱门"M"及它们的组合和麦当劳快餐厅里的"麦当劳大叔"人物形象等，都是麦当劳快餐店的品牌或品牌构成部分；汉语"海尔"、拼音字母"Haier"及图案海尔小兄弟则是海尔品牌或构成要件；汉字"微软"及英文字母"Microsoft"和飘动的窗口图案则是美国著名软件制造商微软公司的品牌。

## 2. 品牌的特征

（1）品牌的专有性。品牌是用以识别生产或销售者的产品或服务的。品牌的专有性是指产品一经企业注册或申请专利等，其他企业不得再用。一件产品可以被竞争者模仿，但品牌却是独一无二的，品牌在其经营过程中，通过良好的质量、优质的服务建立良好的信誉，这种信誉一经消费者认可，很容易形成品牌忠诚，它也强化了品牌的专有性。

（2）品牌的价值性。品牌拥有者可以凭借品牌的优势不断获取利益，可以利用品牌的市场开拓力形成扩张力，因此品牌具有价值性。品牌是企业的一种无形资产，这种资产并不能像有形资产那样用实物形式表述，它必须通过一定的载体来表现自己，直接载体就是品牌元素，间接载体就是品牌知名度和美誉度。

【参考视频】

【课堂互动】

扫描二维码，观看 2016 年中国品牌价值评价信息发布。

（3）品牌发展的风险性和不确定性。正因为品牌是无形资产，所以其收益具有不确定性。品牌创立后，需要不断地投资，在其成长的过程中，由于市场的不断变化，需求的不断提高，企业的品牌资本可能壮大，也可能缩小，甚至在竞争中退出市场，企业若不注意市场的变化及时进行调整，则就可能面临"品牌贬值"的危险。品牌的成长由此存在一定风险，对其评估也存在难度，品牌的风险有时产生于企业的产品质量出现意外、有时由于服务不过关、有时由于品牌资本盲目扩张和运作不佳，如诺基亚。

（4）品牌的表象性。品牌是企业的无形资产，不具有独立的实体，不占有空间，但它的目的就是让人们通过一个比较容易记忆的形式来记住某一产品或企业，因此，品牌必须有物质载体，需要通过一系列的物质载体来表现自己。品牌的直接载体主要是文字、图案和符号，间接载体主要有产品的质量、产品服务、知名度、美誉度、市场占有率。优秀的品牌在载体方面表现较为突出，如"可口可乐"的文字，使人们联想到其饮料的饮后效果，其红色图案及相应包装也能起到独特的效果。

### 案例阅读

一个是中国小孩，一个是外国小孩，这就是海尔的吉祥物——"海尔兄弟"。海尔集团在所有 45 个商品和服务国际分类上均申请注册了"海尔""Haier"和"海尔图形"商标。

海尔集团公司的前身是 1984 年由濒临倒闭的两个集体小厂合并成立的"青岛电冰箱总厂"。该厂于 1985 年引进德国"利勃海尔"公司的先进技术和设备，生产出了亚洲第一代"四星级"电冰箱，为体现出双方的合作，海尔人将产品名称定为"琴岛—利勃海尔"，并且成功地设计了象征中德儿童的吉祥物"海尔图形"（现在的海尔兄弟），其商标由"琴岛—利勃海尔"文字和"海尔图形"组成，此标志寓意中德双方的合作如同这两个小孩一样充满朝气和拥有无限美好的未来。后来，海尔以这两个小孩为原型制作了 212 集的动画片《海尔兄弟》，受到广大少年朋友的喜爱。

1991 年，该商标被认定为驰名商标。"青岛电冰箱总厂"的名称经过几次变更后，于 1991 年变更为"青岛琴岛海尔集团公司"，并推出了以"大海上冉冉升起的太阳"为设计理念的新商标，该商标由"琴岛海尔"中英文文字和"海尔图形"组成。1993 年 5 月，"青岛琴岛海尔集团公司"在深入调查研究的基础上，将企业名称变更为海尔集团公司，其商标由中文"海尔"、英文"Haier"和"海尔图形"组成。

2005 年，海尔集团又推出了海尔新的文字标志，由汉字海尔与海尔的汉语拼音组成，与原来的标志相比，新的标志延续了海尔 20 年发展形成的品牌文化；同时，新的设计更加强调了时代感。拼音每笔的笔画比以前更简洁，共 9 画，"a"减少了一个弯，表示海尔人认准目标不回头；"r"减少了一个分支，表示海尔人向上、向前决心不动摇。海尔启用的新标志，寓意海尔又站在了一个新起点上，这个新起点就是战胜自我、打破平衡、重新开始、争取更大的发展。

（5）品牌的扩张性。品牌具有识别功能，代表一种产品、一个企业。企业可以利用这一优点施展品牌对市场的开拓能力，还可以帮助企业利用品牌资本进行扩张。

### 【与相关课程的联系】

品牌策略、品牌策划都是市场营销和市场营销策划的重点内容。

3．商标的含义

商标是指生产者、经营者为使自己的商品或服务与他人的商品或服务相区别，而使用在商品及其包装上或服务标记上的由文字、图形、字母、数字、三维标志和颜色组合，以及上述要素的组合所构成的一种可视性标志。

商标是一个法律术语。一个品牌，经过必要的法律注册后，就成为"商标"。商标具有专有权，并受法律保护。

（1）商标是用于商品或服务上的标记，与商品或服务不能分离，并依附于商品或服务。

（2）商标是区别于他人商品或服务的标志，具有特别显著性的区别功能，从而便于消费者识别。商标的构成是一种艺术创造。

（3）商标是由文字、图形、字母、数字、三维标志和颜色组合，以及上述要素组合的可视性标志。

（4）商标具有独占性。使用商标的目的就是为了区别与他人的商品或服务，便于消费者识别。因此，注册商标所有人对其商标具有专用权、受到法律的保护，未经商标权所有人的许可，任何人不得擅自使用与该注册商标相同或相类似的商标；否则，即构成侵犯注册商标权所有人的商标专用权，将承担相应的法律责任。

（5）商标是一种无形资产，具有价值。商标代表着商标所有人生产或经营的质量信誉和企业信誉、形象，商标所有人通过商标的创意、设计、申请注册、广告宣传及使用，使商标具有了价值，也增加了商品的附加值。商标的价值可以通过评估确定。商标可以有偿转让，经商标所有权人同意，许可他人使用。

（6）商标是商品信息的载体，是参与市场竞争的工具。生产经营者的竞争就是商品或服务质量与信誉的竞争，其表现形式就是商标知名度的竞争，商标知名度越高，其商品或服务的竞争力就越强。

4. 品牌与商标的关系

商标和品牌是两个概念有着不同的内涵。品牌是个市场概念，而商标是个法律概念。品牌必须使用而无需注册，品牌一经注册即成为商标；商标只有注册后方可受法律保护并享有商标专用权，仅注册不使用的商标不是品牌，一个企业品牌和商标可以一致，也可以不同，品牌比商标有更宽泛的外延。

商标和品牌实际上是一个问题的两个方面，如下所述：

（1）从市场的角度来说，品牌积累的是市场利益。

（2）从法律的角度来说，通过商标来保护品牌积累的市场利益。所以品牌只有转化为商标，其积累的市场利益才能得到合法的保护。但品牌转化为商标，必须要支付一定的费用，有些企业不愿意支付这笔费用，其品牌就得不到法律的保护。

（3）从数量的角度来说，品牌和商标的数量是不等的；商标是品牌的一部分，是品牌当中获得了商标专用权的那一部分。品牌要想做活、做长、做久、做远、做大的话，必须转化成商标，只有获得合法的保护才能够使品牌延续下去。

### 8.2.2 品牌功能

当今社会，绝大多数的企业、产品都有自己的品牌。那么给企业、产品一个品牌究竟有什么作用呢？弄清楚这个问题才能充分认识品牌的价值。

1. 识别功能

消费者通过品牌可以知道产品是哪一家企业生产的、是在哪个国家设计的、产地在哪里。现在，许多消费者都知道，飘柔洗发水、舒肤佳香皂是宝洁公司的产品，奥妙洗衣粉、力士香皂则是联合利华的产品，茅台酒产地在贵州，五粮液产地在四川。

2. 导购功能

市场上的商品琳琅满目，在挑选商品时，消费者只要按照品牌，就可以迅速找到所需要的产品，从而减少消费者在搜寻过程中花费的时间和精力。

消费者在购买产品时，一般要对各种同类产品的性能、用途、质量、价格等各个方面加以分析、比较，然后做出判断、进行选择。在这个过程中，消费者需要大量的信息。信息的来源有两种，一种是外部来源如广告，另一种是内部来源即记忆。搜寻外部信息费时费力，最简便的方法就是直接从记忆中提取。品牌是记忆中有关产品的提取线索，一个品牌，往往与很多产品有关的信息相联系。因此，消费者只要知道是什么品牌，就可以直接由品牌提取出大量有关信息，而无需再去搜寻。

例如，当你想购买家电产品时，其中一个供你选择的品牌是海尔，不需过多调查也能知道，海尔是知名品牌，有着完善的售后服务。当消费者所要选择的品牌都是知名品牌时，其信息搜寻就很简单了。

3. 降低购买风险功能

消费者都希望买到自己称心如意的产品，同时还希望能得到周围人的认同。选择信誉好的品牌则可以帮助降低精神风险和金钱风险。消费者在购物的过程中，购买风险总是存在的。购买风险有时是产品的功能是否满足需要，有时是会不会花冤枉钱，有时是购买的产品会不会得到别人的认同，更大的担心可能是会不会对身体、生命造成危害。因此，在购买之前消费者会想方设法避免买到不好或不满意的产品，将购买可能遇到的风险减到最低程度。减低购买风险的方法有很多，选择信誉良好的品牌或重复购买同一种品牌是消费者常用的策略。

4. 契约功能

品牌从最初建立到被大众熟悉，需要生产者付出巨大的努力，它是为消费者提供稳定优质产品和服务的保障。消费者凭借对品牌的信任，选择购买产品，用长期忠诚的购买回报制造商，双方最终通过品牌形成一种相互信任的契约关系，使消费者和企业之间保持长期的合作。

5. 个性展现功能

进行品牌消费，不仅可以满足消费者的物质需要，还可以极大地满足消费者的社会心理需要。品牌经过多年的发展，能积累独特的个性和丰富的内涵，而消费者可以通过购买与自己相适应的品牌来展现自己的个性、身份、地位及个人所在的群体等。

例如，有些人喜欢购买名贵品牌，来显示自己的经济实力和社会地位，明星通过包装自己的各种名牌产品或服务来体现自己的身价。相应的，产品品牌也会利用明星、政客来凸显自己的定位、档次，表达品牌适合的消费群体。每个消费者在品牌选择时，心里往往会考虑，这个品牌是不是适合自己。

### 8.2.3 品牌设计的原则

1. 简洁醒目，清晰可辨

品牌设计的首要原则就是简洁醒目，清晰可辨，使品牌能在一瞬间吸引消费者的注意。心理学分析结果表明：人们接收的外界信息中，83%的印象通过眼睛，11%借助听觉，3.5%依赖触摸，其余的源于味觉和嗅觉。冗长、复杂、令消费者难以理解的品牌名称不容易记忆，不宜把过长的和难以识别的字符串作为品牌名称。图案和商标设计应醒目、形象鲜明。

人们熟悉的金色拱门是麦当劳的招牌，无论在哪个国家，哪座城市，只要看到"M"型的金色拱门，就看到了麦当劳。鲜艳的金黄色拱门"M"，棱角圆润、色泽柔和，给人以自然亲切之感，麦当劳这个"M"型标志已经出现在全世界70多个国家和地区数以百计的城市闹市区，在许多城市里，金色的"M"都是当地最醒目的路标之一。

2. 新颖别致，暗示属性

品牌设计应力求构思新颖，造型美，既要有鲜明的特点，与竞争品牌有明显的区别，又要切实反映出企业或产品的特征，暗示产品的优良属性。

农夫山泉的品牌，表达出农夫山泉的矿泉水来自浙江千岛湖、长白山天然矿泉水靖宇水源保护区、南水北调中线工程源头丹江口、华南最大国家级森林公园万绿湖四大天然水源地；而且其"农夫山泉，有点甜"的广告语，更是塑造了农夫山泉与众不同的品牌形象。中美合资生产的"强生牌"是儿童护肤用品的品牌名称，"强生"二字表示儿童使用"强生"护肤品后可以茁壮成长。饮品"果珍"（TANG）则直截了当地表示了"水果中的宝贵精华"的含义，从而在消费者心目中或概念里确定了味道浓郁、有益于健康的主题。

3. 容易发音，利于传送

品牌名称设计应力求简短、容易发音，这样才能朗朗上口，易于传送。例如，可口可乐

（Coca-Cola）、百事可乐（Pepsi-cola）均既易发音又易记忆，成为世界上最畅销的饮料品牌。我国的"乐百氏""娃哈哈"等品牌名称也因其朗朗上口，深受儿童的喜爱，一举占领我国儿童营养液市场，成为著名品牌。

### 案例阅读

娃哈哈是深受小朋友喜爱的儿童饮料品牌，用"妇孺皆知"一词来形容并不过分。可这样一个产品名称的由来，却颇费周折，甚至有点传奇。最初，娃哈哈集团与有关单位合作开发儿童营养液这一冷门产品时，通过新闻媒介，向社会大众广泛征集产品名称，并组织专家组对数百个应征名称进行了市场学、心理学、传播学、社会学、语文学等多方面的研究论证。受传统营养液习惯的影响，人们的思维多在"素""精""宝"类的名称上兜圈子，谁也没有留意源自一首新疆民歌的"娃哈哈"三字。

厂长宗庆后却独具慧眼地看中了这三个字。他的理由有三：①"娃哈哈"三字中的元音"a"，是孩子最早最易发的音，极易模仿，且发音响亮，音韵和谐，容易记忆，容易接受。②从字面上看，"哈哈"是各种肤色的人表达欢笑喜悦之欢。③同名儿歌以其特有的欢乐明快的音调和浓烈的民族色彩，唱遍了天山内外和大江南北，把这样一首广为流传的民族歌曲与产品商标联系起来，便于人们熟悉它、想起它、记住它，从而提高它的影响力。

一言以蔽之，取这样一个别致的商标名称，可大大缩短消费者与商品之间的距离。宗厂长的见解得到了众多专家的赞同。商标定名后，厂里又精心设计了活泼可爱的娃娃形象作为商标图形，以达到和商标形象的有机融合。虽然娃哈哈目前在商业上所取得的佳绩与其科学的发展方针，良好的服务意识密不可分，但娃哈哈这一名称，无疑也为其进一步的壮大成长，起到了至关重要的作用。

4. 品牌名称与品牌标志协调互映

品牌名称与品牌标志协调互映，容易加深消费者和社会公众对品牌的认知和记忆。"雀巢（Nestle）"是广大消费者十分熟悉的品牌名称，它是瑞士学者 Henri Nestle 发明的育儿用乳制品品牌，此品牌是以他的名字命名的，由于"Nestle"的英文含义有"舒适而温暖地安顿下来""偎依"等意思，与英文"Nest"（雀巢）是同词根。因此，在中文中一并译作"雀巢"。值得提及的是，"雀巢"品牌标志是鸟巢图案，这极易诱引人们联想到待哺的婴儿、慈祥的母亲和健康营养的雀巢产品。如此，"雀巢"名称与"雀巢"图案的紧密结合，互相映衬与协调，使人们视名称即知图形，视图形即知名称，有较强的感召力。

5. 符合传统民俗，喜闻乐见

由于世界各国在历史文化传统、语言文字、风俗习惯、价值观念、审美情趣等方面具有很大差异，对于一个品牌的认知和联想也有很大差异。因此，品牌名称和品牌标志要特别注意各地区、各民族的风俗习惯、心理特征和思维模式，力求避免某些隐喻及不妥之处。特别是出口商品的品牌更要予以注意，最好能针对目标市场的特点专门命名和设计，注意意译或音译在外文中的含义是否妥当。我国的"白象"牌电池出口到欧洲国家备受冷落，其主要原因是品牌设计失误，因为在欧洲人眼里大象是"呆头呆脑"的象征，而且英文"White Elephant"（白象）是指"无用而累赘的东西"，谁愿意购买无用而累赘的东西呢？还有，我国的"芳芳"牌化妆品在国外也是因品牌设计失误而受到冷落，"芳芳"的汉语拼音是"Fang

Fang"，而"Fang"的英文却指"毒蛇的牙"，"毒牙"之类的东西怎能用于健康肌肤，美化容颜呢？这无形中引起了消费者的反感，因此，以"Fang Fang"作为品牌产品在英语国家的销售未能如愿。

> **案例阅读**
>
> 清朝道光年间，天津有一户农家，40岁喜得贵子，为求平安取名"狗子"。狗子14岁开始学艺，在一家蒸食铺做小伙计，很快就练就一手好活。随后，狗子自己摆起了包子摊。他发明了水馅、半发面的工艺，做出的包子柔软、鲜香、形似白菊花，引得十里八乡的人都来吃包子。狗子生意忙得顾不上说话，有人说："狗子忙得都不理人了。"时间长了，人们就都叫他"狗不理"了。
>
> 直隶总督袁世凯吃过狗不理包子后连声叫绝，随即进京入宫将包子奉献给慈禧太后。慈禧品尝后凤颜大悦，盛赞曰："山中走兽云中雁，腹地牛羊海底鲜，不及狗不理包子香矣，食之长寿也。"从此，"狗不理"名声大振。随着时间的推移，狗不理包子铺的生意更加兴隆，狗不理包子受到越来越多人的青睐。

### 8.2.4 品牌的消费心理效应

在现实生活中，品牌与消费的活动密切相关，对消费者的购买心理产生重要影响。在消费者购买过程中，商品是最具直接意义的外部刺激物，而品牌作为商品特性的综合、抽象体现，能以其鲜明的标志或口号、匠心独具的设计、通过对商品外观及内在功用的阐释加强对消费者的刺激，激发其购买欲望。当消费需求发生时，品牌的提示作用促使消费者做出相应的反应，根据需要选取品牌商品的购买行为。

品牌对于消费行为具有强化的心理功能。一个形象鲜明、富于想象力、声誉卓著的品牌能够吸引消费者对商品的消费指向，促使其产生购买冲动，并坚定购买行为；相反，一个与消费者心理不符，甚至相悖或使其产生厌恶的品牌，会导致消费者在选购时对其商品的拒绝行为。成功品牌的一个重要特征，就是始终如一地将品牌的功能与消费者心理上的欲求联结起来，通过这种形式，将品牌信息传递给消费者，在心理上产生效应。

1. 品牌忠诚

（1）品牌忠诚的内涵。品牌忠诚是指消费者在购买决策中，多次表现出来对某个品牌有偏向性的而非随意的行为反应。它是一种行为过程，也是一种决策和评估的心理过程。

形成品牌忠诚的原因很多，可能是由于重复购买所致，可能是品牌形象在消费者的记忆中占据了显著位置，也可能是消费者品牌形象联想或对品牌赋予了某种意义。品牌忠诚反映了消费者内在的品牌态度。如果品牌忠诚度较高，当消费者需要这一类产品时，就会始终如一地购买这个品牌。尽管品牌忠诚并不能代表消费者会永远购买这个牌子，但至少在考虑购买的各种品牌中。

品牌忠诚水平一般有三种程度：品牌认知、品牌偏爱和品牌执着。

① 品牌认知。这是消费者品牌忠诚程度最轻的形式。引进一个新的品牌，其最初目的就是使品牌被广泛地认识，从而达到品牌认知。

② 品牌偏爱。这是体现了对一种品牌偏好的程度，此时消费者能明确地喜欢一个牌子，排斥其他竞争品牌，只要能够买到，他便买这个牌子。此时，如果买不到这个牌子，消费者可能会接受其替代品牌，而不会花费更多的精力去寻找、购买这个牌子的产品。对企业而言，只要有相当一批顾客建立起了对其特定品牌偏爱，他们便能在市场中有效地进行竞争。

③ 品牌执着。它反映出消费者强烈地偏好某个品牌，不愿接受其他替代品，并且愿意为得到这个牌子的产品花费大量时间和精力。如果一个执着于某个品牌的消费者买不到他所要的那个品牌，他是不会买替代品牌的产品。品牌执着是品牌忠诚的最高阶段。

（2）提高品牌忠诚度的策略。忠诚联系着价值的创造，企业为顾客创造更多的价值，有利于培养顾客的品牌忠诚度，而品牌忠诚又会给企业带来利润的增长。

① 人性化地满足消费者需求。企业要提高品牌忠诚度，赢得消费者的好感和信赖，企业一切活动要围绕消费者展开，为满足消费者需求服务。让顾客在购买使用产品与享受服务的过程中，有难以忘怀、愉悦、舒心的感受。因此，企业在营销过程中必须摆正短期利益与长远利益的关系，必须忠实地履行自己的义务和所应尽的社会责任，以实际行动和诚信形象赢得消费者的信任和支持。这是品牌运营的市场规则，也是一个普遍的经营规律，是提高品牌忠诚度最好的途径。品牌应不遗余力地做实做细，尽心尽力，不能为追求短期利益犯急躁冒进的错误，否则必将导致品牌无路可走，最终走向自我毁灭。

人性化的满足消费者需求就是要真正了解消费者，不是只向消费者提供产品的主要使用价值与功能，而是从消费者的角度出发，切实考虑他们的内心和潜在需求。例如，双汇火腿肠味道营养俱佳，考虑到消费者每次食用都要找剪刀剪开包装袋，食用非常不方便，就在包装袋上留了一条方便撕开的口子，体现了商品人性化的设计。

② 产品不断创新。产品的质量是顾客对品牌忠诚的基础，在某种意义上说，消费者对品牌的忠诚也就是对其产品质量的忠诚。产品只有不断创新才能让消费者感觉到品质在不断提升。海尔的空调、洗衣机每年都会有新功能、新技术产品推出，让人感觉到企业一直在努力为消费者提高产品品质，树立了良好的品牌形象，增加消费者的忠诚度。

③ 提供物超所值的附加产品和服务。产品的好坏要由消费者的满意程度来评判，真正做到以消费者为中心；不仅要注意核心产品和有形产品，还要提供更多的附加产品和服务。在市场竞争日趋激烈的今天，企业提供的产品越来越同质化，而谁能为消费者提供物超所值的额外利益谁就能最终赢得顾客。海尔的产品不仅质量卓越，而且其完善的售后服务，也是吸引消费者购买的重要原因。企业在向消费者提供额外的利益时，应注意这些附加的产品和服务应该与企业主营的商品有同样的质量要求；否则，同样会影响企业的形象。

④ 有效沟通。企业只有通过与消费者保持有效沟通，才能及时了解顾客的需求并有效满足顾客所需。企业可以通过建立顾客资料库、定期访问、公共关系、广告等方式，与顾客建立长期而稳定的互需、互助的关系来维持和提高品牌忠诚度。

2．品牌形象

（1）品牌形象的含义。品牌形象是存在于人们心理的关于品牌的各要素的图像及概念的集合体，主要是品牌知识及人们对品牌的主要态度。良好的品牌形象是企业在市场竞争中的有力武器，深深地吸引着消费者。品牌形象内容主要有两方面构成：一方面是有形的内容，另一方面是无形的内容。

① 品牌形象的有形内容。又称为"品牌的功能性"，即与品牌产品或服务相联系的特征。从消费和用户角度讲，"品牌的功能性"就是品牌产品或服务能满足其使用功能性能力。例如，洗衣机具有洗净衣物、减轻家庭负担的能力；照相机具有留住人们美好的瞬间的能力；等等。品牌形象的这一有形内容是最基本的，是生成形象的基础。品牌形象的有形内容把产品或服

务提供给消费者的需求满足与品牌形象紧紧联系起来，使人们一接触品牌，便可以马上将其功能性特征与品牌形象有机结合起来，形成感性的认识。

② 品牌形象的无形内容。主要指品牌的独特魅力，是营销者赋予品牌的，并为消费者感知、接受的个性特征。随着社会经济的发展，商品丰富，人们的消费水平、消费需求也不断提高，人们对商品的要求不仅包括商品本身的功能等有形表现，也把要求转向商品带来的无形感受，精神寄托。品牌形象的无形内容主要反映了人们的情感，显示了人们的身份、地位、心理等个性化要求。

人们在选择品牌时，一方面是品牌功能的满足；另一方面是由品牌唤起的联想、情绪、情感满足。当相同产品竞争时，最能唤起记忆、联想、情感的品牌就最先被消费者选中。

（2）品牌形象的驱动要素。品牌形象树立的最重要因素是人们对品牌的联想，或者说一提到一个品牌消费者便会想到一些东西。这种联想使品牌形象与众多要素联系起来，驱动品牌形象的建立、发展。

① 产品或服务自身的形象。构成品牌形象的基础就是产品和服务自身的功能性。消费者判断产品或服务形象的最重要的标准，就是它们能在多大程度上满足消费者的使用需求，使用需求满足的程度越高，则产品或服务形象越好，在消费者心中其品牌形象也越高；反之，则品牌形象越低。

产品或服务的形象从硬性表现形象讲有价格、功能、耐用性、舒适性、应用等，从软性表现讲可能是青春感、高雅、体面、珍爱、豪放、贵族、魅力等。

② 产品或服务提供者的形象。产品或服务提供者的形象也是驱动品牌形象的重要因素。提供者的形象的指标有科技能力、企业规模、资产状况、服务状况、人员素质等。消费者往往认为形象、口碑好的企业，它们的产品也不会差。在品牌形象的树立过程中，营销者常利用已有的企业自身的形象促进品牌的形象，如五粮液集团推出一种新品牌的酒时，使用的广告语为"系出名门"，欲借"五粮液"的美好形象驱动新品牌形象的确立。

③ 使用者的形象。"使用者"主要是指产品或服务的消费群体，通过使用者的形象，反映品牌形象。其硬性指标有使用者年龄、职业、收入、受教育程度等，软性指标有生活形态、个性、气质、社会地位等。消费者在选择购买商品时，会考虑自己的身份、地位，总是购买符合自己社会层次的商品，同时其购买的商品总会体现出其独特的个性偏好。这样，我们也会给品牌的形象有一个定位，如高端品牌、奢侈品牌等。因而，使用者形象成了驱动品牌形象的重要因素之一。

以上三个因素对品牌形象的影响在不同的产品特性、文化背景、人文个性等条件下是不一样的，在塑造品牌形象的过程中，应注意判断三者是如何影响品牌形象的，从而加强其驱动作用。

### 8.2.5　品牌策略

> **案例阅读**
>
> 近年来加多宝通过与王老吉的官司风波、仲裁、更改广告语、清库存、亮合同、公证、专利，甚至不惜产品被查扣……最终都是在吸引媒体和广大民众的眼球的同时，免费借助媒体的大量报道，将原本在大众记忆中不曾存在的加多宝捧红了，像其凉茶一样。而这些动作，与其直接发布广告而言，达到了比预期还要好的宣传效果。一时间，仿佛人们都开始关注议论起"加多宝"。

2012年，加多宝看准浙江卫视《中国好声音》，用6 000万冠名费用，让当时还在凉茶之争中的加多宝确立了品牌印象；2013年，携2亿冠名费的加多宝打败了诸多对手，再续"好声音"的缘分；2014年，2.5亿冠名费和连续两年的操作经验，让加多宝与"好声音"的"恋爱"再次升级。

加多宝自从与"中国好声音"合作以来，其广告收视率与节目同样攀升，推出的罐装产品也在市面上形成购买风潮。伴随着节目的火爆，加多宝的正宗诉求与品牌内涵得到了充分的传递，更进一步实现了加多宝品牌与消费者的沟通与互动。在与好声音的合作中，加多宝更多的是以一个投资人的身份在"培育"好声音这档节目，将自己与节目绑定，以一句"正宗好凉茶，正宗好声音"，让加多宝和好声音成为一个"共生体"——说到好声音，必加多宝；提到加多宝，必说好声音。在某种程度上，可以说"加多宝中国好声音"已经成为一个新的品牌。

加多宝连续三年在同一个娱乐节目上深耕细作，已经成为品牌玩转娱乐营销的标杆。以正宗为核心，加多宝借助中国好声音，不断丰富产品的饮用场景，强化产品饮用的情感驱动力，并由此塑造出更加多元与丰富的品牌文化。

产品品牌化向企业提出了富有挑战性的决策问题，正确的品牌决策能使自己的产品在众多的竞争对手面前脱颖而出，被消费者选择和接受，获得更多的利润。

1. 品牌化决策

品牌化决策首先要解决的问题，就是企业要不要给产品建立一个品牌。商品品牌化的发展非常迅速，时至今日，已经很少有产品不使用品牌了。品牌意味着市场定位，意味着产品质量、性能、技术、装备和服务等的价值，它最终体现了企业的经营理念。但是，建立并塑造一个品牌，企业需要做巨大的投入，同时也面临着失败的风险。因此，仍然有一些企业的产品不使用品牌。无品牌策略的目的，是为了节约广告和包装费用，以降低成本和价格，增强产品竞争力，吸引消费者。以下情况，企业可以考虑使用无品牌策略：

（1）未经过加工的原料产品。如大米、棉花、大豆、矿砂等可使用无品牌策略。随着经济的发展和人民生活水平的提高，消费者的需求水平也不断提高，许多农产品经过加工包装，加品牌出售，可以获得更多的利润。例如，盘锦大米、五常大米等都是大米的品牌。

（2）生产过程简单、选择性不大的小商品。如工业用原材料、电力及矿石等。

2. 品牌归属决策

品牌归属决策就是为品牌选择负责人，确定品牌所有权，由谁负责和管理。品牌归属有以下三种情况：

（1）生产者品牌。生产者品牌也被称为制造商品牌，即商品或服务的生产者用自己的品牌来标志产品。我国的国内品牌，几乎都是生产者品牌。例如，蒙牛、方正、红塔山等品牌均属生产者品牌。

（2）中间商品牌。中间商品牌就是批发商或零售商开发并使用的自有品牌。一般而言，中间商品牌策略的使用者基本上是实力雄厚的大型零售商。例如，世界零售业巨头沃尔玛，利用自己的品牌推出的商品即为中间商品牌。又如，"家优鲜"就是家乐福超市重点打造的自有生鲜品牌。

（3）两种品牌共存。两种品牌共存，即一部分使用生产者品牌，另一部分使用中间商品牌。企业具体使用生产者品牌还是中间商品牌，需要全面分析两种品牌的利弊、自身产品的特点及消费者的特点后，才能做出正确的判断。当生产者本身拥有良好的市场声誉和较大的市场份额时，应使用生产者品牌；如果中间商实力雄厚、知名度高、拥有广阔的销售渠道时，可考虑使用中间商品牌。

3. 品牌质量策略

企业做品牌决策时，还必须决定其品牌的质量水平，以保持其品牌在目标市场上的地位。所谓品牌质量，是指反映产品耐用性、可靠性、精确性等价值属性的一个综合尺度。

（1）决定其品牌的最初质量水平。品牌的质量水平分为低质量、一般质量、高质量、优质量四个档次。一般来说，企业的盈利能力、投资收益率会随着品牌质量的提高而提高，但是不会直线上升，优质产品会提高投资收益率，而低质量品牌则会使企业投资收益率大大降低。因此，企业应当不断提高品牌的质量。

（2）品牌质量管理。企业决定其品牌的最初质量水平以后，随着时间的推移还要决定如何管理其品牌质量。在这个方面企业有三种可供选择的决策：第一种选择是提高品牌质量，以提高收益和市场占有率；第二种选择是保持品牌质量；第三种选择是当企业的产品处于衰退期，准备退出市场时，企业可以减少品牌投入，逐步降低品牌质量。

4. 品牌使用策略

大多数企业都采取多元化经营，同时生产多种不同种类、不同规格、不同质量的商品，这是企业需要选择的是所生产的产品使用一个统一的品牌，还是分别使用不同的品牌。品牌使用策略主要有以下两种：

（1）统一品牌策略。是指企业决定其所有的产品统一使用一个品牌名称，如格力电器的所有的产品都统一使用"格力"这个品牌。使用统一品牌策略，可以集中人力、物力、财力等资源，综合塑造大品牌，同时节省大量的广告费用，增强企业信誉。利于消除顾客对新产品的不信任感，借助原有品牌的声誉可以使新产品迅速打开销路；有利于壮大企业的声势，树立超级企业和超级品牌的市场形象。采用这种策略的企业必须对所有产品的质量严格控制，以维护品牌声誉。其缺点是如果某一产品出现问题，易给整个品牌带来负面影响。

（2）多品牌策略。是指企业在同一类型的产品上，使用两种或两种以上相互竞争的品牌。这种策略是宝洁公司首创的。在第二次世界大战以前，该公司的潮水牌洗涤剂畅销；1950年，该公司又推出快乐牌洗涤剂。快乐牌洗涤剂虽然抢了潮水牌洗涤剂的一些生意，但是两种品牌的销售总额却大于只经营潮水一个品牌的销售额。自此，宝洁公司开始了多品牌经营之路，如宝洁公司在中国市场上推出的"飘柔""海飞丝""潘婷"三个品牌的洗发液。三个品牌之间虽然存在竞争，但是它们却在日常护理、去屑、修复三个方面满足消费者的不同需求，不仅吸引了更多的消费者，提高了市场占有率，同时还可以把竞争机制引入企业内部，提高产品的质量和服务水平。但是，多品牌策略也会增加品牌管理难度，使企业增加成本和费用，企业必须在经过权衡之后做出正确的品牌决策。

## 任务3　商品包装与消费心理

案例阅读

酒类市场竞争激烈，一个无知名度的新品牌怎样才能在较短时间内争得一席之地？"酒鬼"酒的包装

设计可以说在全国众多的酒品中脱颖而出，除了产品自身的品质外，品牌及包装设计的创新是重要因素。"酒鬼"酒在传达品牌的传统文化、历史特点、商品性、民族情感、价格规律上都具有典型性。"酒鬼"酒为典型的异类包装：瓶体采用湘西土陶工艺制成，质朴、典雅、瓶形是扎口的麻袋造型。一侧是看上去充满东方式幽默的酒鬼背酒鬼酒的写意画，另一侧为收藏印章一样打着"无上妙品"四个大字。这与瓶标上红底黑字狂草体的"酒鬼"二字里外呼应，动静结合。酒鬼酒之名，拜著名画家黄永玉先生所赐，并题曰："酒鬼"背"酒鬼"千斤不嫌赘，"酒鬼"喝"酒鬼"，千斤不会醉，"酒鬼"产湘西，涓涓传千里。

包装在产品整体概念中占有重要的地位，尤其是在现代市场营销中，包装的重要意义已经远远超越了它作为容器保护商品的重要作用，而是成了树立企业形象，促进和扩大商品销售的重要因素之一。因而，企业越来越重视产品的包装。

### 8.3.1 商品包装及其功能

1. 商品包装的含义

商品包装是指在流通过程中保护商品，方便运输，促进销售，按一定的技术方法而采用的容器、材料及辅助等的总体名称。也指为了上述目的而在采用容器材料和辅助物的过程中施加一定技术方法的操作活动。

按照上述定义，在理解包装时，应注意它有两层含义：一方面是指盛装商品的容器，通常称作包装物，如箱、袋、筐、桶、瓶等；另一方面是指包扎商品的过程，如装箱、打包等。本书说的包装，主要是指其名词属性。

商品包装包括三个层次：第一层包装称为内包装，是指最接近产品的包装，例如，装有"美白爽肤水"的瓶子是最接近产品的内包装；第二层包装是指保护第一层次包装的材料，当产品使用时，它即被丢弃，用来包装瓶装的"美白爽肤水"的硬纸板盒就属于第二层次的包装，它为产品提供了进一步的保护和促销机会；第三层包装是外包装，也称运输包装，指产品储存、辨认和运输时所必需的包装，如装有六打"美白爽肤水"的大波纹盒就是运输包装。

2. 商品包装的功能

商品包装是为保护产品数量与质量的完整性而必需的一道工序。由于商品的包装直接影响到产品的价值与销路，因而对绝大多数的商品来说，包装是产品运输、储存、销售不可缺少的必要条件。包装的主要功能概括为以下五方面：

（1）保护功能。商品包装的主要目的和重要功能首先在于保护产品在运输、流通过程中最大限度地免遭挤压或碰撞的损坏，以及减少因气候、温度、干湿度等自然因素的侵蚀，同时也为储存和储存空间问题提供了解决方法。

商品在从出厂到用户的整个流通过程中，都必须进行运输和储存，即使到了用户手中，从开始使用到使用完毕，也还有存放的问题。商品在运输中会遇到震动、挤压、碰撞、冲击以及风吹、日晒、雨淋等损害；在储存时也会受到温度、湿度和虫蛀、鼠咬、尘埃损害和污染。合理的包装就能保护商品在流通过程中不受自然环境和外力的影响，从而保护产品的使用价值，使产品实体不致损坏、散失、变质和变形。

（2）促进销售。包装是一种不花钱的广告媒体，它能唤起消费者的购买欲望。在商品陈列时，包装是"无声的推销员"。良好的包装，往往能为广大消费者或用户所瞩目，从而激发其购买欲望，成为产品推销的一种主要工具和有力的竞争手段。有时，同类产品的质量可能不相上下，这样，包装就往往会成为消费者或用户选购产品的主要考虑因素。由于包装的改进，可以使一项旧产品给人带来一种新的印象。例如，英国曾进行一次抽样调查，1 000名家庭主妇中，92%的妇女是在邻近的自助商店里购买已包装好的商品，对于包装不佳的商品根本不予理睬。优良、精美的包装往往可以提高商品的身价，使顾客愿意付出较高的价格购买。由此可见，包装能够有效地帮助产品上市销售，维持或扩大市场占有率。

（3）传递信息。包装是商品的信息载体之一，一项好的包装设计应使消费者很容易明了其产品性能、使用方法、注意事项等，对消费者或用户使用、保养、保存产品进行必要的指导。此外，在商品包装上还有标签，标签上一般印有包装内容和产品所包含的主要成分、商标、产品质量等级、生产厂家、生产日期和有效期等。一件商品的包装应如实地向顾客传递一切基本的使用信息。

（4）心理感应。这是包装设计所应传递的另一种特殊信息，它要求通过包装表面或打开包装的刹那间感受来向顾客传达某种设计者所刻意追求的效果。这种感觉完全是依商品性质和所追求的形象目标通过包装装潢设计来达到的，如寻求新颖、奇特、自然流畅的现代意识，或是追求高贵华丽的豪华风格，或强调清洁而安全的精美品位等。

（5）形象意识。包装的材质、形状、颜色和精美程度往往与产品本身的性能和价值相适应，也就是说，包装象征着商品的使用价值和价值。因而人们可以利用包装作为消费活动中的象征，如作为礼品、作为摆设，或作为私下场合消费的商品。商品包装在塑造产品形象中起着很主要的作用，良好的包装设计建立起的商品的形象识别体系，能充分显示出商品的特点，从而有效地树立形象并扩大销路。例如，全世界各地的人们几乎都认得出黄底红字包装的柯达胶卷。另外，商品包装后，可与同类竞争产品相区别，精美的包装不易被仿制、伪造，有利于保持企业的信誉。

### 案例阅读

说起可口可乐的玻璃瓶包装，至今仍为人们所称道。1898年，鲁特玻璃公司一位年轻的工人亚历山大·山姆森在同女友约会中，发现女友穿着一套筒型连衣裙，显得臀部突出，腰部和腿部纤细，非常好看。约会结束后，他突发灵感，根据女友穿着这套裙子的形象设计出一个玻璃瓶。

经过反复修改，山姆森不仅将瓶子设计得非常美观，很像一位亭亭玉立的少女，还把瓶子的容量设计成刚好一杯水大小。瓶子试制出来后，获得大众交口称赞。有经营意识的山姆森立即到专利局申请专利。

当时，可口可乐的决策者坎德勒在市场上看到了山姆森设计的玻璃瓶后，认为非常适合作为可口可乐的包装。于是他主动向山姆森提出购买这个瓶子的专利。经过一番讨价还价，最后可口可乐公司以600万美元的天价买下此专利。要知道在100多年前，600万美元可是一项巨大的投资。然而实践证明可口可乐公司这一决策是非常成功的。

山姆森设计的瓶子不仅美观，而且使用非常安全，易握不易滑落。更令人叫绝的是，其瓶型的中下部是扭纹型的，如同少女所穿的条纹裙子；而瓶子的中段则圆满丰硕，如同少女的臀部。此外，由于瓶子的结构是中大下小，当它盛装可口可乐时，给人的感觉是分量很多的。采用山姆森设计的玻璃瓶作为可口可乐的包装以后，可口可乐的销量飞速增长，在两年的时间内，销量翻了一倍。从此，采用山姆森玻璃瓶作为包装的可口可乐开始畅销美国,并迅速风靡世界。600万美元的投入,为可口可乐公司带来了数以亿计的回报。

### 8.3.2 包装对消费心理的影响

包装是保护功能和艺术美感的融合,是实用性和新颖性的创造性结合。成功的商品包装是生产者的意念心理、创作者的思维心理和购买者的需求心理的共鸣。商品销售包装只有把握消费者的心理,迎合消费者的喜好,满足消费者的需求,激发和引导消费者的情感,才能够在激烈的商战中脱颖而出,稳操胜券。

商品的包装主要从以下三个方面对消费心理产生影响。

1. 识别商品

消费者的记忆中保存着各种商品的常规现象,他们常常根据包装的固有造型购买商品。当商品的质量不容易从产品本身辨别的时候,人们往往会凭包装做出判断。包装是产品差异化的基础之一,它不仅可以说明产品的名称、品质和商标,介绍产品的特效和用途,而且可以展现企业的特色。消费者通过包装可以在短时间内获得商品的有关信息。因此,恰当地针对目标顾客增加包装的信息容量可以增强商品的吸引力。

2. 便利消费

包装划分出适当的分量,提供了可靠的保存手段,又便于携带和使用,还能够指导消费者如何使用。因此,在满足同样的使用需求的基础上,消费者会考虑自己携带或保存的需要,对商品的包装进行挑选。

3. 增加价值

设计成功的包装融艺术性、知识性、趣味性和时代感于一身,高档的商品外观质量可以激发购买者的社会性需求,让消费者在拥有商品的同时感到提高了自己的身份,内心充满愉悦。虽然,消费者判断商品的优劣不仅仅以包装为基准,包装只是从属于商品,商品的质量、价格和知名度才是消费者权衡的主要因素,但是包装的"晕轮效应"能把消费者对包装的美好感觉转移到商品身上,达到促销的目的。

### 8.3.3 商品包装设计的心理要求

1. 满足求实心理

包装的设计必须能够满足消费者的核心需求,也就是必须有实在的价值。虽然对于同质量的商品，包装较精美的比起包装较普通的更能引起消费者的购买欲望。但若过度强调包装的作用，以致包装超过商品的使用价值对长远的商品销售是不利的。例如，在各年龄层的消费群体中，中老年人最讲求质朴、实在，但是现在五花八门的老年人健康滋补品却普遍是"形式大于内容"的过度包装。这些产品即使能够吸引到偶然的礼品购买，也难以赢得消费者的忠诚，缺乏长远发展的动力。

2. 满足求信心理

消费者在购买产品时，都会考量企业及产品的信誉，他们会尽可能多地获得有关产品的信息，希望购买到货真价实的产品。在产品包装上突出厂名、商标，有助于减轻购买者对产品质量的怀疑心理。特别是有一定知名度的企业，这样做，既可以满足消费者求信心理，也可以对企业和产品进行宣传，一举两得。

3. 满足求美心理

每个人都有对美的追求，商品的包装设计是装饰艺术的结晶。在许多场合下，富有美感的包装更有可能在同类商品中获得竞争优势。精美的包装也能激起消费者高层次的社会性需求，设计精美的包装对购买者而言是一种美的享受，是促使潜在消费者变为现实消费者，变为长久型、习惯型消费者的驱动力量。大凡是世界名酒，其包装都十分考究，从瓶到盒都焕发着艺术的光彩——这是一种优雅且成功的包装促销。

【课堂互动】

扫描二维码，欣赏 50 个国外创意包装设计。

【拓展案例】

### 8.3.4 商品包装的心理策略

1. 类似包装策略

企业对其生产的产品采用相同的图案、近似的色彩、相同的包装材料和相同的造型进行包装，便于顾客识别出本企业产品，有利于扩大和强化商品的影响，提高企业的信誉，树立企业的形象。企业还可因此而节省包装的设计、制作费用。但类似包装策略只能适宜于质量相同的产品，对于品种差异大、质量水平悬殊的产品则不宜采用。

2. 配套包装策略

按消费者的消费习惯，将几种有关联的产品配套包装在一起成套供应，便于消费者购买、使用和携带，同时还可扩大产品的销售。如果在配套产品中加入某种新产品，可使消费者不知不觉地习惯使用新产品，有利于新产品上市和普及。例如，现在的很多礼盒装化妆品，将具有同样功能的洗面奶、护肤水、日霜、晚霜等配套包装，方便消费者使用，同时也扩大了销量。

3. 再使用包装策略

再使用包装策略指包装内的产品使用完后，包装物还有其他的用途。如各种形状的香水瓶可作装饰物，精美的食品盒也可被再利用等。这种包装策略可使消费者感到一物多用而引起其购买欲望，而且包装物的重复使用也起到了对产品的广告宣传作用。但是企业在使用该策略时，避免因成本加大引起商品价格过高而影响产品的销售。

4. 附赠品包装策略

附赠品包装策略是指在商品包装物中附赠奖券或实物，或包装本身可以换取礼品，吸引顾客的惠顾效应，使他们重复购买。例如，现在的很多儿童食品中，都附有各种小玩具作为赠品，而且这些玩具大多数要收集多个才能组成完整的一套，以此来吸引少年儿童反复购买产品。

5. 等级包装策略

企业根据产品的质量和档次的不同选择不同的包装。不同档次的包装在材料选用、设计风格、制作工艺等方面都保持一定的差异，使不同收入水平的消费者心理都能得到满足。高档商品采用豪华精美的包装，以此突出商品的高贵品质；中低档次的商品，采用与其价值相符的包装，使消费者易于接受。此种策略经常用于酒类、糕点等商品的包装。

6. 改变包装策略

改变包装策略是指改变和放弃原有的产品包装，使用新的包装。由于包装技术、包装材料的不断更新，消费者的偏好不断变化，原有的包装已经落后、过时，企业会采用新的包装以弥补原包装的不足。应用这一策略时要注意，在改变包装的同时必须配合好宣传工作，以消除消费者以为产品质量下降或其他的误解。

## 【与相关课程的联系】

包装在物流课程中存储、运输；市场营销课程中防止串货、市场定位等方面有重要意义。

## 一、单项选择题

1. 为商品适当命名，能够诱发的消费心理是（　　）。
   A. 购买欲望　　　B. 积极情感　　　C. 消极情感　　　D. 特殊情感
2. 按照商品的质量、档次的不同设计不同的包装，此种策略为（　　）。
   A. 分量包装　　　B. 等级包装　　　C. 方便包装　　　D. 再使用包装
3. 等级包装主要是真对消费者的不同（　　）。
   A. 消费水平　　　B. 消费习惯　　　C. 消费心理　　　D. 消费特点
4. 某些消费者购物时只追求某一个品牌的商品，这样的消费心理属于（　　）。
   A. 品牌认知　　　B. 品牌偏爱　　　C. 品牌执着　　　D. 品牌迷信
5. 商品包装对消费者首要的心理功能是（　　）。
   A. 认识功能　　　B. 记忆功能　　　C. 情感功能　　　D. 联想功能

## 二、多项选择题

1. 商品名称的心理功能主要表现为（　　）。
   A. 认识功能　　　B. 联想功能　　　C. 自我表现功能
   D. 情感功能　　　E. 便利功能

2. 企业采用多品牌策略的主要优点是（　　）。
   A. 分散企业经营风险　　　　　　B. 满足消费者的不同需求
   C. 降低经营成本　　　　　　　　D. 在企业内部引入竞争机制
   E. 利于建立企业识别系统
3. 为诱发消费者的美好情感，在商品命名时应当注意（　　）。
   A. 科学性　　　　B. 艺术性　　　　C. 禁忌性
   D. 简明性　　　　E. 通俗性
4. 企业名称商标化策略比较适合于（　　）。
   A. 大企业　　　　　　　　　　　B. 知名度低的企业
   C. 小企业　　　　　　　　　　　D. 信誉好的企业
   E. 知名度高的企业
5. 品牌策略包括（　　）。
   A. 品牌化决策　　　　　　　　　B. 品牌归属决策
   C. 品牌质量决策　　　　　　　　D. 品牌使用决策
   E. 品牌放弃决策

三、简答题

1. 商品命名的含义。
2. 商品命名时应遵循的心理原则及心理方法。
3. 品牌的含义及特征。
4. 品牌的心理效应。
5. 品牌的重要作用。
6. 品牌策略的含义。
7. 包装的含义及功能。
8. 商品包装的心理策略。

四、论述题

试述如何针对消费者的差异性采用不同的商品包装策略。

五、案例讨论题

1921 年 5 月，当香水创作师恩尼斯·鲍将他发明的多款香水呈现在香奈尔夫人面前让她选择时，香奈尔夫人毫不犹豫地选出了第五款，即现在誉满全球的香奈尔 5 号香水。然而，除了那独特的香味以外，真正让香奈尔 5 号香水成为"香水贵族中的贵族"却是那个看起来不像香水瓶，反而像药瓶的创意包装。

服装设计师出身的香奈尔夫人，在设计香奈尔 5 号香水瓶型上别出心裁。"我的美学观点跟别人不同：别人唯恐不足地往上加，而我一项项地减除。"这一设计理念，让香奈尔 5 号香水瓶简单的包装设计在众多繁复华美的香水瓶中脱颖而出，成为最怪异、最另类，也是最为成功的一款造型。香奈尔 5 号以其宝石切割般形态的瓶盖、透明水晶的方形瓶身造型、简单明了的线条，成为一股新的美学观念，并迅速俘获了消费者。从此，香奈尔 5 号香水在全世界畅销 80 多年，至今仍然长盛不衰。

1959年，香奈尔5号香水瓶以其所表现出来的独有的现代美荣获"当代杰出艺术品"称号，跻身于纽约现代艺术博物馆的展品行列。香奈尔5号香水瓶成为名副其实的艺术品。对此，中国工业设计协会副秘书长宋慰祖表示，香水作为一种奢侈品，最能体现其价值和品位的就是包装。"香水的包装本身不但是艺术品，也是其最大的价值所在。包装的成本甚至可以占到整件商品价值的80%。香奈尔5号的成功，依靠的就是它独特的、颠覆性的创意包装。"

**讨论**
分析香奈尔5号香水瓶成功的原因。

手机营销与购买心理调研。
1．实训内容与要求
（1）试对某一手机卖场进行一次社会调查，选择苹果、OPPO、小米、华为等5～8种国内外手机品牌，收集有关的广告宣传材料，就各品牌手机的名称、外形、基本功能、定价等进行比较。
（2）分析这些手机的品牌、包装运用了哪些营销心理的方法，起到了什么作用。
（3）对所在班的同学进行手机品牌占有率的调查，了解同学们当初选择该款手机的原因，现在感觉如何。了解大家再次购买手机的购买意向。
（4）在班内组织一次交流与研讨。
2．成果与检验
（1）撰写调研分析报告。
（2）依据报告与研讨会的表现为每位同学评估打分。

## 课后拓展

1．登录中国国家品牌网（http://www.china-brand.org.cn）、中国品牌网（http://www.ppchina.com.cn/qiye/index.asp），学习有关品牌的更多知识。
2．登录中国包装设计网（http://bz.cndesign.com）、中国包装网（http://www.pack.cn），了解更多有关包装的知识。
3．调查了解周围的企业名称，你如果要创业成立一家公司，根据你的业务范围，给你的企业起一个好名字，并设计其品牌LOGO。

# 项目 9

## 做好商业广告吸引消费者购买

【教学指导】

| 教学重、难点 | 教学重点 | 广告、广告的心理功能、广告定位、广告创意、广告诉求、广告媒体选择、广告心理效果测定 |
|---|---|---|
| | 教学难点 | |
| 学习目标 | 知识目标 | 掌握广告的心理功能；掌握广告定位、广告创意、广告诉求对消费心理的影响；掌握广告媒体选择的心理特点 |
| | 能力目标 | 能够运用广告定位、广告创意及广告诉求的知识影响消费心理，促进商品销售；能够合理地选择广告媒体 |

【本章概览】

【本章课件】

## 【导入案例】

好的广告就是品牌的眼睛,对于人们理解品牌内涵,建立品牌忠诚都有不同寻常的意义。下面我们来看看这些耳熟能详的世界经典广告,是如何造就世界级的品牌的。

(1)雀巢咖啡:味道好极了。这是人们最熟悉的一句广告语,也是人们最喜欢的广告语。简单而又意味深远,朗朗上口。因为发自内心的感受可以脱口而出,正是其经典之所在。以至于雀巢以重金在全球征集新广告语时,发现没有一句比这句话更经典,所以就永久地保留了它。

(2)m&m's巧克力:只溶在口,不溶在手。这是著名广告大师伯恩巴克的灵感之作,堪称经典,流传至今。它既反映了m&m's巧克力糖衣包装的独特,又暗示m&m's巧克力口味好,以至于我们不愿意使巧克力在手上停留片刻。

(3)百事可乐:新一代的选择。在与可口可乐的竞争中,百事可乐终于找到突破口,它们从年轻人身上发现市场,把自己定位为新生代的可乐,邀请新生代喜欢的超级歌星作为自己的品牌代言人,终于赢得青年人的青睐。一句广告语明确地传达了品牌的定位,创造了一个市场,这句广告语居功至伟。

(4)大众甲壳虫汽车:想想还是小的好。20世纪60年代的美国汽车市场是大型车的天下,大众的甲壳虫刚进入美国时根本就没有市场,伯恩巴克再次拯救了大众的甲壳虫,提出"think small"的主张,运用广告的力量,改变了美国人的观念,使美国人认识到小型车的优点。从此,大众的小型汽车就稳执美国汽车市场之牛耳,直到日本汽车进入美国市场。

(5)耐克:just do it。耐克通过以just do it为主题的系列广告和篮球明星乔丹的明星效应,迅速成为体育用品的第一品牌,而这句广告语正符合青少年一代的心态,要做就做,只要与众不同,只要行动起来。然而,随着乔丹的退役,随着just do it改为"idream",耐克的影响力日渐式微。

(6)戴比尔斯钻石:钻石恒久远,一颗永流传。事实证明,经典的广告语总是丰富的内涵和优美的语句的结合体,戴尔比斯钻石的这句广告语,不仅道出了钻石的真正价值,而且也从另一个层面把爱情的价值提升到足够的高度,使人们很容易把钻石与爱情联系起来,这的确是最美妙的感觉。

(7)麦氏咖啡:滴滴香浓,意犹未尽。作为全球第二大咖啡品牌,麦氏的广告语堪称语言的经典。与雀巢不同,麦氏的感觉体验更胜一筹,虽然不如雀巢那么直白,但却符合品尝咖啡时的那种意境,同时又把麦氏咖啡的那种醇香与内心的感受紧紧结合起来,同样经得起考验。

(8)IBM:四海一家的解决之道。在蓝色巨人经营处于低谷时,提出这一颇具煽动性的口号,希望不仅成为一个名副其实的跨国企业,而且真正成为为高科技电子领域提供一条龙解决方案的企业,进入电子商务时代,IBM正在将这一角色实现,扮演着电子商务解决方案的提供商角色。

（9）山叶钢琴：学琴的孩子不会变坏。这是台湾地区最有名的广告语，它抓住父母的心态，采用攻心策略，不讲钢琴的优点，而是从学钢琴有利于孩子身心成长的角度，吸引孩子父母。这一点的确很有效，父母十分认同山叶的观点，于是购买山叶钢琴就是下一步的事情了。

（10）丰田汽车：车到山前必有路，有路必有丰田车。这则广告成功地改用了"山重水复疑无路，柳暗花明又一村"的古诗，文字简明，内涵丰富：一是表明了质量之高，广告词没有直接宣传产品的质量，而是用销量之大来表明；销量之大也不是用数量直接表明，而是用路来间接表明；二是表明了车的适应性强，"有路必有丰田车"，隐含着不管什么路，丰田车都可以纵横驰骋，往来自如；三是表现出很强的自信心，两个"必有"，语气坚定，给人可以信赖的感觉。

（11）人头马XO：人头马一开，好事自然来。尊贵的人头马非一般人能享受起，因此喝人头马XO一定会有一些不同的感觉，因此人头马给你一个希望，只要喝人头马就会有好事等着到来。有了这样吉利的"占卜"，谁不愿意喝人头马呢？

（12）鹿牌威士忌：自在，则无所不在。在鹿牌威士忌的广告中，那个鹿头人身的家伙总是一副神情自若的样子，因为他经常喝鹿牌威士忌，那种感觉足以让你羡慕，享受一下鹿牌威士忌吧，自在的感觉你一定会也会拥有。攻心的力量常常比精确的描述还有效。

（13）德芙巧克力：牛奶香浓，丝般感受。之所以够得上经典，在于那个"丝般感受"的心理体验。能够把巧克力细腻滑润的感觉用丝绸来形容，意境够高远，想象够丰富。充分利用联想感受，把语言的力量发挥到极致。

（14）可口可乐：永远的可口可乐，独一无二好味道。在碳酸饮料市场上，可口可乐总是一副舍我其谁的姿态，似乎可乐就是可口。虽然可口可乐的广告语每几年就要换一次，而且也流传下来不少可以算得上经典的主题广告语，但还是这句用的时间最长，最能代表可口可乐的精神内涵。

**思考**

上述企业的成功，除了产品符合消费者的需要外，广告起到了重要的作用。那么企业如何才能做好广告，满足消费者的心理需求，吸引消费者购买呢？

随着经济发展，商品的丰富和人们物质文化需求的日益增长，广告在人们的生活中扮演了重要的角色。广告就是广而告之，泛指一切公告，包括公益广告、旅游广告、商业广告等等。然而，日常生活中所说的"广告"往往特指商业广告，即用于推销商品或服务的付费公告。广告与我们的生活密不可分，我们通过广告迅捷地获知产品的相关信息；企业和产品也通过广告宣传自己，以获得良好的经济效益。在广告的传播过程中，媒体是影响广告效果的重要因素之一。再完善、杰出的广告创意，如果媒体选择不理想，也会大大影响广告的传播效果。

## 任务 1　理解商业广告

### 9.1.1　商业广告的概念与特点

广告可以追溯到有记载的历史开端时期，在地中海周围国家工作的考古学家挖掘出的一些宣传各种各样的事件和供应品的标志，罗马人在墙上绘画，宣布角斗士的搏斗；腓尼基人在游行路程沿途的大石块上画图，宣传他们的陶器。

在古汉语中没有广告这个词，《康熙字典》和《辞源》都没有"广告"这个词。大约在20世纪初到20年代，广告一词被翻译、引入中国。所以说，"广告"一词是"舶来品"。"广告"一词是英文"advertising"。据考证，英文"advertising"这个词来源于拉丁语——adverture，最初的意思是吸引人注意，带有通知、诱导、披露的意思。后来"adverture"这个词在逐渐演变为"advertise"，其含义拓宽为"使某人注意到某件事"或"通知别人某件事，以引起他人的注意"。17世纪中后期，英国开始了大规模的商业活动，广告一词因此得以流行，受到人们的青睐。随着历史的推进和人们对广告认识的加深，原来带有静止意义的名词"advertise"，被人们赋予了现代意义，转化为具有活动色彩的词汇"advertising"。也就是说，广告已不单指某一个广告内容，其更多的是指一系列的广告活动。

1. 广告的含义

广告有广义和狭义两种定义方式。广义的广告是指向社会公众传递信息的手段，目的在于唤起并引导人们对某些特定的事物的注意，并在必要时实施某种按信息发布者希望和要求的行动。

广义的广告信息的内容和发布对象都比较广泛，包括经济广告和非经济广告。经济广告是为了推销商品和劳务，获取利益；非经济广告则是为了达到某种宣传目的，例如，西方国家的竞选广告，属政治宣传广告；中央电视台的"广而告之"节目属于道德教育广告；而我国古代设置烽火台，当国家受到外来入侵时，在烽火台上燃起狼烟，以召唤各方诸侯前来支援，则属于军事广告。

狭义的广告是指经济广告，又称商业广告，如报刊、电台和电视台的广告节目，以及招贴、幻灯、橱窗布置和商品陈列等。狭义的广告的定义为"广告是广告主以付费的方式，通过公共媒介对其商品或劳务进行宣传，借以向消费者有计划地传递信息，影响人们对所广告的商品或劳务的态度，进而诱发其行动而使广告主得到利益的活动"。广告的定义中包含了以下几方面属性：

（1）广告通过各种媒介宣传活动时，要支付一定的费用。这是广告有别于公关、宣传、推销、展览等宣传活动的一个最明显的标志，也是广告最本质的属性。

（2）广告是一种有计划、有目的的活动，其目的是促进商品或劳务的销售，并使广告主从中获取利益；广告的内容是经过有计划地选择的商品或劳务信息。

（3）广告不是面对面的传播，而是通过大众传播媒介来进行信息传递的，主要的传播媒介有广播、电视、报纸、杂志、网络等大众媒介和广告牌、海报、灯箱等传播媒介。

（4）广告活动的主体是广告主，而广告活动的对象是广大消费者，而不是个人。

（5）广告是一种劝服性的信息传播活动。劝服性是广告发挥作用的具体形式，通过劝说来影响公众的态度、观点和行为。

2．广告的要素

（1）广告主。广告主是指为推销商品或者提供服务，自行或者委托他人设计、制作、发布广告的法人、其他经济组织或者个人。广告中明确体现广告主，目的在于使广告接受者了解广告的信息来源。

（2）广告商。广告商即广告公司、广告业务的经营者，是专门从事广告代理、策划、设计、制作等业务的企业。

（3）广告媒体。广告媒体是指传播广告信息的媒介物，如报纸、杂志、广播、电视、网络、路牌、灯箱等。

（4）广告受众。广告受众是指广告信息的接受者，他们是广告诉求的目标群体，是广告营销商品和服务的需求者、购买者。

3．广告的类型

1）根据广告的传播媒介划分

（1）电子媒体广告。电子媒体广告也称作视听广告，包括电视广告、广播广告、电影广告、互联网广告、电子显示屏广告及幻灯广告、影碟录像广告等。这种广告形式，具有生动、形象的特点，容易吸引消费者的注意，除互联网广告外，其他的电子媒体广告保留时间短、容易消失、费用较高。电子媒体广告主要适用于日用品广告。

（2）印刷广告。印刷广告主要是通过报纸、杂志、画册、电话簿、挂历、列车时刻表等印刷品刊登的广告。这种广告信息保留时间长、可以反复修改，但是时效性较差、不易引起人们的注意，所以需要长期使用。印刷广告主要适用于行业产品等。

（3）户外广告。户外广告是指在街道、车站、码头、道路、建筑物等公共场所设置、张贴的招牌、海报、路牌、气球等进行的广告活动。这种广告形式具有信息保留时间较长、成本较低等优点，但是户外广告的宣传范围小而且不易更改。这种形式的广告一般适用于在产品生产地区进行广告宣传，以吸引消费者购买时优先选择。

（4）邮寄广告。邮寄广告是指通过邮政部门向公众传递信息的广告活动，如宣传手册、商品目录、信函、明信片、贺年卡等。邮寄广告具有成本低、随意性强等优点，但是这种形式的广告时效性较差、有时易被人忽视。邮寄广告适用于针对性较强的产品。

（5）POP（Point of Purchase Advertising）广告。POP广告即售货点广告，是指在购物场

所的广告，如商店招牌、门面装潢、橱窗陈列、现场表演、现场广播、专柜销售、招贴画等。凡是在购物场所的入口、内部、周围及有商品的地方设置的广告都属于 POP 广告，也就是说 POP 广告是一切在购物场所内外所做的广告的总称。这种广告形式弥补了一般媒体广告的不足，重点在于强化在销售终端对消费者的影响。

2）根据广告的内容划分

（1）商品广告。商品广告是以介绍产品或服务的特征与魅力，以期加深消费者对产品或服务的印象，进而吸引消费者购买或消费，是广告中最常见的形式。此类广告的内容主要包括产品名称、商标、功能、特色、价格、使用方法、销售渠道；服务的内容、特色、收费标准、利益等。商品广告可进一步按照商品的种类进行划分，如食品广告、服装广告、电器广告、药品广告等，可以说有多少种商品就有多少种商品广告的类型。

（2）企业形象广告。企业形象广告是指企业为了树立形象、维持信誉、提高知名度、使消费者更加了解企业的观念和文化，吸引其关注和好感开展的广告活动。这种广告它不直接介绍产品和宣传产品的优点，而是宣传企业的宗旨和信誉、企业的历史与成就、经营管理情况，以建立商业信誉为目的。企业形象广告一般都是配合企业公共关系活动进行的。例如，四川长虹彩电的广告宣称"以产业报国，振兴民族工业为己任"，在公众中树立了良好的形象。实践证明，企业形象广告不仅有利于产品的销售，而且对于提高企业的社会地位，为企业在社会经济活动中充分发挥其影响与作用，促进企业的发展都有很大的好处。

【拓展视频】

【课堂互动】

扫描二维码，观看中国农业银行企业形象广告。

（3）观念广告。观念广告是通过提倡或灌输某种观念或意见，试图建立或改变消费者对某企业或某一产品在心目中的形象，从而形成或改变某一消费习惯或消费观念的广告，而这一观念的建立是有利于广告主获得长久利益的。例如，广告词"开放的思想比绽开的鲜花还要美丽"；我国冰箱制造业依据国家有关环境保护法律的规定，在广告中宣传"使用无氟冰箱，让我们的空气更洁净"，也是观念广告。

（4）综合性广告。综合性广告是指同时以企业和该企业的产品和服务为内容的广告。

3）根据广告的传播范围划分

（1）世界性广告。世界性广告又称国际性广告，是指在宣传出口世界其他国家的商品时，在选择媒介和制作广告方面都要适合国外顾客的特点和要求。这时一般会选择有国际影响力的宣传媒体，如卫星电视、卫星广播或世界发行的报纸、杂志等；在广告宣传内容上，要考虑到其他国家的社会文化因素和消费者的特点。例如，可口可乐的广告是世界著名的广告。

（2）全国性广告。全国性广告的广告主一般是规模较大、产品或服务覆盖全国的企业。其产品多是通用性较强、销售量大或是一些专业性强或使用地区分散的产品。为了达到在全国范围内进行宣传的效果，广告媒体一般选择为全国性的报纸、杂志、电视、电台等。

（3）区域性广告。一些地方性产品、季节性产品或者销量有限而选择性较强的产品，一般会选择区域性广告。广告主多为中小企业。区域性广告通常选择省市的报纸、杂志、电台、电视台等区域性的媒体进行宣传。

（4）地方性广告。地方性广告的广告主多为地方型企业。为了促使人们使用地方性产品或购买，选择地方报纸、地方电台电视台、路牌、灯箱等媒体进行广告宣传。其广告的传播范围比区域性广告要窄。

4）根据产品所处的生命周期不同阶段划分

（1）报道式广告。报道式广告通过向消费者介绍商品的性质、用途、价格等，引导消费者对该商品产生初步的印象和需求。开发一个新市场或新产品刚上市时，企业通过广告向目标市场介绍该产品的性质、用途、价格等以求得市场的认可。这类广告属于开拓性广告。

（2）劝诱式广告。劝诱式广告也称说服式广告。当产品进入成熟期，目标市场的竞争对手增多，市场容量趋于饱和，这时的广告以说服为目标，使消费者加深对某种品牌产品的印象，以吸引保守的购买者，使原有购买者增加使用频率。这类广告属于竞争性广告。

（3）提醒式广告。当产品进入衰退期，目标市场上竞争对手饱和，该行业利润已降至平均水平以下时，有的企业出于维持原市场地位营销策略的考虑，发出广告，提醒那些对本企业产品已有使用习惯和购买习惯的消费者，促使其重复购买，以扩大产品销量，增加企业利润。另外一种情况是，消费者已经有了使用和购买某种商品的习惯，广告的目的是提醒消费者不要忘记这一商品，从而刺激重复购买，提高指名购买率。

5）根据广告主划分

（1）制造商广告。制造商广告就是由直接生产或制作产品的广告主所做的广告。

（2）零售商广告。零售商广告是百货商店、超级市场等零售商向消费者所做的广告。

（3）合作广告。合作广告是零售商做广告，但由制造商承担部分广告费的广告。

### 【与相关课程的联系】

消费心理学本来来源于广告学，反过来，又对广告的发展提供了帮助。

### 9.1.2 商业广告的心理功能

随着市场竞争日趋激烈，企业在经营过程中越来越重视广告宣传的作用，广告的投入也越来越大，原因之一就是广告已成为影响人们消费的重要指南。广告的心理功能就是指广告的基本作用和效能，也就是广告对消费者心理产生的影响作用。

1. 传递沟通功能

广告是连接商品与消费者的一座桥梁，广告最基本的心理功能就是向消费者传递有关企业及其产品和服务的性能、用途、规格、使用方法、售后服务，以及服务的内容、形式、地点等各种信息，帮助消费者了解新产品、增加或改变对原有产品和服务的认识，同时也可树立企业在消费者心中的形象。可以说广告是企业的喉舌，消费者也愿意从广告这种方便快捷的途径中搜集大量的不同品牌商品的各种信息，为自己的选择购买提供参考的依据。

2. 诱发或满足需求的功能

广告在介绍商品信息的同时，还要通过各种媒体和各种手段来激发消费者的购买动机，并满足他们的各类需求，包括物质性的与精神性的需要。消费者对某一产品的需求，往往是一种潜在的需求，这种潜在的需要与现实的购买行动有时是矛盾的。广告形成的视觉、感觉印象以及诱导性宣传往往会增加消费者的购买信心，勾起他们现实购买欲望，来满足已有的需求，使其感受到获得这个商品所带来的愉悦。广告的反复渲染、反复刺激，也会扩大产品的知名度，甚至会引起一定的信任感，也会导致购买量的增加。而且，广告也可以促成或引发消费者对新产品或不熟悉产品的购买兴趣，或者改变对某些产品或厂商原来的态度，激发消费者的购买欲望。

3. 促进购买行为的功能

促销功能是企业对广告最直接的要求，也是广告最基本的功能之一。广告通过充分利用图形、色彩、实体形象、声音、文字、数字等来刺激消费者的感觉器官，引起消费者的注意与兴趣，使其产生联想，接收并记住广告中的信息，促进其购买行为的产生。在现代这样一个信息社会中，消费者每天自觉或不自觉地接受着各类广告信息。美国的统计是，每个美国人每天平均受到 1 500 条广告的刺激，这些刺激在人的头脑中留下许多痕迹，形成记忆表象，使其有意或无意地对广告中的商品有或多或少的认识。而那些引起注意和兴趣的广告，就可能被较好地编码、加工、储存，并被记住。因此，广告的效果越好，越能促使消费者下决心做出购买行为。消费者的购买动机越强，越易产生购买行为。当然，消费者在做出购买行为前，还需要消费者的意志努力，需克服各类困难。而广告的魅力正是在于能使消费者克服各种购买障碍与不便，达到购买目的。

4. 便利决策功能

广告通过各种媒体，及时、反复地向社会传递各种商品的信息，使消费者简单、快捷地收集到大量的商品信息，方便他们进行比较选择，做出自己的购买决定。在物质生活极大丰富的今天，人们的生活节奏越来越快，面对种类繁多的商品，特别是新产品层出不穷，如果没有商业广告的介绍说明，消费者就会变得无所适从。而商业广告的便利决策功能，就有效地帮助人们解决了这一问题。

5. 教育导向功能

商业广告在推销各种产品和服务的同时，也向社会大众传播了科技领域的新知识、现代生活的新理念和未来生活的新趋势，这有利于开拓社会大众的视野，转变人们的消费观念，改善人们的生活品质。曾经公开宣称"非为总统，即为广告人"的美国总统富兰克林·罗斯福认为："若不是有广告来传播高水平的知识，过去半个世纪各阶层人民现代文明水平的普遍提高是不可能的。"

就广告的形式和内容而言，文明健康、积极向上的表现形式和内容，在指导人们消费的同时，还有利于培养文明、道德的消费观念和消费行为、传播社会主义精神文明、形成良好的社会道德风气，潜移默化地对两个文明建设产生积极的影响。

6. 艺术享受功能

好的广告，实际上就是一件精美的艺术品，广告通过美术、音乐、音响、诗歌、戏剧、舞蹈等艺术手段，不仅真实、形象地向人们介绍了商品，而且让人们通过对作品形象的观摩、欣赏，引起丰富的生活联想，树立新的消费观念，增加精神上美的享受，并在艺术的潜移默化之中，产生购买欲望。

广告作为现代都市的一大景观，对人们的生活环境也起到美化和装饰的作用。设计精美的路牌广告，雄伟壮观的建筑广告，绚丽多彩的霓虹灯广告，以及五彩缤纷的灯箱广告和售点广告,把城市的街道、建筑物和购物场所装点得生机盎然,为人们的生活环境增添了丰富的艺术色彩和浓郁的现代生活气息。

总之,商品广告的基本心理功能表现在它向消费者传递了商品的信息,激发了购买动机,满足了情感需求,进而使其实现购买行为,最终达到广告的促销目的。

### 案例阅读

2016年,农夫山泉陆续在视频网站上推出了一系列可关闭式的视频广告。广告以纪录片的形式、普通员工的视角讲述农夫山泉的水源地选址、生产和分销等经历。

其中一篇名为《一百二十里》的农夫山泉广告片中,镜头以半纪实的手法记录了一名普通的水质检验员一天的工作。观众在水质检验员的带领下,深入到农夫山泉武陵山的水源尽头,看到了农夫山泉水源的清新纯净,有回归自然的愉悦感,也感受到了农夫山泉员工的兢兢业业、质朴真诚。这样的广告呈现,让观众产生亲近感和信任感,形成了对农夫山泉天然好水质的产品认知。而且和一般强制观众必须看完的网络视频广告不同,这一系列广告片开头就提示"可关闭"字样。这样的提示更容易让观众产生好感,反而会引起观众的兴趣。

扫描二维码,观看农夫山泉二十周年广告片《一百二十里》。

【拓展视频】

### 【与相关课程的联系】

广告是推销和促销的重要手段,在推销学、市场营销、市场营销策划等课程中都被重点介绍。

### 9.1.3 商业广告的基本原则

商业广告是一种特殊的活动,牵涉广告主、广告经营者、广告媒体、广告受众等各个方面的利益,同时,广告又是一种综合性的活动,是集经济活动、信息传播活动、社会活动、文化活动等于一体的系统工程。为充分发挥广告的功能,抑制广告的负面效应,商业广告活动的各类参与者在从事广告活动时都必须遵循广告的基本原则。

1. 真实性原则

真实性原则是指广告内容要真实准确,不得虚假欺诈。真实性是广告的生命,也是广告的基本原则。广告的基本特征是信息沟通,只有提供真实的广告信息才能赢得广告对象的信任。《中华人民共和国广告法》(简称《广告法》)中明确规定,广告应当真实、合法,不得含有虚假或者引人误解的内容,不得欺骗、误导消费者。广告的真实性具体表现为以下两个方面:

(1)广告信息要以商品(或劳务)的客观事实为依据。广告所宣传的产品或服务应代表其整体水平,而不能用特别挑选出来的或特别制造的产品为标准;有关消费者特别关注的产品性能、质量等内容,不能过度夸张;广告的文字、画面、实物、实证、论证等应真实、明确。

(2)诚实守信。广告中应向消费者介绍商品或服务的使用、保养方法或有关注意事项,对于在使用或消费中可能出现的问题,应明确告知。广告中承诺的售后服务、优惠项目等要落实兑现。

🌐 【与相关课程的联系】

《广告法》针对涉及广告多方面的事宜进行法律规范，主要目的在于规范广告市场，维护消费者权益。是经济法课程的重要组成部分。

2．心理性原则

商业广告的目的，就是要刺激消费。在商品供过于求的买方市场状况下，消费者面临众多的选择，买什么产品、买多少、买谁的，完全由消费者自己选择决定。如果广告不符合消费者的消费心理，不符合消费者的购买心理，那广告就是无的放矢，起不到广告所应有的刺激消费的作用。因此，广告要想实现促销目的，就必须了解消费者的消费心理，依照心理学法则开展广告活动。

从广告作用于消费者的全过程来看，消费者接受一则广告并进行消费，要经历"引起注意—激发兴趣—刺激欲望—加强记忆—诱发购买"五个阶段，因此，商业广告必须遵循消费者的这一心理活动规律。

3．科学性原则

科学性是现代广告多学科知识的综合运用、电子技术的发展和先进的研究方法采用的结果，是广告现代化的重要标志。广告的科学性主要表现在以下三点：

（1）广告计划的针对性。广告必须抓住受众心目中所关心的问题、心理状态，然后确定广告主题与目标、广告战略与策略，科学选择。

（2）广告构思和设计的创造性。广告的构思必须富有创造性，即语言要生动、有趣、幽默、简明易懂；广告的形式要多样化且不断更新，以引人注目；还必须根据不同地区、不同顾客的爱好来设计广告图样和选择广告方式，切忌主观盲动、落后与简单仿制。

（3）传播手段和制作技术的先进性。计算机、传真机、数码相机、收视率调查机及彩印设备等科技设备的运用，使广告作品质量大大提高。互联网、现代卫星通信技术，又使广告传播在时间上、空间上突破了原来的局限，有效地提高了广告效果。

4．艺术性原则

广告的艺术性原则是指广告作品应具有艺术魅力与审美作用，能够吸引、影响与感染公众，激发公众的购买欲望。

广告是将造型艺术、语言艺术、表演艺术融为一体的综合艺术，它利用绘画、摄影、语言、文字、音乐、表演、歌曲等多种形式，塑造出生动而又富有创意的艺术形象来表现广告的内容，从而感染受众，使受众在自然而然的兴趣和愉悦中认知和接受广告的传播，并从中获得艺术的欣赏和美的享受。

广告艺术性的目的是有效地传达信息，而不单纯是为了艺术欣赏，艺术性是广告感人的有力手段。缺乏艺术性的广告，影响力小，促销能力差。而广告的内容及情趣与艺术形式的结合，有利于生动活泼地表现它的主题与创意，达到广告宣传的目的。

## 任务2  了解广告设计与消费心理

> **案例阅读**
>
> "送礼就送脑白金!"相信有不少人对此广告深恶痛绝,然而在厌恶之余,却无法否认它的影响力,至少在选购礼品时,"条件反射"下你会有意无意地想到这句广告词。而最"可恨"的是有很多人在其影响下居然真得就买了,理由便是"我想不出还有什么更合适的礼品!"这便是无比强大的"条件反射"作用。就像一个有钱人去买车,他的第一选择往往是宝马或者奔驰,因为在无数人的眼中那就是有钱人的象征。

### 9.2.1  广告定位与消费心理

1. 广告定位的含义

定位理论被美国营销协会评为"有史以来对美国营销影响最大的观念"。所谓定位,就是在潜在消费者的心目中为你的产品设置一个特定的位置,这个位置只为你的产品所独占而其他同类产品则不可能拥有。广告定位就是指广告主通过广告活动,使企业或品牌在消费者心目中确定位置的一种方法。

【拓展视频】

广告定位一般指如何使一个产品以正确合适的形象深入人心。它并不是围绕产品进行的,而是围绕潜在顾客的心智进行的,也就是将产品定位于潜在顾客的心智中。例如,当人们想到饮料时,头脑中先出现的总是可口可乐;想到快餐时,总是先想到肯德基、麦当劳;想到洗发水,总是先想到潘婷、飘柔、海飞丝。一个成功的广告,必须让你的产品或品牌在消费者的心中找到一个位置。

2. 广告定位策略

根据产品的特性与特点、在市场上的占有率、竞争的激烈程度等不同,定位的情况也有所不同。目前市场上商品种类琳琅满目、种类繁多,企业可以从以下几种情况考虑,准确进行广告定位。

(1)功能定位。功能定位就是在广告活动中突出商品独特的功能,使其明显有别于同类产品,以增加其市场竞争力。例如,同样是宝洁公司的产品,飘柔洗发水的定位是"柔顺",海飞丝的定位是"去屑",潘婷的定位是"修复"。

> **案例阅读**
>
> 扫描二维码,观看潘婷洗发水广告。潘婷洗发水的广告定位在修复功能上。广告中突出了洗发水中含有的发丝修复成分,强调了使用后的修复效果。广告立意明确,更能引起有此种诉求的消费者的关注。

【拓展视频】

(2)品质定位。品质定位也就是质量定位,通过强调产品的良好品质而对产品进行定位。

质量是衡量商品的重要标准之一，商品质量的高低直接影响着消费者是否会再次购买此商品，品质定位就是通过消费者对商品品质的认识来启动他们的需求与购买欲望，并在其心目中确定商品的位置。例如，奔驰这个品牌在人们的心目中则常与"尊贵"联系在一起，这就反映了一个品牌的品质形象定位。又如，雀巢咖啡"味道好极了！"的广告，就直接突出了产品良好的口感。

（3）品名定位。品名定位指任何产品的出现都有一个名称，但并不是随便起一个名称都可以，品名不但要顺口、响亮、大气，还要能突出产品的特点和性能，具有想象力、有特定的意义，与系列产品相照应。例如，脑白金，能够让人直接联想到该产品是作用于脑部的，而且有珍惜贵重之意，三个字记忆度高、识别度高；李宁，用人名作为品名代表着体育精神。

（4）感性定位。感性定位是一种多用于一些产品性质不易说清楚，或产品附加一种文化观念等的定位方法。这种诉求，能唤醒消费者感情的共鸣而引起消费者的兴趣。例如，万宝路香烟就采用了巍峨的群山、奔腾的骏马、粗犷的牛仔等形象诉求，从而博得消费者的好感；麦氏咖啡的"滴滴香浓，意犹未尽"也是感性定位。

（5）理性定位。理性定位常采取摆事实、讲道理的说服方法，使消费者获得理性共识。如百事可乐就用"同样的价格、两倍的含量"的诉求，赢得消费者的认识。例如，乐百氏27层净化纯净水的广告也是如此。

（6）强势定位。强势定位能显示企业的强大实力，企业往往采取"高高在上"和"咄咄逼人"的姿态面对市场和竞争者，以显示优势和强势争取消费者信任，以实力得到认同。这种定位适用于规模大，实力雄厚的企业，给消费者诉求一种强大的实力，让消费感觉到产品的保障，进而消费者成为其产品和广告的忠实消费者。例如，蒙牛的"每天一斤奶，强壮中国人"、施乐的"复印机王国"、IBM公司的"无论大一步，还是小一步，总会带动世界的脚步"等。强势定位也可以采取进攻态势，抓住竞争对手的弱势、缺点，显示本企业、本产品的实力、特色，削弱竞争对手的影响力，动摇其地位，争取市场的主动。

（7）抢先定位。抢先定位指的是产品在市场定位中，抢先于同类竞争产品进入市场及消费者心目中，力争使自己的产品品牌第一个进入消费者的心目中，抢占市场第一的位置。经验证明，最先进入人们心目中的品牌，平均比第二的品牌在长期市场占有率方面要高很多，而且此种关系是不易改变的。一般来说，第一个进入消费者心中的品牌，都是难以被驱逐出去的。人们总是容易记住第一名，如谁都知道世界第一高峰是珠穆朗玛峰，但极少有人能说出第二大高峰；人们能很快说出体育比赛的冠军，亚军则不易给人留下印象。例如，奢侈品中的LV、可乐中的可口可乐、电器中的通用、快餐中的麦当劳等。

（8）强化定位。强化定位是指企业一旦成为市场领导者后，还应不断地加强产品在消费者心目中的印象，以确保第一的地位。不断加强消费者起初形成的观念。例如，可口可乐公司所用的强化广告词是"只有可口可乐，才是真正可乐"。这个策略可适用于任何领导者。仿佛可口可乐是衡量其他一切可乐的标准，相比之下，其他任何一种可乐类饮料都是模仿"真正的可乐"。"我们发明这个产品"这句话，是施乐复印机、宝丽来相机、奇宝打火机等品牌所运用的策略，与可口可乐所用策略有异曲同工之妙，有强大的刺激作用。又如，在我国的冰箱生产厂家中，海尔反复强调自己的"高品质"，新飞则宣传自己是"节能冰箱"，而美菱把文章做在了"保鲜"上。

> **案例阅读**

蒙牛在创立初始,利用"王妃原理",继承内蒙古乳业形象,借助当时市场老大伊利的品牌形象,唱成了一出出借势的好戏。

刚创业时,蒙牛人认识到,在自己的羽翼没有丰满之前,是不能与牛奶业的老大伊利展开正面交锋的,因此,蒙牛巧妙地通过"创内蒙古乳业第二品牌"的宣传和"中国乳都"等概念的推出,叫响了蒙牛自己的品牌。

蒙牛提出"创内蒙古乳业第二品牌",表面上看,好像显得自己不够雄心壮志,别人都想着是怎么做到市场第一,成为霸主,统治市场,蒙牛倒好,竟然自己灭自己的威风,要创的只是内蒙古乳业第二品牌。但是,仔细分析,我们不得不承认蒙牛人的高明之处。当时,内蒙古乳业的头把交椅是伊利,这是无可怀疑的,不仅在内蒙古,在全国,伊利都是叫得响的品牌,在蒙牛创立的时候,伊利的年销售额已经达到数十亿元,是蒙牛的几十倍。若此时提出要创第一,伊利立刻就会进行"清剿",以蒙牛当时的实力,伊利要"灭掉"它就像是踩死一只蚂蚁般简单。

但是,除了伊利一枝独秀,内蒙古众多的其他牛奶却基本没有自己的品牌,属于消费者的随意购买品,根本没有品牌的知名度、美誉度和忠诚度。蒙牛提出做"内蒙古乳业第二品牌",一下子就将自己从众多的小品牌中脱颖而出,获得了伊利之下、万众之上的品牌地位和市场关注。

而且,蒙牛的"内蒙古乳业第二品牌",表面上是"第二",但这个"第二"是时刻与第一相联系的。人们只要想到伊利,就会自然想到蒙牛。因此,这个第二,其实借着与第一的关系,时刻在宣扬自己。利用伊利这个第一的品牌,蒙牛轻松地赢得了自己的市场。

在宣传上,蒙牛的第一块广告牌子上写的是"做内蒙古乳业第二品牌";在冰淇淋的包装上,他们打出了"为民族工业争气,向伊利学习"的字样。把蒙牛与伊利绑在了一起,使双方利益具备了一定的共同点,做大了牛奶行业这块大蛋糕,又不会让伊利对自己的发展产生顾忌,带来可能的恶意的竞争或者是报复。

同时,蒙牛人还提出了"中国乳都"的概念,全力打造"内蒙古"这个大品牌。在他们看来,一个品牌的地域优势是可以利用的。因为呼和浩特的奶源在全国最优,人均牛奶拥有量也居全国第一,借助这个地域优势,他们在呼和浩特的主要街道投放灯箱广告,提出"我们共同的品牌——'中国乳都'呼和浩特"这样的主题,一时间,媒体争相关注,频繁报道,也得到了呼和浩特市民与政府官员的关注与支持,而且还打消了伊利的戒心,可谓经典。

## 9.2.2 广告创意与消费心理

### 1. 广告创意的含义

广告创意是指通过独特的技术手法或巧妙的广告创作脚本,更突出体现产品特性和品牌内涵,并以此促进产品销售。

广告创意以广告定位为前提。广告定位所要解决的是"做什么",广告创意所要解决的是"怎么做",只有明确了做什么,才可能发挥好怎么做。一旦广告定位确定下来,怎样表现广告内容和广告风格才能够随后确定。由此可见,广告定位是广告创意的开始,是广告创意活动的前提,广告创意是广告定位的表现。

2. 消费心理对广告创意的影响

广告要广泛调动消费者的心理活动，如感官、知觉、记忆、想象及思维，首先建立对产品的认知，进而产生情感认同，最后实现购买行为。广告要达到刺激消费的目的，需要有让消费者喜欢接受的创意，这样广告在宣传产品信息的同时，给大家一个可以触动消费者心理的印象，从而引导消费者的商品取舍，实现产品利润的最大化。

优秀的广告创意应当根据消费者进行消费活动时从众、求异、同步、求实这四种消费心理调动创意思维，有的放矢。

（1）抓住消费者的从众心理进行广告创意。从众心理即指个人受到外界人群行为的影响，而在自己的知觉、判断、认识上表现出符合于公众舆论或多数人的行为方式。消费者在购买时，会参照他人的购买经历来选择商品。对于企业来说，可以借助消费者这一特有的心理，进行广告销售。一则比较成功的电视广告案例是宝洁的佳洁士系列牙膏广告，其中大量使用与目标消费者相似的人群，如一家三口、四世同堂等。同时在佳洁士得到全国牙防组认证后，宝洁在每一则牙膏电视广告结尾，总不忘记盖一个"全国牙防组权威认证"的章，这种权威的感觉一次次深深印在消费者的头脑中，使消费者相信其产品的权威性和有效性，达到了宝洁占领牙膏市场的目的。

（2）抓住消费者的求异心理进行广告创意。在消费者群体中，广大青年人和女性是标新立异的群体，他们总想通过自己独特的个性选择和消费来吸引眼球，获得更多的关注。针对这种消费习惯，广告创意必须以新颖的角度切入，采用平中见奇的创意手段，化腐朽为创意。以雅客为例，雅客在诉求上强调独立时尚个性的产品风格，在其电视广告的创意上，以年轻人为切入点，紧紧抓住年轻人为主的消费群体。他们的广告便以这一部分消费者为创意点，在空寂无人的街巷中，一群活力四射的年轻人在街市张扬的奔跑。雅客以运动时尚的形象出现，就是抓住了年轻人拥有活力、标新立异、追逐时尚，以及他们在消费活动中情感因素多于理性因素的特点。广告在年轻消费群体面前树立了雅客时尚前卫、年轻的认知印象，这样在以后的消费中，年轻的消费者就会对雅客产品有情感倾斜，产生情感认同，从而对他们的消费行为产生影响。

（3）抓住消费者的同步心理进行广告创意。根据马斯洛提出的人的需求层次学说，人在满足了本身的生存需求基础上，还渴望被尊重等更高的社会需求。同步心理即攀比心理，相同的社会阶层会在消费习惯上有相互学习的倾向。这种消费心理往往不是理性的消费，而是基于一种感性的消费冲动。广告活动中，可以通过创意性的宣传扩大这种消费心理的作用，引导消费者的购买动机和冲动。例如，中国移动的校园广告中，其广告就紧紧抓住学生群体趋同的消费特点，打出"我是 M-Zone 人"这一新鲜又富于个性的创意诉求，以"3 500 万学长的选择"来引导新同学加入其消费群体。

（4）抓住消费者的求实心理进行广告创意。求实的心理需求是比较理性的一种消费心理，这种消费心理比较注重产品的功能性和实用性，在购买时特别注重商品质量、性能、价格等，让消费者切实感受到实惠和利益。这在一些刚性需求产品中表现得尤为突出，如房地产产品、汽车产品、保险类产品等。针对这部分消费群体，产品的创意中就要从实际出发，少些虚张浮夸，切实地推出产品本身的优势。例如，人寿保险有一则姚明做的广告，打出了"要投就投中国人寿"的创意诉求，以篮球明星姚明的影响力暗示给消费者，选择人寿可以给他们带来实实在在的利益需求和保障。

产品与消费者的心理需求之间要实现有效的契合,只有通过行之有效的广告创意诉求来实现。在广告创意中,商家必须要分析不同的消费群的消费心理,针对不同的消费群体提出不同的广告创意策略,达到有的放矢。

### 9.2.3 广告诉求与消费心理

诉求是制定某种道德、动机、认同,或是说服受众应该去做某件事的理由。广告诉求是通过媒介向目标受众诉说,以求达到所期望的反应。广告诉求有以下五种。

1. 知觉诉求

知觉诉求是指广告用直接的或间接的事物形象来诉求。如展览会、现场表演、样品的陈列等属直接知觉诉求。通过音响、语言的描绘、图片说明来传播广告信息的属间接知觉诉求。

2. 理性诉求

理性诉求是指偏重于运用说理的方式,直接向广告受众传递理性的过程,如药品广告,常采用这种诉求方式,这对专业用户、理智型消费者更有效。例如,"雷蒙欣"不含PPA,治感冒起速快、疗效好;"泻痢停,泻痢停,痢疾拉肚子一吃就停"。

3. 情感诉求

情感诉求是与理性诉求相对而言的。理性诉求是将受众的理智作为诉求点,而情感诉求则着重调动人们的情绪、情感和心情。例如,"威力洗衣粉,献给妈妈的爱""爱妻型小天鹅洗衣机"。

4. 观念诉求

通过广告,促进人们改变旧的、落后的消费观念,从而培养起新的,适应时代发展潮流的消费观念。例如,有一则电视广告,安排祖孙三代女性,以这样的广告词:"我姥姥的年代",画面上出现老婆婆用一块自制的土肥皂洗手;"我妈妈的年代",画面上改了中年妇女用普通的香皂洗手;"我们的年代",画面上改了青春少女用挤压式洗手剂和干手机,这就是典型的观念诉求广告。

5. 道德诉求

通过广告,促进人们增强道德修养,培养人们的正义感、责任感等,提高社会公德意识。例如,"使用无磷洗衣粉,不污染环境,造福后人"。

## 任务3 掌握广告媒体选择与传播策略

### 案例阅读

2016年7月1日,《奔跑吧兄弟》第四季最后一期完美收官。这一期的节目选在了伊利在内蒙古呼和浩特的大本营录制,伊利员工、厂房、安慕希产品等伊利元素完美融合于节目中。第四季的《奔跑吧兄弟》节目由伊利安慕希酸奶品牌独家冠名,这也是伊利与浙江卫视继《奔跑吧兄弟》第二季、第三季之后的三度合作。从"跑男2"到"跑男4",除了节目冠名、插播广告,安慕希还巧妙地植入到跑男的各个游戏环节，还签约了跑男团的两名人气成员 Angelababy 和李晨为代言人。线下在全国众多城市组织以"安慕希美食"为主题的"跑男"趣味体验活动，让消费者近距离尝试用"浓浓的，超好喝"的安慕希希腊风味酸奶配搭新鲜食材制成的款款精致安慕希美食。线上、线下活动环环相扣，让安慕希获得了大量曝光，在消费者心中建立起了广泛的品牌认知，也与跑男建立了深入的合作关系。

伊利集团副总裁曾经表示："超高人气的真人秀节目《奔跑吧兄弟》已成为综艺节目的翘楚，而伊利安慕希在与《奔跑吧兄弟》同心奔跑的路上，我们 2015 年的销量实现近 5 倍增长。""浓浓的，超好喝"的安慕希添加希腊菌种发酵而成，其蛋白质比风味酸奶的国家标准高出 35%，用最好的品质为消费者的"健康、年轻、活力"献力。截至"跑男 4"开播前，安慕希 2015 年全年销售同比增长 465%，跃居国内常温酸奶市场龙头地位，"浓浓的，超好喝"品牌核心已经深入人心，其与跑男的娱乐化形象已经融为一体，引得消费者争先模仿饮用。

### 9.3.1 广告媒体选择的心理策略

1. 广告媒体及类型

广告媒体是传播广告信息的运载工具，是广告者与广告宣传对象之间起媒介作用的物质手段，也是生产者与消费者之间的桥梁。经常使用的广告媒体有电视、广播、报纸、杂志。另外，还有其他形式的广告媒体也很常见，如网络广告、户外广告、直邮广告、路牌广告、霓虹灯广告、空中广告等。

2. 广告媒体的特点

（1）电视媒体。电视广告是随着 20 世纪 40 年代电视机的出现应运而生，在以后的几十年里迅猛发展，成为最具表现力的广告媒体，它集视、听、音、色、形于一体，形象逼真、感染力强、表现手法多样、艺术性强，对观众有较强的吸引力。电视媒体主要有以下三个优点：

① 电视广告覆盖面广，收视率高。电视广告由于有视听兼备的特点，只要具备视听觉就能收看到广告信息，而且不受年龄、职业、文化程度的限制。只要打开电视机，电视广告就会在电视屏幕上出现，不管你愿不愿意都会收到，除非你立即关掉电视机。因此，电视广告的传播带有一定的强迫接受的特点。

② 有强烈的艺术感染力。电视广告以独特的技巧、形象魅力，集语言文字、人物、动作、画面、音乐声音、产品等艺术的综合，给予人们美的享受。每个广告都有一定的情节、构思和艺术内涵，通过艺术的表现手法使要传递的内容展现在观众眼前，让人百看不厌，这种信息与艺术的融合，使人在接受广告的同时得到艺术享受，具有强烈的艺术吸引力和渲染力。

③ 表现手法多种多样。广告都是利用音乐、文字、画面、色彩、人物、舞蹈、特技制作而成，通过多种形式传递商品和服务的信息，比其他媒介的表现形式更有亲临其境之感。

电视广告媒体的局限主要有以下三点：

① 播放时间短，被动接受。电视广告长度一般都是以秒为基本单位计算的，超过三四分钟的比较少，而最常见的电视广告是 15 秒或 30 秒。这就是说一则电视广告只能在短短的瞬间之内完成信息传达的任务，所以一些不能在第一时间引起消费者注意的广告，往往会被忽略。消费者对电视广告没有选择，无论是否需要，只能被动接受。

② 费用昂贵。费用昂贵一方面是指电视广告片制作成本高、周期长；另一方面是播放费

用高。就制作费而言，电影、电视片这种艺术形式本身就以制作周期长、工艺过程复杂、不可控制因素多，而且为广告片专门作曲、演奏、配音、剪辑、合成，都需要花大量的金钱。就广告播出费而言，广告播出是以秒计算收费的，在不同时间段播出广告费用也不相同。

③ 不易把握传播效果。电视广告往往穿插于节目中播出，时间较分散，不容易引起消费者的注意。而且，电视广告会受播出时段和节目收视率的影响，播出效果不易把握。

### 案例阅读

进入中国市场，宝洁既面临着巨大的自身本土化的挑战，又遭遇了隆力奇、纳爱斯、索芙特、拉芳等本土品牌的围攻。

1）在如此激烈的竞争下，宝洁公司采取了如下广告策略
① 2001年以来，宝洁连续三年在中央电视台广告投放翻番。
② 2003年11月18日，宝洁参与央视招标，以近亿元总额获得全年多个重要广告段位。
③ 2004年，宝洁与央视优质节目深入互动，创新开发品牌传播独有广告形式。
④ 常年保持在中央电视台一套晚间《焦点访谈》前A特段投放2条15秒广告，占据了14条A特段资源中的1/7。

2）宝洁公司的广告效果
① 近年来宝洁在中国市场的销量成功实现连年增长，突破100亿元大关。
② 飘柔、舒肤佳、佳洁士、汰渍、玉兰油等多个产品在中国市场取得极大成功，中国市场在宝洁全球市场格局中占据了重要地位。
③ 行业领先品牌地位得以持续强化，与竞争品牌的距离进一步拉大。

3）启示
① 相信广告的力量，相信强势媒体的力量。将中央电视台视为像沃尔玛、家乐福这样的战略合作伙伴，在媒体货架上获取最抢眼的位置。
② 对竞争品牌在媒介传播上予以压制，对高端媒体资源采取排他性占有，拉大品牌差距，树立竞争门槛。

（2）广播媒体。广播是以无线电波为载体进行广告发布的形式。广播媒体具有以下四个特点：

① 迅速及时。时效方面，广播具有其他传播媒介所不具有的优势。广播可以在最短的时间内将广告信息传递到听众耳中，能灵活地适应市场的变化，以便于消费者及时地做出购买决定。

② 广播的覆盖面广。广播通过无线电波传播，不受地理空间的限制，电波所及都可以接收到广播的节目。报纸是固定的纸质印刷品，报纸的发行受到地域交通的限制很多，往往制约了报纸的广泛传播。电视媒介的接受设备成本比较高，而且容易受干扰，对于一些偏远地区往往效果不很理想。

③ 广播的受众广泛全面。广播是通过听觉的刺激来传递信息的，对各个层次的人都有效，一般听众都能接受其信息传递。这样就可以针对特定层次的听众设定广播内容，如交通台、健康台、娱乐台等，在特定的广播内容时段播出针对特定消费群体的广告，就更有针对性。

同时，广播信号的扩散性、开放性和灌输性，广播的听众群又往往是不确定的，司机既可以收听交通台，也可以收听健康台和其他台，所以说，广播的受众不是完全针对某一特定群体的，是全面性的。

④ 广播广告费用低。在同等级别的媒体中，无论报纸，还是电视的广告收费远比广播广告的收费高得多，广播广告的成本远远低于报纸和电视广告的成本。

以上是广播的优势，但是广播媒体也有自己的弱点，如广播的声音转瞬即逝，不易保存。另外，广播通过听觉的刺激传递信息，有声无形，不易使听众产生直观的感受。还有就是目前收听广播的受众数量在逐年减少。

（3）报纸媒体。报纸是最早发布广告、应用最广泛的媒体。据统计，我国已有 1 700 多家报社，报纸发行量达 2.02 亿份，这些报纸差不多都在做广告。报纸媒体的特点主要有以下四点：

① 信息的广泛性。报纸种类很多，发行面广、阅读者多。因此，报纸上既可刊登生产资料类的广告，也可刊登生活资料的广告；既可刊登医药滋补类广告，也可刊登文化艺术类广告等，信息内容十分广泛。

② 功能的服务性。报纸分类广告的内容与日常社会经济生活紧密联系，通过报纸版面的科学分类，不仅便于读者对信息的比较选择，而且便于为客户的广告投放和营销推广提供有效的服务，能够实现广告主和读者双方需求服务的最优化。

③ 价格的经济性。报纸分类广告规格小、内容简明，不需要广告策划制作，投入成本低。同时受广告营销季节变化和企业广告投放计划的制约较小。

④ 阅读的主动性。与其他广告方案依靠设计创意来吸引读者不同，报纸广告能够吸引广大广告主和读者主动购买阅读。

报纸媒体的不足之处在于报纸的时效性较短，内容复杂，容易分散广告受众的注意力；有些报纸印刷不精良，影响广告效果；现代社会生活节奏快，很少对报纸的内容详细阅读，次要版面的广告往往不能引起消费者的关注。

（4）杂志媒体。杂志媒体是在报纸之后出现的广告媒体。杂志媒体的主要特征有以下三点：

① 针对性强。杂志不像报纸那样有全面的读者群，杂志的读者群较为固定，每种杂志都有特定层次的读者群，如《少男少女》杂志，主要针对的是青少年；《青年文摘》的读者主要是青年人；《电脑爱好者》杂志的读者都是电脑的发烧友等。因此，根据杂志读者针对性的特征刊登特定的广告，能增强广告的针对性，使商品和服务的信息尽快传递给目标顾客。

② 反复阅读。杂志便于长期保存，一般可以吸引读者反复阅读或传阅，能够加强广告的宣传效果。

③ 吸引力强。杂志印刷精美、制作考究、色彩鲜艳，能较好地表现商品的形象，增加商品或服务对读者的吸引力，刺激消费者购买。

但是，杂志的发行周期较长，影响广告的时效性；杂志的发行范围有限，读者群单一，影响广告的传播范围；而且，杂志广告的费用相对较高。

（5）网络媒体。网络以其全球性的信息沟通方式，凭借发送信息快速、便捷，已成为新兴媒体中发展潜力最大的一支，被称为除了传统的四大媒体之外的"第五大媒体"。

与传统的广告媒介相比，网络广告有其自身的优势和特点：网络信息的交流是全球性的，网络广告形式更有利于发展国际知名品牌，开拓国际性市场；网络广告能组合电波媒介的视听组合感受，又具备平面媒介信息承载量大的特点，能够全方位的吸引受众的注意；网络的目标受众相对明确，大多数是知识结构、层次较高的人群，针对性的信息传达和沟通效率比传统媒介要高，所以更适合传达商品类别中高知识化、高价值和理性化的产品信息。

网络广告的最主要特征是它的交互性，目标受众和目标消费者在网络是主动地搜寻信息，而不是像传统的媒介那样被动地接受强制性的信息灌输，所以其快速回应的特点能使广告主和目标受众之间产生快速的信息沟通和互动。

就网络广告目前的运作来讲，它同时还存在覆盖率低、广告形式单一、点击率低等不足，在一定程度上会影响广告的宣传效果。

（6）POP广告。陈列于商场内外的POP广告，对经营者而言，是传播信息、促销商品、重视消费者感受与需求的渠道，并且成功扮演销售员的角色，减少零售店在人力、财物的额外支出。因为商品、大小、结构和设计等不同，POP广告能以悬挂、堆放、粘贴、放置走道旁或零售店的任何地点陈列展示。

① 直接性。POP广告设在消费者购置货物的时点上，这个时点是销售手段的最终点，是商品与消费者接触从而决定是否购买的时点，是一种最有效、最直接的宣传，能更快地帮助消费者了解商品的性能、用途、价格、使用方法等。

② 视觉性。POP广告充分利用销售场所的三维空间，以及整个色调、光线、照明等环境，配合所陈列的商品特征与展示情况，使广告视觉效果更好，能引起注意和兴趣，从而促发即时购买。

③ 系列性。POP广告可以补充报纸、杂志、广播、电视广告的不足，同时采用多种工具，制造热烈的销售气氛，利用多种表现手段使广告趋于系列性，从而使广告设计收到整体的系统效果。

3. 商业广告媒体选择的心理因素

在广告决策中最重要的决策之一，就是选择适当的、适合的具体的广告媒体。广告创意再出色，但如果广告媒体选择不当，也很可能前功尽弃，即使刊播在同一媒体上的不同时段和不同版位的广告，其效果也大不相同。例如，在电视广告的A特段，收视率要比C段、D段高得多，广告效果自然也会好得多；而在报纸中，头版、二版广告的效果亦非其他版面可比。面对众多的广告媒体，除了要明确企业目标和产品自身的特点外，还要了解每种媒体的特征和优势，才能保证广告活动的成功。在进行广告媒体选择时，应从以下几方面考虑：

（1）根据商品的特性选择。各种商品的性能特点、使用价值和流通范围都不尽相同，因此媒体选择也有所不同。因为各类媒体在展示、解释、可信度、注意力与吸引力等各方面具有不同的特点。如生产资料、耐用消费品等须向消费者作详细的文字说明，以便告知产品的结构、性能、使用规范等，可选用报纸、杂志等平面媒体；品种规格繁多的时装、日用品等则宜采用图文并茂、声像并举的电视、网络等媒体，向消费者直接展示产品的性能、效果和用途，以求立体、直观、形象。

（2）根据目标市场的媒体习惯选择。不同的观众通常会接触特定的媒体。有针对性地选择为广告对象所易于接收的媒体，是增强广告促销效果的有效方法。例如，化肥、农药的消费群体集中在农村地区，网络等新型媒体就不太合适，而墙体广告或流动性较强的宣传单式广告就更有效；对于青少年，广播、电视是最有效的广告媒体；而生产或销售玩具的企业，目标群体主要是学龄前儿童，因而绝不会在报纸上做广告，而只能在电视或电台上做广告。

（3）根据广告传播范围选择。选择广告媒体，必须将媒体所能触及的影响范围与企业所要求的信息传播范围相适应。一般来说，推广新产品、扩展品牌或进入不确定的目标市场时，接触面是最重要的；当存在强大的竞争者、想要传达的信息复杂、消费者阻力较大或是购买次数频繁时，频率最重要。例如，中央电视台的媒体触及面和影响力就远远大于地方电视台，因此，选择中央电视台投放广告的效果更好。如果企业产品是行销全国的，宜在全国性报纸或中央电视台、中央人民广播电台做广告。而在某一地区或城市销售的产品，则可以选择地方性报纸、电台等传播媒体。

（4）根据广告内容选择。广告媒体选择要受到广告信息内容的制约。如果广告内容是宣布某天进行促销活动，报纸、电视、广播媒体最及时。而如果广告信息中有大量的技术资料，则宜登载在专业杂志上或邮寄广告媒体上。

（5）根据广告主的支付能力选择。不同媒体所需成本也是选择广告媒体的依据因素。广告是一种有偿的促销活动，并且各种各级媒体的收费标准也有所差别。因此，广告主应该从自己的支付能力出发，从产品的可能消费量和消费范围中，比较选择费用与效果相适应的媒体。一般来说，竞争力和支付能力强的企业，可选择宣传范围广、影响力大的媒体；中小型企业宜选择一种或少数几种收费低而有效的媒体。

> **案例阅读**
>
> 受每年上亿元的高昂广告费所累，曾经辉煌一时的"中国核桃粉大王"——四川智强集团终因破产在2006年2月23日走入了拍卖的境地。
>
> 1. 广告轰炸出"小巨人"
>
> 四川智强集团原是一家名不见经传的地方国营食品企业。但在1998年央视广告招标会上，该集团却以6 750万元的巨资夺得央视在1999年第一、二、四季度广告黄金段位的A特段。加上在其他媒体投放的广告，所耗广告费用高达1亿多元，成为当年四川投放广告最多的企业，被称为四川"标王"。
>
> 在巨额广告费的轰炸下，"智强"商标的知名度在全国范围内迅速提升。集团的主导产品"智强核桃粉""智强鸡精"等产品销往全国近400个大中城市，甚至出口到了新加坡、泰国等东南亚国家。企业也先后获得"四川省重点企业""四川省小巨人企业"等殊荣，并被誉为"中国核桃粉大王"。
>
> 2. 产值1.6亿，广告就花掉1亿
>
> 然而，巨额的广告投入和一系列荣誉光环并没有让智强集团在市场上持续火爆下去。由于该集团在鼎盛时期的年产值才1.6亿元，但每年的广告费就超过1亿元，企业经营被高昂广告费所困。短短几年时间后，智强集团的经营状况每况愈下，出现了借钱或贷款打广告的现象，而应付贷款一拖再拖，各种债务纠纷接踵而至。
>
> 到2003年成都春季糖酒会，已是强弩之末的智强集团上演了最后一次广告"大手笔"——出巨资包断主会场的大门和最重要的展场。不久，溃败就一发不可收拾，仅仅半年后，2003年10月28日，智强集团即向法院提出了破产申请，成为被广告拖垮的典型企业。

### 【与相关课程的联系】

市场营销策划中广告策划要重点考虑产品因素、广告内容和媒体的选择是否符合消费者接受。

### 9.3.2 广告心理效果测定

广告的目的在于沟通信息，从而使消费者认识产品、改变态度，最终产生购买行为。广告主支付高额的广告费用，就是为了达成这个目的。因此，对广告效果的测定就成了广告主非常关心的问题。广告效果直接影响广告目的的实现,也是广告活动成败的决定因素,因此,人们一直探讨利用各种手段对它进行科学、有效的检测,以改进广告活动的设计,提高效率。

1. 广告效果测定的含义

(1) 广告效果的含义。广告效果是指广告信息通过广告媒体传播之后所产生的所有直接或间接的影响效应,是媒体受众对广告活动的结果性反应。这种影响效应可以分为对媒体受众的心理影响效应、对媒体受众社会观念的影响效应及对广告产品销售的影响效应。

广告的效果不仅要看它直接对销售的促进作用,而且要考察它对广告受众的影响程度,能在多大程度和多长时间内对销售产生促进作用,以及其对社会政治、文化、伦理的影响。

(2) 广告效果测定的含义。广告效果测定就是通过调查、实验、统计等手段,在广告发布的事前、事中、事后的不同阶段,对广告的效果进行测度。检测内容包括心理效果、经济效果和社会效果三个方面。

① 经济效果。又称"销售效果",是指广告主从广告活动中所取得的经济效益,包括由广告引发的产品和劳务销售和利润的变化效果,以及由此引发的市场竞争格局的变化、行业乃至宏观经济的波动等。经济效果是广告主最为关注的效果。

② 社会效果。是指广告活动对社会文化、伦理、道德乃至政治等方面所造成的影响。社会效果是商业广告活动的衍生物,同时也是公益广告追求的目标。

③ 心理效果。又称"传播效果",是指广告在消费者心理上的反应程度,包括对受众知觉、记忆、理解、情感、需求及行为等方面的影响。心理效果是广告传播效力的直接反映,是广告效果的核心因素。本书仅对心理效果的测评方法进行介绍。

2. 广告心理效果的测定方法

测定广告心理效果根据安排时间的不同可以分为事前测定、事中测定和事后测定。事前测定,是在广告正式制作完成前,对广告可能会获得的效果进行的测定。在广告正式完成投放之前进行测定,能及时发现广告中存在的问题,并进行修改调整,可提高广告的成功率。事中测定是对广告推进的跟踪调查。在广告推出期间,调查广告受众的反映,了解消费者的购买态度,随时对广告的推进进行调整。事中测定是在实际市场中进行的,因而所得结果更真实、更有参考价值。事后测定主要评估广告在媒体推出后所产生的实际效果,为以后的广告活动提供参考。

(1) 广告心理效果的事前测定。心理效果事前测定常用的主要有专家意见综合法、评分测定法、组群测试法、仪器测试法等。

① 专家意见综合法。在广告文本或媒体组合计划做好后,请有关广告专家、推销专家、心理专家等对备选方案进行评价,多方面、多层次地对广告文本及媒体组合方式将会产生的效果做出预测。通过详细记录,综合专家的各项意见及讨论的重点,来预测广告推出后可能产生的效果。

② 评分测定法。这种方法是把被测试的广告作品,向一组受众展示,然后请他们对这些广告在吸引力、好感、接受程度等方面进行评比打分。这种评分法用于评估消费者对广告的注意力、认识、情绪和行动等方面的强度,评价分值较高的一般广告效果较好。

③ 组群测试法。这种方法是让一组消费者观看或收听一组完整的广告,对时间不加限制;然后要求他们根据印象,回答关于广告内容方面的一些问题。例如,"您对哪几则广告感兴趣?""您看过广告后,给您印象最深刻的是什么?""看了广告后,您有没有进一步了解广

告产品的兴趣，是否有近期购买产品的打算？"……，主持者可根据情况选择是不是要给予提示。测试者的回忆水平表明广告的突出性以及信息被了解或记忆的程度。

④ 消费者评定法。这种方法是让消费者直接对广告效果进行审定，可以请内部职工或同行评审提意见，也可以直接征求顾客意见。征求意见时，可以同时设计几幅广告，请评审者从中择优；也可以设计一幅请消费者评审评价。

这种方法只需采用广告设计草图，成本低廉；一旦选定对象，很快便可判断出哪一则广告宣传效果最好，使用这种方法通常可以收集到大量有关消费者购买习惯的资料。但它也有不足之处：一是较难获取准确信息，调查表明，消费者对第一眼（视觉）看到的广告印象往往最深，但此广告并不一定是最成功的；二是调查结果容易流于一般化，缺少独到见解。

⑤ 仪器测试法。这种方法是在实验室内运用仪器来测量广告在人的心理上的反应，如视向测量仪、皮肤反射测验仪、心理测量仪等就越来越广泛地被应用于广告效果的实验室测量。

（2）广告心理效果的事中测定。广告心理效果的事中测定常用的方法有市场测验法、回函测定法等。

① 市场测验法。选定一两个地区作为测试区，刊播已设计好的广告，观察广告受众的反映情况，然后与没有推出广告地区进行比较，通过测试地区与其他地区之间的差异，就可以对广告促销活动的心理效果做出测定。

② 回函测定法。这种方法一般采用调查问卷的形式进行对广告的心理效果进行测定。调查问卷可以是记名的也可以是不记名的，在不记名的调查问卷中，应要求被调查者写明自己的年龄、职业、文化层次、家庭住址、家庭年人均收入等基本情况。调查表中调查问题以根据需要自行设计，但应尽可能详细具体，以便调查对象能够准确回答。函询法通常采用有奖反馈的形式，以鼓励调查对象积极回函反馈信息。

（3）广告心理效果的事后测定。心理效果的事后测定是指在广告活动结束后，有关方面对广告效果所进行的综合评测，包括有两层含义：其一是当广告推出过程结束后，立刻对其心理效果进行测定；其二是在广告推出一段时间过后，再对其心理效果进行测试。事后测定所依据的是既定的广告目标来测量广告结果。因此，测量内容视广告目标而定，包括品牌知名度、品牌认知、品牌态度及其改变、品牌偏好及购买行为等。

广告心理效果的事后测定虽然不能直接对已经完成的广告宣传进行修改或补充，却可以通过这种评估，衡量广告促销活动的业绩、评价广告策划的得失，积累经验、总结教训，以指导以后的广告策划。

① 认知测定法。不论广告目的如何，它总要让人看到、读到或听到。测定认知的程度，就是让调查对象看一份广告，然后问他是否见过，如果回答"见过"，说明他对这则广告有所认知。根据调查结果测定广告的宣传效果和认知程度。

② 视听率测定法。这种方法主要用于测定广播和电视的广告效果。具体做法是，抽取若干样本家庭进行调查，统计出三方面的数据：A 类，电视机或收音机的拥有户数；B 类，广告节目的视听户数；C 类，认知广告名称的人数。然后，对三者分别进行推算。

由于电视或广播广告重复率高，所以应当在广告播放一定周期或若干次后作多次测定，以求得较为准确的测定结果。

③ 回忆测定法。广告的目的就在于让消费者获得信息，然后留下记忆。回忆测定法就用来测定心理效果的记忆度和理解度。

④ 态度测定法。一个人的态度很难用直接方法去观察，只能从其言辞或行动去作推测性

了解。态度测定法所采用的具体形式有问卷、检查表测验、语意差别法、评等标尺法等。

⑤ 综合测定法。以上四种心理效果的测定方法具有局限性，只反映广告心理效果的部分情况。综合测定法弥补了这些缺陷，它将上次广告的综合心理效果与本次广告的综合心理效果用坐标图加以比较，从而综合衡量出广告的总体效果。

综合测定法的优点是广告心理效果的测定比较全面，能够提供广告活动效果的综合性指标，便于人们检验广告活动的整体效果。但是，综合测定法只是检测广告心理效果的方法之一，它不能代替其他方法；同时，测定的结果还要结合各种商品的特性、品牌占有率和商品普及率等进行具体分析。

## 自测试题

【参考答案】

一、单项选择题

1. 广告的诱导功能主要体现在（　　）。
   A. 吸引消费者注意　B. 激发消费者购买欲望
   C. 改变消费者态度　D. 提供商品知识
2. 对于家用电器、食品等商品，一般选择的广告媒体是（　　）。
   A. 报纸　　　　B. 杂志　　　　C. 广播　　　　D. 电视
3. 劝诱式广告主要适用于商品生命周期的（　　）。
   A. 投入期　　　B. 成长期　　　C. 成熟期　　　D. 衰退期
4. 商业广告最基本的功能是（　　）。
   A. 沟通功能　　B. 诱发功能　　C. 促进购买　　D. 教育功能
5. POP广告在宣传活动中的首要功能是（　　）。
   A. 行为功能　　B. 诱导功能　　C. 认识功能　　D. 感情功能

二、多项选择题

1. POP广告经常利用的宣传要素包括（　　）。
   A. 文字　　　　B. 图像　　　　C. 色彩　　　　D. 音响
2. 广告刺激消费者产生的心理活动包括（　　）。
   A. 认知活动　　B. 情绪活动　　C. 意志活动　　D. 情感活动
3. 广告媒体对消费者心理的影响力取决于（　　）。
   A. 媒体的可信度　　　　　　B. 信息传播范围
   C. 信息传播频率　　　　　　D. 信息传播途径
   E. 信息传播长度　　　　　　F. 分析活动
4. 电视作为一种独特的广告媒体，其独特的心理特点有（　　）。
   A. 传播范围广泛　　　　　　B. 表现力强
   C. 重复性高、记忆效果好　　D. 作用力大
   E. 专业性
5. 商业广告心理功能主要表现在（　　）。
   A. 传播功能　　B. 诱导功能　　C. 教育功能
   D. 批判功能　　E. 促销功能

三、简答题

1. 商业广告的含义及特征。
2. 商业广告的心理功能。
3. 商业广告各种媒体的主要特征。
4. 商业广告媒体选择的心理因素。
5. 商业广告心理效果测定的主要方法。
6. 商业广告心理策略的主要内容。

四、论述题

什么是 POP 广告？如何充分发挥 POP 广告的诱导功能？

五、案例讨论题

一个具有良好创意的广告，就一定能收到应有的效果吗？未必。因为，广告媒体的选择同样对广告效果产生影响。"广告要做给买家看"，广告主必须选择买家看的媒体，广告才能出效果。

贝克啤酒的广告代理是上海奥美广告公司，为了使贝克啤酒迅速地占领海南市场，上海奥美广告公司为贝克啤酒精心制作了三个颇有创意的广告片并陆续在海南某些电视台播放。

第一则广告片是：一群向日葵围着太阳转，唯独只有一棵向日葵我行我素、不做约定俗成的事情，它不向太阳却向着贝克啤酒！广告口号是："喝贝克，听自己的！"

第二则电视广告是：沙滩上有一群螃蟹在横着爬行，唯有一只螃蟹独具一格地竖着向贝克啤酒爬去。广告口号还是："喝贝克，听自己的！"这两则广告表现了贝克啤酒的独特个性，同时也寓意着喝贝克啤酒的人也是有个性的、有独立见解的、有自己的品位的及有自己选择的人。

第三个广告片主要表现这种品牌是舶来的：许多人在一只绿色帆船上喝着贝克啤酒，感觉清凉爽快，这群人极富活力和朝气，表现了现代人的现代生活。

中国的啤酒很多，喝起来也没多大的差异，实际上现代消费者对啤酒的差异没有多大的分辨能力。消费者对啤酒的需求基本上是一样的，不同的只是感觉而已。这三个广告都没有讲啤酒花、泉水和酵母如何如何，只讲了气氛、感受和品位，讲了无拘无束的个性和扬帆远航的自由。不论是从创意还是从制作的角度来看，三个广告均可谓是上乘之作。但出人意料的是三则广告在海南某些电视台播放后，收效甚微。奥美公司的人带着困惑到海口进行了实地的市场调查。通过调查，他们恍然大悟，原来海南人不爱看电视。通过调查他们了解到海南的人口特点是年轻人多，流动人口多，带着发大财做淘金梦的人多，这是一种特殊的亚文化群，他们无时无刻不在奋斗，他们的心像浮萍一样漂游不定，他们当中很少有人安居乐业，拥有电视机的人不多，而能每天晚上安安心心坐在电视前看电视的人更少。他们关心的是寻找一个赚钱更多、机会更好的职业。他们虽然不看电视，却十分爱买爱看报纸。因为当地报纸上经常有一些人求事或事求人的广告。

针对这样一种与众不同的文化及人口环境，上海奥美公司在海南迅速推出系列报纸广告。第一幅报纸广告是一则悬念式广告。整幅画面中只有一个贝克啤酒瓶盖占据正当中。下面是一行很不起眼的小字："最近千万别丢它！它即将价值千万！"这幅广告引起了许多人的注意。许多人开始喝贝克啤酒，并注意保留瓶盖。这次广告活动的中心议题是：谁收集贝克啤酒瓶盖最多，谁将做三天海南的首富。开奖的日子煞是热闹，许许多多的人，带着许许多多的瓶盖去领奖了。最后，由一个海鲜店老板捷足先登，荣获此次广告活动大奖。他一共收集了 6 万个贝克啤酒瓶盖。这位幸运者吃着最豪华的饭菜，驾着劳斯莱斯在海南风光了三天，他的一举一动引起了一大群记者的关注。这次活动不但是一次效果极佳的广告活动，也起到了不同凡响的公关效应。

企业的广告是在特定环境中的广告，那么在实施广告活动之前，一定要先了解企业周围的营销环境，只有这样才能知己知彼，百战不殆。

**讨论**

1. 企业如何选择媒体进行广告宣传？
2. 分析贝克啤酒广告前后两次失败与最后成功的原因。

1. 最近给你印象最深的一则产品广告是什么？它为何能够吸引你，有什么特别之处？
2. 跟踪一家企业的产品广告，分析其最近几次产品广告策略的变化，并说明其原因。

1. 登录广告网（http://www.cnad.com），了解更多的广告创意。
2. 2014年5月8日至11日，第43届世界广告大会在中国北京国家会议中心举行，大会主题"创意点亮世界"。请了解有关第43届世界广告大会的更多内容。
3. 登录政府门户网站或者扫描二维码，学习《中华人民共和国广告法》的内容。

【相关法规】

# 项目 10

## 巧妙沟通消除消费障碍

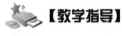【教学指导】

| 教学重、难点 | 教学重点 | 营销服务售前、售中、售后三个阶段的心理及策略 |
|---|---|---|
| | 教学难点 | 营销人员与消费者的沟通技巧及接待技巧、消费者拒绝购买态度的转化 |
| 学习目标 | 知识目标 | 售前服务、售中服务和售后服务；沟通技巧；顾客拒绝购买态度的形成与化解 |
| | 能力目标 | 掌握营销服务基本策略的应用能力；掌握沟通技巧及接待技巧；工作中接待好不同类型拒绝购买的顾客，满足消费者的心理需要，合理转化 |

【本章概览】

【本章课件】

## 【导入案例】

2010年，武汉老城区一家老房子的业主，收到了一封奇怪的信，信寄自德国法兰克福，看起来有些像公函。信的大意是说，"我们是您家这栋老房子的承建商，这栋老房子的详细资料一直保存在我们的档案室里，根据房子的原始设计资料，这栋房屋建成已满80年，需要进行一次小型维修。承建商给出了详细的维修方案，并且承诺，如果维修到位，这栋房子再使用50年没有任何问题。"

我们居住的房屋的建筑商能做到这样吗？很多企业销售前对顾客的承诺很多，销售后就无影无踪了，导致了顾客的抱怨，很多企业成了短命鬼。

**思考**

根据上述案例，你认为销售服务重要吗？你认为企业应该如何做好销售服务？你对国内一些企业虎头蛇尾的销售服务有什么看法？想一想，营销服务对你在日常消费过程中的消费心理有什么影响？营销服务在企业核心产品中起着什么作用？等等。

学习完本项目的内容，你就可以知道营销服务的重要意义了。

## 任务1　了解营销服务

营销服务是指商品在销售前后，为最大限度地满足消费者需要而采取的各种措施，是伴随商品流通（商流和物流）而提供的劳动服务。营销服务是售前、售中、售后服务构成的体系。正如美国企业家杰克·韦尔奇所说，"企业的存在就是向客户提供服务，发现客户的需求并满足它，任何企业最重要的问题都是如何做好客户服务。"

【名人简介】

### 案例阅读

海尔的营销网、物流网、服务网，覆盖了全国大部分城市社区和农村市场，海尔在全国建设了7 600多家县级专卖店，2.6万个乡镇专卖店，19万个村级联络站，可以保证农民不出村就可以知道家电下乡，不出镇就可以买到下乡产品；海尔在全国建立90余个物流配送中心，2 000多个二级配送站，可以保障24小时之内配送到县，48小时之内配送到镇，实现即需即送、送装一体化；海尔在全国共布局17 000多家服务商，其中在一、二级市场建立了3 000多家服务商，三级市场建立了4 000多家服务商，四级市场建立1万多家乡镇服务站，可以保障随叫随到，为用户提供及时上门、一次就好的成套精致服务。海尔的"三网"融合的优势保障了企业与用户的零距离，不但有效支持海尔产品的营销，还成为国际家电名牌在中国市场的首选渠道。

### 10.1.1 售前服务的心理策略

**1. 售前服务的含义**

售前服务是指产品从生产领域进入流通领域,但还未与消费者见面之前提供的各种服务。例如,为顾客提供产品说明书,根据用户的需要提供勘察、设计,代为用户设计合适的型号、规格;进行技术咨询;售前技术培训;一些大商厦提供销售指导说明;一些食品商店实行先尝后买、提供盛器等便民措施,都是主动拉住消费者的售前服务工作。

售前服务是整个商品交换过程的重要活动,是争取顾客的重要手段,通常要抓好三件事:一是搞好市场调查与预测;二是采购适销对路的商品;三是搞好宣传,加强消费引导。售前服务工作主要包括货源供应、商品的运输、储存保管、再加工、广告宣传、拆零分装、柜台布置、商品陈列、咨询、培训等服务工作。开展这些服务项目,可以使消费者购买目标由模糊到明确,做出买与不买、买什么牌子的决策,可以使许多潜在的消费者变成真正的消费者。

> **案例阅读**
>
> 美国通用汽车公司、惠普公司、威斯汀豪斯公司及西尔斯公司等在开始推销自动洗碗机时没有得到顾客的青睐——人们不相信洗碗机能洗好碗。不管这些公司怎样宣传,都不能消除人们的偏见,销售情况很不妙,甚至已经威胁到洗碗机的生存。在这种情况下,通用公司经研究后,果断地改变了推销策略,由全面出击改为重点突破,转向建筑公司和建筑承包商,把洗碗机打折卖给他们,将之装在建筑的楼房里,供那些家庭主妇们免费使用。这一招果然奏效,洗碗机慢慢地被家庭主妇们接受,并在她们的大力支持下迅速进入了千家万户,遂成为家庭不可缺少的生活用品,这就大大打开了销路。

**2. 售前影响消费者心理的因素**

营销大师菲利普·科特勒把消费者在购买消费之前的心理活动称之为"神秘的暗箱"。经营者只有打开暗箱、洞悉消费者的心理活动,才能在商战中占有一席之地。一般来说,售前影响消费者心理的因素主要有以下五种:

(1)社会文化。文化是人类生存和发展方式的体现,人们要进行怎样的消费、优先满足哪些需要、如何满足、采取什么行为,无时不受到文化的影响。人们在生存、发展过程中,会有各种各样的需求,而需求的内容则是由文化影响或决定。同样,人们会产生各种行为活动,但活动的方式也是文化教化的。文化通过满足人们的心理需要、个性,为人们解决问题,参与社会活动,确定了顺序、方向和指南。

(2)流行时尚。流行所包含的内容十分广泛,有物质产品的流行、精神产品的流行以及思想观念的流行等。在消费活动中,没有什么比消费流行更能引起消费者的兴趣。例如,在2001年的APEC上海峰会上,APEC的领导人身上穿唐装亮相,迅速引发了全国甚至全世界范围内的"唐装热"。

(3)消费群体。不同的群体往往有不同的价值观念、生活方式、行为准则,形成不同的群体规范,而这一切对消费者的消费心理与购买行为有着重要的影响。由于相关群体的范围非常广泛,所以消费者无时无刻不受到它的影响,其大小取决于消费者在群体中的地位、对群体的忠诚与信任等。

(4)商品设计。在商品的设计过程中,要特别重视研究商品能否适应消费者的心理需求、功能需求，能否引起消费者的兴趣与购买欲望。例如，日本汽车制造商，把出口欧美国家的轿车，设计为车内宽敞，座位靠背的角度可自动调节的形式，适应了欧美人身材高大的特点，乘坐极为舒适，很受进口国消费者的欢迎。

（5）商品广告。随着商品经济的发展，广告已成为人们经济生活中不可缺少的组成部分。人们每天要接受大量信息，其中主要是广告信息。这些广告信息不仅对人们的购买行为产生了重要影响，而且使人们的消费习惯、生活方式也受到了不同程度的冲击。

3. 售前服务策略

（1）文化策略。文化环境对消费者行为的影响是潜移默化的，由于文化背景、宗教信仰、道德规范、风俗习惯及社会价值标准不同，在消费观念及消费行为方式上会表现出明显的差异。例如，日本彩电制造商在美国推销其新产品时，用了一个穿比基尼的美女形象，获得了成功。随后，其在中东地区开辟新市场时，仍沿用了在美国的做法，结果一败涂地。究其原因是阿拉伯地区的妇女非常保守，身着比基尼的美女形象很容易引起当地人的反感。因此，企业应主动适应目标市场所在国的文化传统，尊重消费者特有的风俗习惯、宗教信仰和消费偏好等。

（2）流行策略。流行是社会生活中的重要现象，也是影响消费者购买行为的重要因素。由于流行具有一种特别的性质——从众性，所以特别适合用作促销策略。20世纪90年代，风靡京沪等地的跳舞毯就是一个很好的例子。商家利用青少年喜欢跳舞这一卖点，开发了跳舞毯这一新产品，投入市场后立即受到青少年的青睐，并迅速蔓延开来，一时之间非常流行。

（3）家庭策略。消费者购买活动很多是以家庭为单位进行的，但是，购买决策是由家庭中的某一个或某几个成员决定。虽然一件商品从需求到购买、使用往往会受到全部家庭成员的影响，但每个成员在其中所起的作用是不同的。企业可以印刷一些有关产品的小册子或单页资料，分发给消费者，让家庭成员更好地了解企业产品或服务，诱导消费。

（4）设计策略。新产品的设计与生产应做到符合社会流行，满足消费者的求新心理；具有艺术魅力，满足消费者的审美需求；具有多种功能，满足消费者的享受心理；具有象征意义，满足消费者的个性心理；赋予威望特征，满足消费者的自尊心理。例如，海尔冰箱的多区精准控温技术，可以将食物按照不同的存储温度要求分置于各温区，满足各类食物对温度保鲜的不同要求，自然赢得人们青睐。

（5）广告策略。广告作为企业与消费者之间的重要媒介，具有诱导、认知、教育、促销等功能。随着广告业的不断发展，广告的形式越来越多，应用越来越广泛，作用也越来越大。例如，"鄂尔多斯羊绒衫温暖全世界""人类失去联想，世界将会怎样？"……触动人心，打动受众。

## 10.1.2 售中服务的心理策略

1. 售中服务的含义

售中服务是在商品销售成交过程中为消费者所提供的各种服务工作。其主要内容有介绍商品、充当参谋、付货与结算，其核心是为消费者提供方便条件和实在的物质服务，让消费者体会到占有商品的愉悦。由于消费者对商品的需求是千差万别的，所以对商品的售中服务的要求也是多方面的，重要的是为消费者提供受尊重感，从而增强购买的欲望，在买卖者之间形成相互信任，建构融洽而自然的气氛。

2. 售中影响消费者心理的因素

（1）商品价格。商品价格是商品价值的货币表现，是消费者购买活动中最重要、最敏感的因素。价格合理与否，不仅关系到企业的生产经营，也关系到广大消费者的切身利益。价格是影响消费者购买心理的最重要的因素。它具有以下几点心理功能：①商品价格具有衡量商品价值的作用；②商品价格具有消费者自我意识的比拟作用；③商品价格具有刺激或抑制消费者需求的作用。

（2）柜台服务。柜台服务即销售服务，是商店营业员销售商品的过程，也是为消费者服务的过程。良好的柜台服务不仅会扩大商品销售、增加企业盈利，而且还会增加消费者的信赖，树立企业的声誉。柜台服务不仅包括营业员的服务技巧、服务态度、服务方式，更重要的是要研究、分析营业员的服务会对消费者行为产生哪些影响，以及如何针对消费者心理活动的变化提供恰当的服务，满足消费者多方面的需求。

（3）商品包装。商品包装在现代市场销售活动中的地位越来越令人瞩目。企业正是靠包装才把成千上万的商品装扮得五彩缤纷，更富有魅力。包装不仅成为商品本身的一个重要组成部分，而且成为影响商品销售的主要因素，成为现代商品推销的最有效的方法和手段之一。商品包装对消费者购买心理的影响主要表现为：①指示功能；②信任功能；③便利功能；④美化功能；⑤联想功能。

（4）商品名称与商标。商品名称不仅是消费者借以识别商品的主要标志之一，而且是引起消费者心理活动的特殊刺激物。一个好的商品命名，不仅有助于消费者了解商品的特点、记忆商品的形象，还会引发消费者的兴趣，增强对商品的喜爱。

商标是指在商品或服务项目上所使用的，用以识别不同生产者、经营者所生产、制造、加工、拣选经销的商品或者提供的服务，有显著的文字、图形、字母、数字、三维标志、颜色组合或者上述要素的组合构成的可视性标志。商标具有排他性、标记性、地域性和竞争性的特征。

商标是区别不同商品生产者、经营者和经营商品的特定标志。正因为商品具有多种功能，所以它不仅起着把某一商品与其他同类商品区别开来的作用，同时也起着传达商品信息、促进商品销售的作用。因此，有人将商标称作"微型广告"。

3. 售中服务策略

（1）价格策略。价格策略在家电销售中可称得上是使用最为频繁的策略，"降价销售""限时特价""限量低价销售""买一送一"等，都是商家惯用的招数。价格策略并非一味强调低价，高价促销也是方法之一，并已逐渐成为近年来国际、国内市场上较为流行的定价策略。消费者的消费水平提高后，其购买心理也发生了较大的变化，"不怕价格高，但求产品好"已成为一种主要的购买趋向。

（2）包装策略。包装作为商品的附属物，其作用已不仅仅是保护商品，更重要的是起美化商品、诱导消费的功能。据一些经济发达国家对消费者购买行为的研究表明，有60%的人在选购商品时，是受包装的吸引而来的。例如，某空调的外包装以一幅清新明快的自然风景为背景，给人一种凉爽自在的感觉，自然就容易引起消费者的注意和好感。

（3）服务策略。服务的内容非常广泛，包括营业员的仪表、言语、举止及态度等很多方面。而在销售过程中，服务的好坏往往会直接影响到消费者最终的决定，有一位成功的企业家曾写下过这样一个颇具哲理的等式,即 100-1=0,其寓意是:职员一次劣质服务带来的坏影响可以抵消 100 次优质服务产生的好影响。

(4)便捷策略。消费者对售中服务期望的一个重要方面是追求方便、快捷。主要体现在减少等待时间,尽快受到接待,尽快完成购物过程;方便挑选、方便交款,方便取货;已购商品迅速包装递交,大件商品送货上门,安装、调试。

(5)品牌策略。品牌策略既包括企业形象,又包括商品形象。企业形象的好坏会直接影响消费者的选择。举个简单的例子,提到手机,我们马上就会想到华为、苹果手机等知名品牌,原因很简单,即这些企业平时给消费者留下的是良好的印象,而它们的产品也都是家喻户晓,市场占有率颇高。因此,如果消费者想买手机,首先考虑的就是这些品牌。这些其实都是成功地塑造了企业形象所带来的结果。

### 10.1.3 售后服务的心理策略

#### 案例阅读

以服务促市场,历来是现代品牌的制胜法宝。1999 年,现代汽车公司在美国推出所谓的"现代优势",对其所有新车免费提供 10 年 10 万英里的动力系统保修计划,计划一出,市场哗然。但是市场效果却远超预期,到 2003 年,在美国的市场销售已超过 40 万台,5 年中平均年增长率高达 35%,现代汽车公司也从此走出了困境。

1. 售后服务的含义

售后服务是指生产企业或零售企业为已购商品的顾客提供的服务,也就是在商品到达消费者手中、进入消费领域后,还要继续提供的各项服务。售后服务的主要内容有:①提供知识性指导及咨询服务;②帮助运输、进行安装、调试、维修及培训操作人员;③维持和增加顾客的软性服务。这些是使商品真正发挥效用必不可少的服务工作,实际上是企业生产功能的延伸。许多商品的缺陷,正是通过这种服务工作才能弥补、恢复使用,同时挽回企业的信誉。

售后服务既是促销的手段,又充当着"无声"的广告宣传员的工作。而这种无声宣传所达到的境界,比那些夸夸其谈的有声宣传要高明得多。例如,小天鹅的"12345"特色服务,海尔的"三全"服务,都成为企业走向成功的一把金钥匙。

2. 消费者购后心理

消费者购后的心理活动,主要是在要求退换商品、反映商品的质量、询问使用方法、要求对商品进行维修、保修服务等过程中产生的心理感受,大致有以下几种心态:

(1)评价的心理。顾客在购买商品或接受服务后,会对商品的性能是否良好,使用是否方便,实际效果与预期是否接近等进行评价,进而获得满意或后悔等心理体验。

(2)试探的心理。消费者在要求退换商品的时候,由于各种因素的影响,消费者对所购商品的评价可能会出现摇摆不定的情况,先来试探商店的态度,以便进一步做出决断。

(3)求助的心理。消费者在要求送货安装、维修商品、询问使用方法和要求退换商品的时候,多会表现出请求给予帮助的要求,购买心理不稳定的消费者容易发生这种情况。

（4）据理力争的心理。消费者在要求退换商品和进行商品维修的时候，大吵大闹，摆事实讲理由，性格活跃、激进和自尊心强的消费者容易发生这种情况。

"真正的销售始于售后"，在成交之后，销售人员应当关心消费者，向消费者提供良好的服务。这样既能够保持老顾客，又能够吸引新顾客。

3. 售后影响消费者心理的因素

商品售出之后，并不意味着厂商已经完成了任务，因为仍有不少因素会影响消费者的心理，以至于对产品将来的销售和厂商在消费者心目中的形象产生直接的影响。其中，"售后服务"是最为重要的因素。

（1）运输与安装。提供从销售到运输、安装、回访一条龙的服务，对商家而言可能会增加一定的成本，但对消费者而言，既避免了运输途中不必要的损耗，又省去了安装的烦恼，着实方便了不少。这样会消除消费者的后顾之忧，促进购买行为的实现。

（2）维修与保养。对于高档消费品的维修与保养特别重要。如家电商品不易来回运输，因此，绝大多数厂商均采取上门维修与保养，这也为消费者提供了不少方便。

（3）承诺与兑现。企业要兑现在广告中或在销售过程中对消费者所做的口头或书面的服务保证。因此，承诺与否及承诺的内容应该根据厂商的实际情况量力而定，做诚实守信的商家，提供超值服务。

（4）真诚与持久。生产企业或零售企业以恰当的媒介渠道准确、真实、易于理解地进行信息传递、沟通，关心顾客需求，始终如一坚持提供优质服务。有很多消费者反映自己原来购买的商品生产厂家已不存在或与其他厂家合并了，产品牌子也换了，他们担心其售后服务会发生变化。企业重组或强强联合已成为一种趋势，做到"换品牌不换服务"才能赢得顾客的信任。

4. 售后服务营销策略

（1）服务网络。企业可以通过建立广泛的服务网点，开通800免费电话等方式，向顾客提供及时有效的售后服务。例如，飞利浦公司先后在北京、上海、苏州建立技术服务中心，在全国400多个城市设置500个特约维修站。以技术中心为枢纽组成的服务网络，可以为全国用户提供技术服务、售后服务。同时，在22个城市开通了24小时免费服务热线，服务站提供的服务包括免费安装调试和保修期内的彩电上门服务。

（2）优质服务。现代企业的服务体系虽然在日趋完善，但消费者还是欣赏优质、可靠的服务。①送货服务。对购买较笨重及体积庞大的商品，或一次购买量过多、自行携带不便及有某些特殊困难的消费者等，要提供送货服务。②"三包"服务。"三包"服务是指包修、包换、包退。包修是指对消费者购买本企业的商品，在保修期内实行免费维修，超过保修期限则收取维修费用；包换是指消费者购买了不合适商品可以调换。包退是指在消费者对购买的商品经两次修理仍未达到要求或对购买的商品有其他约定时，能保证退换。③安装服务。消费者购买的商品，有的在使用以前需要进行安装调试，由企业派人上门服务，免费安装，当场试用，保证出售商品的质量，这也是售后服务的一种主要策略。④包装服务。商品包装是为消费者服务中不可缺少的项目。商品包装的形式多种多样，如单独商品包装、组合商品包装、散装商品的小包装、礼品包装等。⑤提供知识性指导及产品咨询服务。消费者在购买后的商品使用中，经常遇到这样或那样的问题，企业要负责解答、指导，以保证商品的使用寿命。⑥承诺与赔偿策略。"缺一罚十""假一罚百"等广告语大家想必都不陌生，这正是商家做出的保证消费者售后利益的承诺，也是典型的赔偿策略。

（3）创新服务。企业通过服务创新，向消费者提供超过预期的、更周到的服务。其一，提供个性化服务。随着生产技术的进步，柔性制造系统已能按客户的个性化需求生产个性化产品。例如，DELL 通过客户化订制满足了不同客户的个性化需求，使企业一跃成为名列前茅的 IT 供应商和服务商。其二，构建网络服务平台。充分利用网络优势，发布和获取信息，在网络上帮助客户解决问题，提供服务。海信集团第一个在家电业推出了自己的服务品牌——"天天服务系统"。"天天服务系统"超越了传统的维修服务，把服务当作贯穿企业经营全过程的理念。

（4）爱心服务。企业销售人员应在售货后继续不断地关心消费者，了解他们对商品的满意程度，虚心听取他们的意见；对产品和推销过程中存在的问题，采取积极的补救措施，满足消费者的合理要求。与消费者保持密切联系，可以赢得他们的信任，战胜竞争对手。例如，美国著名推销大王乔·吉拉德每月要给他的 13 000 名顾客每人寄去一封不同大小、格式、颜色的信件，以保持与顾客的联系，他的做法赢得了顾客的信赖，取得了骄人的销售业绩。

 **案例阅读**

青岛原德国租借区的下水道在高效率地使用了百余年后，一些零件需要更换，但当年的公司早已不复存在。城建公司的员工四处寻觅配件公司，后来一家德国的相关企业给他们发来一封电子邮件，说根据德国企业的施工标准，在老化零件周边 3 米范围内，应该可以找到存放备件的小仓库。城建公司根据这个提示，在下水道里找到了小仓库，里面全是用油布包好的备用件，依旧光亮如新。

### 【与相关课程的联系】

营销服务在企业战略管理提高竞争力、推销技术、网络营销和销售管理等课程中都被广泛重视。还有的学校还专门开设服务营销课程。

## 任务2　熟习营销关系与消费心理

**案例阅读**

迪士尼乐园在娱乐设施方面受人称道，在顾客满意度创造与控制方面也非常独到。各种节假日迪士尼乐园往往人满为患，排队成了一大问题。迪士尼为此设计了一个电子等候牌，放置在通道口，上面显示了如果你从此开始排队，大约还需要多少时间。这项设施可以方便顾客自由选择那些等候时间相对较少的项目，同时可以减少排队人员的心理焦躁感。但奥秘还不止于此，当终于轮到你的时候，你会惊喜地发现，你实际排队的时间与电子等候牌提示的时间要少了 10 分钟左右。其实，这是迪士尼的一个巧妙设计，目的就在于"做到的比承诺的多一点"，让顾客感受到额外的惊喜和收获。

### 10.2.1 公共关系心理

公共关系是企业经营与发展的重要战略内容，是企业或组织为了促进其产品的销售，使用信息传播手段，与企业内外公众进行双向信息沟通，寻求顾客对其产品的了解、信任、支持和合作，以树立企业及产品良好的形象和信誉而采取的有计划的公关活动。公共关系之所以引起企业的重视，主要是因为公共关系除了具有其他促销方式同样的沟通作用外，还具有其他方式不能替代的功能，是现代企业的重要管理职能。

#### 1. 公共关系心理及特点

公共关系心理是指与公共关系行为及公共关系活动相关的心理现象。公共关系心理的基本特征是不受年龄、性别、社会角色的制约，也不是某种心理过程或某种个性心理的专论，而以是否与公共关系行为和公共关系活动相关为依据。作为特定的公共关系领域中的心理现象，公共关系心理本身具有以下四个特点：

（1）可知性。公共关系活动的过程，从心理学的角度来看就是寻求沟通、理解和支持的过程。能否达到互相沟通、互相理解和互相支持的目的，首先取决于正确地认知和把握公众心理；同样，根据公众心理和公共关系活动的要求，有意识地调整和改善自身的心理，也需要以认识自身的心理为前提。

（2）情感性。公共关系活动是情感色彩很强烈的活动。公共关系主体为了与公众建立良好关系而开展公共关系活动，提高知名度，树立和改善自身的形象，通俗地说就是扩大影响，获得好感。感情沟通不能像做思想工作那样把"以理服人"当作主要的手段，而应把"以情感人"放在第一位。"精诚所至，金石为开"，用真情来感染公众、感化公众，是开展公共关系活动的要旨。

（3）自利性。公共关系心理的自利性不是指狭隘的个人主义的自利性，而是指公共关系主客体双方维护自身利益的自然要求。公共关系主体谋求的是自身的知名度，而不是客体的知名度；它要树立和完善的是自身的形象，而不是客体的形象。公共关系客体在双边进行的活动中也不是被动的，它可以把自己看作公共关系的主体，以主体的身份出现。公共关系活动作为双边的活动，以维护各自的自身利益为前提。维护自身利益的心理贯穿于公共关系活动始终，渗透和作用于公共关系活动的全过程。

（4）广泛性。公共关系心理的广泛性较之其他心理学分支的研究对象更明显、更突出。例如，与管理心理学、宣传心理学和商业心理学比较，公共关系心理兼容管理心理和宣传心理；公共关系又不仅仅是商业范围内的公共关系，公共关系心理的外延比商业心理外延的覆盖面更广。随着我国改革开放的发展，人们对公共关系的地位、功能、作用的认识将更加深化，自觉地开展公共关系活动将成为越来越多组织机构的要求，公共关系心理的广泛性也将得到进一步的显示。

#### 2. 消费者公众的心理特征

（1）信誉和形象是企业生存之基。企业形象就是指社会公众和企业职工对企业整体的印象和评价。现代企业都十分重视企业形象，良好的企业形象是企业无形的资产和财富。另外，当企业树立了良好的信誉和形象之后，它又反作用于消费者公众的心理，促进其对本企业的信任和依赖；或者通过消费者的相关群体传播这方面的信息，使众多的消费者对本企业的良好信誉和形象取得认同。这样，广大消费者就会成为本企业的忠实顾客，他们通过购买本企业商品达到心理上的满足。

（2）信息和沟通是企业发展之道。信息对现代企业来说是至关重要的，没有信息，企业就寸步难行。在现代企业经营管理中，要建立自己的信息系统和信息网络，有计划地、长期地向公众传递企业的真实信息，也要随时监测环境变化，对外界的信息及时做出反应，做好危机处理。在信息的收集、传播中，既要报喜，也要报忧；既不能文过饰非，又不能哗众取宠，使消费者产生信任，营造产品和企业的知名度，树立企业形象。

（3）承诺和保证是企业成功之要。承诺和保证是企业的权利，也是消除消费者公众各种疑虑的手段。例如，保证商品的质量完全符合说明书所表明的功能和效果，则能消除消费者对商品质量的疑虑；保证商品的售价在本地区是最低的，则能消除消费者上当受骗的怀疑等。在产品推销中，要根据消费者公众的心理疑虑采取多种形式的保证措施，废除虚假的所谓"保证"和毫无意义的诺言，做到言必行、行必果。

3．公共关系心理的策略

公共关系心理的策略是企业公共关系策略的重要组成部分，对现代企业来说，采取一系列促进消费者公众认知的策略，有利于树立良好的企业信誉。

（1）增加企业的透明度。企业的透明度是指企业各项决策和行为能被公众感知和理解的清晰程度。公众只有对企业看得清，才能看得准；只有看得准，才能同企业建立良好的关系。因此，企业应当注意增加透明度，提倡开诚布公。为此，让公众更多地了解企业，可以考虑以下三种具体策略。

①"敞门"。美国不少企业为了搞好社区关系和员工关系，实行一种"敞门"（Open House）政策，即有计划地组织社区居民和员工家属参观企业，以增进这些公众对企业的理解和感情。我国的一些企业组织消费公众参观企业、座谈，听取合理化建议，加深了公众对企业的印象，增进了消费公众的信任，发展了的"敞门"政策。

②"对话"。我国不少企业近年来在企业内外广泛开展了"对话"活动，并逐步形成了制度。企业通过与公众对话，可以清楚地解释企业的经营方针、经营决策、发展规划和企业面临的困难等，从而博得公众的谅解和支持。例如，某日用化学品厂就一种洗头膏的含铅量问题同电视台记者对话，通过一问一答，只花几分钟就把问题解释清楚了，消除了消费者公众的疑虑，也维护了产品的声誉。

③"安民告示"。企业可以经常地、主动地向公众发布企业的情况，以求得公众的理解和信任。例如，广东大亚湾核电站为了消除香港民众对这个项目的疑虑，坚持向香港民众公布工程建设的质量情况。有一次，施工中少放了几根钢筋，虽然当时如果不公布，外界也不会知道，但大亚湾核电站仍然坚持公布，并坦率地做了检讨、提出了改进措施。这种做法，深得香港各界人士的称赞。

### 案例阅读

美国联合碳化钙公司有一幢52层的新大楼竣工了，如何尽快地将这个消息告知公众事关企业的知名度。可是新盖大楼对于社会来说根本不算什么新闻，他们想过诸多办法均不如意。

正在此时，一大群鸽子飞进大楼的一个房间，把那儿当作了自己的家，并把粪便弄得到处是，管理人员建议尽快把它们轰出去。公关顾问却立刻找到了灵感：一大群鸽子飞进52层大楼本身就是件不错的新闻，于是下令关闭那个房间的门窗开始导演一出好戏。

首先，电话联系动物保护委员会，请其派人处理此事。此时鸽子已经成了自觉保护动物、维护生态平衡的一种象征。接着，通知记者。各大媒体都认为这确是一条挺有价值的新闻，纷纷前来。鸽子三天才被捕完，新闻报道也进行了三天，比竞选总统还热闹。

结果，联合碳化钙公司大楼声名大振，公司领导频频亮相，大大增强了公司的知名度。"鸽子事件"也促成了闻名遐迩的公关策划。

（2）培养企业的特色。根据认知规律，人们对事物的认知有选择性。一个企业越有特色，就越能引起公众的注意，就越能在公众心目中留下难忘的印象。因此，培养企业特色是促进公众认知的一项重要策略。

① 产品特色。产品特色包括质量、原材料、技术性能、外观、寿命、使用、维修、产品包装、规格和组合等方面的特色。例如，在产品组合方面，有的企业具有产品成套的特色，有的企业具有多系列、多品种的特色等。企业开创产品特色的活动，不但要有技术人员参加，也要有公共关系人员参加，以便将技术上的考虑同公众心理有机地结合起来。

② 广告特色。有特色的广告，能给公众留下深刻的印象。例如，"金狮足球"广告就体现了较高的创造性。"狮子滚绣球"是中国的传统，但"绣球"换成足球，就有了奇特的创意：金狮象征着中华民族，金狮踩足球象征着睡狮猛醒的中华足球健儿走向世界的气魄，象征着金狮足球"愿为中华足球的腾飞贡献力量"。看到这样有创意、有气势的广告，人们自然不会怀疑生产"金狮足球"企业的创造力。

③ 企业外观或环境特色。例如，日本酒井派经营成功的秘诀之一，是工厂环境的艺术化。酒井派认为，"能懂得真正的艺术，才能成为有独立创造经营能力的经营者。""工厂脏，只能做与其相称的脏工作。如果摆设了罗丹或布鲁列尔作品的雕刻，挂上毕加索的版画，人走起路来也就不一样。这是作家汇集精力所作作品支配了观赏者的缘故。"

④ 企业命名（或产品命名）特色。企业的名字要引起公众对企业历史、传统、个性、精神和威望等的兴趣、回忆和联想。例如，人们听到福特汽车公司的名字，就容易联想起当年福特创建流水线作业的情景；"四通"是英语单词"stone"的谐音，它象征着四通集团公司为发展我国高新技术产业甘当铺路石的坚忍不拔的精神。

### 案例阅读

无锡红豆集团就以唐代诗人王维的诗《相思》"红豆生南国，春来发几枝。愿君多采撷，此物最相思"中的"红豆"为产品命名，注册商标。结果红豆衬衫一上市，就受到消费者的青睐。许多海外华侨和熟悉中国文化的日本人，竟把红豆衬衫当成收藏品和馈赠的佳品。朋友相送，情人相别，夫妻分离，都爱送上红豆衬衫，原因在于"此物最相思"。

（3）重视公众的印象。企业给公众的印象有三类：真实的企业形象、想象的企业形象和隐含的企业形象。真实的企业形象存在于公众与企业直接的交往中，想象的企业形象存在于企业的宣传广告中，隐含的企业形象存在于企业的某些象征性行为中。

公众对企业的印象中，最重要的是真实的企业形象，即公众通过直接接触而产生的印象。新产品的推出、新员工的报到、新顾客的上门、新用户的接待和各级检查团的第一次到来都需要认真对待、周密组织，不可草率从事。广告宣传或其他象征性活动对促进公众印象有一定的效果，但其作用是间接的。因此，企业的公共关系不但要善于搞宣传广告，更重要的是应当督促企业的有关部门和人员注意给公众的直接印象。"听其言不如观其行"，在我国，宣传广告对公众的影响不像西方那样大。因此，企业的公共关系意识应当渗透在每一个实务环节，通过每一件产品，每一项服务，每一种业务活动体现出来。

（4）增进公众的交往。企业与公众之间交往的面越广，交往的频率越大，交往的时间越长，公众对企业的印象自然越深。

拓宽企业的交往面，是公共关系的一项主要任务。为了保持和发展企业的交往面，不能忽视哪怕是意义不大的邀请，更不能对消费者公众分厚薄。现在，有不少企业鼓励企业职工为社会办好事（如组织免费修理服务、共青团义务劳动等），这也是拓宽交往面的一个好办法。另外，企业与公众之间的对话，也是加强交往的一个途径。

企业不仅要加强同公众的直接交往，也要增加间接接触的机会，如向公众邮寄广告、贺年卡、征询表等。对公众来信、来电应当十分重视，并及时处理和予以答复。

（5）加强信息的沟通。企业可设立顾客来访接待室，欢迎顾客上门反映他们对企业产品、服务的意见；企业可派出专业人直接走访顾客，或者派人到产品经销商店征求意见，向顾客宣传企业的宗旨、政策和历史，产品性能及使用方法。为了建立良好的顾客关系，企业应该实行开放政策，热情欢迎顾客公众到工厂参观，参加座谈会，甚至公开征求消费者的意见。这样做不仅可以搜集到有价值的信息，还能促使顾客建立对企业的信任感，有效地联络顾客与企业双方的感情。

### 【与相关课程的联系】

公共关系是市场营销专业的必修课之一，公共关系也是促销的四种手段之一。

### 10.2.2　营业员与消费者的冲突

所谓冲突，就是两种目标的互不相容和互相排斥，是矛盾激化的一种表现。冲突有些是有害的，有些是有益、建设性的，不能一概否定。在营销过程中，销售人员难免与顾客发生冲突，要分清是非，公正解决冲突，杜绝、消除破坏性和有害性冲突。以下内容主要讲述冲突的根源以及如何排除和防止冲突。

1. 冲突产生的原因

由于影响营业员与消费者发生冲突的因素很多，所以发生冲突的原因也多种多样。既有主观因素，也有客观因素。其中主要的原因有以下五个方面：

（1）买卖关系的不对等。销售人员期望把手中的商品卖出去，而不在乎谁是买主；而顾客追求的是称心如意的商品，在某种程度上说不管谁是卖主。卖方竭力推销的商品并不被它的买主欣赏时，买卖不成怨恨生，冲突也就有可能爆发。利益的差距也会导致冲突，销售人员希望多销售商品，卖高价多赚钱，而顾客则愿意以最低价格购买最满意的商品。生产厂家、推销员和商店的售货员对该产品或同类产品的生产、销售有较全面的了解，熟知产品的性能、操作或维修。消费者多数是对商品销售状况、质量好坏不了解。二者信息的不对等，冲突容易发生。

（2）文化背景的不同。销售人员与顾客存在文化差异，各自的风俗不同，价值观不一样，特别是在国际交往中，双方存在语言障碍，就可能引起冲突。

（3）心理因素的不信任。由于消费者和营销人员在个人利益上具有不一致性，这就使得双方在进入商业交往的过程时往往会产生不信任的心理定势。有的营销人员往往认为顾客都是"斤斤计较"的或"缺少公德"等，这实际上就是一种常见的"职业病"。消费者也会认为营业员都态度生硬、蛮不讲理，或硬性推销商品等。

（4）销售工作的原因。有的是由于商品质量不过硬，价高质低；有的是由于节假日顾客拥挤，服务人员人手不足，顾客等待时间较长；有的顾客要求退换产品，服务员不愿接受；也有的是由于服务员违反职业道德，服务态度恶劣，以次充好，引起冲突。

（5）现象预测的差异。在商品买卖的活动过程中，无论是消费者还是销售人员都希望能够愉快地成交，买卖双方对交易过程中可能出现的现象的预测是不同的。所以对情境的估计实现程度，双方的预测结构能否优化实现等都会引起冲突。

2．冲突的排除与防止

冲突是商品销售过程中十分不利的影响因素。它不仅会影响购买行为的完成，而且还对冲突双方当事人的心理、情绪、行为产生长久的不良影响。同时，也会影响企业的形象。因此，必须采取措施，尽量避免或消除购买行为中的矛盾冲突。

（1）双方互相体谅。销售人员要发挥吃苦耐劳的精神，处处为顾客着想，树立长远的经营观念，不要为眼前利益而放弃了长远利益。消费者也要"角色互换"，尊重他人，才能得到别人的尊重。

（2）隔离冲突双方。当买卖双方有冲突迹象时，把销售人员暂时换走，由另一位接替其工作；也可以把顾客请到办公室，耐心听取意见。在规劝冲突双方离开时，要注意讲究艺术，避免冲突双方认为自己是祸端而不愿离开。

（3）提高业务能力。营销人员要提高自己的思想修养增强自我控制能力，在任何条件下都能保持冷静的头脑，即使遇到消费者的无理指责和挑剔，也能平静对待，语言和气，还要提高自己的业务知识，更好地解答顾客的疑问，解决顾客期待的问题，避免冲突的发生。

（4）承诺补偿措施。商家做出的保证消费者售后利益的承诺，当商品未达到要求或有其他约定时，经营者要依法维护消费者的合法权益，对于顾客的损失要及时合理地给予补偿、赔偿，不能因小失大，使双方冲突升级。

（5）权威解决。由领导者或权威部门在调查研究的基础上，采取强制性措施加以解决，维护消费者的合法权益，树立良好的企业信誉。

（6）仲裁解决。由上级或第三者（如仲裁机构）调停解决，公平公正，合理维护双方的利益。

### 10.2.3　营业员与消费者的相互沟通

营销沟通就是营销企业或人员通过一定的媒介向消费者传递和交流消费观念、情感、意向、信息的过程。营销沟通有多种渠道，主要体现为店容店貌，商品陈列、广告、营销服务、导购与咨询、宣传等。营销沟通的任务就是促进消费者对企业及其产品的了解，达成交易，取得经济效果与社会效果双赢。

1．营销人员对消费者心理的影响

营销人员在从事经营活动过程中所体现的以消费者为中心，并不是一个消极被动地适应消费者需要的行为，而是一个积极主动地创造良好经营环境、满足不同消费者心理活动需要的能动过程。

（1）仪表形象与消费者的心理。消费者对企业的判断和评价往往是从对经营人员仪表的感觉开始的，因此，经营人员的仪表犹如企业的"门脸"，其整洁美观的仪容和明朗良好的风度不仅表现了个人的精神面貌，而且反映了文明经商的企业风貌。

一般来说，营销人员的服饰着装整洁大方、美观合体、端庄舒适，并能与特定的营业环境相和谐，给消费者以安全、信任、愉快的感觉，对购买行为具有积极的影响。反之，如果营销人员萎靡不振、蓬头垢面，则难以给消费者留下良好的印象，而只能给予不快之感。整洁合体、美观大方的服饰能够给消费者以清新明快、朴素稳重的视觉印象和舒展端庄的感受。营销人员的形象规范为：统一着装，佩戴工号，衣着整洁，仪表大方。

（2）言谈举止与消费者的心理。营销人员的言谈举止主要是指在接待消费者过程中语言的声调、音量、语速，语言的恰当、准确及站立、行走、表情、动作等。良好的言谈举止能够给消费者以亲切的感觉，有利于缩小与消费者的距离感。在接待消费者的过程中，营销人员的言谈举止往往是消费者最为注意的因素，直接影响消费者心理活动过程的发展。一般来说，营销人员言谈清新文雅、举止落落大方、态度热情持重、动作干脆利落，会给消费者以亲切、愉快、轻松、舒适的感觉；相反，举止轻浮、言谈粗鲁，或者动作拖拉、漫不经心，则会使消费者产生厌烦心理。

【知识拓展】

### 服务忌语的类型

服务忌语就是不该说的话、出口伤人的话，容易使人自尊心受到伤害，尊严受到污辱。包括：①不尊重之语，如老家伙、老没用、"穿一次少一次了"、残疾、瞎子、傻子、胖子、侏儒……②不友好之语，如"装什么大款？""你算什么东西""你买得起吗？""我就这个态度"……③不耐烦之语，如"我不知道""自己看""找别人去""烦死人了""有完没完了""你自觉点""下班了"……④不客气之语，如"弄坏了你赔""管那么多干什么""关你屁事""不买别问""你问我，我问谁"……

（3）服务方式与消费者的心理。在营销活动中，营销人员应关心、热爱、尊重顾客，一切为顾客着想，真正从职业意识上认识到"顾客永远是对的"。根据消费者的不同个性特点及需要，适时地向消费者展示商品、介绍商品，并有针对性地进行现场演示，更多地向消费者传递有关商品的信息，诱发消费者的积极联想，必要时帮助消费者进行决策，做好消费者的参谋。主动、热情、方便、周到、优质的服务不仅可以吸引更多的顾客，也能有效地消除各种疑虑，从而使消费者对企业产生积极的评价，提高企业的竞争能力，对实现重复购买起到积极的促进作用。

2. 消费者对营销人员心理的影响

消费者需求的多样性、层次性、伸缩性、发展性等特点，直接影响营销人员的个性心理特征和情感发展，能力要求，这就对营销人员各方面提出更高的要求，需要不断改进、创新提高，以便适应、引导、改善和优化其消费行为。

（1）明确需求与指导的能力。消费者需求的多样性、层次性、伸缩性、发展性等特点，要求企业营销人员能够分辨不同消费者群的不同需求，善于根据消费者的穿着打扮判断其身份和爱好，从消费者的言谈举止分析、判断其个性心理特征，全面综合地观察消费者，确定其购买意图，从而根据消费者的不同特点采取有针对性的服务；另外，大部分消费者在购买活动中表现出的非理智性特点，要求营销人员要具有充分的商品知识，不仅要了解所经营商品的一般性知识，更要了解其专业知识，懂得认识、辨别、挑选、使用及简单的维修常识。

（2）提高适应能力与修养水平。在经营活动过程中，消费者在态度、兴趣、能力、气质与性格等个性方面存在一定的差异性，而营销人员本身也有自身的个性特征，这就要求营销人员一方面要以消费者为中心，处处体现出企业的经营观念，努力提高自身的适应能力，适应不同个性消费者的心理特点，在最大程度上减少与消费者之间的冲突；另一方面要努力在经营活动的实践中，规范职业行为，树立营销人员良好的职业道德。

（3）加强注意力与沟通能力。营销人员经常是同时面对数名具有不同购买动机的消费者，为了节省消费者的等待时间，提高接待消费者的效率，营销人员必须具有较强的注意力，做到在没有差错的前提下至少同时接待三名消费者。另外，由于动机存在的内隐性，难以正确判断消费者的真实购买动机，这就要求营销人员具有较强的语言表达能力，善于通过与消费者的语言交流，引导消费者流露出其真实的购买动机，以便有针对性地采取措施，为消费者提供满意的服务。

（4）摆正位置与改进、创新服务。在消费者与营销人员的互动过程中，消费者的一举一动、一言一行也对营销人员的情感过程产生明显的影响。消费者对购物的认真与执着，以及对商品知识的研究与掌握，可能有助于强化营销人员的敬业精神和岗位责任感；消费者文明、热情、礼貌，可能会使营销人员心情愉悦，获得尊重心理需要的满足；交易的成功和消费者对企业人员的尊重和感谢，可能会使营销人员受到激励，并获得一种成功感；而消费者的反复挑选，可能会使营销人员出现厌烦感；消费者的挑剔或出言不逊，会使营销人员感到心中不快，恼羞成怒，无端与消费者发生冲突。这就要求营销人员能摆正位置，消费者的需求和期望不是一成不变的，要根据消费者的动态变化，不断改进、创新服务方式，使之转变为现实的忠诚消费者。

3. 营销人员与消费者的沟通技巧

营销人员与消费者的心理沟通直接影响着企业经营优劣。如果双方情感融洽、心情愉快，一方面能够促进成交，提高消费者的满意度；另一方面，即使没有成交，也会使消费者对企业产生良好的印象，为以后在该企业实现购买创造了条件。

（1）技巧性。产品介绍要清楚、准确，语言要清晰、明白无误，使消费者易于理解，并且应当用消费者易懂的语言做介绍。若销售人员对一个不懂行的消费者谈论技术细节，满口技术名词，会使消费者不知所云、印象模糊、兴趣全无。在回答消费者的异议时，应避免使用"大概如此""也许""可能"等模棱两可的词，以免引起消费者的不信任感。

（2）针对性。销售人员应当根据消费者的不同性格和需求心理"对症下药"。只有针对性地说服，方能诱发消费者的购买动机。

（3）参与性。销售是买卖双方的事，因此应鼓励引导消费者发表自己的意见，请消费者动手试用产品。有关调查显示，若销售人员只是单方面地讲述，而消费者只是单方面地"耳听"，事后，谈话内容在消费者的脑海中只能留下10%的印象和记忆，而让消费者参与面谈，给消费者的印象则会深刻得多。

（4）情理性。晓之以理，就是理智地帮助消费者算细账，向消费者详细指出使用这种产品能够得到多少利益，确信决策是合理的。动之以情，就是销售人员应努力渲染气氛来打动消费者的心，激发购买欲望，采取购买行动。研究表明，消费者的购买习惯遵循一个90∶10的公式，即感情的分量与理智的分量分别占90%和10%。消费者的许多购买行动绝非深思熟虑的结果。

**【课堂互动】**

扫描二维码，观看沟通案例视频。从中你学到了哪些技巧？

【拓展视频】

### 10.2.4 营业员接待消费者的技巧

营业员接待服务技巧与消费者的购买心理活动是密切联系的，针对消费者的心理需求，掌握各阶段的接待技巧。

1. 消费者进店购买动机类型

消费者到商店购买商品，从感受店容店貌，到观察商品、询问、挑选直至成交的过程中，其表现是多种多样的。消费者进店购买动机大致有以下三种类型：

（1）有明确购买动机的消费者。消费者事先有确定的购买目标，进店的消费者脚步较快，临近柜台眼光比较集中，或向营业员明确表示来意，指定品名购买。对这种顾客，营业员要主动招呼先行接待，即使一时没有空，也要做到人未到语先行，尽量让他们减少等候的时间。

（2）无明确购买动机的消费者。消费者无具体的购买计划，也无确定的购买目标，是抱着碰运气、希望能买到某种商品的想法进商店的。其特点是进店的顾客一般脚步不快，神情自若，东瞧西看，随便环视商品；临近柜台也不急于提出购买要求，只是看看有什么值得购买的。对这类消费者，营业员应让其在轻松自由的气氛下任意观赏，要把握接近良机，视其心理状态伺机向其介绍商品的特点，注意说话的分寸。如果急躁而过早地去接触，因为消费者没有购买的情绪与兴趣，不但会影响其对商品的注意度，冲淡选购情绪，甚至因破坏其自由自在地观看而产生某些紧张心理和戒备心理，从而放弃购买。

（3）无购买动机的潜在消费者。消费者根本没有打算购买任何商品。他们进店后缓步参观浏览，一会儿观赏商品，一会儿结伴说说笑笑，甚至对商店工作加以评论；有的进店后乱跑乱找，专往热闹处瞧看。对这类消费者，如果不临柜，就不必急于接触，但应随时注意其动向，当其突然停步察看商品时，或在店内转了一圈后再转回来看，并停步凝视商品时，或在柜台前缓慢地观察商品时，营业员就应适时地与其接触，主动打招呼，并询问其要买什么东西，这样做有可能使他们由潜在购买者变为现实购买者。

2. 营业员接待消费者的技巧与方法

（1）正确判断进店意图，抓住时机接近。首先要判断顾客的来意，抓住与消费者搭话的时机：①顾客长时间地凝视某一商品的时候；②顾客目光离开商品抬起头的时候；③顾客突然止住脚步，盯着某一商品的时候；④顾客用手触摸商品的时候；⑤顾客在四处搜寻什么的时候；⑥顾客与营业员迎面相视的时候；⑦顾客欲向营业员询问的时候。"接近客户的最初30秒，决定了销售的成败"，这是成功销售人员共同的体验。其次是推销自己，让消费者信任你、尊重你、接受你。营销人员让消费者产生好感要注意到下述几方面：①关注服饰。②注意言谈举止。③注意礼节。营销人员获得信赖和认同，就会拉近距离，易于沟通和交流，为接待工作奠定基础。

（2）适时展示商品，激发购买兴趣。营销人员在与消费者接触后，了解到消费者的购买指向，就应及时向他们展示介绍商品。展示商品可以促进消费者的联想，刺激购买欲望。展示商品要遵循如下几条原则：①使用状态示范。据消费者的意愿，采用使用的状态的展示商品，实际使用尝试，激发其浓厚的兴趣，留下较深刻的印象。②感受体验商品。高明的商品展示，不但使消费者从不同的角度和方向把商品看清楚，还要提供一定的实际体验，才能达到理想的展示效果。例如，试驾、试穿、亲自品尝等。③陈列多样化。在展示商品时，为了使商品陈列做到醒目、便利、美观、实用，根据消费者的需要陈列多样化，如醒目陈列，重点陈列、专题陈列、连带陈列、艺术陈列法等。④展示举止规范。营销人员在展示商品时，要注意展示的动作、语调与神态。首先，展示动作快捷稳当。商品的拿递、搬动、摆放等展示动作，要稳当轻巧，不要随手乱扔，给消费者以郑重其事、尊敬买方的心理感受，并从中认同商品质量的保证，从而增强购买信心。其次，气氛和谐。语调和口气必须恰如其分，简明扼要，速度平稳，不能言过其实，快嘴快舌，吞吞吐吐，以避免引起顾客的厌烦、疑虑等心理，并且还要注意用关心的、诚意的、喜悦的神情表态与动作语言相配合，否则也难以获得消费者的好感。例如，营业员虽说："不要紧，您随便看。"但脸上却毫无笑容，视线移到另处，表情显露烦意，消费者就感觉不到营业员诚心诚意的态度，反而会引起抑制选购的心理活动。

（3）正确启迪与诱导，刺激购买欲望。在购买过程中，消费者对商品有了一定的感知后，往往会随之表露出方向不同、程度不同的感情态度，如喜欢与讨厌、默许与怀疑、欣喜与欢喜等。营业员要注意消费者这些方面的感情流露，判断引起消费者某种感情的心理因素，给予正确的启迪与诱导工作。可以采取以下方法：①强调优点。为了满足消费者反复权衡利弊的心理需要，站在消费者立场上委婉如实地解释商品的优、缺点。②产品知识。重点介绍商品的有关知识，尽量提供参考资料，如商品的制造原料、使用方法、保养方法和修理方法等，满足消费者的求知欲望。③优势比较。让顾客对同类产品进行比较，给予较多的思考机会，避免价格上的心理阻碍，满足消费者求方便和实惠的心理。④感受体验商品。尽可能让消费者实际使用一下，体验目标商品的好处，如让其试听、试看、试穿、试戴、试玩、试装和试尝等，加强对消费者各种感官的刺激，满足消费者对商品实际使用效果的深入理解。⑤个性化需求。根据不同购买对象的购买心理，有的放矢地提示商品消费或使用时带来的乐趣和能满足其某种心愿的程度，激发消费者对使用或消费商品以获得物质享受和心理满足的美好憧憬。⑥社会象征。从商品的命名、商标、包装、造型、色彩和价格等方面，适当揭示某些迎合消费者心意的有关寓意或象征，丰富消费者对商品的联想，满足消费者向往美好事物的心理欲望，等等。

在启迪与诱导购买过程中，顾客会有这样或那样的抱怨，营业人员要正确处理好消费者的抱怨。可以采取以下措施：①顾客并非总是正确的，但让顾客认为他是正确的往往是必要的，也是值得的；②要以真诚、友好的态度对待顾客的抱怨，不要将他视为对自己的指责与刁难，注意收集信息；③认真听取顾客的抱怨，让顾客把怨气不满发泄出来，不合理之处最好用婉转的语言解答，待理智平静后再商谈；④站在顾客的立场上来看待顾客的抱怨，以便做出正确的判断、处理。

【知识拓展】

### 如何对待不同类型的客户

（1）沉默的客户。详细了解其背景，认真观察其言行，鼓励其发言，提供样品，详细介绍，表现热情、耐心、持重、谦虚的态度，打消其顾虑，争取客户的信任和支持。

（2）虚荣心强的客户。称赞客户的眼光，告诉其商品所具有的豪华、罕见、高级等特性，满足其虚荣心。

（3）吹毛求疵的客户。不可直接与之争辩，可以委婉地说："是的，您讲的很有道理，值得我们在今后的工作中改进。然而，正如您所知，尽管我们产品还存在某些缺陷，但是在目前，我们的产品在市场上还是具有相当的竞争力的，这一点您还是认可的吧。"

（4）犹豫不决的客户。正面介绍产品，示范操作，让客户自己动手，给客户权威部门的鉴定书。对客户的正确意见给予积极的、及时的肯定。

（5）很有主见的客户。记住客户的地址和姓名，下次对方再来的时候直呼其名，使其感觉受尊。重视客户的自我见解，巧妙应答接待。

（6）豪爽干脆的客户。介绍产品时要开门见山，简明扼要，突出重点。如果客户明确回答不需要，切不可纠缠不休，要尊重客户的意愿。

（4）加深对商品的印象，促进购买行动。通过感知商品、比较选择之后，就是应帮助消费者确立购买信心，促进其采取实际的购买行动。这一步通常是在消费者购买过程中的"比较评价"到"采取行动"两个阶段之间进行的。营业员必须抓住机会加深消费者对欲购商品的信任，坚定购买决心。促使消费者购买商品的动力是多种多样的，有来自内部的动力，也有来自外部的动力。当消费者购买心理上产生某些矛盾冲突，下不了购买决心时，营业员应有意识地促进购买行为，善于向消费者提供诱发需求的揭示，强化商品的综合吸引力，促进其购买行动。例如，把该商品在社会流行和畅销的状况，其他消费者对商品的评价意见，以及营业员自身试用和观察获得的资料等信息传递给消费者；或者把商品售后服务的有关项目与方法，商店的经营传统、服务精神和信誉保证等方面的要点反映给消费者，也可以向伴随选购者同来的客人征求意见，让有影响力的陪客发表见解。在柜台服务中，注意了解消费者家庭成员或有关人员对购买决策的影响力，对促进销售是很有帮助的。要确切地分辨出几个顾客中哪个对购买决策的影响力大，这是不容易的。一般情况下，如购买家电之类的商品，男性的意见影响力大些；青年伴侣顾客中，女性的意见影响力大些。诸如此类的外部动力，往往对消费者购买行为的进行给予很大的甚至是决定性的影响。

（5）办妥成交手续，话别送行。消费者购买信心的确立会把购买的决定转化成现实。一般来说，这是柜台接待的最后一步，主要的工作就是包装结算，它往往在消费者购买过程中的"采取行动"到"购后感受"两个阶段之间进行。

消费者选定商品决定购买后，营业员首先应表示谢意，对其明智的选择给予恰当的赞许、夸奖，增添达成交易带给双方的喜悦气氛。然后进行商品的结算和包装工作，结算必须严肃认真、清楚准确；包装商品要力求安全牢固、整齐美观、便于携带、快捷妥当。包装前还要特别注意对商品进行严格的检查，如有破损或脏污，应另取商品给消费者重选。同时，还应当主动征求消费者对商品包装的要求，采取适应消费者的携带习惯、使用习惯、购买目的和某些心理需要的包装方法。包装时要轻放、小心、不错包、不漏包，尽可能在消费者的监视下作业，使其更为放心，交付商品时应稳当慎重、亲切文雅，并关照注意事项，使用表示感谢光顾与欢迎惠顾的情感言语。

这一步虽然是服务的最后一步，但如果做不好，往往会前功尽弃，破坏购买行为的完成，甚至给消费者留下不良印象，使其产生成见。因此，更应以温和的态度和高超的技术来完成，使消费者自始至终在融洽和谐的交易活动中满足购买的欲望，并影响其购后感受的方向与程度，树立商店和营业员的良好形象。

**【与相关课程的联系】**

商务谈判、谈判与沟通、谈判技巧等课程关键就是如何提高沟通技巧，化解障碍和异议，达成交易。

## 任务 3　掌握拒绝购买态度的分析与转化

 案例阅读

四个销售员到寺庙卖梳子：第一个人直接放弃，因为他认为和尚不需要梳子；第二个人宣传梳头皮可以活血，卖掉 10 把梳子；第三个人说服住持，提供了香客磕头后整理头发的服务，卖掉 100 把梳子；第四个人在梳子上刻上"积善梳"并留下庙名，作为香客捐香火后菩萨赐的保佑，卖光了 1 000 把梳子，还接了订单。

### 10.3.1　拒绝购买态度的形成

1. 拒绝购买态度的概念

拒绝购买态度就是消费者在接受外部刺激后，会改变行为方向，做出相反决策，引起反感、抵触、排斥的心理。通常情况下，消费者在购买过程中经过对商品的观察和了解，特别是对商品进行接触、比较和选择，以及在营销人员的介绍、启发下，会不断地加深对商品的认识程度，从而产生一定的购买欲望，进入"选择评价"阶段直至购买行为的完成。然而，消费者有时尽管已对商品欲想拥有，或早有心理需求与购买动机，但在多因素综合作用下，改变行为方向，终止购买过程。

消费者拒绝购买主要由认知、感情和行动构成心理表现。例如，某个消费者对某一商品有想法与看法（认知性因素），认为该商品质量不好，价格又高，感到很不满意（情感性因素），由此对商店提出意见，不买就离去（行为性因素）。

2．形成的原因

从消费者的心理特性和经营活动中的客观情况来分析，消费者拒绝购买的原因，既有来自外在的刺激因素，也有来自内在的刺激因素。在购买活动中，引起消费者拒绝购买的因素是复杂多样的：①个人因素。个性心理特征、需要、动机、情感和意志，消费习惯、消费水平、消费观念等。②社会因素。政治、经济、文化、伦理道德、价值观等。③产品因素。性能、价格、款式设计、色彩、使用方法、整体风格等。④营销因素。环境气氛、销售方式、服务态度、广告、售后服务等。⑤其他因素。在多种因素中，商品品质的影响力是最主要的。消费者拒绝购买，归结起来就是在多因素综合作用下，改变行为方向，对某种商品购买产生不信任，反感、抵触、排斥情绪，很难扭转和改变。

### 10.3.2　拒绝购买态度的类型

消费者拒绝购买的态度，由于其强弱、深浅的程度不同，可以分为不同类型。从购买心理的角度分析，拒绝购买态度的类型主要有一般的拒绝、真正的拒绝和隐蔽的拒绝三种。

1．一般的拒绝

一般的拒绝是指消费者虽然拒绝购买某一商品，但不是经过深思熟虑做出最后决定，而是带有随意性地做出初步决定。在购买活动中，有的消费者对某一商品虽有一定的购买欲望，但由于对商品注意的指向性不集中，未能建立对商品稳定的见解，特别是在心理上的疑虑较重，购买信心不足；有的消费者通过认识活动和感情活动，对商品的某些方面，或质量、性能，或款式、花色，或包装、价格，认为还不能完全满足其心理需要；有的消费者购买时间不紧迫等，因而在买与不买的心理活动过程中，不买的决定占了主导地位，由此做出拒绝购买的一般决定。但是，由于产生这种态度的消费者已具有一定购买欲望，对商品也有一定的认识，如能采取适当的心理方法，促成其购买态度的转变是有可能的。

2．真正的拒绝

真正的拒绝是指消费者拒绝购买某一商品，是经过思考、想象等心理活动而采取的最后决定。在购买活动中，有的消费者由于对某种商品根本没有需求的欲望；有的消费者因商品的某些方面与心理要求相差太远而很不合意，甚至产生反感；也有的消费者由于对商品认识产生偏见，对使用上的安全、效能等极不信任等，都会采取真正的拒绝行为。要转化这种拒绝购买的态度，一般是比较困难的，但也不是完全没有转化的可能性。

3．隐蔽的拒绝

隐蔽的拒绝是指消费者拒绝购买某一商品，出于某种心理需要不把真正的原因说出来，其拒绝购买的理由是不真实的，甚至有时是违心的。消费者隐蔽拒绝的理由，大致有如下几种：①购买能力不足，如因商品价格昂贵而支付条件不够拒绝购买，但出于自尊心理不愿意说出是价格的原因；②出于对商品的认知程度低，而又不愿意显露个人对商品的知识水平；③购买的欲求不强，只是随意看看，或是打听价格行情，但是不愿意说出真实的目的意图；④对商品或服务的某个方面印象不好，但又怕引起不必要的争执，因而不愿说出真正原因；⑤由于购买者或使用者之间意见不一致，或受决策者的影响，难以做出购买决定，但又怕旁人取笑,于是只好说出冠冕堂皇的理由等。可见,隐蔽拒绝的理由,大多受自尊心理需要、习惯心理需要和社会心理需要的影响,对于这类拒绝行为,若能迅速、准确地判断其拒绝购买的真正原因,因势利导,是有可能转变的。

### 10.3.3 拒绝购买态度的转化

在营销服务中,遇到消费者拒绝购买时,关键的问题在于转化消费者的购买态度。转化消费者的购买态度,一般有两个基本的指导原则:一是转变购买态度的方向,使拒绝购买的态度转变为实行购买的态度,如以信任感取代疑虑心理,以满意感取代厌恶情感,以赞同行为取代反对行为等,由此促成购买态度的根本性转变,实现促销的目的;二是转变购买态度的强度,使拒绝购买态度由强向弱转化,如由强烈反对变为稍微反对,由极不满意变为不太满意等。这种购买态度的转变,虽然其方向没变,但对消费者的心理影响,对延期实现购买会产生一定的效应。

1. 一般拒绝购买态度的转化

一般拒绝购买的消费者,往往是由于对商品缺乏全面、深入的认识而采取的初步决定,其拒绝的态度还不是很坚决的。因此,应着重向此类消费者多提供商品的新知识,改变消费者对商品的心理印象,使其转化拒绝购买态度。对于这类消费者,基本方法是:①加强消费教育与指导,灌输商品新知识,提高商品吸引力;②帮助消费者确认需求;③积极充当消费者的参谋。这些工作做得好,即使不能实现立即的行动转化,也可能实现延期购买。

> **案例阅读**
>
> 小李最近代理了某品牌的手表,并在商店进行销售,每次有客户光临的时候,他都会绘声绘色地描述手表的质量如何优质,性能如何良好。但由于价格略高,少有客户购买。虽然小李的口才很好,把手表的功能说得近乎完美,但是客户却反而更加怀疑,最多也只是看看,真正购买的没有几个。
>
> 一个月过去了,小李仅仅卖出一块手表,连自己租的柜台的租金都不够,这让他很是着急,于是他就开始想办法。客户之所以不敢购买他的手表,最主要的就是不敢相信其商品的质量,自己缺少对商品的有力证明。只要能够说明自己的手表质量确实是好的,让客户亲眼看到,那么客户就会消除疑虑打算购买了。
>
> 于是第二天,小李买了一个鱼缸和几条金鱼摆在自己的柜台上,并把一只手表放进了鱼缸里,很快就吸引了不少客户过来围观,这时小李又开始介绍自己销售的手表的防水防震功能,并把手表从水里捞出来让客户传看。同时为了证明手表防震防摔,他居然使劲儿地把手表摔在地上,但是捡起后,手表却没有任何损伤,最后小李又拿出手表的质量证书以及专家的推荐,一下子就征服了客户,他们这才真的相信了商品的质量并争相购买。

2. 真正拒绝购买态度的转化

真正拒绝购买的消费者,通常是一种最后的决定,要转化这种态度的方向是不容易的。因为,如果消费者对某一商品根本没有需求,或商品由于款式过时、花色老套、质量低劣引起反感与抵制,要改变消费者的行动倾向,由对商品的不喜欢变为喜欢,是难以实现的。对于这类消费者,基本方法是:①转移其注意目标,创造新需求与兴趣,介绍他希望了解的商品;②创造宽松的环境,减轻其心理压力;③耐心细致地服务,留给其良好的印象。如果还认为有转变态度方向的可能,则应尽力解除其心理障碍;如果不可能转变态度,与其交谈他乐意谈及的话题,以避免形成僵局,不欢而散,产生负效应。

### 3. 隐蔽拒绝购买态度的转化

对于隐蔽拒绝购买的消费者，应尊重其心理需要，强化商品的物理性能与心理功能，增加购买意愿。隐蔽拒绝购买的消费者，其原因复杂多样，在处理中应更为慎重，不宜乱猜测、硬说服，有些心理现象也难以了解和解释。但应看到，这类消费者都具有一定的购买需求，只要正确引导，加强其购买意愿，也有可能转变其拒绝购买的态度。对于这类消费者，基本方法是：①对消费者拒绝购买的隐蔽理由，不应当面指出，买与不买是消费者的权力，更不应讽刺、嘲笑和挖苦。②对消费者以某种不恰当的理由而拒绝购买，不应为此与其发生争吵，也不要盲目附和，以免造成消费者对商品的不良印象。③要信心十足地提示商品的物理性能与心理功能，增强消费者购买信心、意愿。只有信心十足而准确地解答消费者的疑难问题，才能使消费者比较全面正确地认识商品的物理性能。同时，营业员还应以情感与形象去介绍商品，运用易于消费者理解、易于引起联想的说明方法，明示或暗示商品的心理功能，满足消费者的心理欲求，这样就可以转变消费者不信任或不太信任的态度。

总之，消费者的一次拒绝购买，不是永远的拒绝，要动态、辩证地看待，一次接待不成功，要为下一次的成功打下基础。对拒绝购买态度的转化与排除是一项非常复杂的工作，营销人员要学会运用恰当的心理方法，不断提高接待艺术，努力满足消费者的需求，争取更大的经济效果与社会效果。

【参考答案】

一、单项选择题

1. （　　）是营销人员针对消费者购买主导动机指向，运用各种手段和方法，向消费者提供商品信息，使消费者购买动机强化，进而采取购买的过程。

　　A. 热情接待　　B. 诱导　　C. 信息　　D. 展示

2. 以下选项不是影响消费者情绪的因素是（　　）。

　　A. 营业环境的物理条件　　B. 国庆放假
　　C. 消费者的心理准备　　D. 服务人员

3. 你在购买牙膏、牙刷等生活必需品时的购买决策主要依据已往的经验和习惯，较少受广告宣传和时尚的影响，在购买过程中也很少受周围气氛、他人意见的影响，你的购买类型属于（　　）。

　　A. 习惯型　　B. 冲动型　　C. 疑虑型　　D. 理智型

4. 对于消费者满意表现叙述错误的是（　　）。

　　A. 消费者满意是消费流行的方式
　　B. 消费者满意是提高企业获利能力的重要途径
　　C. 消费者满意有利于形成良好的口碑
　　D. 消费者满意是消费者重购的基础

二、多项选择题

1. 销售服务是指商品在销售前后为最大限度地满足消费者需要而采取的各种措施，按照服务时间分为（　　）。

　　A. 售前服务　　B. 售中服务　　C. 售后服务　　D. 个性化服务

2. 售中服务是在商品销售成交过程中，所提供的各种服务工作，其主要内容（　　）。
   A. 介绍商品　　　B. 充当参谋　　　C. 付货与结算　　　D. 柜台服务
3. 公共关系心理是指与公共关系行为及公共关系活动相关的心理现象，其基本特征是（　　）。
   A. 可知性　　　　B. 情感性　　　　C. 自利性　　　　D. 广泛性
4. 从购买心理的角度分析，拒绝购买态度的类型主要有（　　）。
   A. 一般拒绝　　　B. 真正拒绝　　　C. 隐蔽拒绝　　　D. 无理拒绝

### 三、简答题

1. 营销服务的核心理念是什么？
2. 售前、售中、售后服务的策略有哪些？
3. 举例说明公共关系心理策略的运用？
4. 怎样从心理学的角度去解决营业员与消费者的冲突？
5. 营业员应该怎样接待消费者？

### 四、论述题

试述消费者拒绝购买态度的类型有几种？如何进行转化？

### 五、案例讨论题

美国当代最伟大的推销员麦克，曾经是一家报社的职员。他刚到报社当广告业务员时，不要薪水，只按广告费抽取佣金。他列出一份名单，准备去拜访一些很特别的客户。

在去拜访这些客户之前，麦克走到公园，把名单上的客户念了100遍，然后对自己说："在本月之前，你们将向我购买广告版面。"

在第一个星期里，他和12个"不可能的"客户中的3人谈成了交易；在第二个星期里，他又成交了5笔交易；到第一个月底，12个客户只有一个还不买他的广告。

在第二个月里，麦克没有去拜访新客户，每天早晨，那拒绝买他的广告的客户的商店一开门，他就进去请这个商人做广告，而每天早晨，这位商人的回答都是"不！"每一次，当这个商人说"不"时，麦克假装没有听到，然后继续前去拜访，直到那个月的最后一天。对麦克已经连着说了30天"不"的商人说："你已经浪费了一个月的时间来请求我买你的广告，我现在想知道的是，你为何要这样做。"麦克说："我并没浪费时间，我等于在上学，而你就是我的老师，我一直在训练自己的自信。"这位商人点点头，接着麦克的话说："我也要向你承认，我也等于在上学，而你就是我的老师。你已经教会了我坚持到底这一课，对我来说，这比金钱更有价值，为了向你表示感激，我要买你的一个广告版面，当作我付给你的学费。"

**讨论**

1. 营销人员应怎样对待顾客的拒绝意见？
2. 联系实际，谈谈营销人员应具备哪些素质？

### 项目实训

1. 3~5人一组，到商场的某一柜台附近进行观察，注意隐蔽性和不要影响他人，总结服务人员的售前、售中、售后服务的策略有哪些优缺点。

2. 调查同学们最近的消费活动中，是否有拒绝购买行为，属于什么类型？原因是什么？营销人员采取什么方法可能转化或降低拒绝购买态度？

## 课后拓展

1. 扫描二维码,学习有关销售服务八部曲的内容。
2. 上网收集营销员与顾客沟通技巧方面的内容,进行学习和练习,提高沟通能力。

【拓展知识】

# 项目 11

## 跟上消费心理学的发展步伐

【教学指导】

| 教学重、难点 | 教学重点 | 消费心理的发展变化，电子商务消费心理策略，绿色消费心理策略和消费者心理保护 |
|---|---|---|
| | 教学难点 | |
| 学习目标 | 知识目标 | 掌握消费者消费心理和行为的变化，电子商务消费心理特征，绿色消费及5R原则，影响绿色消费的因素，消费者权益及保护方法 |
| | 能力目标 | 运用消费者的心理变化、电子商务消费心理策略和绿色消费心理策略进行有效营销，掌握消费者心理保护的具体措施 |

【本章概览】

【本章课件】

**【导入案例】**

一项调查研究表明，目前消费者的消费心理出现了很大的变化，人们在购买行为上出现了"十买十不买"的现象。

"十买"包括：①名牌、质高、价格适中的商品买；②新潮、时代感强的商品买；③新颖别致、有特色的商品买；④迎合消费者喜庆、吉祥心理的商品买；⑤名优土特商品买；⑥补缺的商品买；⑦卫生、方便、节省时间的商品买；⑧落实保修的商品买；⑨价廉物美的商品买；⑩日用小商品买。

"十不买"是：①削价拍卖商品不买；②宣传介绍摆"噱头"的商品不买；③不配套服务的商品不买；④无特色的商品不买；⑤缺乏安全感的商品不买；⑥一次性消费的商品不买；⑦无厂家、产地、保质期的"三无"商品不买；⑧监制联营商品不买；⑨粗制滥造商品不买；⑩不符合卫生要求的商品不买。

由此可见，近年来人们的消费心理和行为明显地更加理性化。

**思考**

1．消费者在购买行为中出现"十买十不买"的原因何在？
2．运用自我观察法剖析个人消费心理的特点。

不同社会时期，人们的消费心理与行为有不同的特点。随着我国经济水平的提高，家庭结构的变化，人们需求的多样性，消费心理与行为和以前相比，发生了很大的变化。

## 任务1　了解消费者消费心理与行为的变化

### 11.1.1　消费观念的改变

计划经济时代，商品短缺一直是困扰我国经济的历史性问题。随着我国 GDP 跃居世界第二，居民收入得到了大幅度的增长，市场商品供应充裕，短缺现象基本改变，我国市场形势由此发生了重大的变化，买方市场基本形成，消费者面对琳琅满目的商品，消费心态、消费价值观和消费行为都发生了巨大的变化。

1．消费热点的变化

关于消费热点，有专家分析指出，居民消费将逐步进入新一轮消费周期，主要标志是家电在农村普及，住房、轿车、电脑逐步进入城市家庭。即农村从百元级向千元级、万元级消费发展；城镇居民消费从千元级向万元级、十万元级消费发展；消费倾向从吃与穿到住与行，从商品类到服务类。

2．消费心理的变化

（1）面子心理。中国的消费者有很强的面子情结，在面子心理的驱动下，中国人的消费会超过甚至大大超过自己的购买或者支付能力。营销人员可以利用消费者的这种面子心理，找到市场、获取溢价、达成销售。

脑白金就是利用了国人在送礼时的面子心理，在城市甚至是广大农村找到了市场；当年的 TCL 凭借在手机上镶嵌宝石，在高端手机市场获取了一席之地，从而获取了溢价收益；终端销售中，店员往往通过夸奖消费者的眼光独到，并且产品如何与消费者相配，让消费者感觉大有脸面，从而达成销售。

（2）从众心理。从众指个人的观念与行为由于受群体的引导或压力，而趋向于与大多数人相一致的现象。消费者在很多购买决策上，会表现出从众倾向。例如，购物时喜欢到人多的商店；在品牌选择时，偏向那些市场占有率高的品牌；在选择旅游点时，偏向热点城市和热点线路。

以上列举的是从众心理的外在表现，其实在实际工作中，可以主动利用人们的从众心理。例如，现在超市中，业务员在产品陈列时故意留有空位，从而给人以该产品畅销的印象；电脑卖场中，店员往往通过说某种价位及某种配置今天已经卖出了好多套，从而促使消费者尽快做出销售决策。

（3）推崇权威。消费者推崇权威的心理，在消费形态上，多表现为决策的情感成分远远超过理智的成分。这种对权威的推崇往往导致消费者对权威所消费产品无理由的选用，并且进而把消费对象人格化，从而达成产品的畅销。

现实中，营销对消费者推崇权威心理的利用，也比较多见。例如，利用人们对名人或者明星的推崇，大量的商家在找明星代言、做广告；台湾管理专家余世维先生说在自己汽车销售店中，曾经以某某车为某某国家领导人的座车为卖点，从而让该车销售火爆。

（4）爱占便宜。"便宜"与"占便宜"不一样。价值 50 元的东西，50 元买回来，那叫便宜；价值 100 元的东西，50 元买回来，那叫占便宜。消费者不仅想占便宜，还希望"独占"，这给商家有可乘之机。例如，"马上要下班了，一分钱不赚卖给你！"这些话隐含如下信息：只有你一人享受这样的低价，便宜让你一人独占了。面对如此情况，消费者鲜有不成交的。除了独占，另外消费者并不是想买便宜的商品而是想买占便宜的商品，这就是买赠和降价促销的关键差别。

（5）害怕后悔。每一个人在做决定的时候，都会有恐惧感，他生怕做错决定，生怕他花的钱是错误的。消费者购买之后出现的怀疑、不安、后悔等不和谐的负面心理情绪，并引发不满的行为。"国美电器"针对消费者的这个心理，提出了"买电器，到国美，花钱不后悔"，并作为国美店的店外销售语。进一步说在销售的过程中，要不断地提出证明给顾客，让消费者百分之百地相信。

（6）心理价位。任何一类产品都有一个"心理价格"，高于"心理价格"就超出了消费者的预算范围，低于"心理价格"会让消费者对产品的品质产生疑问。因此，了解消费者的心理价位，有助于市场人员为产品制定合适的价格，有助于销售人员达成交易。

以服装销售为例，消费者如果在一番讨价还价之后，如果最后的价格还是高于其心理价位，可能最终还是不会达成交易，甚至消费者在初次探询价格时，如果报价远高于其心理价位，就会懒得再看扭头就走。

（7）炫耀心理。消费者的炫耀心理，在消费商品上，多表现为产品带给消费者的心理成分远远超过实用的成分。正是这种炫耀心理，在中国目前并不富裕的情况下，创造了高端市场。一些非常有钱的女士为了炫耀其极强的支付能力，往往会买价值几千甚至上万的世界名牌手袋。对消费者来说，炫耀其外表或者重在拥有。

（8）攀比心理。消费者的攀比心理是基于消费者对自己所处的阶层、身份及地位的认同，从而选择所在的阶层人群为参照而表现出来的消费行为。相比炫耀心理，消费者的攀比心理更在乎"有"——你有我也有。

在购买手机的时候，也多见学生出于某些同学们有最新的苹果手机的心理，也要求父母为自己购买。对营销人员来说，当然可以利用消费者的攀比心理，出于对其参照群体的对比，有意强调其参照群体的消费来达成销售。

（9）投机心理。投机心理也叫赌博心理，是凭着侥幸、运气，期望在尽可能短的时间内获取尽可能大的收益。在经济富裕的情况下，很多人都进行投资理财，以获取更多的经济利益。在利益的驱动下，不少人开始了非理性的投资理财，投机心理愈发膨胀，时刻梦想"一夜致富"。

曾几何时，中国大妈"提着菜篮子买黄金"、艺术品投资市场等更是鱼龙混杂。曾几何时，天价翡翠曾在国内风靡一时，投机和炫耀心理，使得翡翠的原石价格高过了成品价格的2～3倍，出现了"面粉价格高于面包"的怪现象，随着市场的变化，人们的消费行为也趋于理性。翡翠价格的大起大落，反映出消费者消费行为从盲从回归理性。

（10）占有心理。商品价值的大小，主要体现在其使用价值方面。有些消费者购买商品，并不是最关注商品的使用价值，而是是否能拥有或者占有该商品。房子本来就是为了居住的，但是很多消费者宁可当"房奴"，不愿意花更少的钱租赁，而是贷款购买，其目的主要是拥有，体现消费的占有性。国内的汽车租赁市场不发达，也是消费者的占有心理作怪。

### 11.1.2 支付方式的改变

#### 1．电子货币异军突起

传统的交易，一般是"一手交钱，一手交货"，传统意义上的货币，如纸币、支票、汇票等的使用在逐步下降。随着互联网和电子商务的快速发展，电子货币作为新的支付手段，越来越被消费者接受和广泛使用。

电子货币是指用一定金额的现金或存款从发行者处兑换并获得代表相同金额的数据，通过使用某些电子化方法将该数据直接转移给支付对象，从而能够清偿债务。电子货币以计算机技术为依托，进行储存、支付和流通。

截至2016年第二季度末，全国银行卡的在用发卡数量达58.28亿张，同比增长15.83%，环比增长3.02%。全国人均持有银行卡4.25张，其中，人均持有信用卡0.31张。银行卡跨行支付系统联网特约商户1 831.20万户，POS机具2 445.20万台，ATM具90.63万台，较上季度末分别增加130.30万户、90.5万台和1.65万台。每台ATM对应的银行卡数量为6431张，同比增长4.10%，每台POS机具对应的银行卡数量为238张，同比下降14.87%。

2016年第二季度全国共办理非现金支付业务278.89亿笔，金额940.26万亿元，同比分别增长21.23%和10.26%。

从小的购买日用品，到大的买房购车，消费者携带纸币的数量越来越少，网上支付刷卡消费已经被广泛使用。

#### 2．移动支付发展迅猛

2012年，以"金融移动支付标准正式确立"为重要标志事件，被业界认定为移动支付发展的"新元年"，商业银行、支付机构、电信运营商和终端

【相关法规】

提供商等各路大军都加大投入力度，争抢和拓展移动支付市场。

移动支付，也称为手机支付，是指交易双方为了某种货物或者服务，使用移动终端设备为载体，通过移动通信网络实现的商业交易。移动支付所使用的移动终端可以是手机、PDA、移动 PC 等。

移动支付主要分为近场支付和远程支付两种。近场支付就是用手机刷卡的方式坐车、买东西等，很便利。远程支付是指通过发送支付指令（如网银、电话银行、手机支付等）或借助支付工具（如通过银行卡、红包等的转账汇款）进行的支付方式。

移动支付方面，2012 年，银行共处理移动电话支付业务 5.35 亿笔，金额 2.31 万亿元，支付机构共处理移动支付业务 21.13 亿笔，金额为 1 811.94 亿元。2016 年第三方移动支付交易规模从第一季度的 6.2 万亿元上升至第二季度的 9.4 万亿，同比增长 274.9%，环比增长 52.1%。

随着手机上网客户的增加，手机购物、转账，嘀嘀打车、快的打车、微信支付等移动支付平台的建设和发展，移动支付在不远的将来，必然会超过 PC 机网上支付，成为新一代的支付领军手段。

消费者的消费心理和行为除了上述的一些变化外，消费习惯也发生着变化，先花钱后还款、贷款、按揭消费越来越多；随着电子商务的发展，消费者更加追求便利性消费，在绿色浪潮的冲击下，消费越加重视自身健康，对自我保护意识也越来越强。

【拓展案例】

### 【课堂互动】

很多同学都有过网购的经历，也都进行过网上支付。电子支付给我们带来便利的同时，也存在一定的风险。扫描二维码了解更多信息。

### 【与相关课程的联系】

电子商务概论和电子商务支付等课程，将介绍电子支付的具体方法。

## 任务 2　理会电子商务与消费者心理

### 案例阅读

中国电子商务研究中心发布的《2015—2016 年中国互联网+法律报告》，全面囊括了 B2B、网络购物、网络团购、互联网金融、物流快递、移动电子商务、O2O、海外代购等电子商务各细分领域，对出现的典型事件进行分析解读。

报告发布了"年度中国十大互联网+领域典型法律案例"：首例微信传销案、南京网络恶意刷单第一案、聪明狗告淘宝天猫"屏蔽"索赔百万、乐视 919 发货门事件、全国首例众筹融资案、浙江首例 P2P 被判集资诈骗案、"短融网"诉"融 360"不正当竞争案、大众点评状告百度侵权案、上海消保委告三星手机预装 44 个软件案、酷派奇酷"撕逼"大战。

电子商务已经越来越普及了，消费者的消费心理和行为正在发生着剧烈的变化。电商企业应该如何更好地为消费者服务？消费者又该如何维护自己的合法权益呢？

人们通常把基于互联网平台进行的商务活动统称电子商务,英文为 Electronic Commerce,简写为 E-commerce 或 EC。由于互联网的全球性、开放性、即时性、全天候、虚拟性等特征,消费者面对发展如此迅速的电子商务,与传统商务活动相比其消费行为和消费心理也在发生着剧烈的变化。

### 11.2.1 电子商务中消费心理的变化趋势和特征

电子商务有广义和狭义之分。广义的电子商务是指使用各种电子工具从事商务活动;狭义电子商务主要是利用互联网从事商务或活动。

电子商务的范围波及人们的生活、工作、学习及消费等广泛领域,电子商务可应用于小到家庭理财、个人购物,大至企业经营、国际贸易等诸方面。那么,消费者为什么选择网上购物?网上消费的行为特征是什么?网上购物的消费心理如何?商家和企业具有什么服务利器,怎样适用和赢得消费者的青睐?

**案例阅读**

从 2009 年开始,每年的 11 月 11 号,以天猫、京东(为避免利益冲突,有些电商会在 11 号前开始促销)为代表的大型电子商务网站一般会利用这一天来进行一些大规模的打折促销活动,以提高销售额度,成为中国互联网最大规模的商业活动。

2016 年天猫"双十一"全球狂欢节交易额突破 1 207 亿元人民币,其中无线交易额占比 81.87%,覆盖 235 个国家和地区,新的网上零售交易纪录诞生。

1. 电子商务消费心理的变化

营销发生变革的根本原因在于消费者。随着市场由卖方垄断向买方垄断转化,消费者主导的时代已经来临,面对更为丰富的商品选择,消费者心理与以往相比呈现出新的特点和发展趋势,这些特点和趋势在电子商务中表现得更为突出。

(1)追求文化品位的消费心理。消费动机的形成受制于一定的文化和社会传统,具有不同文化背景的人选择不同的生活方式与产品。美国著名未来学家约翰·纳斯比特夫妇在《2000 年大趋势》一书中认为,人们将来用的是瑞典的宜家(IKEA)家具,吃的是美国的麦当劳、汉堡包和日本的寿司,喝的是意大利卡布奇诺咖啡,穿的是美国的贝纳通,听的是英国和美国的摇滚乐,开的是韩国的现代牌汽车。尽管这些描写或许一时还不能为所有的人理解和接受,但无疑在互联网时代,文化的全球性和地方性并存,文化的多样性带来消费品位的强烈融合,人们的消费观念受到强烈的冲击,尤其青年人对以文化为导向的产品有着强烈的购买动机,而电子商务恰恰能满足这一需求。

(2)追求个性化的消费心理。消费品市场发展到今天,多数产品无论在数量上还是质量上都极为丰富，消费者能够以个人心理愿望为基础挑选和购买商品或服务。现代消费者往往富于想象力、渴望变化、喜欢创新、有强烈的好奇心，对个性化消费提出了更高的要求。他们所选择的已不再单是商品的实用价值，更要与众不同，充分体现个体的自身价值，这已成为他们消费的首要标准。可见，个性化消费已成为现代消费的主流，消费者可以很方便地在海尔的网站上订购自己设计的家电产品，在戴尔网站上订购自己配置的笔记本电脑。

（3）追求自主、独立的消费心理。无论是在对产品或服务需求的表达，还是在信息的搜集或售后的反馈上，网络环境下的消费者主动性都大大增强。消费者不再被动接受厂商提供的产品，对传统的单项的"填鸭式""病毒式"营销也感到厌倦和不信任，而是根据自己的需要主动上网寻求，甚至通过网络系统要求厂商根据自己对产品的要求或准则量身定做，从而满足自己的个性化需求。

（4）追求表现自我的消费心理。网上购物是出自个人消费意向的积极的行动，常常会花费较多的时间到网上的虚拟商店浏览、比较和选择。独特的购物环境和与传统交易过程截然不同的购买方式会引起消费者的好奇、超脱和个人情感变化。这样，消费者完全可以按照自己的意愿向商家提出挑战，以自我为中心，根据自己的想法行事，在消费中充分表现自我。

（5）追求方便、快捷的消费心理。对于惜时如金的现代人来说，在购物中即时、便利、随手显得更为重要。传统的商品选择过程短则几分钟，长则几小时，再加上往返路途的时间，消耗了消费者大量的时间、精力，而网上购物弥补了这个缺陷。调查数据表明，基于节省时间进行网络购物的人数占网上消费总人数的一半以上。

（6）追求躲避干扰的消费心理。现代消费者更加注重精神的愉悦、个性的实现、情感的满足等高层次的需要满足，希望在购物中能随便看、随便选，保持心理状态的轻松、自由，最大限度地得到自尊心理的满足。但店铺式购物中商家提供的销售服务却常常对消费者构成干扰和妨碍，有时过于热情的服务甚至吓跑了消费者。

（7）追求物美价廉的消费心理。即使营销人员倾向于以其他营销差别来降低消费者对价格的敏感度，但价格始终是消费者最敏感的因素。网上商店比起传统商店来说，由于没有店面租金和其他中间环节，其价格往往都比实体店低很多。

（8）追求时尚商品的消费心理。现代社会新生事物不断涌现，消费心理受这种趋势带动，稳定性降低，在心理转换速度上与社会同步，在消费行为上表现为需要及时了解和购买到最新商品，产品生命周期不断缩短。产品生命周期的不断缩短反过来又会促使消费者的心理转换速度进一步加快。传统购物方式已不能满足这种心理需求。

2．电子商务消费心理特征

对于消费者网络消费而言，由于网络媒介的特殊性，除了具备一般的购买特征，还有以下特点：

（1）自主选择权——我的地盘我做主。电子商务的消费者主要是年轻一代，他们个性鲜明，追求时尚，与以往的被动接受不同，他们习惯于主动选择。这种选择权源自于媒体从单向传播的电视向互动的互联网的转变。在电视时代，限于传播内容的有限及传播方式的单向，人们缺乏足够的选择权，往往只能在几个电视频道间徘徊，而网络时代的情形则大不相同。从一定意义上讲，网络提供了一个无限选择的世界，人们可以根据各自的兴趣主动选择信息。

由于掌握着选择大权，对不感兴趣的信息可以视而不见，因此，"地毯式"的营销宣传策略在网络时代未必奏效。

（2）量身定做——柔性化消费。在网络时代，借助于网络的交互式功能，消费者对定制化的要求更为强烈，消费观念从刚性化向柔性化转变。他们会把自己对产品外形、颜色、尺寸、材料、性能等多方面的要求直接传递给生产者，而不再愿意接受商店内有限范围的选择。在电子商务的购买过程中，由于消费者亲身参与生产设计，所以有人把电子商务的消费者称为"产消者"。电子商务量身定做的要求将对现有的营销模式产生冲击，相应地，一对一营销、数据库营销、互联网营销等新的电子商务营销模式将会逐渐风行。

（3）消费多样化——品牌忠诚度下降。电子商务消费者追求品牌但又往往不会死守一个品牌，渴望更换品牌，体验不同的感受。互联网为这种改变又提供了方便，在网络环境下，错误可以通过点击鼠标立即改正。网络的这种"宽容性"使得电子商务消费可以随意改变心意，这种心意的随意改变使得网络成为一个自由轻松的购物空间，也使得他们缺乏传统的品牌忠诚感。

（4）渴望体验的感觉——先试后买。电商的实体产品，消费者不能和实体店一样进行消费体验，体验是电子商务消费者非常注重的一种消费利益，通过消费实现体验也是他们渴望的，先试后买满足了消费者的体验需要。先试后买简而言之就是"可以无须付款，待收到货物先行试用后，再确定是否要购买"。对产品不满意，收到后七天内产品完好可以退换。传统的营销宣传策略（如证言广告等）很难在电子商务消费者身上奏效，而一个有效的策略就是样品试用。试用策略的本质是让产品自己说话，让消费者自己判断价值，以此符合电子商务消费者独立自主的个性。

（5）选择的效用性——注重功能而非形式。以往消费者会把高新科技看得高高在上，对披着高新技术外衣的产品也奉若神明。相比之下，电子商务消费者是更关心功能而非形式。他们在计算机的陪伴下成长，视计算机为家用电器之一，对新科技天生缺乏畏惧感，更不会被高技术的时髦外表迷惑。他们是非常现实的一代，只在乎产品提供的价值与利益。

（6）降低总成本——追求方便、快捷、实惠消费心理。电子商务消费者可以随时随地地利用手机等移动端进行商品浏览、咨询、下单、支付，节约了消费者大量的时间。网购产品通过物流可以直接送到顾客的手中，减少了商品运输、携带的麻烦。网上商品比实体店价格低，也是吸引消费者的一个重要因素。

## 11.2.2 制约电子商务发展的心理因素分析

虽然网上购物具有形式方便、信息快捷、节省时间等诸多优势，但是目前消费者对网上消费仍然有一定程度的担忧，除了对支付手段的不熟悉，对安全性能不放心等因素外，心理因素的影响也使一部分消费者对这种新的购物方式敬而远之，制约了电子商务的发展。制约电子商务发展的心理因素主要表现在以下几方面。

### 1. 受到传统购物观念束缚

长期以来消费者形成的"眼看、手摸、耳听"的传统购物习惯在网上受到束缚；网上消费不能满足消费者的某些特定心理，网上购物很难满足消费者的个人社交动机。消费者在购买服装时，不仅要看衣服的花色、式样，还要用手摸一摸面料的质地，进行试穿，感觉尺寸是否合适，等等，这些需求仅靠线上的电子商务很难满足。

2. 价格预期心理得不到满足

据统计，消费者对网上商品的预期心理比商场的价格便宜 30%～40%，而目前网上商品仅比商场便宜 20%左右，加上配送费用，消费者所享受到的价格优惠是有限的。另外，网上产品鱼龙混杂，仿冒产品多，增加了消费者的购物心理负担。

3. 个人隐私权受到威胁

目前国内网上的许多服务都是免费的，如免费电子邮箱、免费下载软件、免费登录为用户或会员以接收一些信息及一些免费的咨询服务等，然而在接受这些免费服务时，必经的一道程序就是注册个人的一些资料，如姓名、地址、工作、兴趣爱好等，至于这些信息的用途，最起码的是为了管理起来方便，但也不排除相关服务者将这些资料用作他用甚至出卖的可能。随着电子商务的发展，商家不仅要抢夺已有的客户，还要挖掘潜在的客户，而现有技术不能保障网上购物的安全性、保密性。隐私权不能得到保障，使许多消费者担心自己的个人信息被泄露，不愿参与网上购物。

4. 对网上支付机制缺乏信任感

现阶段，网上支付的安全性是消费者最担心的，再就是支付限额的限制。很多消费者还是习惯于"一手交钱，一手交货"的传统交易模式。电子商务缺乏网上有效的支付手段和信用体系，在支付过程中消费者的个人资料和信用卡密码可能会被窃取盗用，有时还会遇到虚假订单，没有订货却被要求支付货款或返还货款，使消费者望而生畏。

5. 对虚拟的购物环境缺乏安全感

在电子商务环境下，企业在网上均表现为网址和虚拟环境，网络商店很容易建立，也容易作假，很多人比较担心的问题是产品质量、售后服务及厂商信用、安全性得不到保障，使消费者心存疑虑。另外，互联网是一个开放和自由的系统，目前仍缺乏适当的法律和其他规范手段，如果发生网上交易纠纷，消费者举证困难，权益不能获得足够的保障。

6. 对低效的物流配送体系缺乏保障感

我国现在还缺乏一个高效成熟的社会配送体系，缺乏为电子商务网站配套服务的实物配送企业，或者具有电子商务体系的物流配送企业。商品配送周期长、费用高、准确率低。我国仓库周转率仅为发达国家的 30%，而差错率几乎是发达国家的三倍。低效的物流配送体系距离顾客的实际要求甚远，影响了电子商务的发展。

### 11.2.3 电子商务中消费心理的策略

电子商务中消费者的特殊心理给企业的经营理念带来了新的挑战，商家必须摆脱以往传统的经营思维局限，在营销策略、方式、手段上有所突破，建立一套适合电子商务的运作机制。

1. 电子商务营销策略

（1）建立品牌知名度。在互联网上，要尽可能使消费者了解你的产品或服务，了解你的人数越多，知名度越大，成功的希望也就越大。可以通过热门网站的广告作用，增加自己品牌的曝光率，吸引相关社会群体的注意力；还可以通过热门网站将自己企业的网站宣传出去，诱导上网者前来浏览你的产品和服务，并让他们确信你的网站值得一访。据美国广告公司的一项调查显示，通过多维立体的电子商务建立品牌知名度的效果，远远胜过其他常规途径。无论是在男性成衣、电讯器材还是妇女用品的品牌上，利用网上广告的宣传，其知名度都提高了12%～200%，大大超过电视或平面广告的效果。

（2）激发浏览者的直接反应。除了建立品牌知名度，企业在网站上更希望唤起浏览者的即时反应。即时反应包括鼓励消费者下订单，促使消费者提出更进一步的产品资讯，强化消费者与产品之间关系的行为。这就要求企业努力保证网络下单的便利性与安全性，一方面激发消费者直接上网购物，另一方面也可以把网站作为一个传播媒体，宣传企业的促销活动，起到吸引消费者上门的作用。

（3）用网站建立良好的企业形象。吸引消费者上网，在了解企业的产品品牌、服务内容的同时，也是在消费者中间尽快建立企业完美形象的最佳时机。必须坚信，成功的网络营销是建立在一个基本互惠的原则上的，即企业必须提供免费的信息或服务，才能吸引消费者与你建立更进一步的关系。关键在于如何向你的目标市场提供真正有价值的东西，让他们在学习与了解中对你的企业产生更好的印象。

（4）纸上谈兵不如实物展示。在屏幕上，文字说明不如实物展示，只有图文并茂才能达到最佳效果，这是教育理念的实现。网络有平面媒体的深度与资料保存的价值，实物展示结合多维立体效果，将是最理想的商品展示媒介。企业不仅可以把产品服务的信息传达到消费者那里，而且可以动态地展示产品的使用方法和特点、功效。网上营销可以经济实惠的方式向顾客提供试用品，如将软件的试用版本免费提供下载等。

（5）利用网络做好市场调查。网络营销活动不仅成本低廉，更主要的是它具有时效性。通过网络向众多消费者做市场调查，能够起到吸引受访者的作用；不仅能够征求顾客的意见，了解消费需求，而且可以分析市场环境、人为因素，开阔企业的视野，增进与消费者之间的沟通与联系。

2．电子商务消费心理策略

（1）坚持虚拟商店的便利性。便利性是消费者从事网上消费的主要因素之一。既然向消费者提供快捷、便利的服务是上网企业的宗旨，那么，协调好企业与消费者之间的相互关系，坚持让消费者完成满意的购物活动，向消费者提供快捷便利的服务，就是每个上网企业追求的目标。

（2）保持消费渠道的顺畅。书籍、音乐、电影等是购物中较受顾客欢迎的网站。调查显示，有19%的消费者会顺道拜访百货公司的网站，有39%的消费者也会同时拜访书籍、音乐及电影网站。因此，商家应该尽可能地在相关网站上增加通往购物消费网站的链接，保持消费者购物消费的渠道顺畅。

（3）重视女性消费群体。例如，英国的一项调查显示，女性的购物热情最终从大街上、商店里转移到了互联网上。该项调查显示，某2003年，英国女性网上购物的人均开销大约为500英镑。这是网上零售业历史上女性第一次在人均开销上超过了男性。英国市场分析公司"判决"通过对人们在线购物情况的调查，发现女性的消费增长率是男性增长率的六倍。

**案例阅读**

百度糯米最近发布的《O2O生活服务女性消费大数据报告》显示，占据我国网民46%的女性，贡献了O2O消费中的62%，并且女性在O2O生活服务消费的上升幅度也明显高于男性。报告还指出，O2O生活服务代表品类中，女性消费在餐饮、KTV、美容美发和电影上的占比分别是69%、69%、76%和62%。

（4）维持良好的网站管理。维持良好的网站管理，遵守承诺，讲求信誉，提高售后服务质量，是企业的又一关键所在。网站有了良好的管理机制，统一指挥，统一调配，充足货源，售前、售后服务有机衔接，一定会给消费者带来购物与消费的充分信心。

（5）保障客户交易的安全性。网上交易的安全性包括相关的法律、政策、技术规范及网络安全，加速商品防伪保真、网络系统工程的建设及提高电子商务网站的信誉度，是网上交易的关键。商家必须通过电子支付制度、规约，使双方发生纠纷时做到有章可循、有法可依、有据可查；建立完备的法律依据、权威的认证机构，维护电子商务的交易秩序，保障交易安全，使更多的消费者放心购物和消费。

### 【与相关课程的联系】

网络营销是一门新兴的课程，也是目前企业采取最为广泛的营销模式之一。

### 【知识拓展】

2014年2月13日，国家工商行政管理总局公布了《网络交易管理办法》（以下简称《办法》），消费者的网购"后悔权"在法律和部门规章层面都获得支持。《办法》自2014年3月15日起施行。

《办法》明确规定，消费者有权自收到商品之日起七日内退货，且无须说明理由。《办法》还规定，尚不具备注册条件的自然人，需要第三方交易平台登记此人的真实身份信息进行审查和登记，但未硬性规定必须办理营业执照。此外，《办法》对网络商品交易中"信用评价""推广"等必须如实披露信息，避免消费者误解等首次做出明确规定。《办法》的四大亮点如下：

（1）通过微博有偿推广商品需进行明示。
（2）交易平台不得任意调整网店"评级"。
（3）在第三方平台开网店不强制办营业执照。
（4）经营者信息网站需保留至少两年。

【相关法规】　扫描二维码，可以了解《网络交易管理办法》的全文。

## 任务3　认识绿色消费与消费者心理

20世纪，工业化浪潮以前所未有的速度和效率为社会创造了巨大财富，为广大消费者提供了丰富多样的物质生活，也给企业带来了巨额利润。与此同时，人类赖以生存的自然环境也在遭受严重破坏。面对这一"有增长、无发展"的困境，人类不得不重新审视自己的发展历程，寻觅一条新的可持续发展道路，绿色生产、绿色消费便应运而生了。

## 11.3.1 绿色消费中消费心理的变化趋势和特征

> **案例阅读**
>
> 每年的 6 月 5 日为"世界环境日",为纪念世界环境日,增强广大公众的环境意识,2012 年"六五"世界环境日中国主题为"绿色消费,你行动了吗?"环境恶化、气候突变、冰川消融、海面上升……这些并不只是少数人才应该担忧的问题,地球家园与我们每一个人息息相关。
>
> 那么你认为怎样才算绿色消费呢?是乘公交、地铁出行,穿纯棉 T 恤,吃有机蔬菜,还是居住绿化小区?在日常生活中,我们是如何践行绿色消费的呢?

1. 绿色消费的含义

绿色消费的含义是一种以"绿色、自然、和谐、健康"为宗旨的,有益于人类健康和社会环境的新型消费方式。消费者意识到环境恶化已经影响其生活质量及生活方式,要求企业生产并销售有利于环保的绿色产品或提供绿色服务,以减少对环境的伤害。在国际上,绿色消费已经变成了一个"广义"的概念,即节约资源,减少污染,绿色生活,环保选购,重复使用,多次利用,分类回收,循环再生,保护自然,万物共存。中国消费者协会在公布 2001 年消费主题——"绿色消费"的同时,也提出了"绿色消费"的概念,包括三层含义:一是倡导消费者在消费时选择未被污染或有助于公共健康的绿色产品;二是在消费过程中注重对垃圾的处理,不造成环境污染;三是引导消费者转变消费观念,崇尚自然、追求健康,在追求生活舒适的同时,注重环保,节约资源和能源,实现可持续消费。

2. 绿色消费的 5R 原则

(1)节约资源,减少污染(Reduce)。地球的资源及其污染容量是有限的,必须把消费方式限制在生态环境可以承受的范围内。因此,必须节制消费,以降低消耗,减少废料的排放以减少污染。其中最为紧要的是节约用水。地球表面的 70%是被水覆盖着的,约有 14 000 亿立方米的水量,但是,其中有 96.5%是海水。剩下的虽是淡水,但其中一半以上是冰,江河湖泊等可直接利用的水资源,仅占整个水量的极少部分。水是珍贵的资源,不能浪费。其次,还要减少废水排放。应当加强废水管理,工业废水、城市污水,都应及时处理,防止直接排入自然水体。除了水,空气污染也应重视,要减少废气排放。大气所受的污染,主要来源于燃烧煤所产生的烟尘,汽车、机动车尾气等。应当采取治理措施,不得制造、销售或者进口污染物排放超过国家规定排放标准的汽车。

(2)绿色消费,环保选购(Re-evaluate)。每一个消费者都要带着环保的眼光去评价和选购商品,审视该产品在生产过程中会不会给环境造成污染。消费者用自己手中的"货币选票",看哪种产品符合环保要求,就选购哪种产品;哪种产品不符合环保要求就不买,同时也动员别人不买它,这样它就会逐渐被淘汰,或被迫转产为符合环保要求的绿色产品。这样引导生产者和销售者正确地走向可持续发展之路。

(3)重复使用,多次利用(Reuse)。为了节约资源和减少污染,应当多使用耐用品,提倡对物品进行多次利用。20 世纪 80 年代以来,一次性用品风靡一时,"一次性筷子""一次性包装袋""一次牙刷""一次性餐具"等成为消费主流。一次性用品给人们带来了短暂的便利,却给生态环境带来了高昂的代价。在发达国家,曾风靡一时的"一次性使用"风潮正在成为历史。许多人出门自备可重复使用的购物袋，以拒绝滥用不可降解的塑料制品；许多大旅店已不再提供一次性牙刷，以鼓励客人自备牙刷用以减少"一次性使用"给环境所造成的灾难。我国应当学习发达国家的先进经验，发扬中华民族艰苦朴素的优良传统，珍惜资源。

（4）垃圾分类，循环回收（Recycle）。垃圾是人类生产与生活的必然产物。人类每天都在制造垃圾，垃圾中混杂着各种有害物质。随着城市规模的扩大，垃圾产生的规模也越来越大，垃圾处理的任务也越来越重。现有的办法是拉去填埋，但这种方法侵占土地、污染环境，不是长久之策。而将垃圾分类，循环回收，则可以变废为宝，既减少环境污染，又增加了经济资源。

（5）救助物种，保护自然（Rescue）。在地球上，生态是一个大系统，各种动物、植物互相依存，形成无形的生物链。任何一个物种的灭绝，都会影响到整个生物链的平衡。人是地球最高等的动物，但实质上也不过是生物链中的一环，人类的生存要依赖于其他生物的生存。因此，保护生物的多样性，就是保护人类自己。人类应当爱护树木，爱护野生动物，要将被破坏了的生态环境重新建立起来。

【知识拓展】

### 中国绿色消费的观念和行动纲领

在 2003 年 4 月 22 日世界地球日之际，中华环保基金会向全国发出了"绿色志愿者行动"倡议书，提出了中国绿色消费的观念和行动纲领：

（1）节约资源，减少污染。如节水、节纸、节能、节电、多用节能灯，外出时尽量骑自行车或乘公共汽车，减少尾气排放等。

（2）绿色消费，环保选购。选择那些低污染、低消耗的绿色产品，像无磷洗衣粉、生态洗涤剂、环保电池、绿色食品，以扶植绿色市场，支持发展绿色技术。

（3）重复使用，多次利用。自备购物包，自备餐具，尽量少使用一次性制品。

（4）垃圾分类，循环回收。在生活中尽量地分类回收，像废纸、废塑料、废电池等，使它们重新变成资源。

（5）救助物种，保护自然，拒绝食用野生动物和使用野生动物制品，并且制止偷猎和买卖野生动物的行为。

3. 绿色消费的心理变化

在经济飞速发展的今天，"绿色消费"越来越引起人们的关注，"绿色概念"已经成为一个国家、一个民族综合素质、文明程度的体现。绿色消费者也作为一个新兴的群体茁壮成长和成熟起来。绿色消费者也可称为环保主义者，他们具有较高的知识文化水平，在日常生活中，对绿色消费的概念理解全面而透彻，并且自己在行动中体现出绿色消费。他们的观念体现出较高的环保意识，他们的行为也具有较高的理性特质。

（1）绿色消费就是无污染消费。绿色消费者绝不会到菜场挑几片有虫眼的青菜，或是吃几副中药，就认为是绿色消费。他们对绿色消费有正确的认识。如选择绿色产品，即选择无公害、无污染的安全、健康、优质、科学的产品。同时注意环境建设，在绿色消费过程中不污染环境。

（2）绿色消费就是健康消费。随着人们生活水平的提高，人们越来越关注自己的健康，因此对安全、无污染、高品质绿色产品需求日益强烈。绿色消费者认为，健康的需要不仅包括物质需要和精神文化需要，同时更应包括生态需要在内。因此，绿色消费不仅是个人的健康需要，更是整个人类的健康需要，表明人们的消费质量不断提高。绿色消费也就是要关注生产发展、生活提高、生态保护等问题。

（3）绿色消费就是科学消费。绿色消费者是崇尚科学的。他们认为只有当绿色消费是科学消费的时候，才能从科学意义上提升健康消费的水平和档次。绿色产品只有不断加大科技含量，才可能从根本上增强市场竞争力。绿色消费也是一样，是一个系统的消费过程，而不是几句口号就能解决。因此，绿色消费者非常关注绿色产品的动态和新闻，并在选购产品时尽可能选择绿色产品。

（4）绿色消费要关注消费环境。人们的消费，总是在一定的环境中进行的。任何消费活动，都必须具备三个基本要素，即消费主体（消费者）、消费客体（消费品和劳务）和消费环境。这就是说，消费的自然环境好，天蓝水清地绿，生态环境优美，消费质量就高；消费的社会环境好，人文生态上乘，社会治安良好，消费结构得到优化，人人都争当具有高度文明的人，消费质量就高；消费的文化环境好，文化质量就高。因此，绿色消费者也是环保主义者，在绿色消费的同时，更注重周围的环境。

> **案例阅读**
>
> 绿色消费是指在消费活动中，不仅要保证人类的消费需求和安全、健康，还要满足以后的人的消费需求和安全、健康。尼泊尔是生态旅游进行得比较成功的国家，旅游者在进入风景区以前，随身所携带的可丢弃的食品包装必须进行重量核定，如果旅游者背回来的垃圾没有这么多，会遭到罚款。每个游客只允许携带一个瓶装水或可以再次装水的瓶子，而在山上，瓶装水是不准许出售的。

4．绿色消费的心理特征

（1）绿色消费者的行为更趋于理性化。在实际生活中，消费者的行为往往是感情重于理智，心理因素在消费者行为中起到极为重要的作用。很多消费者对某种产品感兴趣，对某个品牌偏爱，实际上并不能真正对其性能、质量和服务上的长处加以区别，更多的是受广告和相关人员的诱导或潮流的带动。绿色消费更强调理性，不能只考虑个人感受，还要考虑社会后果和生态后果；与传统经济学的经济人消费行为相比，则从个人的价值取向转为个人与社会价值取向并重。绿色消费认识比例随消费者学历层次的提高而提高，反映出部分消费者的消费理念日趋理性化、成熟化。

（2）注重产品的"绿色"价值。马斯洛的需求理论讲述了人类社会需求的层次性。当人们已经不再为基本的需求而奔波的时候，人们开始追求生存质量和生活质量。生存质量的追求表现在更加注重生态环保，生活质量的追求表现在倾向于消费无公害产品、绿色产品。由于这些产品本身所包含的特性和特点，使人们在消费过程中得到品质的满足和品位的提升；人们在购买汽车时已经在考虑排放标准，无氟冰箱已经进入千家万户，人们开始关注服装对人体的健康等方面的安全保护，这些都显示出消费者对产品"绿色"价值的重视。

（3）绿色消费行为呈现出个性化的色彩。消费者能以个人心理愿望为基础挑选和购买商品或服务。他们不仅能做出选择，而且渴望选择，消费者所选择的已不单纯是商品的使用价值，而且还包括其他"延伸物"。例如，北京物资学院在北京16个区县近40家大中型商场开展了一次主题为"发展绿色流通、倡导绿色消费"的专题宣传和调研活动。结果表明，89.2%的被访者实际购买过绿色产品，消费者购买的绿色商品的类别依次是食品、日用品、保健品、家电、建材等。至于购买绿色商品的原因，出于个人保健所需而购买的消费者占48.3%；出于社会责任感、支持环保而购买绿色商品的占28.0%；符合个人消费品位和层次的占13.2%；其余则是无意识购买、为送礼而购买、顺应时尚而购买。

（4）消费主流性增强。一方面消费者不再被动地接受厂商单方面提供的信息，他们会主动地了解有关绿色产品，绿色消费方面的信息，当得到足够的商品知识时，对绿色产品和服务进行鉴别和评估；另一方面，对环境保护也不再是被动的与无能为力，消费者对真正能够带来环保的产品也持积极主动的态度，在众多同类产品中，往往会选择对环境危害最小的产品，根据这一特点，厂商应适应消费者主动性增强的趋势，提供消费者需要的多种信息，供消费者选择比较。

（5）产品的期望值更高、挑选更挑剔。西方发达国家对于绿色产品的需求非常广泛，而发展中国家由于资金和消费导向上和消费质量等原因，还无法真正实现对所有消费需求的绿化。以我国为例，目前只能对部分食品、家电产品、通信产品等进行部分绿化；而发达国家已经通过各种途径和手段，包括立法等，来推行和实现全部产品的绿色消费。以绿色食品为例，英国、德国绿色食品的需求完全不能自给，英国每年要进口该食品消费总量的80%，德国则高达98%，绿色食品的标准也更加苛刻。

（6）价格仍是消费者选择的重要因素。绿色产品具有较高附加值，拥有优良的品质，无论从健康、安全、环保等诸多方面具有普通产品无法比拟的优势。绿色产品的定价策略往往采取撇脂定价，价格较高。在欧美发达国家，即使普通的消费者也都倾向于绿色消费；但在发展中国家，绿色产品对于普通消费者来说还是奢侈品，消费量还很小，因此，价格仍是限制绿色消费的瓶颈。

（7）性别差异及儿童影响。一项调查表明，46%的女性和31%的男性在购物时会主动寻找绿色替代品，有孩子的家庭通常是倾向于绿色消费的群体。由于教育和传媒为儿童提供大量的环保绿色信息，引起儿童对绿色问题和认识和重视，使孩子成为家庭中绿色产品购买的提议者和影响者，这无疑是绿色购买行为的重要模式。

### 11.3.2 绿色消费行为的影响因素

由于外在和消费者自身因素的影响，每个消费者的绿色意识程度和消费行为模式之间会有很大的差异，年龄、收入、教育水平、生活方式、观念和爱好等诸多方面都会大大影响到绿色消费行为，其中影响最大的首推以下四个方面。

1. 社会文化因素

一个社会及其文化的绿色程度，会直接影响着该文化群体的环境意识和绿色思想，进而影响绿色消费行为的模式，绿色消费也可以说是一种社会性的消费文化和消费习惯，绿色消费行为一般容易形成社会性的潮流趋势，其具体的消耗模式会被绿色社会文化所带动，或者说被绿色时尚所带动。一个社会的绿色文化和环境意识强烈，该社会群体的绿色消费行为一般就会越成熟。

例如，绿色食品的安全健康和生态环保的观念不是每个人都能主动学习和接受的，即使接受也是有不同的看法和态度。据央视调查，有 20.8%的居民自己知道绿色食品的标志但不知道它的含义，另有 79.2%居民表示对此不了解。改变传统观念为现代观念是一项艰巨的任务，尤其在经济发展不平衡，受教育程度不一，生活习惯和消费习惯各异的中国，更需要进行长期的和有力度的宣传教育，而这方面恰恰是绿色食品发展中的薄弱环节。

2．绿色教育

绿色教育是指对公众进行的生态环境意识普及和教育，也包括通过公共关系，如广告、产品说明等方式对消费者进行环保观念的灌输。

绿色产品大多采用较为高新的技术和材料做成、成本和生产工艺及市场开拓费用相对高昂，具有较高的附加值，所以价位也较高。对一般消费者来说，初次接触时可能感到难以接受，因此必须通过一定的教育手段，使他们了解绿色产品的实质，即为什么是绿色，有什么优点、优势，有哪些好处等。就社会层面而言，绿色教育有利于提高人们的环境意识，促进社会自然环境的改善，从企业层面看，绿色教育则积极引导了绿色消费，为绿色营销创造更好的环境。绿色教育重在一种观念的灌输，而人的行为是受观念指导的，所以，可以说绿色教育是绿色消费和绿色营销的先导。

政府、有关环保机构和行业协会等组织要承担起消费者教育、生产经营者教育、经销商教育等对人们进行绿色教育的责任，生产销售企业也应积极参与其中成为中坚力量。可以利用各种宣传工具和宣传方式如公益广告、专题活动等，积极传播环境保护和绿色消费知识，提高人民的绿色意识，推动绿色消费运动的发展，形成绿色消费的良好气氛和环境，促进绿色消费需求的增长，进而促进绿色消费市场的快速发展。

3．绿色产品的质量

发展绿色消费市场遇到的问题中，最棘手的问题是假冒产品的横行，消费者对假冒产品无法验证，往往在上当受骗后对绿色产品失去信任，从消费者本能的回避风险和简化购买决策过程的消费心理出发，他必然会对绿色产品敬而远之甚至全盘否定。

绿色产品的检验鉴定难度大，认证过程复杂，一些不法企业为追求高额利润不按照绿色标准生产，甚至把假冒伪劣产品当作绿色产品销售，形成了所谓劣币驱逐良币的"柠檬市场"现象。造成市场上到处都是"绿色"产品，真正的绿色产品可能得不到消费者的青睐，达不到应有的价格，"真李逵"打不过"假李鬼"。

4．消费者自身因素

绿色消费者的购买决策最主要还是受个人特征的影响，包括年龄、家庭、生命周期、职业、经济环境、生活方式、个性及自我概念等，其中收入、消费成本、生活方式和受教育程度的影响尤为突出。

（1）收入水平。收入水平在一定程度上代表了消费者的购买实力。一般来说，绿色产品中消费品的比重较大，同时绿色产品的成本和价格相对较高。所以绿色产品的消费需求严重受到居民收入水平的影响。中国居民由于收入水平的限制，绿色消费意识普遍较低。收入在消费方面的分配对于其绿色消费而言是一种制约，"实用主义"对大多数理性消费者来说是第一位的，尤其在居民整体收入水平还不算高的情况下，价格和效用仍是消费者购买产品的主要考虑因素。一项对七省二十个地区的调查表明，"积极的绿色消费者"大城市占40%，中小城市占29%，农村占8%，按人口数比重加权，"积极的绿色消费者"比重平均只有13.3%。

（2）消费成本。价格偏高是绿色产品得不到普及的重要原因，也是绿色产品企业面临的主要难题。顾客在购买绿色产品时不仅仅是付出了货币成本，还付出了时间成本、精力成本和体力成本。这些成本对于不同的消费者，重要意义是不一样的。调低价格只是减少了在绿色食品购买时付出的货币成本，现实生活中，搜寻绿色食品信息、咨询、对绿色食品的寻找、比较、鉴别和购买所耗去的时间和精力体力比一般产品多得多，即使有心购买绿色产品，也不知什么产品是绿色的、哪里有卖的，减少消费者的购买成本是应着重解决的问题之一。

（3）生活方式。根据美国研究者阿诺德·米切尔的 VALS（Values and Lifestyle Survey，价值观和生活方式系统）划分法，有九种生活方式群体，即求生活、维持者、归属者、竞争者、有成就者、我行我素者、经验主义者、有社会意识者、综合者。在各种方式的人群中，求生者和维持者处于需求驱使阶段，他们缺乏经济资源。温饱问题尚未解决，就不可能有实力关注环保实施绿色消费，归属者、竞争者和有成就者处于符合客观外界标准的阶段，受客观外界影响颇大，所以其绿色消费行为与所处环境的绿色化程度有关。我行我素者、经验主义者、有社会意识者和综合者已进入有自我看法的阶段，有其明确的价值取向，假如是环保者一般来说必是积极的绿色消费者。

（4）受教育程度。通过全社会的绿色教育，对绿色消费会有很大帮助，因为从消费者自身而言，一个人的观念行为等大多是后天因素作用的结果，而教育则是其中非常重要的一个方面。受过良好教育的人，一方面对各方面知识有深入了解和正确认识（包括环境和地球生态）；另一方面有较高的素质，往往会采取明智的行为，所以教育从很大程度上影响个人绿色消费观念和行为。

### 11.3.3 绿色消费的心理策略

#### 1. 提倡绿色消费意识

绿色产品有利于消费者的身心健康，改善生存环境。当今世界，人们对绿色产品越来越青睐。21世纪初，我国已全面启动"开辟绿色通道，培育绿色市场，倡导绿色消费"的"三绿工程"。目前我国消费者使用的绿色产品主要包括以下几类：

（1）绿色食品。绿色食品是指无公害、无污染、安全，经过有关部门认定，许可使用绿色食品标志的无污染的优质营养类食品。由于对绿色食品认识的误区，有的消费者把"绿颜色的食品"当作绿色食品，误把"天然食品"和绿色食品等同，我国每年因误食野生蘑菇中毒的事件屡有发生。

（2）绿色服装。绿色服装又称生态服装、环保服装。它是以保护人类身体健康，使其免受伤害，并具有无毒、完全的优点。在使用和穿着时，给人舒适、松弛、回归自然、消除疲劳、心情舒畅的感觉。不能只为追求美观而购买化学纺织品、颜色过于鲜艳、式样不适合人体生理要求的服装。

（3）绿色家电。绿色家电是指在质量合格前提下，高效节能，且在使用过程中不对人体和周围环境造成伤害，在报废后可回收利用的家电产品。例如，环保型微波炉、水处理机、防辐射手机、附带有视屏保的电脑等一系列家电产品，广泛地采用适合环保要求和保障人类健康的新技术，必将成为顾客争抢的宠儿。

（4）绿色家居。家居所用的装饰材料要选择经过放射性试验的石材，不含甲醛的环保型涂料及复合型环保型地板等新型装饰材料，而且要求在居室设计中，色彩要有纯天然的绿色创意和一种大自然的美感。家居要追求健康、宜人、自然、亲和的目标。

（5）绿色包装。绿色包装是在绿色浪潮冲击下对包装行业实施的一种革命性的变革，它不仅要求对现有包装的不乱丢、乱弃。而且要求对现有包装不符合环保要求的要进行回收和处理，更要求按照绿色环保要求采用新包装和新技术，白色污染已经成为世界公害，提倡使用可重复利用和循环使用的包装物。

2. 加强政府监管

由于绿色产品能满足消费者追求健康、安全、环保，追求高品质生活的要求，同时由于绿色产品生产的高技术性要求和成本偏高的特点，使得其价格要比一般产品高，所以很容易成为制售假冒伪劣的目标。对于绿色产品市场鱼龙混杂的复杂局面，政府的严格监管非常重要，加强绿色标志的管理，严厉打击不法厂商的违法行为，切实维护好消费者的权益，加强消费者对绿色产品的信心。同时，政府要从可持续发展的战略角度出发，采取相关政策，鼓励企业进行绿色生产，满足消费者的绿色需求，促进绿色消费市场的健康发展。

3. 实行绿色营销

绿色营销是指企业以环境保护作为经营哲学思想，以绿色文化为价值观念，以消费者的绿色需求为出发点，力求满足消费者绿色需求的营销策略。它强调消费者、企业、社会和生态环境等四者利益的统一，以可持续发展为目标，注重经济与生态的协同发展，注重可再生资源的开发利用，减少资源浪费，防止环境污染。

目前，绿色的浪潮席卷全球，绿色消费意识得到了各国消费者的认同。一项调查显示，75%以上的美国人、67%的荷兰人、80%的德国人在购买商品时考虑环境问题，有40%的欧洲人愿意购买绿色食品。因此，企业在获取自身利益的同时，必须考虑环境的代价。不能以损坏或损害环境，来达到企业盈利的目的。

【知识拓展】

**中国部分绿色标志**

中国环保标志　　绿色食品标志　　中国节水标志　　回收标志　　质量安全标志

任务4　掌握消费者权益保护

案例阅读

每年的3月15日是"国际消费者权益日"（International Day for Protecting Consumers' Rights）。这一国际日是国际消费者联盟组织（现称国际消费者协会）于1983年确定的，目的是扩大消费者权益保护的宣传，使之在世界范围内得到重视，促进各国和各地区消费者组织之间的合作与交往，在国际范围内更好地保护消费者权益。

1991年3月15日，中国消费者协会与中央电视台、中国消费者报社、中华工商时报社联合举办了国际消费者权益日"消费者之友专题晚会"，从此拉开了中央电视台"3·15晚会"的序幕。中央电视台"3·15晚会"收视人数已经成为仅次于春节联欢晚会的大型综合性晚会。

"3·15晚会"关注生命安全，关注消费环境，关注消费者权益，贴近消费者的需求，代表了消费者的心声。以真实的案例，以发生在百姓身边的事情，提醒消费者，警惕消费骗局，通过强大的媒体优势，揭露了坑害消费者的不法行为，教育和引导消费者，维护了消费者的合法权益。

### 11.4.1 消费者权益及责任

#### 1. 消费者权益

消费者的权益，又称消费者的权利，是指消费者在购买、使用商品或接受服务时依法享有的权利及该权利受到保护时给消费者带来的应得利益，其核心是消费者的权利。而消费者权利——消费者为进行生活消费应该安全，如公平地获得基本的食物、衣物、住宅、医疗和教育的权利等，实质即以生存权为主的基本人权。

消费者权益的特点：①消费者权益是消费者享有的权利；②是消费者实施行为的具体表现；③是法律基于消费者的弱者地位而特别赋予的法定权利；④是消费者特殊的地位而享有的特定权利。

在我国1994年1月1日实施的《消法》第七条至第十五条中规定了消费者的九项权利，具体包括安全权、知情权、选择权、公平交易权、求偿权、结社权、获知权、受尊重权和监督权。

（1）安全权。安全权的全称是人身财产安全权，它是指消费者在购买、使用商品或接受服务时享有的，人身和财产安全不受损害的权利。安全权位居消费者九大基本权利之首，是消费者最主要的权利。消费者在购买、使用商品和接受服务时，享有保持身体各器官及其机能的完整及生命不受危害的权利。至于财产安全权，并不仅仅是指消费者购买、使用的商品或接受的服务本身的安全，还包括除购买、使用的商品或接受的服务之外的其他财产的安全。

（2）知情权。知情权是指消费者有权利了解他所购买的商品或服务的种种真实性能。根据《消法》的规定，消费者有权根据商品或者服务的不同情况，要求经营者提供商品的价格、产地、生产者、用途、性能、规格、等级、主要成分、生产日期、有效期限、检验合格证明、使用方法说明书、售后服务，或者服务的内容、规格、费用等有关情况。经营者有义务向消费者介绍商品或服务的真实情况；如若造成损害，消费者有权要求经营者予以赔偿。

（3）选择权。选择权是指消费者享有自主选择商品或者服务的权利。消费者有权自主选择提供商品或服务的经营者；有权自主选择商品品种或服务方式；有权自主决定购买或不购买任何一种商品，接受或不接受任何一项服务；在选择商品或服务时，有权进行比较、鉴别和挑选。

（4）公平交易权。公平交易权是指消费者有权获得质量保障、价格合理、计量正确等公平交易条件。消费者有权拒绝经营者的强制交易行为。

（5）求偿权。求偿权是指消费者因购买、使用商品或者接受服务而受到人身、财产损害，享有依法获得赔偿的权利。不论是生命健康还是精神方面的损害均可要求人身损害赔偿，财产损害的赔偿，包括直接损失和可得利益的损失。

（6）结社权。结社权是指消费者享有依法成立维护自身合法权益的社会团体的权利，简称为结社权。最具典型的例子就是中国消费者协会和地方各级消费者协会。

（7）获知权。获知权又称求教获知权，指的是消费者所享有的获得有关消费和消费者权益保护方面的知识的权利。消费知识主要指有关商品和服务的知识，消费者权益保护知识主要是指有关消费权益保护方面及权益受到损害时如何有效解决方面的法律知识。

（8）受尊重权。受尊重权是消费者在购买、使用商品和接受服务时所享有的其人格尊严、民族风俗习惯得到尊重的权利。

（9）监督权。监督权指消费者享有对商品和服务及保护消费者权益工作进行监督的权利。此外，消费者有权检举、控告侵犯消费者权益的行为和国家机关及其工作人员在保护消费者权益工作中的违法失职行为，有权对保护消费者权益工作提出批评、建议。

这九项权利是消费者进行消费活动必不可少的，前五项权利是基础、前提，与消费者的关系最为密切，后四项权利则是由此派生出来。消费者权益是关系到我们每个人生活工作的基本权益之一，对这一权益的有效保护，体现了公民权利的实现和市场经济的根本特点。我们讲保护消费者权益不仅要从人的身心健康和全面发展的高度来看，还要从扩大消费需求，从消费需求与经济增长之间良性循环的高度来看，要从社会主义市场经济的本质和客观要求的高度来看，这就说明保护消费者权益的必要性及重要意义。

### 【与相关课程的联系】

*《消法》是经济法课程中的一部分。*

2．消费者权益保护的必要性

消费者权益保护最早可追溯于消费者运动，它是消费者权益保护组织的先驱，产生于发达资本主义垄断阶段，而后波及世界各国成为全球性运动。1898年美国成立了世界上第一个全国性的消费者组织——全国消费者同盟。1960年，国际消费者组织联盟成立，它是由世界各国、各地区消费者组织参加的国际消费者问题议事中心；其宗旨为在全世界范围内做好消费者权益的一系列保护工作，在国际机构代表消费者说话。无论国内还是国外，消费者权益受侵害的现象屡有发生。

（1）产品品质与安全漏洞。由于设计缺陷、生产制造水平等因素的制约，假冒伪劣产品的泛滥，导致产品品质与安全性能不合格，损害了消费者的权益。2001年2月9日，国家出入境检验检疫局发布紧急公告指出，由于日本三菱公司生产的帕杰罗V31、V33越野车存在严重安全质量隐患，决定自即日起吊销其进口商品安全质量许可证书并禁止其进口。这是我国首次吊销存在质量问题的国外汽车进口许可证。

（2）知识的不对称。企业对消费者行为不了解或了解不够，如主观地认为消费者会按说明书上的要求使用和操作产品，但实际上一部分消费者可能是根据自己的经验来使用产品，甚至尝试将产品用于别的用途，由此造成人身安全或财产方面的损害；也有可能是企业对消费者行为知识已有足够的了解，但有意识地运用它们来操纵和欺骗消费者，以牟取自身的利益。

（3）虚假广告的误导。虚假广告作为不正当竞争方式，往往和假冒伪劣商品结合在一起，不但危害消费者的利益，也侵害着其他经营者的合法利益，虚假广告与次品相结合，往往会造成"劣胜优汰"的反竞争规律现象和状态，破坏正常的市场运作机制，危害整个社会。例如，2007年的央视3·15晚会揭露了"藏秘排油百草减肥茶"虚假广告的真相，原来，这个原本只需要6元就可以卖给经销商的普通减肥茶，经过虚假广告宣传身价倍增至29元。用"藏秘排油"这种偷梁换柱的模糊概念，让某些人坐收上亿黑色收入，严重地坑害了消费者。

（4）消费者的保护意识淡薄。消费者力量的薄弱，对法律、法规的缺乏了解，以及对与企业抗争的顾虑，高昂的维权成本，使其在利益受到损害的情况下往往采取了自认倒霉的做法。另外，吸烟、不按规定购买处方药等疏忽性消费行为，也是消费者权益受到损害的原因。

【知识拓展】

### 中国消费者协会"年主题"

中国消费者协会从1997年起，通过每年确定一个主题的方式，开展"年主题"活动。所谓"年主题"，就是消费者协会在广泛宣传贯彻《消法》的基础上，每年突出一个方面的内容，加强保护消费者合法权益的宣传，加大保护消费者合法权益力度，使保护消费者合法权益工作不断向纵深发展。中国消费者协会历年主题如下：

（1）1997年　讲诚信　反欺诈
（2）1998年　为了农村消费者
（3）1999年　安全健康消费
（4）2000年　明明白白消费
（5）2001年　绿色消费
（6）2002年　科学消费
（7）2003年　营造放心消费环境
（8）2004年　诚信·维权
（9）2005年　健康·维权
（10）2006年　消费与环境
（11）2007年　消费和谐
（12）2008年　消费与责任
（13）2009年　消费与发展
（14）2010年　消费与服务
（15）2011年　消费与民生
（16）2012年　消费与安全
（17）2013年　让消费者更有力量
（18）2014年　新消法　新权益　新责任
（19）2015年　携手共治畅享消费
（20）2016年　新消费，我做主
（21）2017年　网络诚信，消费无忧

3. 消费者的责任

由于消费者在与商家进行交易时，处于弱势地位，通常人们对消费者权益保护的要求主要集中于商家，"只有错买的，没有错卖的""无商不奸"等，都是在讨论商家的不道德行为。

但这只是事情的一面,不能因为消费者处于弱势地位就认为其不会发生不道德的行为。表 11-1 列举了消费者的不道德行为。权利和义务是共生的,消费者在维护自身权益的同时,也要担负起应尽的责任和义务。

表 11-1 消费者的不道德行为

| ① 商店扒窃 | ⑦ 从存储货物处割下纽扣 |
|---|---|
| ② 转换价格标签 | ⑧ 退回部分使用过的商品要求信誉赔偿 |
| ③ 退回已经穿过的衣服 | ⑨ 滥用担保或无条件地进行特免担保 |
| ④ 滥用商品并把其作为损坏商品退回 | ⑩ 在商店损坏商品然后要求降价购买 |
| ⑤ 把降价买回来的产品退回并要全价退款 | ⑪ 盗版 |
| ⑥ 从存储衣服处偷盗腰带 | |

消费者既要知道其应享有的权利,也要知道其应该承担的义务。《消法》只明确提出了消费者应享有的权利,却没有提及其应承担的义务,例如,受到损害后进行举报和投诉就应该是一项义务,因为只有这样才能避免更多的消费者遭受类似的损害。现在很多时候消费者为了省钱或者为了其他目的,到一些进行非法活动的场所去消费或者进行其他活动,甚至这些人在没有出现问题的时候阻碍执法部门的工作,袒护非法行为,一旦出现问题,反过来才来举报这种非法行为,甚至责怪监管部门。另外,有关一次性木筷、塑料袋的使用等,我国消费者目前都没有义务方面的限制。国家应该建立起一套制约消费者消费行为的法律、法规,保障消费行为的健康和可持续发展。

### 11.4.2 消费者心理保护

随着商品经济的不断发展和市场的不断繁荣,新的问题也不断出现。商品种类繁多,但良莠不齐;厂家推陈出新,却也鱼目混珠;商家为争市场,利用"促销"等活动诱发消费者产生冲动心理,盲目购买;不法商人则利用消费者的心理弱点,设置"陷阱",欺骗消费者。消费者在遭到假冒伪劣商品或者不良服务后,首先表现为愤怒、委屈、懊恼。一些人可能会自认倒霉,产生自责后悔;另外,一些人则会与商家产生纠纷,极易情绪失控而造成心理伤害。不管是哪一种情况,消费者在遭受物质损害时还会遭受到二次伤害——心理影响。

1. 消费者权益受损后的心理

由于消费者权益受损的程度不同,其心理变化的幅度也高低不一。消费者权益受损后的心理变化状态主要有以下几种:

(1)焦虑—压抑。当消费者权益受到轻微的损害时,如受到售货员的冷遇等,他意识到了但能忍下来,这时在其意识层中就留下了一定的印迹,如果接着再受一次损害,如所购商品有不中意的地方,而商家又不给退换,在其意识层中就会再加上一个"不满"的印记。随着印记加深,消费者开始感到焦虑;如果这种量的积累达到一定程度即会有压抑之感。压抑是对此欲望有关情感的抑制,它可能起到暂时减轻焦虑的作用,但是,如果这种缓解失败,又遭到欺骗,其受压抑的情感可能会从潜意识层迸发出来。研究发现消费者心理的压抑达到一定强度便形成一种攻击性驱力,而这种攻击性内驱力可能导致攻击性行为的发生,且攻击内驱力的强度与攻击性行为发生的可能性是成正比的。

(2)挫折—逆反。挫折是指个人从事有目的的活动时,在环境中遇到障碍或干扰致使其动机不能获得满足时的情绪状态。个人挫折的容忍力是有限的,由于人的适应能力的差异,其容忍力也有所不同。一般来说,消费者权益在遭受接二连三的损害之后,即超越了其容忍力的阈限,则会导致心理失常。这种失常情形复杂多样,消费生活中一个突出的心理状态就是逆反,即有意识地脱离习惯的思维轨道,向相反的思维方向探索。如消费者在某商店购买了以次充好的商品,发现后又不给退换,以后即使那个商店销售货真价实的俏货,他也不会去理睬,这就是逆反心理所致。

(3)失控—病变。上述两种心态进一步受到强刺激,即消费者心理受到异常紧张的刺激后即会导致心理失控,这种失控通常是消费者权益受到来自多方面的损害后,其情绪状态的毫无目标的发作。如本来对某种消费品抱有疑虑,购买后给家庭经济或安全等带来威胁,要求修理或退换又遭冷言恶语,他可能会失去理智而"迸发满腔怒火",以致对消费品设计者、制造者、商店服务等进行攻击,甚至还会产生报复性心理。

2．消费者权益心理保护措施

【知识拓展】

消费者维权途径

《消法》第三十四条规定消费者和经营者发生权益争议的,可以通过下列途径解决:
(1)与经营者协商和解。
(2)请求消费者协会调解。
(3)向有关行政部门申诉。
(4)根据与经营者达成的仲裁协议提请仲裁机构仲裁。
(5)向人民法院提起诉讼。

企业要正确认识自己承担的社会责任,政府及消费者团体加强监管,消费者提高自己的消费知识和维权意识,保护消费者的心理免受伤害。

(1)加强沟通,了解消费者的实际感受。企业邀请来自不同领域的消费者举行座谈会,让他们面对面地与企业交换意见和看法。通过这种方式,一方面可以了解消费者对企业、对企业的产品和经营活动的评价,另一方面可以就未来的一些具体政策、设想征求消费者的意见,更好地满足消费者的需求。

(2)及时处理投诉和进行补救。现在很多公司都有专门的人员或机构接受和处理消费者的投诉,一些公司还把消费者的抱怨和投诉作为一种资源来开发。为了获得消费者的反馈信息,一些公司在产品或产品包装上附上了投诉电话。通过对消费者的投诉和抱怨的分析,可以发现企业产品和营销策略中存在的问题,从而改进企业的工作。另外,对不满的消费者及时补救,不仅可以消除他们的怨气,在很多情况下,还可以使他们成为企业的忠诚客户。维护顾客的利益,实际就是维护企业自身的利益,要把卖产品如同嫁女儿一样对待,就不会伤害消费者了。

(3)提供消费教育。企业可以通过发展消费教育项目帮助个体成为合格的或更加明智的消费者。此类项目的着眼点并不是为了促销公司的产品,而是侧重提供有关消费方面的知识。例如,可口可乐公司曾经专门印制了一本如何向一家公司投诉的小册子,分发给消费者。由于该小册子提供了大量消费者如何向各种公司投诉的消费知识,所以对消费者非常有用。拿到这一小册子的消费者对可口可乐公司好感倍增,据说其中一半的人由此对可口可乐公司更有信心,并有15%的人表示要更多地购买可口可乐产品。

(4)完善法律、法规。《消法》作为一部与普通百姓日常生活最密切联系的法律,该法自颁布实施以来,在完善社会维权机制、解决消费权益纠纷、打击侵害消费者权益违法行为、提高消费者依法维权意识及促进消费维权运动蓬勃发展等方面发挥了很大的作用。但是,随着时间的推移,一些问题也逐渐显现出来,例如,消费者在购买了假冒伪劣商品时,要自己举证,个人出钱进行质量鉴定,在赔偿方面,最多可能是"假一赔十",没有国外的那种高额的损害赔偿,在违法成本过低和维权成本过高的情况下,消费者采取了默认态度,降低了消费信心。

## 自测试题

### 一、单项选择题

1. 人们对电子商务消费的最大担心是（　　）。
   A. 不会上网　　　　B. 看不到商品　　　　C. 支付不安全　　　　D. 交易速度慢
2. 电子商务消费的心理策略要注重（　　）。
   A. 注重女性群体　　　　　　　　B. 多开网上店铺
   C. 增加广告　　　　　　　　　　D. 提高网速
3. 绿色消费就是（　　）。
   A. 消费绿颜色的商品　　　　　　B. 节约资源的消费
   C. 不重复利用　　　　　　　　　D. 吃野生动物
4. 绿色消费的心理变化体现在（　　）。
   A. 科学消费　　　B. 追求时髦　　　C. 从众心理　　　D. 怕上当受骗
5. 消费者的不道德行为有（　　）。
   A. 投诉　　　　　　　　　　　　B. 购买盗版图书
   C. 索赔　　　　　　　　　　　　D. 反欺诈

### 二、多项选择题

1. 电子商务具有（　　）的特性。
   A. 全球性　　　B. 开放性　　　C. 即时性　　　D. 全天候
2. 电子商务消费心理的变化包括（　　）。
   A. 追求文化品位　　　　　　　　B. 追求独立自主
   C. 追求时尚　　　　　　　　　　D. 追求物美价廉
3. 影响绿色消费的主要因素是（　　）。
   A. 绿色产品质量　　　　　　　　B. 收入
   C. 教育水平　　　　　　　　　　D. 便利性
4. 消法规定消费者具有（　　）种权利。
   A. 8　　　　B. 9　　　　C. 10　　　　D. 12
5. 消费者权益保护的措施包括（　　）。
   A. 及时处理投诉　　　　　　　　B. 加强消费教育
   C. 完善法规　　　　　　　　　　D. 多一事不如少一事

【参考答案】

### 三、简答题

1. 消费心理的变化主要体现在哪些方面？
2. 什么是电子商务？电子商务消费心理发生了哪些变化？有哪些特点？
3. 制约电子商务发展的心理因素主要表现在哪几个方面？
4. 简述电子商务中的消费心理策略。
5. 什么是绿色消费？应遵循哪些原则？
6. 影响绿色消费的因素是什么？如何解决？
7. 什么是消费者权益？具体包括哪些权利？
8. 如何保护消费者权益？

### 四、论述题

试论述消费者应履行哪些义务。

### 五、案例讨论题

消费者周小姐看到某网站的宣传介绍，在网上订购了价值 1 000 多元的"超级 P57"减肥产品。商家在电话中口头承诺，服用后一定可减掉 60 斤，31 天内无效可全额退款。周小姐先后购买了 6 次，共花费 21 000 多元，食用后无效果，要求退款时却遭拒。电话中的"专业瘦身顾问""××教授"反而责怪周小姐，说是因为其个人体质问题。

工商部门调查后发现，该网站域名以个人名义备案，未取得网站增值服务经营许可证，网址 IP 显示位于境外，网页内容自称的公司名称、地址均属虚假。商家在接受电话调解时不承认曾做出无效退款的承诺，周小姐也无法提供任何证据。最终商家同意退款 18 000 元，由于无法查找到实际主体，周小姐无奈只得接受。

**讨论**

1. 周小姐的消费心理是什么？
2. 电商为什么不给周小姐退款？
3. 你对周小姐和这家电商都有哪些建议？

## 项目实训

1. 比较一下网上购物与传统消费心理的异同点。
2. 调查同学的消费行为有哪些是绿色消费？还存在哪些误区？有没有造成"绿色浪费"？请谈谈如何解决"绿色消费矛盾"。
3. 你在消费中受到过损害吗？采取过什么措施？讨论和分析同学们维权的出色做法。

## 课后拓展

1. 上网收集数字（大数据）时代下消费者心理与行为变化的资料，把握消费者心理变化的趋势。
2. 组织一场有关"电子商务支付安全"的讨论，如何降低电子支付风险。
3. 收集消费者不道德行为的资料，写一份如何提高消费者消费责任的短文，在班级进行交流。

# 参 考 文 献

[1] 臧良运. 消费心理学"理论·案例·实训"一体化教程[M]. 2版. 北京：电子工业出版社，2015.
[2] 朱惠文. 现代消费心理学[M]. 3版. 杭州：浙江大学出版社，2014.
[3] 焦利军，邱萍. 消费心理学[M]. 2版. 北京：北京大学出版社，2013.
[4] 荣晓华. 消费者行为学[M]. 4版. 大连：东北财经大学出版社，2013.
[5] 王富祥. 消费心理与行为[M]. 成都：西南交通大学出版社，2013.
[6] 王水清，扬扬. 消费心理与行为分析[M]. 北京：北京大学出版社，2012.
[7] 江林. 消费者行为学[M]. 4版. 北京：首都经济贸易大学出版社，2012.
[8] 田义江，戢运丽. 消费心理学[M]. 北京：科学出版社，2016.
[9] 周斌. 消费者行为学[M]. 北京：清华大学出版社，2013.
[10] 王曼. 消费者行为学[M]. 2版. 北京：机械工业出版社，2011.
[11] 崔平. 消费心理学[M]. 北京：高等教育出版社，2016.
[12] 杨大蓉，陈福明. 消费心理理论与实务[M]. 2版. 北京：北京大学出版社，2013.
[13] ［美］菲利普·科特勒. 营销管理[M]. 14版. 王永贵，等译. 北京：中国人民大学出版社，2012.
[14] 肖涧松. 消费心理学[M]. 2版. 北京：电子工业出版社，2013.
[15] 张亚平，于江学. 消费者心理学[M]. 北京：清华大学出版社，2016.
[16] 陆剑清. 现代消费行为学[M]. 北京：北京大学出版社，2013.
[17] 刘军. 消费心理学[M]. 2版. 北京：机械工业出版社，2016.
[18] 刘剑. 现代消费者心理与行为学[M]. 北京：清华大学出版社，2016.
[19] 叶敏. 消费者行为学[M]. 2版. 北京：北京邮电大学出版社，2016.
[20] 张延斌. 消费者行为学[M]. 天津：南开大学出版社，2016.
[21] 谢明慧. 消费者行为学[M]. 北京：经济管理出版社，2016.
[22] 王德胜. 消费者行为学[M]. 2版. 北京：电子工业出版社，2016.
[23] ［美］霍金斯，马瑟斯博. 消费者行为学[M]. 12版. 符国群，等译. 北京：机械工业出版社，2016.
[24] ［美］霍伊尔，麦金尼斯. 消费者行为学[M]. 5版. 崔楠，等译. 北京：北京大学出版社，2011.
[25] ［美］利昂·G. 希夫曼，等. 消费者行为学[M]. 11版. 江林，等译. 北京：中国人民大学出版社，2015.